Elga Martinez-Weinberger

Romanschauplatz Saudi-Arabien

BIBLIOTHECA ACADEMICA

Reihe

Orientalistik

Band 20

ERGON VERLAG

Elga Martinez-Weinberger

Romanschauplatz Saudi-Arabien

Transformationen, Konfrontationen, Lebensläufe

ERGON VERLAG

Das vorliegende Werk basiert auf der gleichnamigen Dissertation von Dr. Elga Martinez-Weinberger, die am Institut für Orientalistik an der Philologisch-Kulturwissenschaftlichen Fakultät der Universität Wien, Studienrichtung Arabistik, verfasst und im Mai 2011 abgeschlossen wurde.

Bibliografische Information der Deutschen Nationalbibliothek
Die Deutsche Nationalbibliothek verzeichnet diese Publikation in der Deutschen Nationalbibliografie; detaillierte bibliografische Daten sind im Internet über http://dnb.d-nb.de abrufbar.

Gedruckt auf alterungsbeständigem Papier.
Umschlagabbildung: Elga Martinez-Weinberger
Umschlaggestaltung: Jan von Hugo

www.ergon-verlag.de

ISBN 978-3-89913-872-6
ISSN 1866-5071

Vorwort

Im Zuge meines Diplomstudiums der Arabistik haben mich besonders die Literaturvorlesungen fasziniert. Sie regten mich dazu an, gleich nach meinem zweiten Studiensemester die drei sommerlichen Ferienmonate dazu zu nützen, alle nur greifbaren Übersetzungen arabischer Romane zu verschlingen. So erhielt ich einen ersten Eindruck von den Gedankenwelten arabischer Schriftstellerinnen und Schriftsteller und lernte die literarische Verarbeitung ihrer Lebensumstände und gesellschaftlichen Probleme kennen.

Schon damals war ich geradezu schockiert davon, wie wenig selbst vielseitig interessierte österreichische Leserinnen und Leser über die Literatur der arabischen Länder wissen. Für den Arabienschwerpunkt der Frankfurter Buchmesse 2004 war eine Reihe von arabischen Romanen ins Deutsche übersetzt worden, aber danach stagnierte das Interesse der Verlage sichtlich, mit Ausnahme einiger engagierter Spezialisten wie beispielsweise dem Schweizer Lenos-Verlag. Saudi-Arabien war 2004 in Frankfurt mit einigen wenigen Romanen vertreten gewesen, so etwa mit dem Roman „Der Gürtel" von Ahmed Abodehman, einem Werk, das der Autor im Original auf Französisch geschrieben hatte und das auf Deutsch in einem kleinen Verlag erschienen war, der nur wenige hundert Exemplare verkaufen konnte. Schon 2003 war „Adama", der erste Band einer Trilogie von Turki al-Hamad, ins Deutsche übersetzt worden, allerdings als Übersetzung aus dem Englischen, nicht aus der arabischen Originalfassung. Die Teile 2 und 3 dieser Trilogie sind allerdings bis heute nicht ins Deutsche übersetzt. Einen gewissen internationalen Bekanntheitsgrad als saudischer Romancier hat Abdarrahman Munif. Der erste Band seiner Pentalogie „Salzstädte" war rechtzeitig zur Frankfurter Buchmesse auf Deutsch erschienen. Von Munif ist darüber hinaus eine Reihe von Romanen in deutscher Sprache erhältlich.

2007 betrat dann ein saudischer Bestseller die Weltbühne: „Banāt ar-Riyāḍ", geschrieben von der 23-jährigen Medizinstudentin Rajaa Alsanea. Ihr Roman war 2005 in arabischer Sprache erschienen und wurde seither in 26 Sprachen übersetzt. Die deutschsprachige Ausgabe, 2007 etwa zeitgleich mit der englischsprachigen und der französischsprachigen Ausgabe erschienen, trägt den Titel „Die Girls von Riad".

Für meine Diplomarbeit zum Thema „Männliche und weibliche Lebenswelten im Spiegel moderner Romane aus Saudi-Arabien" befasste ich mich eingehend mit Werken von Turki al-Hamad und Rajaa Alsanea, und ich bedauerte es schon damals, nicht mehr über saudische Literatur zu wissen. Mein Wunsch war es, für meine Dissertation tiefer in die saudische Romanliteratur einzutauchen und sie eingehend zu erforschen, und zwar nicht aus literatur- sondern aus kulturwissenschaftlicher Sicht.

Es war gewiss ein kühnes Unterfangen, nach nur vier Jahren Arabisch-Studium den Versuch zu unternehmen, bereits Romane auf Arabisch zu lesen. Doch daran führt kein Weg vorbei, wenn man sich als Arabistin einen Überblick über die Literatur eines Landes verschaffen will und nicht auf die oft kommerziell bestimmte Auswahl europäischer oder amerikanischer Verlage angewiesen sein will. Leider sind die großen, kommerziell orientierten Verlage meist geneigt, sich bei der Auswahl arabischer Romane an der klischeedominierten Erwartungshaltung mancher Leser zu orientieren, von wenigen Ausnahmen abgesehen.

Die Lektüre saudischer Romane im Original war die unverzichtbare Basis für meine weiteren Recherchen, die vor allem aus persönlichen Begegnungen und eingehenden Gesprächen mit saudischen Romanautorinnen und -autoren bestanden, wie ich sie anlässlich meiner beiden Studienaufenthalte in Saudi-Arabien im Februar/März 2010 und 2011 führen konnte.

Die ausführlichen Analysen ausgewählter Romane im Teil 2 dieser Arbeit zeigen, wie wichtig es ist, den kulturellen, sozialen, politischen bzw. philosophischen Hintergrund der Werke zu kennen. Meine Arbeit an dieser Dissertation hat mich unter anderem gelehrt, wie wichtig Informationen aus erster Hand sind und wie gefährlich und wenig zielführend es ist, voreilig Interpretationen vorzunehmen. Es war mir ein Anliegen, bei meiner Arbeit nicht in die „Orientalismusfalle“ zu tappen.

Ich gehe davon aus, dass manchen Leserinnen und Lesern dieser Arbeit meine persönliche Stellungnahme zu politischen bzw. gesellschaftspolitischen Aspekten wie Geschlechtertrennung, Todesstrafe oder Frauenrechten in Saudi-Arabien fehlen wird. Dazu möchte ich sagen, dass ich diese Dinge sehr wohl im privaten Rahmen in Saudi-Arabien diskutiert, nicht aber wissenschaftlich erforscht habe und daher auch keine wissenschaftlich fundierten Aussagen zu diesen Themen machen kann. Ich bin allerdings der festen Überzeugung, dass ich mit meiner Forschungsarbeit über die literarische Aufarbeitung von Problemen innerhalb Saudi-Arabiens ein sehr differenziertes und vor allem authentisches Bild der saudischen Kultur und Gesellschaft gebe, zumal meine Dissertation, wie schon eingangs betont, keine literaturwissenschaftliche, sondern eine kulturwissenschaftliche Forschungsarbeit ist.

Meines Wissens nach ist meine Arbeit die erste umfassende Darstellung der Saudi-Arabischen Romanliteratur aus nicht-arabischer Perspektive. Sollte es weitere wissenschaftliche Arbeiten zu diesem Thema geben, so würde ich mich über eine Kontaktnahme von Forschungskolleginnen und -kollegen oder anderen am Thema Interessierten unter <annimsa@hotmail.com> sehr freuen.

Ich möchte an dieser Stelle ganz besonders meinem Dissertationsbetreuer Universitätsprofessor Dr. Stephan Procházka danken, der mich im Zuge meines Studiums in die Sprache und Kultur der arabischen Welt einführte, mich zu meinem Dissertationsthema ermutigt und mir den nötigen Freiraum für die Gestaltung meiner Arbeit gegeben hat. Er war mir ein verlässlicher Betreuer, dessen Rat ich jederzeit einholen konnte.

Ich danke weiters Mag. Dr. Renate Malina, deren Literaturvorlesungen die Basis für meine vertiefende Erforschung der arabischen Literatur geschaffen haben.

Ich danke dem Botschafter des Königreichs Saudi-Arabien in Österreich, S. H. Prinz Mansur Bin Khalid Al Saud, sowie Dr. Abdulrahman H. al-Humedhi, dem Saudi-Arabischen Kulturrat in Österreich, und seinem Team im Saudi-Arabischen Kulturbüro, die es mir ermöglicht haben, in Saudi-Arabien zu forschen.

Ich danke dem Markaz al-malik Faiṣal li-l-buḥūṯ wa-d-dirāsāt al-ʾislāmīya (King Faisal Center for Research and Islamic Studies), das mir während meiner beiden Forschungsaufenthalte in Riyāḍ ein Büro zur Verfügung gestellt und mich unterstützt hat. Mein besonderer Dank gilt dem Generalsekretär Dr. Yahya Ibn Junaid sowie Ibrahim Abdulrahman al-Hadlaq und Mischal al-Shumaisy.

Ich danke dem Leiter der für die arabischen Staaten zuständigen Abteilung im österreichischen Bundesministerium für europäische und internationale Angelegenheiten, Herrn Gesandten Dr. Friedrich Stift, sowie der österreichischen Botschaft in Riyāḍ für die liebenswürdige und kompetente Unterstützung. Mein besonderer Dank gilt hier Herrn Botschafter Dr. Johannes Wimmer, seiner Gattin Sharmila Singh-Wimmer, seinem Stellvertreter Mag. Georg Pöstinger und Frau Helga Hufnagl-Gussmack.

Ich danke allen meinen saudischen Gesprächspartnern und Gesprächspartnerinnen, sowohl den Romanautorinnen und -autoren als auch den saudischen Literaturexperten und -expertinnen für ihre Kommunikationsbereitschaft und für die großzügige Versorgung mit Forschungsmaterial.

Ich danke den Mitarbeitern des „al-Khozama"-Hotels in Riyāḍ für ihre nie versiegende Freundlichkeit und Hilfsbereitschaft, mit der sie mir das Hotel in den Wochen meiner beiden Aufenthalte zu einem angenehmen Zuhause gemacht haben.

Ich danke meinem Arbeitgeber, dem Presse- und Informationsdienst der Stadt Wien, für das Verständnis während meiner Studienjahre, inbesondere dem langjährigen Abteilungsleiter Hofrat Prof. Fred Vavrousek, der mich immer mit Ermutigung und Anerkennung unterstützt hat.

Ich danke Sonia al-Dulayme und Dr. Zineddine Hamdouch, die mir in der Korrekturphase dieser Arbeit als muttersprachliche „Feuerwehr" kompetente Ansprechpartner waren.

Ich danke meinen Arabistik-Studienkolleginnen und -kollegen am Institut für Orientalistik der Universität Wien für ihre Freundschaft und Hilfsbereitschaft und für den interessanten Gedankenaustausch in der Vergangenheit und hoffentlich auch in der Zukunft.

Elga Martinez-Weinberger
Guntramsdorf bei Wien, Mai 2011

Vorwort ... V

1. Die Entwicklung des Romans in Saudi-Arabien

1.1. Einleitung ... 3
1.1.1. Quellen und Recherchemethoden ... 4
1.1.2. Hinweise ... 8
1.1.2.1. Zur Transkription der arabischen Namen und Ortsbezeichnungen ... 8
1.1.2.2. Zur Übersetzung der Buchtitel ... 8
1.1.2.3. Zu den Übersetzungen aus dem Arabischen ... 9
1.1.2.4. Zu den biographischen Angaben ... 9

1.2. Arabischer Bookerpreis 2010 und 2011 für saudische Romane ... 11

1.3. Saudische Romane von 1930 bis 1990. Ein Überblick. ... 15
1.3.1. „at-Tauʾamān" von ʿAbd al-Quddūs al-Anṣārī ... 18
1.3.2. Die erste Autobiographie von Aḥmad as-Sibāʿī ... 19
1.3.3. Ḥāmid Damanhūrī und Ibrāhīm an-Nāṣir ... 21
1.3.4. Samīra bint al-Ǧazīra al-ʿarabīya ... 23
1.3.5. „Saqīfat aṣ-Ṣafā" von Ḥamza Būqarī ... 24
1.3.6. Gesellschaftliche, politische und wirtschaftliche Entwicklung ... 25
1.3.7. „Salzstädte" von ʿAbd ar-Raḥmān Munīf ... 27
1.3.8. ʿAbd al-ʿAzīz Mišrī, der erste Chronist des saudischen Dorflebens ... 29

1.4. Saudische Romane von 1990 bis 2011. Ein Überblick. ... 31
1.4.1. Historischer Hintergrund: Kriege und Telekommunikation ... 32
1.4.2. Die Romane der Jahre 1990 bis März 2011 ... 32
1.4.2.1. 1990 bis 2005 ... 35
1.4.2.2. 2006: Der „Tsunami" ... 37
1.4.2.3. 2007 bis März 2011 ... 38
1.4.3. Ghazi Algosaibi und Turki al-Hamad ... 39
1.4.4. Raja Alem, Abdo Khal und Yousef Al-Mohaimeed ... 42

1.4.5. Weitere Autoren und Werke 43
Bahiya Busbit „Imrāʾa ʿalā fūhat burkān“ 43 | Qumasha Al-Olayan „Unṯā al-ʿankabūt“ 43 | Nura al-Ghamdi „Waǧhat al-būṣala“ 44 | Mahmud Trauri „Maimūna“ 44 | Maha Mohammed al-Faisal „Tauba wa-Sulayya“ und „Safīna wa-amīrat aẓ-ẓilāl“ 45 | Ṭaif al-Ḥalāǧ „al-Qirān al-muqaddas“ 45 | Badriya al-Bishr „Hind wa-l-ʿaskar“ 46 | Mohammed al-Muzaini „ʿAraq baladī“ 47 | Ahmed al-Wasil „Sūrat ar-Riyāḍ“ 48 | Laila Alohaidib „ʿUyūn aṯ-ṯaʿālib“ 48
1.4.6. Nach dem 11. September 2001: Junge stellen Fragen 49
1.4.7. Autoren und Leser zu Beginn des 3. Jahrtausends 50
1.4.8. Produktion und Vertrieb 52
1.4.8.1. Verlage 52
1.4.8.2. Vertrieb 54
1.4.8.3. Zensur 55

2. Ausgewählte Romane
2.1. Turki al-Hamad (Turkī al-Ḥamad) 59
2.1.1. „Aṭyāf al-ʾaziqqa al-mahǧūra” (Gespenster der verlassenen Gassen) 60
Das Schicksal der politisch Engagierten um 1970 60 | Der schmerzliche Weg des Hišām ibn al-ʿĀbir 61
2.1.1.1. „al-Karādīb“ (Das Karadib-Gefängnis) 63
Ǧidda 63 | Das Haus der Trauer und der Renegaten 64 | Verhör und Folter 65 | Existenzielle Fragen ohne Antworten 66 | Isolation: Zurückgeworfen auf das Selbst 67 | Nach dem Geständnis: der 2. Stock 68 | Der Streik 68 | Ideologie als Identität 69 | Gespenster der verlassenen Gassen 69
2.1.2. Romane von Turki al-Hamad 70
2.2. Abdo Khal (ʿAbduh Ḫāl) 71
2.2.1. „Mudun taʾkul al-ʿušb” (Städte, die das Gras vernichten) 74
Determinanten des Schicksals 74 | Die „Ġurba“ 75 | Choreographie des Suchens 75 | Die Entstehungsgeschichte des Romans 76 | Die dramatische Dynamik der Massenszenen 77 | Spurensuche im verlassenen Dorf 78 | Yaḥyā und seine Mutter Maryam 78 | Fremdsein als Identität 79 | Nasser: Idol und Mörder 80 | Ṭāhir, der Ausbeuter 81 | Dorf und Stadt 81
2.2.2. Romane von Abdo Khal 82

2.3. Laila Aljohany (Lailā al-Ǧuhanī) 83
2.3.1. „al-Firdaus al-yabāb" (Das verwüstete Paradies) 84
Ein Trauermonolog als Roman 84 | Konstruktion und Inhalt 84 | Keine unehelichen Kinder in der saudischen Gesellschaft 88 | Einsame junge Menschen in einem sprachlosen Umfeld 90 | Das verwüstete Paradies 91 | Nichts ist geblieben 91
2.3.2. Romane von Laila Aljohany 92
2.4. Ahmed Abodehman (Aḥmad Abūdahmān) 93
2.4.1. „al-Ḥizām" (Der Gürtel) 93
Roman oder Autobiographie? 93 | Schauplatz und Hauptfiguren 95 | Das Messer des Mannes 95 | Traditionelle Lebensregeln 96 | Familie und Gemeinschaft 97 | Poesie und Gesang 98 | Die Frau seiner Frau 99 | Geschichten und Sagen 100 | Die Beschneidung 100 | Die Schule gibt dem Dichter Sprache und Individualität 102 | Die Stadt und ihre Bedrohungen 103 | Abschied vom Dorf 104
2.4.2. Romane von Ahmed Abodehman 105
2.5. Raja Alem (Raǧā' ʿĀlim) 107
2.5.1. „Ḫātim" 112
Ein Haus ohne Söhne 113 | Ekstase im Regen 114 | Die Tochter wird zum Sohn 115 | Die verbotene Zone 115 | Die Laute und die Edelsteine 116 | Angstbesetzte Sexualität 117
2.5.2. „Fatma" 117
Überleben in einer Welt der Sprachlosigkeit und Isolation 118 | Fatmas visionäre Kraft erschafft eine Welt 119 | Fatmas Großmutter und ihre Männer 119 | Fatmas Sensibilität wird intensiver 120 | Fatmas Reise nach Najran 121 | Tod auf der Straße 122
2.5.3. Romane von Raja Alem 123
2.6. Yousef Al-Mohaimeed (Yūsif al-Muḥaimīd) 125
2.6.1. „Fiḫāḫ ar-rā'iḥa" (Duftfallen) 127
Die drei Hauptfiguren und ihre Umwelt 128 | Das uneheliche Kind 129 | Der sudanesische Sklave 129 | Der besiegte Beduine 130 | Duft und Schicksal 132 | Perspektiven 132 | Realität, nicht „magic" 133
2.6.2. „al-Qārūra" (Die Flasche) 134
Schauplatz und historischer Hintergrund 134 | Munīra 135 | Munīras Familie 136 | Die Flasche und die traurigen Geschichten 137 | Major ʿAlī ad-Daḥḥāl alias Ḥasan al-ʿĀsī 137 | Munīra im Spinnennetz 138 | Männer als Bedrohung 139 | Spannungsaufbau 139 | Gerechtigkeit 140

2.6.3. Romane von Yousef Al-Mohaimeed 141

2.7. Zainab Hifni (Zainab Ḥifnī) 143

2.7.1. „Lam ʾaʿud ʾabkī" (Keine Tränen mehr) 146

Ġāda und Našwā: zwei Frauenschicksale 146 | Sexuelle Annäherung an ein Kind 147 | Die geschiedene Mutter: Leid als Lebensinhalt 148 | Der Täter wird zum Liebesobjekt 149 | Gefährliche Ehrlichkeit 149 | Doppelmoral und Scheinliberalität 150 | Našwa: Körper gegen Luxus 150 | Berufstätigkeit der Frau 151 | Freiheit des Denkens 151 | Idealisiertes Frauenbild, idealisiertes Männerbild 152

2.7.2. Romane von Zainab Hifni 153

2.8. Mohammed Hasan Alwan (Muḥammad Ḥasan ʿAlwān) 155

2.8.1. „Ṣūfiyā" 156

Eine Geschichte von Liebe und Tod 156 | Langeweile als tödliche Bedrohung 156 | Die Pubertät als Paradies der Veränderungen 157 | Ṣūfiyās letzte Wünsche 158 | Eine Wohnung mit Blick aufs Meer 158 | Beirut und Ṣūfiyā: Geschichten vom Krieg 159 | Eine Grenzerfahrung 159 | Zwischen Hier und Dort 160 | Ein Schockzustand und viele Fragen 161

2.8.2. Romane von Mohammed Hasan Alwan 161

2.9. Rajaa Alsanea (Raǧāʾ aṣ-Ṣāniʿ) 163

2.9.1. „Banāt ar-Riyāḍ" (Mädchen aus Riyadh) 164

Ein Weltbeststeller aus Saudi-Arabien 164 | Die Idee 165 | Die Absenderin der Mails als zentrale Romanfigur 165 | Literarische Konstruktion 166 | Thema und Anliegen 167 | Eine Romanhandlung rund um vier Freundinnen 169 | Ist das Buch repräsentativ für Mädchen aus Riyāḍ? 169 | Entgegnung in Buchform: „Ḥaqīqat riwāyat banāt ar-Riyāḍ" 171 | Erfolgsgeschichte 172 | Rajaa Alsanea im Interview 173

2.9.2. Romane von Rajaa Alsanea 174

2.10. Siba al-Hirz/Siba al-Harez (Ṣibā al-Ḥirz) 177

2.10.1. „al-Āḫarūn" (Die Anderen) 177

Schmerz und Isolation 179 | Verlusterlebnisse 179 | Die Hölle, das sind die anderen 180 | Verbote bieten keinen Schutz 180 | Sexualität in einer Frauenwelt 181 | Sünde und Schuld, Lust und Schmerz 181 | Das Leben als Teil einer religiösen Minderheit 182 | Epilepsie 183 | Das Internet: reale Welt und virtuelle Beziehungen 184 | Serien von Nullen und Einsern 184 | Der Tod 185 | Zukunftsperspektiven 186

2.10.2. Romane von Siba al-Hirz/Siba al-Harez 187

2.11. Ibrahim Badi (Ibrāhīm Bādī) 189
2.11.1. „Ḥūbb fī s-Suʿūdīya" (Eine Liebe in Saudi-Arabien) 190
Der Spieler 190 | Drei Erzählebenen 190 | Sexualität, Liebe, Obsession 191 | Gigoloman 192 | Kindheitstraumata 192 | Frauen rund um Īhāb 193 | Die Romanfigur des Autors 194 | Sexuelle Darstellungen: Spekulation oder Ausdrucksmittel? 195
2.11.2. Romane von Ibrahim Badi 195
2.12. Omaima al-Khamis (Umaima al-Ḫamīs) 197
2.12.1. „al-Baḥrīyāt" (Die Frauen vom Meer) 198
Frauen leben mit Frauen, Männer mit Männern 199 | Umm Ṣāliḥ, al-ʾumm al-kubrā 200 | Bahīǧa, ein prächtiges Geschenk 201 | Trockenheit und Stille 202 | Ṣāliḥ, ein Abū Ḥarīm? 202 | Riḥāb und die Mädchenbildung 203 | Eine Millionenstadt entsteht 204 | Saʿd, das Kind der Frau aus dem Norden 205 | Suʿād und das nächtliche Gebrüll der Löwen 206 | Gegensätze 207
2.12.2. Romane von Omaima al-Khamis 208
2.13. Abdullah Thabit (ʿAbdullāh Ṯābit) 209
2.13.1. „al-Irhābī 20" (Der zwanzigste Terrorist) 209
Ein autobiographischer Roman 210 | Erziehung eines Knaben 210 | Die Einsamkeit 211 | Die Hölle meiner Familie 212 | Die Verführung beginnt 212 | Das Trainingslager 213 | Bruch mit der Familie 214 | Machtmissbrauch 214 | Der Weg aus der Sackgasse 215 | Die Entdeckung der Welt und ihrer Schönheit 215 | Die Basler Nachtigall 216 | 11. September 2001 216 | Zāhīs Gedanken, Gefühle, Bekenntnisse 217
2.13.2. Romane von Abdullah Thabit 218

Romane – der neue Diwan der Saudis? 219

Arabische Namen mit Transkriptionen 223

Literatur- und Quellenverzeichnis 227

Über dieses Buch 235

1. Die Entwicklung des Romans in Saudi-Arabien

1.1. Einleitung

Das Studium der Arabistik am Institut für Orientalistik der Universität Wien ist ein sowohl sprachwissenschaftliches als auch kulturwissenschaftliches Studium. Die Literatur eines arabischen Landes berührt diese beiden arabistischen Wissenschaftsbereiche, wobei ich bei meiner Dissertation den Schwerpunkt auf den kulturwissenschaftlichen Aspekt gelegt habe. Meine Arbeit ist keine literaturwissenschaftliche Arbeit, die Literatur hat darin die Funktion einer wertvollen, ergiebigen und authentischen Quelle für die Auseinandersetzung einer Gesellschaft mit den für sie relevanten Fragen. Romane spielen eine wesentliche Rolle im gesellschaftlichen Diskurs, indem sie ihn abbilden, kommentieren oder in Gang setzen. Die profunde Kenntnis der arabischen Sprache ist selbstverständlich Voraussetzung, um die Quellen (im Falle meiner Arbeit moderne Romane aus Saudi-Arabien einschließlich der zugehörigen Sekundärliteratur) studieren und auswerten zu können. Dafür war eine umfangreiche Übersetzungsarbeit erforderlich, da nahezu alle Quellen der Sekundärliteratur und die meisten saudischen Romane bisher nur in arabischer Sprache vorliegen.

Mein Forschungsgegenstand ist der saudische Roman. Ich bin der Frage nachgegangen, seit wann in Saudi-Arabien Romane geschrieben wurden und wie sich dieses Genre seither entwickelt hat. Mein Ziel war es, eine umfassende Darstellung der Geschichte und Entwicklung des saudischen Romans zu erarbeiten. Dies ist gewissermaßen das Fundament meiner Forschung, das den ersten Teil dieses Buches bildet.

Der saudische Roman ist mit wenigen Ausnahmen außerhalb Saudi-Arabiens so gut wie unbekannt. Gerade im Zusammenhang mit vielen Klischees, von denen das Bild Saudi-Arabiens in den Massenmedien des sogenannten Westen geprägt ist, halte ich es als Arabistin für eine wichtige Aufgabe zu untersuchen, wie Intellektuelle und Künstler in Saudi-Arabien denken, worüber sie schreiben, was sie bewegt und wie sie ihre Gesellschaft darstellen. Ich habe das Studium der Arabistik in erster Linie auch deshalb gewählt, weil ich dem Bild, das die Massenmedien zu Beginn des dritten Jahrtausends von der arabischen Welt und ihren Menschen gezeigt haben, sehr skeptisch gegenübergestanden bin. Ich wollte nicht all die publizierten Klischees und Vorurteile gegenüber der arabischen Welt wiedergeben, sondern suchte nach Informationen aus kompetenten, authentischen Quellen. Ich wollte keine Außensicht von anderen übernehmen, sondern die Innensicht durch eigenes Erforschen kennenlernen. Literatur erzählt viel über das Leben, und sie hat profunde und komplexe Möglichkeiten, Menschen und ihre Lebensentwürfe zu begreifen und zu beschreiben. Diese Möglichkeiten habe ich genützt, um das vielschichtige Bild der saudischen Gesellschaft, das sich in den saudischen Romanen wiederspiegelt, nachzuzeichnen.

Als Titel für meine Dissertation habe ich „Romanschauplatz Saudi-Arabien: Transformationen, Konfrontationen, Lebensläufe" gewählt. Die Bevölkerung der arabischen Halbinsel – und somit auch die des heutigen Staates Saudi-Arabien – musste im vergangenen Jahrhundert eine radikale Transformation aller Lebensbereiche durchmachen. Die Folgen dieses Kulturbruchs finden im modernen saudischen Roman, der die Konfrontation des Individuums mit seiner Gesellschaft zum Thema hat, ihren Niederschlag.

Für den zweiten Teil meiner Arbeit habe ich aus den mehr als 500 bisher publizierten saudischen Romanen, die seit 1930 erschienen sind, fünfzehn Romane von dreizehn Romanautorinnen und -autoren ausgewählt, die ich eingehend beschreibe, und zwar primär unter dem thematischen Aspekt. Formale Aspekte werden nur dort berücksichtigt, wo ihnen eine spezielle Bedeutung als Ausdrucksmittel zukommt. Die Kriterien der Auswahl dieser 15 Werke sind am Beginn von Teil 2 dargelegt. Das Ziel dieses zweiten Teiles ist es, einige der wichtigsten Werke der saudischen Romanliteratur der letzten zwei Jahrzehnte im Detail vorzustellen. Dabei gehe ich auf Schauplätze, Romanfiguren und deren Handlungsspielräume, Diskurse und Weltbilder sowie auf Konfliktszenarien und Bewältigungsstrategien ein. Ich habe bewusst eine freie Form der Darstellung dieser fünfzehn Romane gewählt, da ich zu dem Schluss gekommen bin, so den einzelnen Werken besser gerecht werden zu können als bei einer schematischen Vorgangsweise. Wenn das Forschungsmaterial Kunst ist, so halte ich einen kreativen Zugang für wesentlich zielführender als einen zu formalistischen. Von drei beschriebenen Romanen gibt es eine deutsche Übersetzung, aus der auch die ausgewählten Textzitate stammen. Im Falle der übrigen zwölf Romane (die Hälfte davon ist entweder ins Englische, Spanische, Italienische oder Französische übersetzt) wurden die zitierten Textstellen von mir aus dem arabischen Original übersetzt.

1.1.1. Quellen und Recherchemethoden

Als Einstieg in das Thema „Saudischer Roman" diente mir die Anthologie „Beyond the Dunes", die komprimierte englische Ausgabe einer saudischen Anthologie, die alle literarischen Bereiche (Poesie, Kurzgeschichten, Romane, Theaterstücke und autobiographische Literatur) umfasst. Die zweite Quelle, die ich kennenlernte, war eine Ausgabe von „Banipal", einer Zeitschrift für moderne arabische Literatur. Im Sommer 2004 publizierte „Banipal" in der Nummer 20 das 67 Seiten umfassende Feature „The Novel in Saudi Arabia".

Internetrecherchen in europäischen Universitätsbibliotheken ergaben keinerlei verwertbare Quellen. Ich stieß zwar punktuell auf interessante Ergebnisse, jedoch eröffneten sie keinen systematischen Zugang zum Thema.

Eine wichtige Initialzündung für meine Entscheidung, mich für ein Dissertationsthema über moderne Romane aus Saudi-Arabien zu entscheiden, war mein Besuch des Internationalen Literaturfestes Berlin im September 2009, das als einen der Schwerpunkte das Thema „Arabische Welt“ gewählt hatte. Hier begegnete ich nicht nur einer Reihe wichtiger Expertinnen und Experten der arabischen Literatur, darunter auch Übersetzer und Publizisten, sondern erhielt vor allem auch in den Podiumsdiskussionen und Vorträgen wichtige Anregungen und Informationen. Die Entdeckung dieses Festivals war ein glücklicher Zufall (oder auch eine schicksalshafte Fügung), denn ich fand einen Hinweis darauf im Teletext am Mittag vor dem Beginn des Festivals, buchte spontan ein Zugticket und fuhr noch am selben Abend nach Berlin.

Mein erstes Interview mit einem saudischen Romanautor fand am Rande dieses Berliner Literaturfestes statt. Yousef Al-Mohaimeed lehrte mich den Zugang zu seinen Romanen, und unser ausführliches Gespräch bestätigte mich in der Überzeugung, dass ich ein faszinierendes Dissertationsthema in Aussicht genommen hatte. Yousef Al-Mohaimeed erzählte mir auch von der jährlichen Buchmesse in Riyāḍ, und ich beschloss, mich umgehend darum zu bemühen, bei der nächsten Buchmesse dabei sein zu können. Zwei Monate später hatte ich die Zusage des saudischen Botschafters in Österreich, dass ich ein Visum für eine Forschungsreise nach Saudi-Arabien erhalten würde, und kurz nach Weihnachten traf dann auch die entsprechende Genehmigung aus Saudi-Arabien im saudischen Kulturbüro in der Wiener Neubaugasse ein.

In den nächsten Monaten versuchte ich, mir über das Internet möglichst viele saudische Romane zu beschaffen, wobei der Saqi-Verlag (London/Beirut) hier die ergiebigste Adresse war. Bei einem Besuch in Paris lernte ich eine Reihe von arabischen Buchhandlungen im Viertel zwischen dem Centre du Monde Arabe und der Sorbonne kennen und vergrößerte meine Sammlung saudischer Romane. Eine 640 Seiten starke saudische Anthologie über neue Literatur fand ich in der Rue des Fosses St. Bernard in der Buchhandlung „Alkindi“, den lange gesuchten Roman „Šiqqat al-ḥurrīya“ von Ghazi Algosaibi gleich nebenan bei „Albouraq“.

Mit der Lektüre saudischer Romane hatte ich bereits im Sommer 2009 begonnen. Teils las ich Übersetzungen, sofern vorhanden, teils arbeitete ich die Bücher Seite für Seite auf Arabisch durch. Dabei machte ich eine interessante Entdeckung: Das langsame Durcharbeiten, dessen Tempo von der Anzahl der mir nicht bekannten Vokabel bestimmt war, erforderte ein handschriftliches Notieren des Inhaltes, um den Faden nicht zu verlieren. Diese etwas mühsame Methode hatte zwei Vorteile. Erstens bemerkte ich, dass meine Rezeption von Text und Thema sowie meine Beziehung zu den Romanfiguren wesentlich intensiver war als beim raschen Durchlesen auf Deutsch, Englisch, Französisch, Italienisch oder Spanisch (das sind jene Sprachen, in denen ich saudische Romane gelesen habe, sofern sie verfügbar waren). Zweitens entstanden beim langsamen Durcharbeiten der Romane gleich eine Menge an Gedankengängen und Ideen für Teil 2 dieser Arbeit, die ich gleich handschriftlich festhielt.

Darüber hinaus wurde mir etwas sehr Wichtiges klar, das sich dann auch später bei meinen Gesprächen in Saudi-Arabien bestätigte: Arabischkenntnisse alleine genügen für eine Romanübersetzung nicht, denn man muss die Romane aus dem Kulturkreis der Autoren her verstehen lernen. Dafür braucht es ein profundes Hintergrundwissen. Die Lehrveranstaltungen zu alter und moderner Geschichte, Geographie, Islamwissenschaft, Kulturkunde einschließlich volksreligiöser Praktiken sowie generell zur arabischen Literatur, die ich im Rahmen meines Diplomstudiums am Institut für Orientalistik der Universität Wien besucht habe, hatten diesbezüglich eine gute Basis für meine Forschungsarbeit geschaffen.

Unermüdliches Suchen im Chaos schafft Zufallsfunde. Diese Erfahrung habe ich in den vergangenen zwei Jahren immer wieder gemacht. Da kann es beispielsweise passieren, dass man über „Google-Bilder" das Foto einer Schriftstellerin sucht und dabei auf einen ausführlichen Text stößt, der bisher unbekannte wichtige aktuelle Informationen über diese Schriftstellerin beinhaltet, oder dass man in einem Artikel, den man schon beiseite legen wollte, einen Hinweis auf eine Romanübersetzung findet, die man nach mehreren Fehlversuchen dann im Internet bei einem Verlag in Texas auch tatsächlich findet.

Ich habe weiters die Erfahrung gemacht, dass eine „schulmäßige" wissenschaftliche Recherche nach Sekundärliteratur dann nicht zum Ziel führt, wenn man ein Forschungsgebiet gewählt hat, mit dem sich die Forschung in Europa oder Amerika noch nicht befasst hat. Die arabischsprachige Sekundärliteratur zu meinem Dissertationsthema, die ich im März 2010 und 2011 in Riyāḍ auf der Buchmesse kaufen konnte, hatte bislang noch nicht den Weg in die europäischen Universitätsbibliotheken gefunden. Ich betrat also komplettes Neuland.

Meine erste Studienreise fand im Februar/März 2010 statt und führte mich nach Riyāḍ. Drei Tage verbrachte ich auch in Ǧidda.

Das Markaz al-malik Faiṣal li-l-buḥūṯ wa-d-dirāsāt al-ʾislāmīya (King Faisal Center for Research and Islamic Studies) diente mir, so wie anderen ausländischen Forschern und Forscherinnen auch, als Anlaufstelle und Stützpunkt. Man stellte mir Kontakte her und ermöglichte mir den Zugang zur Bibliothek des Zentrums. Auch wurde mir ein Büro zugewiesen, in dem ich arbeiten konnte.

Ich möchte an dieser Stelle ausdrücklich darauf hinweisen, dass ich während meiner Forschungen in Saudi Arabien keinerlei Kontrolle unterlag. Ich konnte völlig frei arbeiten und musste weder meine Gesprächspartner nennen noch über den Stand meiner Forschung berichten.

Um ein besseres Verständnis der saudischen Gesellschaft und Literatur zu erlangen, war es mir sehr wichtig, Hintergrundgespräche zu führen. Ich wollte historische, lokale und gesellschaftliche Zusammenhänge verstehen, wollte die Intentionen der Autorinnen und Autoren kennenlernen und ihnen zuhören. Daher wählte ich nicht die Methode von aufgezeichneten Interviews mit abzuarbeitenden Fragen. Dies hätte auch der Kommunikationskultur, die ich vorgefunden habe, nicht entsprochen. Ich wollte in meiner Arbeit auch keine Autoreninterviews publizieren, sondern die Darstellung der Romane in den Mittelpunkt stellen. Alle Gespräche dienten für mich dem Zweck, die Werke besser zu verstehen und mich mit der Welt, aus der heraus sie entstanden sind, vertraut zu machen. Meine Gesprächspartner waren Schriftstellerinnen und Schriftsteller, Literaturexperten von Universitäten und den Literaturclubs in Riyāḍ und Ǧidda, Kulturjournalisten und Übersetzer. Die Gespräche fanden auf Englisch statt, lediglich bei zwei Gesprächen war eine saudische Professorin für englische Literatur als Übersetzerin dabei. Angesichts der Wichtigkeit meiner Recherchen und der Komplexität des Themas wären Gespräche auf Arabisch für alle Beteiligten zu mühsam und nicht zielführend gewesen. Meine sprachwissenschaftliche Universitätsausbildung ermöglicht es mir zwar, hocharabische Texte zu lesen und zu übersetzen, Hörverständnis und Sprechen konnten jedoch während des achtsemestrigen Diplomstudiums nicht ausreichend geübt werden. Mich in diesen Bereichen zu verbessern, hätte ergänzend einiger längerer Aufenthalte in arabischen Ländern bedurft, was mir als einer neben dem Beruf Studierenden bisher nicht möglich war.

Ich besuchte in Saudi-Arabien auch Veranstaltungen der Literaturclubs in Riyāḍ und Ǧidda und nahm an Vorträgen und Diskussionen teil, die im Rahmen der Buchmesse (Maʿriḍ ar-Riyāḍ ad-duwalī li-l-kitāb) veranstaltet wurden. Die Buchmesse in Riyāḍ ist eine Verkaufsmesse und die ideale Gelegenheit, an einem Ort konzentriert Verkaufsstände aller Verlage aufzusuchen. Viele saudische Romane sind in Europa weder bekannt noch erhältlich, auf der Buchmesse erhielt ich sie mit wenigen Ausnahmen problemlos. Die Tipps, welche Romane ich kaufen soll, bekam ich von einem Kulturjournalisten, der mit mir von Stand zu Stand ging und für mich auch die wichtigsten Werke der Sekundärliteratur auswählte. Weiteres Material erhielt ich in den Literaturclubs, die als Herausgeber von Sekundärliteratur eine bedeutende Rolle spielen.

Während die ersten Orientalisten noch abenteuerliche Kamelreisen und Expeditionen auf sich nehmen mussten, um Saudi-Arabien zu erforschen, kommt man heute bequem mit dem Flugzeug hin. Meine Recherchewerkzeuge vor Ort waren eine hotmail-Adresse, ein Handy und eine saudische SIM-Karte. Eine wichtige Rolle spielte auch die Hotelhalle des „Al-Khozama"-Hotels, in dem ich wohnte. Trotz der Geschlechtertrennung sind in den Hallen der großen internationalen Hotels Business-Meetings zwischen Männern und Frauen möglich. Ich konnte sowohl dort meine Gesprächspartner treffen als auch im Büro des King Faisal Centers. Manche Treffen fanden im privaten Rahmen statt.

Bei der Aufarbeitung des in Saudi-Arabien gesammelten Materials ergaben sich eine Reihe weiterer Fragen. Eine Recherche über Mails war nicht in allen Fällen möglich. Also unternahm ich 2011 eine zweite Reise, besuchte die Buchmesse, führte vertiefende Gespräche mit Autorinnen und Autoren, deren Romane ich inzwischen durchgearbeitet hatte, traf Autorinnen und Autoren der im Jahr zuvor erworbenen Sekundärliteratur und trug so die restlichen Mosaiksteine für meine Arbeit zusammen, die ich im Mai 2011 abschließen konnte.

1.1.2. Hinweise

1.1.2.1. Zur Transkription der arabischen Namen und Ortsbezeichnungen

In der Arabistik werden in wissenschaftlichen Arbeiten arabische Wörter und Texte, sofern sie in lateinischer Schrift zitiert sind, nach den Regeln der Deutschen Morgenländischen Gesellschaft in die sogenannte DMG-Umschrift transkribiert. Dieser Usus wird in der vorliegenden Arbeit allerdings bei den Namen der Autorinnen und Autoren durchbrochen, vor allem bei jenen, deren Werke in den letzten zwanzig Jahren erschienen sind. Ich habe es vorgezogen, jene Transkription ihrer Namen zu verwenden, die man auf den Internetseiten der Schriftsteller, in ihren E-Mail-Adressen oder auch auf den Übersetzungen ihrer Bücher findet und unter der man in den Internetsuchmaschinen fündig wird. Wo ich auf mehrere Versionen des Autorennamens gestoßen bin, habe ich mich für jene Version entschieden, die von den Autorinnen und Autoren selbst präferiert wird. Eine Übersicht über die arabischen Autorennamen und ihre Transkription befindet sich am Ende dieses Buches.

Die Namen der Verfasser von Sekundärliteratur sowie die Namen der arabischen Verlage werden in DMG-Umschrift geschrieben, ebenso die meisten geographischen Bezeichnungen, wobei bei Städtenamen der Artikel meist weggelassen wird (Beispiel: Riyāḍ statt ar-Riyāḍ). Sofern eine im Deutschen gebräuchliche Schreibweise für arabische Städte- und Ländernamen existiert, wird diese verwendet (Beispiel: Mekka).

1.1.2.2. Zur Übersetzung der Buchtitel

Romantitel zu übersetzen ohne den Inhalt des Werkes zu kennen, kann sehr problematisch sein. Diese Erkenntnis kam mir im Zuge des Quellenstudiums angesichts einiger Negativbeispiele. So wird beispielsweise in „Beyond the Dunes“ der Titel des Romans „Fikra“ mit „An Idea“[1] übersetzt, was zwar die richtige Übersetzung des Wortes ist, allerdings hat der Autor mit Fikra die Heldin seines Romans gemeint.[2] Dasselbe betrifft den Roman „Ḫātim“, dessen wörtliche Übersetzung mit „A Ring“[3] insofern falsch ist, als es sich hier ebenfalls um den Namen der Hauptfigur handelt. Für den Titel „Sīdī Waḥdānah“ findet sich die falsche Übersetzung „My Master alone“ samt der Transkription „Sayyidi wahdanahu“[4], es handelt sich aber um den Namen einer mythischen Gestalt, der von der Autorin in der von ihr mitverfassten englischsprachigen Ausgabe mit Sidi Wahdana wie-

---

1 *Beyond the Dunes*, S. 521.
2 aḍ-Ḍāmin, S. 149.
3 *Beyond the Dunes*, S. 519.
4 *Beyond the Dunes*, S. 519.

dergegeben wird.[5] Auch die im Englischen richtige Übersetzung „The Price of Sacrifice“[6] für „Ṯaman at-taḍḥiya“ kann bei der Übertragung ins Deutsche zu Missverständnissen führen, denn das Wort „Preis“ wird hier im Sinne von „Lohn“ verwendet. Erst die Lektüre des Romans lässt erkennen, dass es nicht um einen Preis geht, den der Held zu bezahlen hat, sondern um die Belohnung, die er für sein Opfer als Gegenleistung erhält.

Diese Beispiele zeigen, wie problematisch es sein kann, Übersetzungen aus Sekundärquellen ungeprüft zu übernehmen bzw. Romantitel selbst zu übersetzen, ohne das betreffende Werk zu kennen. Daher habe ich bei Büchern, die ich nicht selbst gelesen habe, lediglich die arabischen Titel in Transkription wiedergegeben. Eine Übersetzung habe ich nur dann hinzugefügt, wenn ich die Möglichkeit hatte, Rücksprache mit dem Autor, dem Verlag oder einem saudischen Literaturexperten zu halten, um die Titelübersetzung zu verifizieren. Bei jeder anderen Vorgangsweise würde die Gefahr bestehen, dass ich entweder Fehler aus der Sekundärliteratur an andere weitergebe, oder aber selbst Fehler produziere, die dann andere übernehmen, die aus meiner Arbeit zitieren und die Fehler so weiter verbreiten.

1.1.2.3. Zu den Übersetzungen aus dem Arabischen

Bei jenen saudischen Romanen, von denen es eine deutsche Übersetzung gibt, habe ich aus der deutschsprachigen Ausgabe bzw. aus dem deutschsprachigen Manuskript zitiert. Ein saudischer Roman („Fatma“ von Raja Alem) ist auf Englisch geschrieben worden und daher habe ich die Zitate aus dem Englischen übernommen, da es sich um die Originalzitate handelt. In allen anderen Fällen stammen die Zitate jeweils aus der arabischen Ausgabe und wurden von mir übersetzt. Sowohl die Buchtitel als auch die ausgewählten Textpassagen wurden so übersetzt, dass sie im Deutschen gut lesbar sind und den Sinn des arabischen Textes wiedergeben. Im Interesse der Lesbarkeit wurde gegebenenfalls von einer rein wörtlichen Übersetzung Abstand genommen.

1.1.2.4. Zu den biographischen Angaben

Ich habe lange überlegt, welchen Wert biographische Angaben über Romanautorinnen und -autoren haben und ob sie zum Verständnis der Romane notwendig oder vielleicht sogar vollends verzichtbar sind. Da für mich die Werke im Mittelpunkt stehen, habe ich mir die Frage gestellt, welchen Unterschied es macht zu wissen, ob ein Autor oder eine Autorin beispielsweise englische Literatur oder

---

5 Raja Alem *A Thousand and One Nights.*

6 Hamed Damanhouri *The Price of Sacrifice*, Übersetzung von Ghida Shahbandar, Khayats, Beirut 1965.

aber Verwaltungswissenschaften studiert hat und ob er oder sie im Journalismus oder einem Lehrberuf arbeitet. Ist es wichtig zu wissen, ob jemand im Ausland studiert hat oder nicht? Sind Geburtsjahr und regionale Herkunft wichtig?

Schließlich habe ich mich dafür entschieden, es den Autorinnen und Autoren selbst zu überlassen, was sie von sich preisgeben wollen. Als eine Autorin im persönlichen Interview unter vier Augen mir nicht einmal ihr Geburtsjahr nennen wollte, so habe ich dies respektiert und nicht insistiert. Wenn aber ein Autor auf seiner Website seine Lebensgeschichte ausführlich publiziert, dann habe ich daraus selbstverständlich zitiert. Die Entscheidung, so vorzugehen, habe ich keinesfalls aus Bequemlichkeit getroffen. Vielmehr bin ich der Meinung, dass auch das, was Autorinnen und Autoren über sich selbst sagen, Teil ihres öffentlichen Auftrittes ist. Also gebe ich wieder, wie sie sich selbst auf dem literarischen Markt präsentieren bzw. auf der literarischen Bühne inszenieren.

1.2. Arabischer Bookerpreis 2010 und 2011 für saudische Romane

2. März 2010: In Riyāḍ findet abends die feierliche Eröffnung der zehntägigen Internationalen Buchmesse (Maʿriḍ ar-Riyāḍ ad-duwalī li-l-kitāb) statt, die vom saudischen Ministerium für Kultur und Information veranstaltet wird.

Am selben Tag wird in Abu Dhabi der saudische Schriftsteller Abdo Khal für seinen Roman „Tarmī bi-šarar" (Sie sprüht Funken) mit dem begehrten und renommierten Arabischen Bookerpreis (al-Ǧāʾiza al-ʿālamīya li-r-riwāya al-ʿarabīya) ausgezeichnet. Dieser Preis wurde 2010 zum dritten Mal vergeben. Er wird von der britischen Booker Price Foundation unterstützt und von der Emirates Foundation, einer der führenden gemeinnützigen Organisationen der Vereinigten Arabischen Emirate, finanziert. Mit dem Preis werden zeitgenössische arabische Schriftsteller ausgezeichnet. Er soll auch bewirken, dass durch Übersetzungen ein größerer internationaler Leserkreis gewonnen wird.[7]

Zwei weitere saudische Romane waren auf die Longlist für diesen Preis gesetzt worden, nämlich „al-Wārifa" von Omaima al-Khamis und „Šāriʿ al-ʿAṭāyif" (Die Atayif-Straße) von Abdullah ben Bakhit.[8]

2011 hatten es wieder zwei saudische Romane auf die Longlist für den Arabischen Bookerpreis geschafft: „Ṭauq al-ḥamām" (Der Halsring der Tauben) von Raja Alem und „Fitnat Ǧidda" (Der Aufruhr von Ǧidda) von Maqbūl Mūsā al-ʿAlawī. Raja Alems Roman gewann schließlich den Bookerpreis 2011, ex aequo mit dem Roman „al-Qaus wa-l-farāša" (Der Bogen und der Schmetterling) des marokkanischen Autors und ehemaligen Kulturministers Muḥammad al-ʾAšʿarī. Somit ist Raja Alem die erste Frau, die den arabischen Bookerpreis erhalten hat, und ihr Roman „Ṭauq al-ḥamām" der zweite saudische Roman, der mit diesem bedeutenden Preis ausgezeichnet wurde.

Das Datum 2. März 2010 war ein Meilenstein auf dem Weg des saudischen Romans hinauf auf die internationale Bühne. Dr. Abdulaziz Khoja, der saudische Minister für Kultur und Information, sagte anlässlich der offiziellen Ehrung für Abdo Khal am 16. März 2010 im Literaturclub von Ǧidda: „In der saudischen Literaturgeschichte wird „Tarmī bi-šarar" immer als jener Roman in Erinnerung bleiben, der eine klare Trennlinie bildet zwischen dem, was vorher war, und dem, was danach gekommen ist." Doch was war vorher? Wie begann der Weg des saudischen Romans und wie verlief er?

---

7 „*The National*" und „*Gulf News*", beide Abu Dhabi, vom 3. bzw. 4. März 2010.

8 Der Titel dieses nach einer Straße in Riyāḍ benannten Romans ist auf der Website des Bookerpreises 2011 (http://www.arabicfiction.org/archive/2010.html) fälschlicherweise mit „Street of Affections" übersetzt.

Die Entwicklung des saudischen Romans verläuft Hand in Hand mit der Entwicklung des modernen Lebens in Saudi-Arabien und mit der Entwicklung des 1932 gegründeten saudischen Staates, seiner Wirtschaft und der Lebens- und Arbeitsverhältnisse seiner Bewohnerinnen und Bewohner. Die gesamte wirtschaftliche und gesellschaftliche Struktur, die in Jahrtausenden entstanden war und die das Überleben im kargen Klima des Naǧd, in den ausgedehnten Wüstengebieten und den bis zu 3000 m hohen Gebirgsregionen ermöglicht hatte, wurde in nur wenigen Jahrzehnten obsolet.

> „Die Entdeckung des Erdöls und der Beginn der kommerziellen Förderung ab 1945 führte zur Entstehung der heutigen saudi-arabischen Volkswirtschaft. Vorher gab es weitgehend getrennt voneinander funktionierende Wirtschaftssysteme in den einzelnen Landesteilen. Der Hijaz lebte vorwiegend von der Pilgerfahrt, Handel und Landwirtschaft. Im Najd dominierten die Landwirtschaft der Städter und die Viehzucht der Beduinen, während in Ostarabien die Perlenfischerei den Anbau von Datteln für den Export ergänzte. Erst mit der Konzentration der Öleinnahmen in den Händen des Herrschers wurde die Grundlage für einen modernen Zentralstaat geschaffen."[9]

Der Ölreichtum, der nach dem Zweiten Weltkrieg nach und nach ins Land fließt, und die daraus resultierenden neuen Wirtschaftsstrukturen stellen die Menschen vor völlig neue Herausforderungen. Nun wird es wichtig, mit Finanzkapital umgehen und produktive Investitionen tätigen zu können sowie die nötige Infrastruktur und Verwaltung für einen Staat mit immer mehr Einwohnern (heute rund 27,1 Millionen Menschen, davon 18,7 Millionen Saudis)[10] auf einer Fläche von 2,2 Millionen Quadratkilometern aufzubauen.

Aus kleinen Ansiedlungen und geschichtsträchtigen Städten (Mekka, Medina, Ǧidda) wurden moderne Millionenstädte. In der ölreichen Ostprovinz entstand dort, wo kurz zuvor noch kleine Dörfer lagen, in denen Perlenfischer lebten, ein riesiges urbanes Konglomerat. Im Zentrum des Landes wurde aus einem kleinen Städtchen mit kargen Lehmhäusern das neue Riyāḍ, eine moderne, rasant wachsende Weltstadt mit teilweise spektakulärer Architektur, die mitten in der Wüste errichtet wurde und deren Ausdehnung derzeit bereits auf 2.435 km^2 geschätzt wird (zum Vergleich die Ausdehnung von Wien: 415 km^2). An die fünf Millionen Menschen dürften bereits in der saudischen Hauptstadt leben, deren Bedarf an Wasser und Energie immer größer wird, wobei hier vor allem der Autoverkehr und die Klimaanlagen äußerst energieintensiv sind.

Alle diese Veränderungen wirkten sich auf das Denken der Menschen und auf ihren geistigen Horizont aus. Durch die Einführung einer systematischen Schulbildung, die ab den 1960er-Jahren auch Mädchen den Schulbesuch ermöglichte, und durch die zügige Errichtung von Universitäten wurde erreicht, dass in einem Land, in dem gegen Ende des Zweiten Weltkrieges die Alphabetisierungsquote

9 Steinberg, S. 108.

10 Zensus 2010, vorläufiges Ergebnis von Oktober 2010.

höchstens bei 5 % lag,[11] inzwischen 96,8 % der Bevölkerung und 100 % der 15- bis 24-Jährigen alphabetisiert sind[12] und der Frauenanteil an den Universitäten bereits mehr 56,6 %[13] ausmacht.

Nicht nur der neue Zugang zur Bildung verändert das Bewusstsein der Menschen, auch die zunehmende Mobilität trägt entscheidend dazu bei. Dabei handelt es sich nicht nur um Studienaufenthalte im Ausland, sondern auch um große Wanderungsbewegungen innerhalb Saudi-Arabiens. Die Binnenwanderungen gehen vom Dorf in die Stadt, von kleineren Städten in die Großstädte und aus den Wüstengebieten in die Industriezonen. Die globalen Informations- und Kommunikationstechnolgien und die damit verbundenen Möglichkeiten schließlich beeinflussen entscheidend das geistige Leben im Land.

Eine Reihe von einschneidenden historischen Ereignissen hat Auswirkungen auf Saudi-Arabien, ebenso wie die Ideologien, die in den Jahrzehnten nach dem Zweiten Weltkrieg die arabische Welt überschwemmen, vor allem Kommunismus, Sozialismus, Panarabismus, Bathismus[14] und Islamismus. Mittelbar oder auch unmittelbar betroffen ist Saudi-Arabien vom Palästinakonflikt, vom Krieg im Jemen in den 1960er-Jahren, von den Afghanistankriegen (beginnend mit jenem gegen die Sowjetunion in den 1980er-Jahren), von der Besetzung der großen Moschee in Mekka am 21. November 1979, von den Golfkriegen und hier vor allem vom Kuwaitkrieg (2. Golfkrieg) sowie von den Attentaten auf das New Yorker World-Trade-Center und das Pentagon am 11. September 2001, an denen 15 saudische Staatsbürger als Täter beteiligt waren.

In einer Gesellschaft mit einem geschlossenen Weltbild und einer langen Kontinuität, wie es die dörflichen und die beduinischen Gesellschaften auf der arabischen Halbinsel über Jahrtausende hindurch waren, erfüllten mündlich tradierte literarische Texte ihre soziale Funktion des gesellschaftlichen Diskurses und der Weitergabe kultureller Erfahrungswerte. In der arabischen Moderne jedoch, die in allen Lebensbereichen einen Umbruch gegenüber der Tradition darstellt, wird der Roman zu einem wichtigen, ja gerade unverzichtbaren Medium. Das literarische Genre Roman ermöglicht es, die enormen Veränderungen und gesellschaftlichen Brüche sichtbar zu machen, Wertsysteme zu hinterfragen, Konflikte auszutragen, Widersprüche aufzuzeigen und so Bewusstseins- und Diskussionsprozesse in Gang zu setzen. Am Beispiel der Geschichte des saudischen Romans kann man deutlich erkennen, welche Rolle einer literarischen Form wie dem Roman zukommt, wenn es darum geht, gesellschaftliche Prozesse zeitnah sichtbar zu machen, diese aktuell zu kommentieren und künstlerisch aufzuarbeiten.

Die saudische Erzählliteratur entwickelte sich im 20. Jahrhundert. „Der Beginn der saudischen Erzählliteratur, die im Zuge der reformistischen literarischen Be-

---

[11] Steinberg, S. 129.

[12] Schätzung United Nations Development Programme (UNDP) 2009.

[13] Quelle: Saudisches Ministerium für höhere Bildung, Stand 2010.

[14] *baʿṯ*-Partei: Arabische sozialistische Partei der Wiedererweckung.

wegung entstand, wird für die Zeit zwischen dem Ersten und Zweiten Weltkrieg angegeben. Zuerst wurden Kurzgeschichten verfasst, die sich nicht aus traditionellen literarischen Formen entwickelt hatten, sondern deren Verfasser von europäischen Autoren wie Poe, Maupassant und Gogol inspiriert waren. Die Zeitungen und Zeitschriften, welche die journalistischen und literarischen Essays der Pioniere der literarischen Entwicklung publizierten, fungierten als Träger dieser literarischen Erneuerungsbewegung. Sie veröffentlichten auch Übersetzungen internationaler Literatur, um diese einem breiten Publikum in Saudi-Arabien zugänglich zu machen.

War anfangs das Schreiben von Kurzgeschichten gewissermaßen als Hobby angesehen worden, so wurde die Kurzgeschichte in den 1960er-Jahren ein spezielles literarisches Genre. Die Schriftsteller erkannten die Bedeutung von Professionalität beim Verfassen von Werken dieser literarischen Form.

Als nächste wichtige Schriftstellergeneration wird jene der letzten 20 Jahre angesehen, die als Generation der Modernisten bezeichnet wird. Zu den Modernisten zählen jene Schriftsteller, die über den Realismus hinausgingen, indem sie sich in unbewusste, unsichtbare und metaphysische Dimensionen begaben. War die 1960er-Zeit von Yūsuf Idrīs, Yaḥyā Ḥaqqī, Tschechov und Maupassant beeinflusst, so bezogen die Modernisten ihre Inspiration von syrischen, ägyptischen und marokkanischen Autoren, aber auch von Kafka. Das Schreiben von Kurzgeschichten wurde in dieser Zeit zu einem Teil des allgemeinen Diskurses über Literatur und Kultur.

Während die arabische Poesie eine lange Tradition hat und während sowohl Essays als auch Kurzgeschichten neben europäischem Einfluss durchaus auch arabische Vorläufer in alten Episteln und Reimprosa (beispielsweise in den *maqāmāt*) haben, ist der arabische Roman ein Produkt der Moderne. Er entwickelte sich in Saudi-Arabien erst im 20. Jahrhundert."[15]

[15] Martinez-Weinberger: *Männliche und weibliche Lebenswelten im Spiegel moderner Romane aus Saudi-Arabien*, S. 18-19, Zitat basierend auf *Beyond the Dunes*, S. 19-34.

1.3. Saudische Romane von 1930 bis 1990. Ein Überblick

Bei der Darstellung meines Überblickes über die saudische Romanproduktion habe ich mich insgesamt folgender Quellen bedient (angeführt in der Reihenfolge ihres Erscheinens):

„Banipal“, britische Literaturzeitschrift, die in der Nummer 20 im Sommer 2004 ein ausführliches Feature über saudische Romane herausbrachte, darin enthalten ein Beitrag von ʿAlī Zaʿla über „The Progress of the Novel in Saudi Arabia“.[16]

„Antulūǧīyā al-ʾadab as-suʿūdī al-ǧadīd“ von ʿAbd an-Nāṣir Muǧalī, 2005 in Beirut erschienen.[17]

„Beyond the Dunes“, Englischsprachige Ausgabe einer Anthologie von Manṣūr al-Ḥāzimī und anderen, 2006 in New York erschienen.[18]

„Ḥuqūl“, Literaturzeitschrift, herausgegeben vom Literaturclub Riyāḍ, Ausgabe vom Juni 2006.

„Ǧadalīyat al-matn wa-t-taškīl. at-ṭafra ar-riwāʾīya fī s-Suʿūdīya“ von Sahmī al-Hāǧirī, 2009 vom Literaturclub Ḥāʾil herausgegeben.[19]

„ar-Riwāya an-nisāʾīya as-suʿūdīya. Qirāʾa fī t-tāriḫ wa-l-mauḍūʿ wa-l-qaḍīya wa-l-fann“ von Ḫālid b. Aḥmad ar- Rifāʿī, erschienen 2009 als Publikation des Literaturclubs Riyāḍ.[20]

„ar-Riwāya as-suʿūdīya, wāqiʿuhā wa taḥawwulātuhā” von Ḥasan an-Niʿmī, erschienen 2009 in einer Schriftenreihe des saudischen Kultur- und Informationsministeriums.

„Sard al-mudun fī r-riwāya wa-s-sīnamā“, von Saʿd al-Bāzʿī, publiziert 2009 in Algier.

„Nisāʾ bilā ʾummahāt. Aḍ-ḍawwāt al-unṯawīya fī r-riwāya as-suʿūdīya“ von Samāhir aḍ-Ḍāmin, 2010 vom Literaturclub Ḥāʾil herausgegeben.[21]

---

16 *Banipal*, No. 20/2004, S. 82-86.
17 Enthält eine Liste der 1930 bis 2002 erschienenen Romane, S. 30-35.
18 Deckt den Zeitraum bis ca. 2002 ab.
19 Enthält zwei Listen der 1990 bis 2006 erschienen Romane. Eine der Listen ist alphabethisch nach den Autorennamen, die andere nach dem Erscheinungsjahr sortiert S. 427-467.
20 Enthält eine Liste der saudischen Frauenromane bis 2008, S. 473-477.
21 Enthält eine Liste der saudischen Frauenromane von 1958 bis 2008, S. 373-378.

„ar-Riwāya" von Ḫālid al-Yūsuf, erschienen 2010 als Publikation des Literaturclubs Riyāḍ.[22]

In einigen der oben genannten Werke sind Listen der Titel aller saudischen Romane, ihrer Autoren und Verleger publiziert, wie ich in den Fußnoten jeweils angemerkt habe. Ich lege bei meinem Überblick über die saudische Romanproduktion allerdings bewusst nicht auf Vollständigkeit Wert, sondern gehe nur auf die jeweils historisch oder thematisch bedeutendsten Werke ein.

In unterschiedlichen Quellen wird die Entwicklung des saudischen Romans in Phasen (marḥalāt) eingeteilt. Sahmī al-Hāğirī unterscheidet bei der Entwicklung des saudischen Romans zwei große Phasen, nämlich die Zeit von 1930 bis 1990 und jene ab 1990, auf der der Schwerpunkt seiner und auch meiner Forschungsarbeit liegt. Er begründet diese Unterscheidung u. a. mit dem unterschiedlichen Entwicklungstempo. 1930 bis 1990 erschienen 60 saudische Romane, also etwa ein saudischer Roman pro Jahr, 1990 bis 2006 waren es 271, also im Schnitt mehr als ein Roman pro Monat.[23]

Die erste Phase (1930 bis 1990 oder auch bis 1992) wird von einigen Wissenschaftlern in Entwicklungsstufen gegliedert. Eine dieser Gliederungen möchte ich hier darlegen. Sie erscheint mir am plausibelsten, weil in ihr nur drei Untergliederungen vorgenommen werden und weil darauf verzichtet wird, diese Entwicklungsstufen mit Bezeichnungen zu versehen. Angesichts der wenigen in diesem Zeitraum erschienen Romane und der zum Teil parallel laufenden Entwicklungen kann man meiner Ansicht nach weder historisch aufeinanderfolgende Stile definieren noch Typologien vornehmen. Hinsichtlich der Gliederung folge ich daher zwei Artikeln von ʿAlī Zaʿla (Ali Zalah) in den Literaturzeitschriften „Ḥuqūl"[24] und „Banipal"[25].

Die erste Entwicklungsstufe (1930-1957) beginnt mit dem Erscheinen des Romans „at-Tauʾamān" (Die Zwillinge) von ʿAbd al-Quddūs al-Anṣārī. Dieser Roman hat weniger einen künstlerischen als einen erzieherischen Anspruch (siehe Punkt 1.3.1.). Die konservative Gesellschaft, deren Geschmack von Poesie geprägt ist, missbilligt zu dieser Zeit noch das Genre Roman. Erst 18 Jahre später erscheinen die nächsten saudischen Romane. 1948[26] kommt „Fikra", der erste Roman von Aḥmad as-Sibāʿī[27], heraus sowie „Baʿṯ" von Muḥammad ʿAlī al-Maġribī. 1954 erscheint dann die erste Autobiographie, Autor ist ebenfalls Aḥmad as-Sibāʿī (siehe Punkt 1.3.2.).

---

22 Enthält eine Liste aller 1930 bis 2009 erschienenen Romane, alphabethisch nach Autorennamen geordnet, S. 93-167.

23 al-Hāğirī S. 14-17.

24 *Ḥuqūl*, Juni 2006, S. 53-57.

25 *Banipal*, No. 20/2004, S. 82-86.

26 In einigen Quellen findet sich das Datum 1947.

27 In einer Quelle lautet die Transkription Subāʿī.

Die zweite Entwicklungsstufe (1958 bis 1979) setzt mit dem Erscheinen von „Ṯaman at-taḍḥiya“ von Ḥāmid Damanhūrī ein (siehe Punkt 1.3.3.). Dieses Werk gilt als der wahre Beginn des künstlerischen Romans in Saudi-Arabien. Kurz danach debutiert Ibrāhīm an-Nāṣir al-Ḥumaidān mit „Ṯuqb fī ridāʾ al-lail“ (1961), ein Autor, der lange Zeit produktiv bleibt.

Den meisten Quellen zufolge erschien sogar noch vor Damanhūrīs Roman der erste Roman einer saudischen Frau, Samīra al-Ḫašuqǧī, die ab 1958 unter dem Pseudonym Samīra bint al-Ǧazīra mehrere Romane verfasst (siehe Punkt 1.3.4.). Wie ʿAlī Zaʿla ausführt, steigt mit der Anzahl der publizierten Romane auch das Interesse der gebildeten Klasse an diesem neuen Genre. Bisher genossen nur Poeten Ansehen, doch nach und nach werden auch Romanschriftsteller respektiert. Ein weiterer Beweis dafür, dass der Roman ernst genommen wird, ist die Tatsache, dass der Staat damals Schriftsteller, Verlage und Druckereien ermutigte, indem er, wie ʿAlī Zaʿla schreibt, dreißig Prozent der Auflagen kaufte. Die Autoren beginnen, sich mit der Technik des Romanschreibens auseinanderzusetzen, und nach den didaktischen Romanen der ersten Zeit entstehen nun realistische, historische und sentimentale Romane, darunter allerdings auch etliche von schwacher Qualität.

Die dritte Entwicklungsstufe (1980-1992) ist durch ein Anwachsen der Romanproduktion gekennzeichnet. ʿAlī Zaʿla schreibt, dass in den zwölf Jahren dieser dritten Phase mehr als doppelt so viele Romane erschienen sind als in den fünfzig Jahren davor, wobei er anmerkt, dass maximal ein Drittel davon als qualitätsvoll bezeichnet werden kann. In dieser Phase tritt ein Schriftsteller an die Öffentlichkeit, der als der erste Chronist des saudischen Landlebens gilt, ʿAbd al-ʿAzīz Mišrī (siehe Punkt 1.3.8.). Ebenfalls aus den 1980er-Jahren stammt der Roman „Saqīfat aš-Šafā“ von Ḥamza Būqarī (siehe Punkt 1.3.5.).

Bald befassen sich auch erstmals kritische Essays mit dem saudischen Roman, und zwar sowohl in Saudi-Arabien selbst (z. B. 1981 eine Schrift von Manṣūr al-Ḥāzimī), als auch in Ägypten (1990) und Palästina (1990).

Die Übergänge zwischen den von der Literaturwissenschaft definierten Phasen und Entwicklungsstufen sind selbstverständlich fließend, und Entwicklungen laufen zum Teil parallel ab. Während ʿAlī Zaʿla die erste große Epoche des saudischen Romans zwischen 1930 und 1992 ortet, wählt Sahmī al-Hāǧirī hierfür den Zeitraum 1930 bis 1990. Es spricht allerdings auch einiges dafür, die Grenze erst im Jahr 1994 zu ziehen, jenem Jahr, in dem der Roman „Šiqqat al-ḥurrīya“ (Eine Wohnung namens Freiheit) von Ghazi Algosaibi erscheint.

Doch bevor ich mich jener zweiten großen Phase des saudischen Romans zuwende, die den Schwerpunkt meiner Forschung bildet, möchte ich auf einige Romane und Autoren aus der Zeit zwischen 1930 und 1990 näher eingehen.

1.3.1. „at-Tau'amān" von ʿAbd al-Quddūs al-Anṣārī

„at-Tauʾamān" (Die Zwillinge), der erste saudische Roman und gleichzeitig auch der erste Roman auf der gesamten Arabischen Halbinsel,[28] erschien 1930 in Damaskus. Autor war der 1904 geborene ʿAbd al-Quddūs al-Anṣārī aus Mekka. ʿAbd an-Nāṣir al-Muǧālī führt in seiner Anthologie aus, dass die Kunst des Romans in Saudi-Arabien quasi bei Null begonnen hat. Es gab keine vorhergehenden Arbeiten, auf die man sich stützen konnte. ʿAbd al-Quddūs al-Anṣārī kannte Romane nur vom Lesen ausländischer Werke, von der Kunst oder der Technik des Romanschreibens wusste er nichts.[29]

„Beyond the Dunes" erwähnt ʿAbd al-Quddūs al-Anṣārī auch als Verfasser von Essays, Gedichten und Kurzgeschichten. Vor allem aber spielte er im Ḥiǧāz eine bedeutende Rolle als Publizist. Er war Besitzer und Chefredakteur der wichtigen Literaturzeitschrift „al-Manhal", die 1937 gegründet wurde und die Funktion hatte, Bewusstsein zu schaffen und dem Schreiben von Kurzgeschichten einen literarischen Stellenwert zu geben. Erstmals in Saudi-Arabien veröffentlichte ʿAbd al-Quddūs al-Anṣārī in „al-Manhal" auch kritische Abhandlungen über Erzählliteratur, und er thematisierte technische Fragen wie Stil, Struktur, Spannungsaufbau und die Erörterung jener Mittel, die Aufmerksamkeit bei den Lesern bewirken.[30] Auch publizierte er Übersetzungen literarischer Texte aus Sprachen wie Urdu, Türkisch, Russisch, Französisch, Englisch und Japanisch.

Das Erscheinen von „at-Tauʾamān" erfolgte sechs Jahre nach der Eroberung der Heiligen Stätten des Ḥiǧāz durch den Staatsgründer König ʿAbd al-ʿAzīz und zwei Jahre vor der offiziellen Gründung des saudischen Staates. Die Absicht des Autors war es, wie er im Vorwort von „at-Tauʾamān" ausführt, zu erziehen und zu reformieren.

Eine kurze Darstellung des Inhalts von „at-Tauʾamān" findet sich bei Ḥasan an-Niʿmī, der eingangs anmerkt, dass es sich um einen aus künstlerischer Sicht eher schwachen Roman handelt, der konservative Ansichten vertritt. In einem Gespräch, das ich 2011 mit ihm im Literaturclub von Ǧidda führte, sagte er, „at-Tauʾamān" sei gewissermaßen ein ideologischer Text im Romanform, der in der damals einsetzenden Kulturdiskussion und in der Auseinandersetzung mit „dem Anderen" einen nationalistischen Standpunkt vertritt. Das Genre Roman erweist sich somit bereits in seinen Anfängen in Saudi-Arabien als gutes Medium, sein fiktiver Charakter eignet sich für den Transport von Ideen.

Das zentrale Thema von „at-Tauʾamān" ist das Problem der kulturellen Konfrontation zwischen Ost und West. Vor dem Hintergrund des Ost-West-Konfliktes in der Zeit zwischen den beiden Weltkriegen ist die Botschaft des Romans, dass

---

28 al-Hāǧirī, S. 16.
29 Muǧālī, S. 25.
30 *Beyond the Dunes*, S. 20-21.

die Menschen nicht weggehen, sondern Wertschätzung für die eigene Kultur und Sprache entwickeln sollen.

Die Romanhelden sind die Zwillinge Rašīd und Farīd, die unterschiedliche Erfahrungen durchleben und unterschiedliche Schulen wählen. Rašīd, der eine *madrasa waṭanīya* (staatliche Schule) besucht, nimmt eine charakterlich und menschlich positive Entwicklung. Sein Bruder Farīd, der es vorzieht, in ausländischen Instituten zu lernen, wird durch die fremde Kultur, die nicht zu ihm passt, verdorben und überheblich. Es erweist sich, dass die fremden Institute seine Persönlichkeit zerstört haben. Er gerät in Isolation und verliert seine Religion, seine Gesellschaft und sich selbst.[31]

1.3.2. Die erste Autobiographie von Aḥmad as-Sibāʿī

Auch der nächste wichtige saudische Romanschriftsteller stammt aus Mekka, das in den Anfangsjahren das kulturelle und literarische Zentrum des saudischen Staates ist. Aḥmad as-Sibāʿī[32], Jahrgang 1905, besuchte die Schule in der haschemitischen Ära, arbeitete dann als Lehrer und später als Schuldirektor. In der saudischen Ära wird er Chefredakteur der Zeitung „Ṣaut al-Ḥiǧāz", ab 1957 Herausgeber der Zeitung „an-Nadwā" und 1959 der Zeitschrift „Quraiš".

1984 erhielt Aḥmad as-Sibāʿī den Staatspreis für Verdienste um die Literatur. Er wird als einer der Pioniere des Denkens und der Literatur in Saudi-Arabien angesehen.[33] Neben den Romanen „Fikra" (1948) und „Abū Zāmil" (1954) publizierte er unter anderem eine Reihe von Kurzgeschichtensammlungen, schrieb eine Geschichte von Mekka (1965), setzte sich mit vielen die Gesellschaft bewegenden Themen auseinander und engagierte sich auch beim Versuch, in Saudi-Arabien eine Theaterkultur aufzubauen. Dafür gründete er 1960 eine Schule und eine Theatergruppe namens „Dār quraiš li-t-tamṯīl al-ʾislāmī"[34] und kaufte ein Stück Land in Mekka, auf dem er ein Theater mit einer voll ausgestatteten Bühne und 600 Sitzen „der gehobenen Klasse" baute. Das Fassungsvermögen dieses ersten saudischen Theaterbaues betrug 1.000 Personen. Es kam allerdings nie zur Eröffnung.[35]

Abubaker A. Bagader, gemeinsam mit Deborah S. Akers Übersetzer und Herausgeber der englischsprachigen Ausgabe des Romans „Abū Zāmil" (My Days in Mecca), berichtet, dass sich Aḥmad as-Sibāʿī nicht nur für soziale Fragen und Menschenrechte engagierte, sondern auch für Tiere. Das traurige Los der Esel in Mekka und anderer Lasttiere bewegte ihn so sehr, dass er eine Tierschutzorganisation gründete. Abubaker A. Bagader schreibt: „Subaʾi was an educator par excel-

---

31 an-Niʿmī, S. 19 und 40-44.

32 In der englischsprachigen Ausgabe seines autobiographischen Romans findet sich die Schreibweise Ahmad Subaʾi.

33 *Beyond the Dunes*, S. 521.

34 Kidwah: *Das Theater im Königreich von Saudi-Arabien*, Seite 17.

35 Kidwah: *Das Theater im Königreich von Saudi-Arabien*, S. 19.

lence. He carried the burden of a new vision that he felt had to be realized, a vision that was shaped by the real problems, needs and aspirations of the youngest generation." In diesem Sinn wandte sich Aḥmad as-Sibāʿī vehement gegen das traditionelle System der *kuttāb* (Koranschule), das den Analphabetismus verlängerte und die Erziehung zum Denken und zur Entwicklung des Verstandes verhinderte.[36]

Aḥmad as-Sibāʿīs erster Roman „Fikra" (1948) behandelt das Recht der Frau auf Bildung. Es geht in dem Roman um ein Mädchen, das gegen Traditionen aufbegehrt, die die Frau daran hindern, zu lernen und sich zu bilden. Die Heldin des Romans ist auf der Suche nach ihrem Selbst und ihrer Identität im Leben. Sie formuliert im Roman die Ideen des Autors zur Frauenbildung, deren Umsetzung in Saudi-Arabien erst in den 1960er-Jahren beginnen wird.[37]

In seiner 1954 erschienen Autobiographie „Abū Zāmil", die später unter dem Titel „Ayyāmī" neu aufgelegt wurde, beschreibt Aḥmad as-Sibāʿī das Erziehungs- und Ausbildungssystem im Mekka seiner Kindheit und die pädagogischen Methoden dieser Zeit. Darüber hinaus zeichnet er ein lebendiges Bild der Stadt Mekka und ihrer Bewohner in der ersten Hälfte des 20. Jahrhunderts. So beschreibt er beispielsweise den Šarīfen Ḥusain, der sich wie einst Hārūn ar-Rašīd persönlich unter das Volk mischte und dabei auch Schulen inspizierte. Starke Persönlichkeiten sind auch die Frauenfiguren des Buches, wie etwa Aḥmads Tante Ḥasīna, eine freigelassene Sklavin, die religiöse Poesie rezitieren kann und Koranrezitation für kleine Mädchen unterrichtet, und Aḥmads phantasievolle und abergläubische Großmutter mit ihrem Reichtum an Poesie und Volksmärchen. Die sinnlosen, mit Misshandlungen einhergehenden Lehrmethoden der traditonellen Koranschule (*kuttāb*) werden drastisch beschrieben und angeprangert. Besonders ergreifend schildert Aḥmad as-Sibāʿī die Beziehung zu seinem ungebildeten Vater, der ihn schlägt und aus Unwissenheit von einer pädagogisch unfähigen Person zur anderen schleppt, in dem Bemühen, seinem Sohn so viel Bildung wie nur möglich zukommen zu lassen. Der Vater glaubt, durch permanenten Druck und Überforderung sowie durch Entzug von Freizeit und durch Spielverbot die Bildung seines Sohnes fördern und somit dessen Lebenschancen erhöhen zu können. Gegen Ende des Romans wird Aḥmad, nach erfolglosen Versuchen als Geschäftsmann, schließlich Lehrer. Auf den letzten Seiten erfahren die Leser dann einiges über den weiteren Verlauf des Lebensweges von Aḥmad as-Sibāʿī im Journalismus und in der Literatur.

Von „Ayyāmī" gibt es seit 2009 eine englische Übersetzung von Deborah S. Akers und Abubaker A. Bagader, erschienen in der First Forum Press. Sie trägt den Titel „My Days in Mecca" und verwendet, wie schon erwähnt, für den Namen des Autors die Transkription Ahmad Subaʾi. Die letzten Sätze der englischen Überset-

---

[36] Ahmad Subaʾī: *My Days in Mecca*, S. 1-5.

[37] aḍ-Ḍāmin, S. 149.

zung lauten: „In our society, there's nothing we need more than to learn how to raise our children, especially in their formative years. Every disobedient, arrogant, defeated child is a victim of bad upbringing. We're all responsible before the Lord for what we do to them." [38]

1.3.3. *Ḥāmid Damanhūrī und Ibrāhīm an-Nāṣir*

Als der erste künstlerische saudische Roman gilt „Ṯaman at-taḍḥiya" (Der Lohn für das Opfer) von Ḥāmid Damanhūrī (geb. 1922 in Mekka). Der Roman erschien 1959 und behandelt einen Konflikt, der im Leben vieler junger arabischer Auslandsstudenten dieser Epoche aufgetreten ist und auch immer wieder in der arabischen Literatur beschrieben wird, beispielsweise 1944 in einem der berühmtesten Werke der frühen ägyptischen Erzählliteratur, „Qindīl 'Umm Hāšim" (Die Öllampe von Umm Hashim) von Yaḥyā Ḥaqqī. Es geht darin um den Konflikt eines Studenten zwischen der Verpflichtung, ein Mädchen aus dem eigenen Milieu zu heiraten, und der Faszination, die eine kultivierte moderne junge Frau auf ihn ausübt, der er am Studienort begegnet. Aḥmad, der junge Held von „Ṯaman at-taḍḥiya", darf zum Studium nach Ägypten reisen, wo er einer ihm intellektuell ebenbürtigen jungen Frau begegnet und sich mit ihr trifft, in dem Wissen, dass er bereits einen Ehevertrag unterzeichnet hat, den er bei seiner Rückkehr nach Mekka einlösen muss und der ihn an seine hübsche, aber ungebildete Cousine bindet.

Schon in den ersten Zeilen schildert der Autor die Mädchenerziehung der damaligen Zeit. Mädchen werden von ihren Müttern schon früh auf ihre künftige Rolle als Hausfrauen vorbereitet. Das Interesse eines Mädchens an den Schulaufgaben ihrer Brüder wird nicht von allen ermutigt, sondern gilt traditionell als unpassend, da Wissen und Erziehung Männersache sind. In dieser Welt voller Regeln, Rituale und Gewohnheiten ist Aḥmads Heirat mit seiner Cousine Fāṭima seit seiner Kindheit beschlossene Sache. Die 14-jährige hübsche Fāṭima wird im Roman als perfekte Hausfrau dargestellt.

Damanhūrī beschreibt die Welt der Geschäftsleute von Mekka, der Aḥmads Vater angehört, und die Träume, Pläne und Sehnsüchte von Aḥmad, der in Ägypten studieren möchte. In den Dialogen von Aḥmads Schulkollegen wird das rigide Schulsystem in Mekka kritisiert, in dem Furcht und Stockschläge eine große Rolle spielen. Aḥmad wird krank vor Sorge, dass er seine Träume wegen der von seinem Vater und seinem Onkel beschlossenen Heirat möglicherweise begraben muss, doch sein Onkel, Fāṭimas Vater, stimmt dem Auslandsstudium seines künftigen Schwiegersohnes zu. Vor seiner Abreise zum Medizinstudium muss der 19-jährige Aḥmad jedoch im Rahmen der vorgeschriebenen Zeremonie den Ehevertrag unterzeichnen.

---

[38] Ahmad Suba'i: *My Days in Mekka* S. 118.

Die Sorgen der Daheimgebliebenen um ihn sind groß, während für Aḥmad und einige seiner mekkanischen Schulkollegen in Kairo ein neuer, aufregender Lebensabschnitt beginnt. Er lernt die Schwester eines ägyptischen Freundes kennen. Sie ist modern und gebildet und teilt Aḥmads Interesse für Literatur. Nach und nach entfernt er sich innerlich von seiner Heimat. Doch nach dem Tod von Fāṭimas Vater beginnt Aḥmad zu fühlen, dass sein Lebensmittelpunkt in Mekka und bei Fāṭima ist. Er erkennt, dass nicht nur seine Verpflichtungen, sondern vor allem auch seine Gefühle bei seiner Familie sind. Als er die Prüfungen in Ägypten abgeschlossen hat, kehrt er zurück. Alle seine Freunde erwarten ihn, und als Aḥmad die Stufen seines Elternhauses hinaufläuft, überkommt ihn ein Gefühl des Glücks und der Entspannung. Er fühlt, dass er das richtige getan hat, als er auf die Ägypterin Faiza verzichtet hat. Die Belohnung für sein Opfer steht vor ihm, es ist Fāṭima.[39] 1963 erschien ein weiterer Roman von Ḥāmid Damanhūrī mit dem Titel „Wa-marrat al-ʾayyām".

Der zweite wichtige saudische Roman der Epoche des künstlerischen Romans tritt 1961 an die literarische Öffentlichkeit. Es ist „Ṯuqb fī riḍāʾ al-lail" von Ibrāhīm an-Nāṣir al-Ḥumaidān (geb. 1932). Ibrāhīm an-Nāṣir ist der erste saudische Romanschriftsteller, der nicht aus Mekka stammt, sondern aus Riyāḍ. Sein erster Roman erschien 1961, es folgten „Safīnat al-mautā" 1969, „ʿAḏrāʾ al-manfā" 1978, „Ġuyūm al-ḫarīf" 1988, „Raʿšat aẓ-ẓill" 1994, „aṯ-Ṯimār al-murra" 1997, „Dam al-barāʾa" und „al-Ġaǧarīya wa-ṯ-ṯuʿbān" 2001 und „Ḥīṭān ar-rīḥ" 2004.

In Ibrāhīm an-Nāṣir's erstem Roman „Ṯuqb fī riḍāʾ al-lail"[40] stammt der Held aus dem Naǧd und erhält die höhere Schulbildung in Basra im Irak. Er gerät in einen heftigen Konflikt mit seinem Vater, einem konservativen Kaufmann. Der Roman thematisiert den Konflikt zwischen alten Traditionen und dem neuen städtischen Leben in Basra. Dem jungen Romanhelden begegnet die Liebe, er nimmt an Studentenprotesten teil und wird inhaftiert. Am Ende kehrt er traurig und gescheitert zu seiner Familie zurück. Auch in diesem Roman werden die brutalen körperlichen Strafen im Zuge der Erziehung der Knaben angeprangert.[41]

Ḥasan an-Niʿmī führt diesen Roman als erstes Beispiel für die Thematisierung der Beziehung zwischen Dorf und Stadt an.[42] Das Dorf steht dabei für die Vergangenheit, die Stadt für Gegenwart und Zukunft. Die wirtschaftlichen und gesellschaftlichen Veränderungen und der damit verbundene notwendige Wertewandel wird anhand der Beziehung zwischen Dorf und Stadt besonders deutlich sichtbar. Die daraus entstehenden Krisen in den Familien beschreibt Ibrāhīm an-Nāṣir in „Ṯuqb fī riḍāʾ al-lail" zum ersten Mal in einem saudischen Roman.

---

39 Hamed Damanhouri: *The Price of Sacrifice*, englische Übersetzung von Ghida Shahbandar.
40 Bei an-Niʿmī lautet der Titel „Ṯuqūb fī ridāʾ al-lail", S. 63.
41 *Beyond the Dunes*, S. 327.
42 an-Niʿmī, S. 62-63.

1.3.4. Samīra bint al-Ǧazīra al-ʿarabīya

1958 erscheint in Beirut der erste Roman einer saudischen Schriftstellerin. Sie schreibt unter dem Pseudonym Samīra bint al-Ǧazīra bzw. Samīra bint al-Ǧazīra al-ʿarabīya (Samira, Tochter der arabischen Halbinsel). Ihr richtiger Name lautete Samīra Muḥammad Ḫašuqǧī. Sie lebte allerdings nicht in Saudi-Arabien, und auch ihre Romane, die in Beirut publiziert wurden, spielen überwiegend an Schauplätzen wie Alexandria, Beirut oder Genf und schildern meist eine nicht-saudische Umwelt und Gesellschaft. Kritiker warfen ihr vor, in ihren Romanen eine unrealistische Welt darzustellen, die jener ähnelt, die in Kinofilmen gezeigt wird, ihre Figuren würden außerdem in einem aristokratischen Klima leben und ihr Schreibstil sei überdies sentimental.[43]

1958 „Waddaʿtu ʾĀmālī" (Ich habe mich von meinen Hoffnungen verabschiedet)
1961 „Ḏikrayāt dāmiʿa" (Tränenreiche Erinnerungen)
1963 „Barīq ʿainaik" (Der Glanz deiner Augen)
1971 „Waraʾa aḍ-ḍabāb" (Hinter dem Nebel)
1973 „Qaṭarāt min ad-dumūʿ" (Ströme von Tränen)
1973 „Maʾtam al-ward" (Trauerfeier der Rosen)[44]

Samīra bint al-Ǧāzīras dritter Roman wurde einer Quelle zufolge in Ägypten unter dem gleichen Titel verfilmt.[45]

Zumindest in einem ihrer Romane, dem 1973 erschienen Werk „Qaṭarāt min ad-dumūʿ", greift sie ein brisantes Thema auf. Dieser Roman spielt in der saudischen Wüstenkultur und behandelt das Problem einer weit verbreiteten und bis heute nicht ausgerotteten Tradition, nach der alte Männer minderjährige Mädchen heiraten (*zawāǧ al-qaṣīrāt*). Der Roman erzählt die Geschichte eines Mädchens, das versucht, zu einer solchen Heirat Nein zu sagen und das einen Gleichaltrigen liebt. Sie wird hart bestraft, indem sie bis zum Hals im Sand eingegraben und gesteinigt wird.

Bald folgten weitere saudische Romanschriftstellerinnen mit ihren Erstlingswerken, wie 1971 Hind Bāġafār mit ihrem Roman „al-Barāʾa al-mafqūda" (Die verlorene Unschuld), 1979 Hudā ar-Rašīd mit „Ġadan sa-yakūn al-ḫamīs" (Morgen wird Donnerstag sein) und noch andere, die zum Teil längere Zeit hindurch als Romanschriftstellerinnen produktiv blieben. Anfangs wird in den Romanen der Frauen die Handlung oft außerhalb Saudi-Arabiens verlegt. Einer der Gründe

---

43 aḍ-Ḍāmin, S. 179-193.

44 In allen mir zugänglichen Quellen ist von sechs Romanen Samīra bint al-Ǧāzīras die Rede. Samāhīr aḍ-Ḍāmin hat als siebenten Roman „Tilāl min rimāl" (1983) in ihrer Liste auf S. 373 verzeichnet, der in einem Verlag in Riyāḍ erschienen sein soll und in der saudischen Literaturzeitschrift *Ḥuqūl* erwähnt wurde; aḍ-Ḍāmin, S. 179, Fußnote 1.

45 Der einzige Hinweis darauf findet sich in einem Artikel von Abdo Khal in *Banipal* Nr. 20/2004, S. 80.

dafür ist, dass manche der frühen Romanautorinnen außerhalb des Landes lebten.[46] Hind Bāġafār schreibt 1987 noch einen zweiten Roman, Hudā ar-Rašīd bringt bis 1993 insgesamt drei Romane heraus. Bis 1989 erschienen ingesamt 21 Romane von 11 saudischen Romanschriftstellerinnen.

Im Gespräch strich Samāhir aḍ-Ḍāmin, deren 2010 erschienenes Buch „Nisāʾ bilā ʾummahāt" durchaus als Standardwerk über den saudischen Frauenroman gewertet werden kann, die Autorin Hudā ar-Rašīd wegen ihres radikal feministischen Denkens und ihres sehr deutlichen Ansprechens von aktuellen Problemen besonders heraus. Hudā ar-Rašīd beschreibt in ihrem ersten Roman „Ġadan sayakūn al-ḫamīs" (Morgen wird Donnerstag sein)[47] eine moderne, gebildete junge Frau namens Nawāl, die eine traditionelle arrangierte Heirat ablehnt. Aḥmad, der in den USA studiert hatte, verliebt sich in Nawāl, und sie vereinbaren zu heiraten. Doch er zögert plötzlich, da ihr Benehmen nicht dem der traditionell lebenden Frauen seiner Familie entspricht. Als Nawāls Mutter stirbt und sie Aḥmad braucht, ist er nicht für sie da. Als er endlich seine Zweifel überwunden hat und zu ihr zurückkehren will, weist sie ihn ab, weil sie erkennt, dass er seine traditionellen Ansichten nicht ändern kann. Der Romantitel bezieht sich auf den Donnerstag, jenen Wochentag, an dem üblicherweise Hochzeiten stattfinden.

Eine weitere Schriftstellerin, auf die Samāhir aḍ-Ḍāmin mich im persönlichen Gespräch ausdrücklich hinwies, ist Amal Šaṭā[48], eine Ärztin, deren erster Roman „Ġadan ʾansā" 1980 erschienen ist. Es folgten 1989 „Lā ʿāša qalbī" und 2006 „Raǧul min zaman al-ʾāḫar".

1987 bringt Raja Alem, die erste bedeutende Schriftstellerin der mit 1990 einsetzenden neuen Phase des modernen saudischen Romans, ihren ersten Roman „Arbaʿ/Ṣifr" (Vierzig/Null) heraus, den ʿAbd an-Nāṣir Muǧālī neben „al Wasmīya" von ʿAbd al-ʿAzīz Mišrī zu den herausragendsten Werken der 1980er-Jahre zählt.[49] Über Raja Alem und ihr Werk wird in Punkt 2.5. ausführlich zu lesen sein.

1.3.5. „Saqīfat aṣ-Ṣafā" von Ḥamza Būqarī

Als etwas anachronistischer Nachzügler, der an die Werke der Pioniergeneration anschließt, erscheint 1983 der Roman „Saqīfat aṣ-Ṣafā" von Ḥamza Būqarī, ein liebenswürdiger Bildungsroman, in dem der Autor seine tiefe Liebe zu Mekka und zur Literatur verewigt hat. Der Einfluss von Aḥmad aṣ-Ṣibāʿī ist unverkennbar, jedoch ist das Buch von Ḥamza Būqarī keine Autobiographie, sondern ein Denkmal des alten Mekka, das es in den 1980er-Jahren in dieser Form nach einer Modernisierungswelle schon nicht mehr gab. Aktuellstes Beispiel der Mekka-

46 *Banipal*, Nr. 20/2004, S. 83.
47 aḍ-Ḍāmin, S. 173-175.
48 aḍ-Ḍāmin, S. 172.
49 Muǧālī, S. 26.

Romane, die sich mit den gewaltigen Veränderungen dieser Stadt auseinandersetzen, ist Raja Alems mit dem Bookerpreis 2011 ausgezeichneter Roman „Ṭauq al-ḥamām".

Ḥamza Muḥammad Būqarī wurde 1932 in Mekka geboren und hatte, nach Studien in Kairo, während seines Lebens eine Reihe von wichtigen Positionen in Saudi-Arabien inne. Er war Generaldirektor des saudischen Rundfunks und später stellvertretender Informationsminister. Sein Name findet sich auch auf der Gründerliste der König ʿAbd al-ʿAzīz-Universität in Ǧidda. Der Publizist und Literaturexperte Ḥamza Būqārī gilt als einer der Pioniere der saudischen Kurzgeschichte. „Saqīfat aṣ-Ṣafā", sein einziger Roman, erschien 1983 kurz vor seinem Tod im Jahr 1984. Die englischsprachige Ausgabe dieses Romans kam 1991 am Center of Middle Eastern Studies der Universität in Austin, Texas, heraus. Der Titel dieser Übersetzung von Olive Kenny und Jeremy Reed lautet „The Sheltered Quarter – A Tale of a Boyhood in Mecca".

Der Roman erzählt die Geschichte von Muḥaisin, dessen Vater gestorben ist und der mit seiner Mutter und seiner Tante Asmāʾ in Mekka lebt. Ausführlich wird Muḥaisins Schulzeit geschildert, was den Leserinnen und Lesern die Chance gibt, das mekkanische Bildungssystem der damaligen Zeit kennenzulernen.

Muḥaisin ist ein begeisterter Leser und darf sich die Bücher der höheren Schule ausborgen. Da er daheim nicht ausreichend Licht zum Lesen hat, geht er mit seinen Büchern in die Moschee. Manchmal stellt er sich zum Lesen auch einfach in eine Gasse neben die Straßenbeleuchtung. Hier entdeckt ihn ein Mann namens ʿUmar, der ihn zu sich nach Hause einlädt, wo er Muḥaisin seine Bibliothek zeigt. ʿUmar leiht Muḥaisin regelmäßig Bücher, und Muḥaisin vertraut dem väterlichen Freund an, dass er selbst schreibt. Als dieser seine Werke nicht ausreichend lobt, ist Muḥaisin schwer gekränkt.

Nach Beendigung seiner Schulzeit wird Muḥaisin Lehrer, wobei es in seinem Unterricht anfangs reichlich chaotisch zugeht. Muḥaisin, der privat ʿUmars Sohn unterrichtet, soll nun auch ʿUmars Tocher Ǧamīla als Schülerin bekommen. Obwohl sie verschleiert ist und anfangs nur schweigend zuhört, ist Muḥaisin schockiert und zutiefst erschrocken. Nachdem seine Mutter an Krebs stirbt, bricht Muḥaisin zusammen, und ʿUmar nimmt ihn zu sich. Schließlich bietet er ihm an, Ǧamīla zu heiraten. Nach anfänglicher Verwirrung nimmt der naive und im Bezug auf Frauen völlig unerfahrene Muḥaisin das Angebot an. Der Roman endet mit der Geburt des ersten Sohnes von Muḥaisin und Ǧamīla.

1.3.6. Gesellschaftliche, politische und wirtschaftliche Entwicklung

König ʿAbd al-ʿAzīz b. ʿAbd ar-Raḥmān b. Faiṣal Āl Suʿūd proklamiert 1932 den saudischen Staat. Zwischen 1902 und 1934 hatte er das gesamte heutige Staatsgebiet erobert und vereinigt. 1933 wird die erste saudi-arabische Ölkonzession unterzeichnet, 1938 beginnt die kommerzielle Erdölförderung, 1945 fließen erstmals nennenswerte Erlöse aus dem Erdölexport ins Land. 1945 wird Saudi-Arabien Mitglied der UNO und ist eines der Gründungsmitglieder der Arabischen Liga.

Die Epoche 1930 bis 1990 ist von rasanten und tiefgreifenden Veränderungen auf der arabischen Halbinsel gekennzeichnet. Vieles findet erst mit zeitlicher Verzögerung seinen Niederschlag in der saudischen Literatur. Ab den 1950er-Jahren wird die arabische Welt von einer Welle an Ideologien überschwemmt. In Ägypten (1952), dem Irak (1958) und Libyen (1969) werden die von den ehemaligen Kolonialmächten gestützten Monarchien durch Militärputsche gestürzt. Es ist die Zeit der revolutionären Begeisterung und der kommunistischen und sozialistischen Ideen, die die arabische Welt überschwemmen. Der ägyptische Präsident Nasser wird zur Symbolfigur des Panarabismus (*qaumīya*). Die dramatischen militärischen Niederlagen der arabischen Streitkräfte (1948/49, 1967 und 1973) gegenüber Israel werden zum Trauma für die ganze arabische Welt.

Auch auf saudischem Boden kommt es zu Gewalt. Im Zuge des jemenitischen Bürgerkriegs (ab 1962) bombardiert Ägypten saudisches Gebiet im Süden des Landes. 1975 wird der saudische König Faiṣal von einem Verwandten ermordet. Die nächste traumatische Erfahrung macht Saudi-Arabien am 21. November 1979, dem 1. muḥarram 1400 a. H., als die Große Moschee von Mekka von rund 500 bis 1.000 militanten Islamisten besetzt wird und diese mehrere hundert Pilger als Geiseln nehmen, ein Angriff, der sich direkt gegen den saudischen Staat richtet und eine schwere innenpolitische Krise auslöst. Die Anführer kommen von den arabischen Stämmen ʿUtaiba und Qaḥṭān. Erst eine militärische Intervention kann die Geiselnahme beenden.[50] 1986 nimmt der saudische König Fahd den Titel „Ḫādim al-ḥaramain aš-šarīfain“ (Hüter der beiden heiligen Stätten) an,[51] im Jahr darauf schürt der Iran Unruhen in Mekka und Medina mit hunderten Toten.

Weitere Ereignisse außerhalb des Landes bleiben nicht ohne Einfluss, wie die islamische Revolution im Iran zu Beginn des Jahres 1979, der Afghanistankrieg der 1980er-Jahre gegen die Sowjets, an dem viele saudische Freiwillige teilnehmen, und der 1. Golfkrieg zwischen dem Irak und dem Iran.

Innerhalb des Landes kommt es zu tiefgreifenden Veränderungen: 1963 ist die Abschaffung der Sklaverei in Saudi-Arabien abgeschlossen, in deren Folge Unmengen an Gastarbeitern ins Land strömen. Laut Zensus 2010[52] sind von den 27,1 Millionen Einwohnern Saudi-Arabiens bereits 8,4 Millionen Gastarbeiter.

Die 1960er-Jahre geben erstmals den saudischen Mädchen die Chance auf Schulbildung, und durch den Ölboom entwickeln sich die Städte rasant. Die Saudis finden plötzlich schier unendliche Möglichkeiten, durch Handel, Investitionen, Immobilien und anderes mehr reich zu werden. Das ganze Land verändert

50 Steinberg, S. 63.
51 Steinberg, S. 66.
52 Vorläufiges Ergebnis vom Oktober 2010.

sein Gesicht und wird wie durch eine Zeitmaschine in die Moderne und den Kapitalismus katapultiert.

All dies wird erst mit einiger zeitlicher Verzögerung in den saudischen Romanen der Zeit ab 1994 thematisiert und reflektiert. Die politische Dimension der Transformation des Landes stellt einzig ʿAbd ar-Raḥmān Munīf schon in den 1980er-Jahren in Romanform dar.

1.3.7. „Salzstädte" von ʿAbd ar-Raḥmān Munīf

ʿAbd ar-Raḥmān Munīf, saudischer Staatsbürger, Sohn eines saudischen Vaters und einer irakischen Mutter, kam 1933 in Amman zur Welt und studierte zuerst in Bagdad, wo er sich in der Baʿṯ-Partei engagierte und aus politischen Gründen ausgewiesen wurde. Seine Studien setzte er in Kairo und Belgrad fort. 1961 erwarb er das Doktorat der Wirtschaftswissenschaften mit Schwerpunkt Ölwirtschaft. Er arbeitete in einer syrischen Ölfirma, wurde später Chefredakteur der irakischen Fachzeitschrift „an-Nafṭ wa-t-tanmiya" (Öl und Entwicklung), arbeitete als Wirtschaftsexperte für die OPEC, lebte in Frankreich und Syrien und schrieb neben vielem anderen 18 Romane. Er starb 2004 in Damaskus.[53]

Dieser Mann, der nie in Saudi-Arabien gelebt hat, ging in die Geschichte des saudischen Romans mit einer Pentalogie ein, dem 1984 bis 1989 erschienen Monumentalwerk „Mudun al-milḥ" (Salzstädte) mit den Teilen „at-Tīḥ", „al-Uḫdūd", „Taqāsīm al-lail wa-n-nahār", „al-Munbatt" und „Bādiyat aẓ-ẓulumāt". Im Original hat „Mudun al-milḥ" 2.500 Seiten. Die deutschen Übersetzungen der ersten drei Bände sind unter den Titeln „Salzstädte", „Zeit der Saat" und „Das Spiel von Licht und Schatten" bei Diederichs, München, publiziert worden, übersetzt von Magda Barakat und Larissa Bender. Auch einige andere Romane von Munīf liegen auf Deutsch vor.

Vielleicht waren es gerade seine Außensicht und sein Einblick in die Ölbranche, die ihn befähigten, erstmals die gravierenden Umwälzungen zu schildern, mit denen die Menschen in den saudischen Ölprovinzen, aber auch die gesamte Gesellschaft der Ölstaaten durch die Entdeckung dieses lukrativen Rohstoffes plötzlich konfrontiert waren. Als erster arabischer Schriftsteller wagte sich ʿAbd ar-Raḥmān Munīf an dieses komplexe Thema. Ḥasan an-Niʿmī vom Literaturclub Ǧidda weist Munīf in der saudischen Literatur insofern eine Sonderstellung zu, als dessen Romane weit über dem Niveau seiner Zeitgenossen in den 1980er-Jahren lagen. Munīf thematisiert in „Mudun al-milḥ" die Veränderung einer ganzen Region aufgrund des Ölreichtums und die daraus resultierende radikale Umgestaltung der Lebensbedingungen und Verhaltensweisen der Menschen.

---

53 Bashar Humeid: *Abd ar-Rahman Munif: Ein Blick durch sein Werk*, http://www.ibn.rushd.org/forum/munif.htm.

„Mudun al-milḥ“ ist ein Epos mit vielen handelnden Personen, die beim Lesen manchmal schwer zu unterscheiden sind. Viele der Romanfiguren sind überdies Schlüsselfiguren, deren Zuordnung jedoch die genaue Kenntnis der Geschichte der arabischen Halbinsel im 20. Jahrhundert und der wichtigsten politischen Akteure voraussetzt.

Munīf zeigt zu Beginn des ersten Bandes der Pentalogie eine Wüstengesellschaft mit klaren sozialen Rollen, und beschreibt, wie Lebensräume zerstört und mündige Menschen zu fremdbestimmten Arbeitnehmern gemacht werden. Er schreibt über die Verlierer und die Profiteure der Ölwirtschaft. Da man dem Werk in einigen wenigen Zeilen nicht gerecht werden kann, möchte ich lieber den Autor selbst zu Wort kommen lassen. Hier einige Zitate aus einem Interview, das Ahmad Hissou 2003 mit Munīf kurz vor dessen Tod führte. Anlass des Interviews war das Erscheinen der deutschsprachigen Ausgabe des ersten Bandes von „Mudun al-milḥ“. Zum Titel der Pentalogie sagte Munīf damals auf die Frage, ob nicht „Ölstädte“ der passende Titel gewesen wäre:

> „Munif: Das stimmt, das wäre der passende Titel für den Roman. Mit ‚Salzstädte‘ meine ich aber die Städte, die nur kurze Zeit existiert haben und auf unnatürliche und außergewöhnliche Art und Weise entstanden sind. Also nicht historisch gewachsen, sondern urplötzlich aufgrund von Bodenschätzen, die man gefunden hat. Es entstanden aufgeblähte Städte, die wie Ballons jeden Augenblick platzen können, sobald man in sie hineinsticht. Das Gleiche gilt für das Salz. Obwohl es für den Menschen, die Natur und jedes Lebewesen lebensnotwendig ist, so vernichtet es, wenn es in zu großen Mengen vorkommt, sei es im Boden oder im Wasser, jedes Leben. So erwartet man es auch von den Salzstädten, die so unnatürlich sind, als wären es künstliche Städte. Ich habe immer wieder betont, wenn das Wasser dorthin kommt, wenn der elektrische Strom unterbrochen wird oder andere Probleme auftauchen, dann werden wir feststellen, wie zerbrechlich diese Städte sind. Sie sind nicht in der Lage, Probleme zu bewältigen. Es sind keine natürlichen Orte für Zivilisationen, die die Menschen aufnehmen und das Leben verbessern können.“[54]

Romane von ʿAbd ar-Raḥmān Munīf:[55]

1973	„al-ʾAšǧār wa-iġtiyāl Marzūq" (Die Bäume und die Ermordung von Marzuq) über das Scheitern eines Intellektuellen an der Realität.
1974	„Qiṣṣat ḥubb maǧūsīya“ (Liebesgeschichte einer Magierin).
1975	„Šarq al-mutawassiṭ" („Östlich des Mittelmeers“) über politische Gefangenschaft, über Exil und Rückkehr und über die Wirkungslosigkeit von Worten.
1976	„Ḥīna tarakna al-ǧisr" (Als wir die Brücke verließen)
1977	„an-Nihāyāt" („Am Rande der Wüste“)

54 www.de.qantara.de/webcom/show_article.php?wc_c=243&wc_id=34.

55 Al-Maaly/Naggar: *Lexikon arabischer Autoren des 19. und 20. Jahrhunderts*; S. 194-195; Ḫālid al-Yūsuf, S. 161-162; Bashar Humeid: *Abd ar-Rahman Munif: Ein Blick durch sein Werk*, www.ibn.rushd.org/forum/munif.htm.

1979 „Sibāq al-masāfāt aṭ-ṭawīla” (Der Langstreckenlauf), Liebesgeschichte vor dem Hintergrund des Wettlaufes der USA und Großbritanniens um das iranische Erdöl.

1982 „ʿĀlam bilā ḫarāʾit“ (Eine Welt ohne Karten), gemeinsam mit dem ägyptischen Schriftsteller Ǧabrā Ibrāhīm Ǧabrā.

1984-1989 „Mudun al-milḥ”, Pentalogie.

1991 „al-Ān ... hunā, ʾaw šarq al-mutawassiṭ marra ʾūḫra” (Jetzt ... hier, oder noch einmal ‘Östlich des Mittelmeers’) verstärkt die Aussage von „Šarq al-mutawassiṭ“.

1994 „Sīrat madīna“ („Geschichte einer Stadt“) schildert Amman in den 1950er-Jahren aus der Sicht eines Kindes.

1999 „Arḍ as-sawād” (Das schwarze Land oder Das Land der Dattelpalmen), eine Geschichte des Irak unter osmanischer Herrschaft im 19. Jahrhundert. Mit dem Wort ‚Schwärze’ im Titel ist die Fruchtbarkeit der schwarzen Erde des Irak gemeint, aber gleichzeitig wird damit auch auf das schwere Los dieses von Schicksalsschlägen heimgesuchten Landes hingewiesen. Dieses letzte große Werk Munifs ist eine Trilogie, die auf 1400 Seiten die Schwierigkeit der Errichtung eines modernen Staates in Mesopotamien behandelt.

2005 (posthum erschienen): „Umm an-nuḏūr“

Nach dem Erscheines seines fünfbändigen Hauptwerkes „Salzstädte“ wurde Munīf 1989 die saudische Staatsbürgerschaft aberkannt.[56] Erst unter König ʿAbdullāh, der 2005 Staatsoberhaupt Saudi-Arabiens wurde, kam es postum (Munīf war 2004 verstorben) zu seiner Rehabilitierung. Heute nimmt er den ihm gebührenden Platz in der saudischen Literaturgeschichte ein.

1.3.8. ʿAbd al-ʿAzīz Mišrī, der erste Chronist des saudischen Dorflebens

Höchste Wertschätzung wird sowohl in den Sekundärquellen als auch in den Hintergrundgesprächen, die ich in Saudi-Arabien mit Experten geführt habe, dem Werk von ʿAbd al-ʿAzīz Mišrī gezollt. Der 1955 im Südwesten von Saudi-Arabien geborene Autor schrieb Romane, Kurzgeschichten, Poesie und Essays in zahlreichen saudischen und anderen arabischen Zeitungen und Zeitschriften.

ʿAbd an-Nāṣir Muǧālī bezeichnet „al-Wasmīya“, den 1985 erschienenen ersten Roman von ʿAbd al-ʿAzīz Mišrī, als den ersten künstlerisch vollkommenen Roman in Saudi-Arabien.[57] Mišrī ist für Muǧālī einer der wichtigsten Schriftsteller in der Geschichte des saudischen Romans [58]

---

56 Munif *Salzstädte*, S. 2.

57 Muǧālī, S. 26.

58 Muǧālī, S. 33.

„al-Wasmīya" (*wasmīya* ist die Bezeichnung für die landwirtschaftliche Saison, den Zeitraum von der Anpflanzung bis zur Ernte) bildet gemeinsam mit den beiden folgenden Romanen „al-Ġuyūm wa-manābit aš-šaǧar" (1989) und „al-Ḥuṣūn" (1992) eine Trilogie. Weitere Romane von ʿAbd al-ʿAzīz Mišrī sind „Rīḥ al-kādī" (1993), „Fī ʿišq ḥattā" (1996) und „Ṣāliḥa" (1996). In den Romanverzeichnissen von Sahmī al-Hāǧirī und Ḫālid al-Yūsuf findet sich beim Jahr 2006 der Titel „al-Maġzūl", offensichtlich ein posthum erschienenes Werk.[59]

Im Lexikon von Khalid al-Maaly und Mona Naggar wird Mišrī als Chronist des saudi-arabischen Landlebens bezeichnet, insbesondere für die Gebiete im Süden des Königreiches. In seinen dichten Erzählungen und Kurzromanen schildert er detailliert das tägliche Leben der Menschen, die Vegetation, die Tierwelt und die Atmosphäre der Orte.[60] Das Dorf ist die Umwelt, aus der Mišrī seine Romane entwickelt, eine Umwelt, in der Natur, Mensch und Mythologie eine Einheit bilden und die bisher in der saudischen Romanliteratur noch nicht beschrieben worden war. Mišrī thematisiert vor allem in „al-Ġuyūm wa-manābit aš-šaǧar" die Veränderungen in den sozialen Strukturen seines Dorfes und die beginnenden Generationenkonflikte durch den Kontakt mit der Stadt.[61] In „al-Ḥuṣūn" macht er für die Leser das alte Leben sinnlich wahrnehmbar. Das kulturelle Gedächtnis des Dorfes verkörpert in „al-Ḥuṣūn" ein alter Mann, der Fragen beantwortet und Geschichten erzählt. Mišrī zeigt dabei, wie das Geschichtenerzählen in das Alltagsleben der Dorfbewohner integriert ist.[62]

Laut Ḥasan an-Niʿmī wiederholt sich ein Motiv in Mišrīs Romanen, nämlich der gewaltige gesellschaftliche Wandel und sein Einfluss auf die dörfliche Gesellschaft. Mišrī beschreibt sowohl die Zeit vor den Veränderungen als auch jene während des Wandels, wo die unterschiedlichen Lebenserfahrungen und Lebensentwürfe der alten und neuen Generation aufeinanderprallen. Den Dorfbewohnern wird die materielle Basis ihres Lebensunterhaltes entzogen. Die rasante Entwicklung und der Zusammenbruch der Werte lässt sie aus dem seelischen Gleichgewicht geraten.[63]

---

59 al-Hāǧirī, S. 444 und 467.
60 Maaly/Naggar, S. 191.
61 *Beyond the Dunes*, S. 32.
62 *Beyond the Dunes*, S. 318.
63 an-Niʿmī, S. 65-71.

1.4. Saudische Romane von 1990 bis 2011. Ein Überblick

Der Übergang von der ersten Phase in der Entwicklung des saudischen Romans zur zweiten lässt sich selbstverständlich nicht mit einem exakten Datum eingrenzen. Generell kann man jedoch feststellen, dass sich die Romane der 1990er-Jahre bereits deutlich von jenen der 1980er-Jahre und der Zeit davor unterscheiden. Die Zeit zwischen 1990 und 2011 charakterisiert eine Romanproduktion, in der nicht mehr die Pioniere dieses Genre ausloten. Der Roman hat sich als Medium des literarischen Diskurses etabliert und wird zu einem wichtigen Ausdrucksmittel der Gesellschaft. Für die Zeit ab 1990, in jedem Fall ab 1994, kann man von einem eigenständigen modernen saudischen Roman sprechen, der das Individuum und sein Schicksal in den Mittelpunkt stellt.

Die schreibende Generation ist in vielen Familien die erste im heutigen Sinne „gebildete" Generation. Dies trifft vor allem auf die Schriftstellerinnen zu, deren Mütter meist keinen Zugang zu Schulbildung gehabt hatten. In jedem Fall sind die meisten bisherigen Autoren und Autorinnen die ersten in ihren Familien, die saudische Universitäten besucht haben oder sogar im Ausland studieren konnten.

Inzwischen ist auch eine Leserschicht herangereift, ein Ergebnis der systematischen Schulbildung, die ab den 1960er-Jahren auch die Frauen einschließt. Die 1990er- und 2000er-Jahre zeigen bereits eine Kontinuität im Schaffen einer Reihe von Romanautoren, wie sie vorher nur vereinzelt vorgekommen war. Als am 2. März 2010 Abdo Khal den arabischen Bookerpreis erhielt, ist das preisgekrönte Werk bereits sein siebenter Roman. Raja Alems Roman, der 2011 ausgezeichnet wurde, ist bereits ihr zehnter Roman.

Bis in die 1980er-Jahre hinein war wegen mangelnder Bildung kaum Publikum für Romane da und somit auch wenig Anreiz, Romane zu schreiben. Erst in den 1990er- und 2000er-Jahren kann man von einer saudischen Romanszene und von Leserschichten sprechen, die Romane kennen und auch lesen. Die Werke, die in diesem Umfeld entstanden sind, standen im Zentrum meiner Forschungsarbeit, da sie die verschiedenen Diskurse abbilden, die in der saudischen Gesellschaft in den letzten zwei Jahrzehnten abgelaufen sind und noch ablaufen.

1.4.1. Historischer Hintergrund: Kriege und Telekommunikation[64]

Bevor ich die Romanproduktion ab 1990 näher beleuchte, halte ich es für wichtig, einen Überblick über die wichtigsten politischen Ereignisse der 1990er- und 2000er-Jahre zu geben.

Am 2. August 1990 marschiert der Irak in Kuwait ein. Während des 2. Golfkrieges ist auch die saudische Zivilbevölkerung von Luftangriffen bedroht, die im Jänner 1991 beginnen. Die militärisch unvermeidliche Präsenz amerikanischer Soldaten im Land löst Spannungen mit religiösen Kreisen aus, denen politische Zugeständnisse an diese Kreise folgen. Es bilden sich dennoch islamistische Widerstandsgruppen in Saudi-Arabien. Im Zuge einer Verhaftungswelle kommt es 1994 zur Ausbürgerung von Usāma b. Lādin. 1995 erobern die Ṭālibān von Pakistan aus Afghanistan. Am 11. September 2001 erfolgen die Anschläge auf das World Trade Center in New York und das Pentagon, anschließend marschieren die USA in Afghanistan ein. Es stellt sich heraus, dass unter den 19 Attentätern vom 11. September 2001 15 saudische Staatsbürger waren. Die meisten von ihnen stammten aus dem Grenzgebiet zwischen Naǧd, ʿAsīr und Ḥiǧāz.[65] Der auf den 11. September 2001 folgende Krieg der Amerikaner gegen die Ṭālibān in Afghanistan, der 3. Golfkrieg im Jahr 2003, die Nutzung von Kernenergie im Iran und das weiterhin ungelöste Palästinaproblem wirken sich ebenfalls auf die saudische Politik aus.

Doch nicht nur die politischen Ereignisse finden ihren Niederschlag in der Entwicklung der saudischen Gesellschaft. Mindestens ebenso gravierend und weit reichend sind die Veränderungen durch die modernen Kommunikationstechnologien. Vor allem Mobiltelefon und Internet sind für ein Land, in dem strikte Geschlechtertrennung herrscht, eine revolutionäre Erfindung mit weit reichenden Folgen.

Der Computer verändert überdies den Zugang zum literarischen Markt, und zwar sowohl für Autoren als auch für Leser. Gedanken und Gefühle können nun weltweit im Chat ausgetauscht und Texte im Internet publiziert werden.

1.4.2. Die Romane der Jahre 1990 bis März 2011

ʿAlī Zaʿla charakterisiert die Romane der 1990er-Jahre als mutige Porträts von Angelegenheiten des saudischen Lebens. Sie unterscheiden sich von ihren Vorläufern durch ihren intellektuellen und ideologischen Inhalt und durch eine größere künstlerische Reife.[66] Sahmī al-Hāǧirī ortet in der Phase ab 1990 eine radika-

---

[64] Ich habe hier bewusst die „Telekommunikation" hervorgehoben, da das Kommunizieren über Distanzen nun zu einer der wichtigsten Interaktionsformen der saudischen Gesellschaft wird und angesichts der eingeschränkten direkten Begegnungsmöglichkeiten eine wesentlich zentralere Bedeutung gewinnt als dies in Ländern ohne Geschlechtertrennung der Fall ist.

[65] Steinberg, S. 95.

[66] *Banipal* 20/2004, S. 86.

le Änderung gegenüber vorher. Als Ursache dafür nennt er die politischen Ereignisse, die das Land durcheinandergeschüttelt haben, die Zunahme der Bildungsmöglichkeiten und die Revolution der Telekommunikation. In Saudi-Arabien kamen alle diese Veränderungen besonders schnell und waren besonders gewaltig. Sie überstiegen die Fähigkeit eines Teils der Gesellschaft, sie zu verstehen, sie zu integrieren und mit den neuen Gegebenheiten in geeigneter Form umzugehen.[67] Je schneller der Rhythmus der geistigen Entwicklung und des Wissens war, desto mehr besann sich die konservative Gesellschaft mit ihrer traditionellen Rückschrittlichkeit auf Geschichte und Erbe, da dies die Quellen sind, aus denen sie ihre Identität bezieht und ihre Kraft schöpft, so Sahmī al-Ḥāǧirī.[68]

Die saudische Regierung fördert die literarische Szene, wie andere Staaten der arabischen Halbinsel auch, durch literarische Wettbewerbe und Preise, um junge Menschen zum Schreiben und Veröffentlichen zu ermutigen. So erhält beispielsweise Laila Aljohany für ihren ersten (nicht publizierten) Roman den zweiten Preis bei einem Romanwettbewerb in Abhāʾ, und mit ihrem zweiten Roman „al-Firdaus al-yabāb“ gewinnt sie einen ersten Preis im Emirat aš-Šāriqa.[69] Auch Ahmed al-Wasils Roman „Sūrat ar-Riyāḍ“ gewinnt noch vor der Veröffentlichung im Jahr 2007 einen Preis in den Emiraten.

Auf die Themen der Romane dieses Zeitabschnittes gehe ich anhand von repräsentativen Beispielen im Teil 2 dieser Arbeit ausführlich ein. Hier möchte ich vor allem darstellen, was die Romane der Zeit nach 1990 charakterisiert, wobei ich mich dabei einerseits auf die in Punkt 1.3. angeführte Sekundärliteratur stütze, vor allem aber auch Erkenntnisse wiedergebe, die ich in den Hintergrundgesprächen mit saudischen Schriftstellern und Literaturexperten (beiderlei Geschlechts selbstverständlich) bei meinen Forschungsaufenthalten im Frühjahr 2010 und 2011 geführt habe.

Ein historisches Schlüsselereignis war 1991 der Kuwaitkrieg (2. Golfkrieg), von dem auch die Bevölkerung Saudi-Arabiens betroffen war. Die Menschen lebten in Angst vor Luftangriffen, wurden mit einer Flüchtlingswelle aus Kuwait konfrontiert und verspürten die Auswirkungen der durch das Abfackeln der Ölfelder verursachten Luftverschmutzung. Gewissheiten wurden plötzlich in Frage gestellt und verdrängte gesellschaftliche und politische Konflikte kamen ans Tageslicht, die von unterschiedlichen Personen und gesellschaftlichen Gruppen entweder als Chance oder als Bedrohung empfunden wurden.

Dass das Aufarbeiten historischer Ereignisse im Roman eine gewisse Distanz braucht, zeigt sich daran, dass der Kuwaitkrieg erst mit zeitlicher Verzögerung im saudischen Roman vorkommt, so etwa 1998 in Zainab Hifnis erstem Roman „ar-

---

67 al-Hāǧirī, S. 14.
68 al-Hāǧirī, S. 37.
69 *Beyond the Dunes*, S. 517.

Raqṣ ʿalā d-dufūf" und 2004 in „al-Qārūra" von Yousef al-Mohaimeed.[70] Später geht es dann schneller. Die Ereignisse vom 11. September 2001 finden schon 2005 in „Rīḥ al-ǧanna" von Turki al-Hamad und 2006 in „al-Irhābī 20" von Abdullah Thabit ihren Niederschlag.

Doch zuvor muss die Vergangenheit aufgearbeitet werden. Und damit beginnt Ghazi Algosaibi in seinem 1994 erschienen Roman „Šiqqat al-ḥurrīya". Die darin erzählte Geschichte junger Männer aus Bahrain, die in den 1950er-Jahren ihre Studienzeit in Kairo verbringen und sich dort eine Wohnung teilen, nimmt Algosaibi zum Anlass, die geistige und persönliche Entwicklung der Jugend seiner Generation darzustellen. Es folgt 1997/98 die Trilogie „Aṭyāf al-ʾaziqqa al-mahǧūra" (Gespenster der verlassenen Gassen) von Turki al-Hamad, in der auch er in seine Jugendzeit zurückgeht und die Zeit um 1970 beschreibt. Er zeigt die Tragödie eines jungen Mannes, der politisch und persönlich Wege geht, die in seiner Gesellschaft verboten sind.

Die Entwicklungen des saudischen Romans verlaufen, wie schon erwähnt, parallel und nicht linear. Schon vor bzw. gleichzeitig mit diesen beiden großen Schlüsselwerken der 1990er-Jahre haben beispielsweise Raja Alem (1987) und Abdo Khal (1995), die inzwischen zu den prominentesten und produktivsten saudischen Romanschriftstellern zählen, ihre ersten Romane publiziert. Abdalaziz Mishri, wichtiger Autor der Zeit vor 1990, schreibt und veröffentlicht auch in den 1990er-Jahren bis zu seinem Tod im Jahr 2000 weiter. Ibrahim an-Nasir, dessen erster Roman 1961 Romangeschichte schrieb, ist sogar noch bis 2004 produktiv.

Ghazi Algosaibi und Turki al-Hamad, die Autoren der beiden Meilensteine des saudischen Romans der 1990er-Jahre, sind hochgebildet und haben u. a. in Amerika studiert. Algosaibi ist zum Zeitpunkt des Erscheinens seines ersten Romans saudischer Botschafter in London und später Minister in Saudi-Arabien, Turki al-Hamad ist Universitätsprofessor für Politikwissenschaft. Es ist aber keineswegs so, dass nur Autoren, die im Ausland studiert haben, die Romanszene dominieren. Raja Alem, Abdo Khal und Laila Aljohany, um nur einige Beispiel zu nennen, haben in Saudi-Arabien studiert.

Interessant ist auch die regionale Herkunft der Romanautoren der Zeit nach 1990: Algosaibi stammt aus der Ostprovinz am Golf (seine sehr angesehene Familie kommt aus Bahrain), Turki al-Hamad ist aus Dammām (sein Vater arbeitete zuerst in Jordanien, wo Turki al-Hamad auch geboren wurde, die Familie stammt jedoch ursprünglich aus Buraida), Raja Alem ist in Mekka aufgewachsen, Laila Aljohany in Medina, Abdo Khal lebt in Ǧidda, kommt aber aus einem Dorf nahe der Stadt Ǧīzān im Südwesten des Landes, und Ahmed Abodehman stammt

---

70 Da es mir selbstverständlich unmöglich ist, alle seit 1990 erschienen Romane zu kennen, beschränke ich mich hier auf jene, die auch in der Sekundärliteratur vorrangig dargestellt sind bzw. die anlässlich meiner Recherchen in Saudi-Arabien von meinen Informanten als wesentliche Werke hervorgehoben wurden.

aus dem ᶜAsīrgebirge. Aus Riyāḍ sind Yousef Al-Mohaimeed, Omaima al-Khamis, Mohammed Hasan Alwan und Rajaa Alsanea.

Viele Romanschriftsteller waren auch auf dem Gebiet der Kurzgeschichte erfolgreich, wie Raja Alem, Badriya Al-Bishr, Abdo Khal, Yousef Al-Mohaimeed, Omaima al-Khamis, Mohammed Hasan Alwan oder Laila Alohaidib, um nur einige zu nennen.

1.4.2.1. 1990 bis 2005

In den Jahren 1990 bis 2005 sind insgesamt 223 saudische Romane publiziert worden.[71]

1990 waren acht Romane erschienen, 1991 zwei, 1992 und 1993 je drei, darunter jeweils ein Werk von Abdalaziz Mishri. 1994 kommen vier saudische Romane heraus, darunter „Šiqqat al-ḥurrīya" von Ghazi Algosaibi.

Nun gerät die Literaturszene in Bewegung.

1995 erscheinen bereits zehn neue Romane, darunter der erste Roman von Abdo Khal und der zweite Roman von Raja Alem.

1996 sind es wieder zehn Romane, darunter Algosaibis zweiter Roman „al-ᶜUṣfūrīya", zwei Romane von Abdalaziz Mishri sowie „Imrāʾ ᶜalā fauhat burkān" von Bahiya Busbit.

1997 erscheinen ebenfalls zehn Romane, darunter Algosaibis dritter Roman „Humā", ein neuer Roman von Raja Alem, den sie gemeinsam mit ihrer Schwester Shadia verfasst hat, und der nächste Meilenstein, die ersten beiden Bände von Turki al-Hamads Trilogie.

1998 (18 Romane) kommt der dritte Teil von Turki al-Hamads Trilogie heraus, der Gefängnisroman „al-Karādīb". Ali al-Domaini schreibt in „al-Ġaima ar-raṣāṣīya" (Die bleierne Wolke) ebenfalls über Gefängniserfahrungen.[72] Weiters erscheint Abdo Khals zweiter Roman „Mudun taʾkul al-ušb", Raja Alems „Sidī Waḥdānah" und Algosaibis Roman „7". Zainab Hifni debutiert als Romanschriftstellerin.

1999 (11 Romane) kommt Turki al-Hamads vierter Roman „Šarq al-wādī" heraus, und Qumasha al-Olayan publiziert den ersten ihrer fünf Romane.

2000 (21 Romane) erscheint „Ḥubba" von Raja Alem, wieder ein neuer Roman von Algosaibi sowie drei weitere Romane von Qumasha al-Olayan, darunter„Unṯa al-ᶜankabūt" (Das Spinnenweibchen).

2001 (26 Romane) erscheint wieder je ein Roman von Turki al-Hamad und Raja Alem („Ḫātim"), je zwei Romane von Ibrahim an-Nasir und Algosaibi sowie „al-Ḥizām", der bisher einzige Roman von Ahmed Abodehman, der ein Jahr vorher in Paris in französischer Sprache herausgekommen war.

---

71 al-Hāǧirī, S. 427-467.

72 Textauszüge in *Banipal* Nummer 22, S. 48-55.

2002 (21 Romane) gibt es je zwei neue Romane von Abdo Khal und Ghazi Algosaibi und einen von Raja Alem. Neue Romanautoren betreten die Szene, darunter Mahmud Trauri, dessen „Maimūna“ in der afrikanischen Community von Mekka spielt, und der 22-jährige Mohammed Hasan Alwan, der erstmals unverschlüsselt über die Liebesbeziehungen und Gefühle junger Saudis schreibt. Nura Al-Ghamdi ist 2002 mit ihrem bisher einzigen Roman „Waǧhat al-bauṣala“[73] (Die Ausrichtung des Kompasses) vertreten, ebenso wie Abdallah at-Tazi mit seinem bisher einzigen Roman „al-Ḥafā'ir tatanaffas“. Yousef Al-Mohaimeed stellt in seinem ersten Roman „Laġat mautā“ den Schritt eines Autors von der Kurzgeschichte zum Roman dar.

2003 (26 Romane) erscheint wieder je einen Roman von Abdo Khal („Nubāḥ“/Gebell) und Ghazi Algosaibi sowie zwei Romane von Maha Mohammad al-Faisal. In „Fiḫāḫ ar-rā'iḥa“ (Duftfallen) bringt Yousef Al-Mohaimeed die vom Schicksal Benachteiligten der saudischen Gesellschaft auf die literarische Bühne.

2004 (24 Romane) erscheinen der letzte Roman von Ibrahim an-Nasir sowie Zainab Hifnis „Lam 'aʿud 'abkī“ mit einer in dieser Form bisher tabuisierten Darstellung von Kindesmissbrauch, weiblicher Sexualität und männlicher Doppelmoral. Es erscheinen weiters die Romane „Sūfiyā“ von Mohammed Hasan Alwan und „al-Qārūra“ von Yousef Al-Mohaimeed. Mohammed al-Muzaini, Ibrahim al-Khodair und Saif al-Islam b. Saud b. Abdalaziz Al Saud publizieren ihre ersten Romane.

2005 (26 Romane) ist wieder ein Schicksalsjahr für den saudischen Roman. Innerhalb der reichen Produktion dieses Jahres (je ein Roman von Abdo Khal, Raja Alem und Algosaibi sowie der 11.-September-Roman von Turki al-Hamad „Rīḥ al-ǧanna") kommt „Banāt ar-Riyāḍ“ der jungen Medizinstudentin Rajaa Alsanea heraus, ein Roman, der nicht nur in der arabischen Welt, wo er auch mittels Raubdrucken und Internet weitergegeben wird, seinen Siegeszug antritt, sondern der weltweite Aufmerksamkeit erhält und inzwischen in 26 Sprachen übersetzt ist.[74]

Ḥasan an-Niʿmī bezeichnete im Gespräch diesen Roman als Wendepunkt. Der einfache, spontante, direkte Stil spricht die Leser unmittelbar an. Der Titel erweckt Neugier auf die Hintergründe einer fremden Gesellschaft, und die Geschichten, die erzählt werden, ermöglichen Identifikation und erzeugen Mitgefühl. Die Autorin selbst ist ein „role model“ für eine moderne junge arabische Frau, die ihr Haar bedeckt, aber ihr Gesicht zeigt.

---

[73] In Wehr, S. 123, findet sich auch die Transkription boṣla, mit dem Hinweis, dass das Wort aus dem Italienischen stammt.

[74] Auskunft des Verlages vom Oktober 2010.

1.4.2.2. 2006: Der „Tsunami"[75]

Als wären Dämme gebrochen, überschwemmen nun plötzlich neue Romane das Land. Waren es im Vorjahr noch 26 Neuerscheinungen, so kommen 2006 bereits 48 saudische Romane heraus, davon mehr als die Hälfte von Frauen verfasst[76]. Schriftstellerinnen und Schriftsteller, die bisher mit Kurzgeschichten erfolgreich waren, schreiben ihre ersten Romane, dazu kommen neue Werke von bereits bekannten Romanciers. Angespornt durch den Erfolg Rajaa Alsaneas schreiben nun Menschen aus den unterschiedlichsten Berufsgruppen Romane, darunter Journalisten, Kritiker, Fernsehmoderatoren, Ärzte und Lehrer beiderlei Geschlechts. Einige saudische Literaturexperten erklären diesen Romanboom unter anderem damit, dass viele nun die Chance wahrnehmen wollen, durch Romane berühmt zu werden. Ich sehe aber ein viel stärkeres Motiv, nämlich das Bedürfnis, bislang nicht offen ausgesprochene Probleme an die Öffentlichkeit zu tragen und zu diskutieren. Vielfach wird auch persönlich erlebtes Leid, das den Schreibenden auf der Seele lastet, durch den Prozess des Schreibens verarbeitet.

Tatsache ist, dass in den saudischen Romanen des dritten Jahrtausends, vor allem aber ab 2006, Themen in die Öffentlichkeit getragen werden, die bisher nicht öffentlich diskutiert worden waren. Badriya Al-Bishr thematisiert in „Hind wa-l-ʿaskar" (Hind und die Armee) die traditionelle, unterdrückende, entmündigende und entwertende Mädchenerziehung und schildert eine problematische Mutter-Tochter-Beziehung, in der sie die Mutter als gnadenlose und inhumane Hüterin der Tradition kritisiert. Laila Aljohany prangert in „Ǧāhilīya" Gewalt und Rassismus an und schildert die dramatischen Folgen der Liebe eines Mädchens zu einem Mann schwarzafrikanischer Abstammung. Zainab Hifni zeichnet in „Malāmīh" das Bild eines bis zur letzten Konsequenz käuflichen Aufsteigerehepaares. Mohammed al-Muzainis „ʿAraq baladī" spielt in einem kleinkriminellen städtischen Unterschichtmilieu. Unter dem Pseudonym Siba al-Hirz schreibt ein schiitisches Mädchen in „al-Āḫarūn" über erotische Frauenbeziehungen. Abdullah Thabit zeigt in „al-Irhābī 20" auf, wie junge Menschen systematisch zu Terroristen gemacht werden. Der TV-Moderator Ibrahim Badi stellt in „Ḥubb fī s-Suʿūdīya" Sexualität und Hörigkeit und das Romanschreiben als Mittel berühmt zu werden ins Zentrum des Geschehens. Yousef Al-Mohaimeed ist in diesem Jahr mit „Nuzhat ad-dulfīn", einem poetischen Roman, vertreten. Ghazi Algosaibi ist auch wieder mit einem neuen Roman dabei, ebenso wie Saif al-Islam b. Saud b. Abdalaziz Al Saud. Omaima al-Khamis schreibt mit „al-Baḥrīyāṭ" den Jahresbestseller.

---

[75] al-Hāǧirī S. 19.

[76] aḍ-Ḍāmin listet 27 von Frauen geschriebene Romane im Erscheinungsjahr 2006 auf, mit der Liste von al-Hāǧirī ergeben sich geringfügige Diskrepanzen.

1.4.2.3. 2007 bis März 2011

Da Forschung immer nachhinkt und nicht tagesaktuell sein kann, sind Daten der Romane nach 2006 nur zum Teil in der Sekundärliteratur verfügbar. Für die Frauenromane gibt es noch bis 2008 Auflistungen bei Samāhir aḍ-Ḍāmin, die für die Jahre 2007 und 2008 insgesamt 36 von Frauen geschriebene Romane verzeichnet, darunter das für den Bookerpreis 2010 nominierte Buch „al-Wārifa" von Omaima al-Khamis.[77] 2010 gab der Literaturclub Riyāḍ die Publikation „ar-Riwāya" von Ḫālid al-Yūsuf heraus, die Angaben bis einschließlich 2009 enthält. Anlässlich meiner Studienaufenthalte in Saudi-Arabien wurde ich darüber hinaus auf einige bemerkenswerte Romane der Jahre 2010 bis März 2011 (Zeitpunkt der Buchmesse in Riyāḍ) aufmerksam gemacht. Auf Basis dieser Angaben folgt hier ein Überblick über die Jahre nach 2006:

2007 (50 Romane), darunter „Ṭauq aṭ-ṭahāra", der dritte Roman von Mohammed Hasan Alwan, ein neuer Roman von Bahiya Busbit, die ersten Romane von Hani Naqshabandi („Iḫtilās"), Ahmed al-Wasil („Sūrat ar-Riyāḍ") und Munira al-Suba'i „Bait aṭ-ṭāʿa" (Haus des Gehorsams) sowie „al-Kanz at-turkī" (Der türkische Schatz), der dritte Roman von Saif al-Islam b. Saud b. Abdalaziz Al Saud.

2008 (62 Romane) erscheint mit „Sallām" der zweite Roman von Hani Naqshabandi[78] und mit „Raḥīl al-yamāma" der zweite Roman von Ibrahim al-Khodair, weiters „Lā 'aḥad fī Tabūk" von Mutlaq al-Balawi, „Sāq al-ġurāb" von Yahya Amqasim, „Sīqān multawiya" von Zainab Hifni und das für den Arabischen Bookerpreis 2010 nominierte Buch „al-Wārifa" von Omaima al-Khamis.

2009 (67 Romane) erschien der vierte Meilenstein dieser beiden letzten Jahrzehnte, „Tarmī bi-šarar" von Abdo Khal, der für diesen Roman den Arabischen Bookerpreis 2010 erhielt, weiters der Roman „Šāriʿ al-ʿAṭāyif" von Abdallah b. Bakhit, der ebenfalls für den Bookerpreis 2010 gelistet war. Außerdem erscheinen in diesem Jahr „ʿUyūn aṯ-ṯaʿālib" (Fuchsaugen) von Laila Alohaidib, „al-Ḥamām lā yaṭīr fī Buraida" von Yousef Al-Mohaimeed, „Al ḥubb dā'iman" von Amal Šaṭā, „Ṣabrā" von Said Shihab und „Widyān al-'ibrīzī" von Khalid al-Yusif.

Für die Jahre 2010 und 2011 waren bei Redaktionsschluss dieser Arbeit noch keine genauen Listen und Statistiken verfügbar, einige auf der Buchmesse präsentierte Werke kann ich dennoch angeführen:

2010 erscheinen „al-Arǧūḥa" (Die Schaukel) von Badriya Al-Bishr und „Ẓilāl al-wa'd" von Munira al-Subai'i. Auf die Longlist für den Bookerpreis 2011 schafft es Maqbul Musa al-Alawi mit seinem historischen Roman „Fitnat Ǧidda" (Der Aufruhr von Ǧidda). Der fünfte Meilenstein in der Entwicklung des saudischen Romans dieses Zeitabschnittes ist „Ṭauq al-ḥamām" von Raja Alem, die dafür den Arabischen Bookerpreis 2011 erhält.

---

[77] aḍ-Ḍāmin, S. 377-378.

[78] Textauszüge in *Banipal* Nummer 34, S. 99-115.

2011 publiziert Mahmud Trauri seinen zweiten Roman über die afrikanische Community in Mekka mit dem Titel „Aḫḍar yā ʿūd al-qanā“. Ahmed al-Wasils zweiter Roman trägt den Titel „Warda wa-kabutšīnū“ (Warda und ein Capuccino). Zainab Hifni thematisiert in „Wisāda li-ḥubbik“ die Beziehung zwischen einer Schiitin und einem Sunniten, und Abdullah Thabit publiziert seinen zweiten Roman „Waǧh an-nāʾim“. Von Mohammed al-Muzaini erscheint „aṭ-Ṭaqqāqa Baḫīta“.

Die Autorenliste bei Ḫālid al-Yūsuf umfasst für die Zeit von 1930 bis 2009 332 Romanautorinnen und -autoren und 575 Werke[79], wobei in seiner Liste allerdings einige wenige Doubletten zu finden sind, und zwar beispielsweise dann, wenn ein Roman aus der Anfangszeit Jahrzehnte später neu herausgebracht wurde. In diesem Fall wurde beide Ausgaben in das Verzeichnis aufgenommen.

Das Herausheben jener fünf Romane, die ich als Meilensteine der Jahre 1990 bis 2011 definiert habe, bedeutet in keinem Fall eine Abwertung anderer Werke. Es geht bei diesen Meilensteinen um Werke, die als Impulse für die Entwicklung der Romane in Saudi-Arabien eine besondere historische Bedeutung gewonnen haben, und zwar wegen des Zusammenwirkens von Thema, Zeitpunkt, Relevanz, Qualität und einer Reihe weiterer Faktoren, die zu untersuchen sicherlich ein eigenes empfehlenswertes Forschungsthema wäre.

1.4.3. Ghazi Algosaibi und Turki al-Hamad

Wie schon dargelegt, sind sich alle Informanten wie auch die mir zugänglichen Werke der Sekundärliteratur darüber einig, dass die wichtigste Initialzündung für die Entwicklung der modernen, saudischen Romanliteratur von der Veröffentlichung von „Šiqqat al-ḥurrīya“ von Ghazi Algosaibi im Jahr 1994 und Turki al-Hamads Trilogie „Aṭyāf al-ʾaziqqa al-mahǧūra” (Gespenster der verlassenen Gassen) in den Jahren 1997 („al-ʿAdāma” und „aš-Šumaisī”) und 1998 („al-Karādīb”) ausgegangen ist. Diese Werke schufen vor allem für die gebildeteren Leser Identifikationsmöglichkeiten und lösten eine Welle der Ermutigung bei den Schreibenden aus. Deren Autoren muss man als die Wegbereiter des modernen saudischen Romans bezeichnen.

Besonders Turki al-Hamad bewies überdies starken persönlichen Mut mit der Veröffentlichung seiner Trilogie, da er politische und sexuelle Tabus brach und auch Teile seiner persönlichen Erlebnisse als Gefangener und Folteropfer öffentlich machte. Er ging damit auch ein großes persönliches Risiko ein und wurde nach der Veröffentlichung von religiösen Fundamentalisten massiv bedroht. Im Unterschied zu Algosaibis Roman spielt Turki al-Hamads Trilogie in Saudi-Arabien, und der Hauptheld des Romans ist Saudi, wie auch alle anderen Figuren einschließlich der Frauen, zu denen er Beziehungen hat. Turki al-Hamad greift in dieser Trilogie, einem Entwicklungsroman mit autobiographischen Zügen, brisan-

[79] al-Yūsuf, S. 73-80.

te Themen der saudischen jüngeren Vergangenheit auf. Der Held ist ein „saudischer 68er". Es ist weltweit die Zeit der Begeisterung für revolutionäre Helden und Ideologien, aber der jugendliche Idealismus des Helden und sein Wunsch, sich für die Verbesserung der Welt zu engagieren, trifft in Saudi-Arabien nicht auf legale Möglichkeiten zur politischen Auseinandersetzung und Partizipation. Der dritte Band der Trilogie, der im Gefängnis spielt, beschreibt unter anderem, wie Ideologien unter den Bedingungen der Repression zu Identitäten werden. Eine ausführliche Darstellung des Werkes von Turki al-Hamad und vor allem seines Gefängnisromans „al-Karādīb" findet sich im Teil 2 dieses Buches.

Es ist charakteristisch für den saudischen intellektuellen und politischen Zwiespalt, dass ausgerechnet der saudische Botschafter in London und langjährige Minister Ghazi Algosaibi gleichzeitig als Schriftsteller Romane schrieb, die zum Teil in Saudi-Arabien nicht verbreitet werden durften. Zwei Wochen vor seinem Tod im August 2010 verkündete allerdings der saudische Kultur- und Informationsminister Dr. Abdalaziz Khoja die Aufhebung dieses Verbotes.[80] Turki al-Hamads Romane waren bei der Buchmesse 2010 nicht am Stand seines Verlages erhältlich, Minister Khoja sagte allerdings im einem Zeitungsinterview, dass es seitens seines Ministeriums keinerlei Verkaufsbeschränkungen gäbe.[81] Doch auch 2011 konnten sie nicht auf der Buchmesse erworben werden.

Das literarische Gesamtwerk von Ghazi Algosaibi ist beeindruckend. Der Diplomat, Universitätsprofessor und Politiker schrieb Gedichte, Abhandlungen, Romane, Artikel und noch anderes mehr. Er war ein Kosmopolit, der 1940 in Ḥufūf in der saudischen Ostprovinz al-Aḥsāʾ in eine prominente Familie von Geschäftsleuten hineingeboren wurde, in Bahrain aufwuchs, mit einer Deutschen verheiratet war und in Ägypten, den USA und London studiert hatte. 1984 bis 1992 amtierte er als saudischer Botschafter in Bahrain, 1992 bis 2002 in London. Als saudischer Minister war er 1975 bis 1982 für Industrie und Elektrizität und 1982 bis 1984 für Gesundheit zuständig. 2002, nach seiner Rückkehr aus London, wurde er Minister für Wasser, 2005 übernahm er das Ressort Arbeit und Soziales.[82]

Insgesamt zehn Romane von Ghazi Algosaibi sind zwischen 1994 und 2006 erschienen. „Šiqqat al-ḥurrīya" (1994), „al-ʿUṣfūrīya" (1996), „Sabʿa" (1998), „Danscū" (2000), „Hikāyat Ḥubb" (2001), „Abū Šallāḫ al-Barmāʾī" (2001), „Raǧul ǧāʾa wa ḏahaba" (2002), „Salmā" (2002), „Saʿādat as-safīr" (2003) und „al-Ǧinnīya" (2006).[83] Drei davon gibt es auch in englischer Übersetzung: „An Apartment Called Freedom" ist in der Columbia University Press erschienen, allerdings leider derzeit vergriffen außer einigen Wucherangeboten im Internet, „Seven" und „A Love Story" wurden von Saqi, London, publiziert.

---

80 http://www.arabnews.com vom 16. August 2010.
81 http://www.asharq-e.com/news.asp?section=7&id=20149 vom 8. März 2010.
82 http://www.arabnews.com vom 16. August 2010; *Banipal* Nr.20/2004, S. 116-117.
83 al-Yūsuf, S. 150-151.

Ich werde hier nur auf seinen 1994 erschienenen ersten Roman „Šiqqat al-ḥurrīya" eingehen, dieses Meisterwerk, das saudische Literaturgeschichte geschrieben und bis heute nichts von seiner Faszination eingebüßt hat. Der Schauplatz des Romans ist nicht Saudi-Arabien, diesen Schritt wird erst Turki al-Hamad wagen, sondern das Kairo der 1950er-Jahre, damals das kulturelle Zentrum der arabischen Welt. Und wenn auch die Romanhelden überwiegend aus Bahrain stammen, so sind sie doch als Identifikationsfiguren und Projektionsflächen für saudische Leser bestens geeignet. Literarisch erinnert der 463-Seiten-Roman an das beste, was Nagib Mahfuz geschrieben hat, der in einer Romanszene einen Auftritt hat. Inhaltlich setzt Algosaibi aus meiner Sicht die politische Auseinandersetzung fort, die Nagib Mahfuz in seiner Kairo-Trilogie begonnen hat, jedoch tut er dies aus einer umfassenderen gesamtarabischen Perspektive.

Der Roman beginnt mit dem Anflug auf Kairo und endet einige Jahre später mit dem Verschwinden von Kairo am Horizont, als Fuʿād, einer der Romanhelden, seine ägyptische Studienzeit endgültig hinter sich lässt. Anhand einer Gruppe junger Männer aus Bahrain, die zwischen August 1956 und Oktober 1961 in Kairo studieren, zeigt Ghazi Algosaibi die geistigen Strömungen, für die sich die Jugend der damaligen Zeit begeisterte. In der gemeinsamen Wohnung, die sie „Freiheitswohnung" nennen, lernen die jungen Männer, mit Freiheit umzugehen, mit all den Irrwegen und zum Teil auch unvergesslich-schönen Abstechern, die junge Menschen auf dem Weg zum Erwachsensein einschlagen. Sie sehen sich als Revolutionäre oder schwärmen für Nasser und den Panarabismus, sie glauben an den Sozialismus oder den Islamismus, ihr Interesse gilt der Baʿṯ-Partei oder den Kommunisten, sie schwärmen für Marx, Freud oder Sartre, sie erleben meist schwierige Liebesbeziehungen mit bisweilen auch sehr merkwürdigen Frauen, sie schreiben Geschichten und träumen von einer literarischen Karriere, sie erleben Dramen in der Liebe und wegen ihres politischen Engagements, sie stehen einander bei und kämpfen sich durch ihr Studium, bis sie es schließlich erfolgreich abschließen können. Die langen Dialoge, in denen die Freunde politische und existenzielle Fragen diskutieren, spiegeln den Diskurs der damaligen Zeit wieder, der über weite Strecken nichts von seiner Aktualität verloren hat. Immer wieder wird die Handlung durch Kurzgeschichten unterbrochen, die die beiden Schriftsteller der Gruppe, Fuʿād und ʿAbd ar-Ruʾūs, geschrieben haben. Algosaibi lässt in seinem Roman auch eine Reihe berühmter Persönlichkeiten dieser Zeit auftreten, darunter die Schriftsteller Nagib Mahfuhs und Taha Husain, den Dichter Abbas Mahmud al-Aqqad, den palästinensischen Mitbegründer der arabischen nationalistischen Bewegung George Habash und auch einen gewissen Saddam at-Tikriti, der damals in Kairo im Exil lebte und als Saddam Husain später irakischer Staatspräsident wurde.

Ghazi Algosaibi und Turki al-Hamad sind in die Geschichte der saudischen Literatur eingegangen, denn sie etablierten mit ihren Mitte der 1990er-Jahre erschienen Romanen das literarische Genre „Roman" in Saudi-Arabien. Ghazi Algosaibi und Turki al-Hamad waren Vorbilder und *role models*. Sie ermutigten saudische Schriftstellerinnen und Schriftsteller, sich im Roman auszudrücken und darin jene Themen anzusprechen, die sie wirklich bewegen.

1.4.4. Raja Alem, Abdo Khal und Yousef Al-Mohaimeed

Unter den vielen hervorragenden und interessanten Arbeiten dieser beiden letzten Jahrzehnte, von denen eine Auswahl im Teil 2 dieser Arbeit ausführlich dargestellt wird, kristallisieren sich drei Schriftsteller heraus, die mit ihrem Werk zweifellos eine herausragende Rolle einnehmen. Sie publizieren nicht nur kontinuierlich Romane, sondern haben auch jeweils einen unverwechselbaren literarischen Stil entwickelt, mit dem sie ihre Themen ausloten. Sie gehen ihren künstlerischen Weg unabhängig von literarischen Moden und dennoch, oder vielleicht auch gerade deshalb, sind sie am Puls der Zeit. Sie schaffen in jedem ihrer Werke eine neue literarische Welt, innerhalb derer sie die Schicksale ihrer Romanfiguren konsequent entwickeln.

Diese drei Schriftsteller kommen aus unterschiedlichen Gegenden Saudi-Arabiens. Raja Alem ist von ihrer Heimatstadt Mekka, der Aura und dem spirituellen Klima dieses geistigen und religiösen Zentrums geprägt. Viele von Raja Alems Romanfiguren sind starke Frauen, die sich ihrer spirituellen Kraft bewusst sind. In der Welt ihrer Romane ist die metaphysische Dimension realer und intensiver als die sogenannte „reale Welt". (Mehr über Raja Alem siehe Punkt 2.5.)

Abdo Khal stammt aus dem Dorf al-Maǧanna im Südwesten Saudi-Arabiens und lebt in Ǧidda. In seinen Romanen stehen die spannenden, dramatischen Ereignisse, die seine Leser in ihren Bann ziehen, immer unter einem philosophischen Grundthema wie Fremdheit, Unsterblichkeit, Beziehung von Text und Kommentar, Ablöse von Altem und Neuem, Zivilisationen und Wertvorstellungen oder Paradies und Hölle. Abdo Khals Phantasie erschafft kühne Szenarien, in denen er gesellschaftliche Zustände aufzeigt und Fehlentwicklungen anprangert. Seine Romanfiguren beschreiten Wege und Irrwege auf der Suche nach Glück, menschliches Leid und menschliches Fehlverhalten sind dabei bis in extremste Formen dargestellt. (Mehr über Abdo Khal siehe Punkt 2.2.)

Abdo Khal und Raja Alem sind Träger des Arabischen Bookerpreises der Jahre 2010 bzw. 2011. Die beiden preisgekrönten Romane „Tarmī bi-šarar" und „Ṭauq al-ḥamām" thematisieren u. a. die Zerstörung von traditionellen Lebensräumen in den Städten Ǧidda und Mekka durch eine gnadenlose und ausschließlich profitorientierte „Modernisierung".

Während Raja Alem seit 1987 und Abdo Khal seit 1995 Romane publizieren, macht Yousef Al-Mohaimeed erst 2003 den Schritt von der Kurzgeschichte zum Roman. Sein Umfeld ist Riyāḍ. In seinen Romanen setzt er sich mit Unmenschlichkeit auseinander. Seine Gesellschaftskritik ist von tiefem Mitgefühl mit jenen geprägt, denen von anderen Leid zugefügt wurde. Unterdrückung und Ungerechtigkeit sind seine Themen sowie die Auseinandersetzung mit einer rigiden Gesellschaftsordnung, in der Menschlichkeit nicht gelebt wird.

Für sein Gesamtwerk, insbesondere aber für seinen Roman „al-Ḥamām lā yaṭīr fī Buraida", erhielt er am 27. Mai 2011 in Tunis den nach dem tunesischen Dichter Abū al-Qāsim aš-Šābī benannten Literaturpreis der Banque de Tunisie.[84] (Mehr über Yousef Al-Mohaimeed siehe Punkt 2.6)

1.4.5. Weitere Autoren und Werke

Im Teil 2 dieser Arbeit werden 13 Autorinnen und Autoren mit ihren Romanen ausführlich vorgestellt. An dieser Stelle möchte ich darüber hinaus (in chronologischer Reihenfolge) einen kurzen Überblick über einige weitere interessante Romane des Zeitraums 1990 bis 2011 geben. Sofern ich die angeführten Romane nicht ohnedies selbst gelesen habe, sind die hier wiedergegebenen Inhalte den Sekundärquellen entnommen oder stammen aus persönlichen Gesprächen, die ich mit den Autoren geführt habe.

„Imrāʾa ʿalā fūhat burkān", 1996, ist der zweite Roman von Bahiya Busbit, den Ḫālid ar-Rifāʿī als einen Bildungsroman (*riwāya taʿlīmīya*)[85] bezeichnet. Der Roman erzählt die Geschichte von Šarīfa, die von Bildung träumt, aber keine Chance zum Bildungserwerb hat, da sie mit dreizehn Jahren an einen älteren Mann verheiratet wird. Ihre ganze Hoffnung ist die Bildung ihrer Kinder, doch ihr Sohn stirbt. Als ihre Tochter das Schulabschlusszeugnis erhält, hat Šarīfa das Gefühl, dass die Sonne wieder aufgeht. Für Samāhir aḍ-Ḍāmin ist dieser Roman einer von jenen, die den bereits in den 1960er- und 1970er-Jahren von Samīra bint al-Ǧazīra, Hudā ar-Rašīd, Amal Šāṭā und anderen begonnenen feministischen Diskurs fortführen. Brisante Themen wie das Verheiraten von Kindern an alte Männer und die Unterdrückung der Tochter durch die Mutter, die an nicht hinterfragbaren Traditionen festhält und die Wünsche ihrer Tochter ignoriert, werden auch noch in späteren Romanen immer wieder Thema sein.

„Unṯā al-ʿankabūt" (Das Spinnenweibchen), 2000, von Qumasha Al-Olayan enthält eine radikale Kritik des Patriarchats. In ihrem Roman zeigt sie anhand des Lebenslaufes einer Frau sehr drastisch auf, welch dramatische Folgen die traditionelle Unterdrückung und Fremdbestimmung der Frauen hat und und wieviel Leid dadurch verursacht wird. Die Frau als Objekt männlicher Macht darf keine eigene Meinung haben bzw. äußern und sie hat keine Möglichkeit, der Unterdrückung durch Vater oder Ehemann zu entgehen oder aus ihr zu flüchten, es sei denn durch psychische Krankheit, Selbstmord oder Mord. Der Hauptfigur Aḥlām gelingt es zwar vorübergehend, sich durch einen Universitätsabschluss und

---

[84] http://www.tap.info.tu/fr/index.php?option=com_content&view=article&id=3305.
[85] ar-Rifāʿī S. 109-115.

ihren Beruf als Lehrerin eine Zukunftsperspektive zu erarbeiten, doch ihr Vater zerstört ihre Hoffnungen und zwingt sie, einen 70-jährigen Mann zu heiraten, der bereits zwei Frauen und fünfzehn Kinder hat und der sich in der Hochzeitsnacht überdies als impotent herausstellt und sie schlägt. Ihre Rebellion besteht aus dem Mord an ihrem Mann. Dieser Mord stellt einen Mord an der Macht dar, die die Frau unterdrückt. Die Macht ist sowohl im Vater und auch im Ehemann verkörpert, die sich im Patriarchat eine gottähnliche Stellung anmaßen, alles kontrollieren und die volle Verfügungsgewalt über den weiblichen Körper und die weibliche Arbeitskraft besitzen.[86] Der Roman erschien in englischer Sprache unter dem Titel „Female Spider" bei Dorrance Publishers, USA.

„Waǧhat al-būṣala" (Die Ausrichtung des Kompasses), 2002, von Nura Al-Ghamdi, wird in der Autorendatenbank des Goetheinstitutes (deutsch-arabisches Literaturforum) wie folgt beschrieben: „Splitter von Mythen und Epen durchziehen dieses dichte Werk voller Anspielungen, in dem sie (die Autorin) mit einem dramaturgischen Gestaltungswillen das Altbekannte oder längst Vergessene zeitgemäß interpretiert. Phantasievoll und kenntnisreich verwebt sie die unterschiedlichen literarischen und religiösen Stoffe zu einer engagierten Literatur, die Mut zur Transparenz beweist: Durch ihre Texte erlaubt sie dem Leser einen tiefen Einblick in die intimen Bedürfnisse und Nöte ihrer Heldinnen."[87] Auch in diesem Roman wird die Unterdrückung junger Frauen und vor allem die der Frau gegen ihren Willen aufgezwungene Heirat beschrieben. Und auch hier werden ältere Frauen gezeigt, die das patriarchalische Wertsystem übernommen haben, aus dem sie ihre Macht ableiten. Dieses Patriarchat sieht in Frauen eine Art Ware, über die die Männer verfügen und entscheiden. Die selbstbewusste Heldin rebelliert nach einer aufgezwungenen Heirat mit ihrem Cousin durch sexuelle Verweigerung und ist nicht bereit, sich ihrem Schicksal zu unterwerfen. Der Roman spielt in einem Dorf im Süden Saudi-Arabiens und beschreibt in poetischer Sprache Gewohnheiten, Traditionen und Einzelheiten des täglichen Lebens der bäuerlichen Bevölkerung. Es wird dabei auch gezeigt, wie die Mann-Frau-Beziehungen und das Leben im Dorf durch die Bildung der Frau sowie durch städtische Einflüsse verändert werden.[88]

„Maimūna", 2002, von Mahmud Trauri stellt die afrikanisch-stämmigen Einwohner Mekkas in den Mittelpunkt. Im persönlichen Gespräch erzählte mir Mahmud Trauri, im Hauptberuf Leiter des Kulturressorts der Tageszeitung „al-Waṭan", dass er bereits 1996 begonnen hatte, einen Roman über die Geschichte der in Mekka ansässigen Afrikaner zu schreiben, dann aber bemerkt habe, dass ihm zu diesem Thema noch viele Hintergrundinformationen fehlten. Ab 2000 habe er dann angefangen, intensiv über Westafrika, aus dem seine eigenen Vorfah-

86 ar-Rifāʿī, S. 139-145 und aḍ-Ḍāmin, S. 255-267.
87 http://www.goethe.de/ins/eg/prj/mal/arl/aam/gmd/deindex.htm.
88 aḍ-Ḍāmin, S. 325-332.

ren und die vieler Mitglieder der afrikanischen Community in Mekka stammen, zu recherchieren und zu lesen. So habe er beispielsweise erfahren, dass es viele Orte in Westafrika gibt, die Mekka heißen. Seine Hauptfigur, Maimuna, steht für all jene, die aus Afrika nach Mekka gepilgert sind und sich dort für immer niedergelassen haben. Für seinen Roman spürte Trauri den historischen Pilgerwegen in Afrika nach, befasste sich mit Symbolen, Ritualen und Festen und deren folkoristischen und spirituellen Elementen sowie mit religiös-kulturellen und soziologischen Zusammenhängen. Eine wichtige Quelle für ihn waren alte Menschen, die zwar selbst schon in Mekka geboren sind, aber noch Geschichten ihrer aus Afrika als Pilger zugewanderten Großeltern in sich tragen. Die mekkanische Gesellschaft ist zwar multikulturell, so Mahmud Trauri, und die Religion ist das einigende Band, dennoch sind die Schwarzafrikaner in Mekka zunehmend von Diskriminierung betroffen. Es fallen Schimpfworte wie *baqāyā ḥuǧǧāǧ* (Überbleibsel der Pilger) oder *ṭarḥ baḥr* (Auswurf des Meeres bzw. vom Meer Angeschwemmtes). Die in den 1980er-Jahren geborene Generation von mekkanischen Afrikanern fühlt sich verloren, sagte Trauri und bezeichnete sie als *ǧīl al-huwīya al-mafqūda* (*lost-identity-generation*). Umso mehr freute es ihn, als ihm eine junge Frau nach der Lektüre seines Romans schrieb, sie wisse nun, dass sie Wurzeln und eine Zivilisation habe. Das Thema der sozialen und rassistischen Diskriminierung der Schwarzafrikaner greift übrigens auch Laila Aljohany in ihrem 2007 erschienen Roman „Ǧāhilīya" auf. 2011 brachte Mahmud Trawri seinen zweiten Roman „Aḫḍar yā ʿūd al-qanā" heraus, der das in „Maimūna" begonnene Thema fortführt.

„Tauba wa-Sulayyā" und „Safīna wa-amīrat aẓ-ẓilāl" (Safina und die Prinzessin der Schatten), beide 2003, von Maha Mohammed al-Faisal, spielen in jenem spirituellen Raum, wo einander Realität und Metaphysik begegnen und sich vereinen, und wo der Mensch die Trennmauer zwischen dem Hier und dem Dort durchschreitet, um die Wahrheit der Existenz zu erkennen. In „Tauba wa-Sulayya" ist es der Romanheld Fāris, der einen weiten Weg der Reinigung des Geistes und der Gottsuche mit vielen Irrwegen und Umwegen geht. In „Safina wa-amīrat aẓ-ẓilāl" sucht der Romanheld Sahl die Stadt der Weisheit und begegnet der Prinzessin der Schatten, die er nach der Ursache ihrer Trauer fragt. Sie gibt ihm vier Aufträge, die er erfüllen muss, sonst ist ihm der Tod gewiss. Sie will ein Schloss aus Wasser, Tinte aus Rauch, ein Halsband aus Sand und Briefe aus Luft. Es gelingt ihm, die Rätsel zu lösen.[89] Bei unserem Gespräch sagte mir Maha Mohammed al-Faisal, dass es ihr darum gehe, den Menschen nicht von seinen Abgründen her darzustellen, sondern ihn über seine spirituellen Möglichkeiten und seine Fähigkeit zum Guten zu definieren.

„al-Qirān al-muqaddas" (Die heilige Vermählung), 2005, von Ṭaif al-Ḥalāǧ (Pseudonym), in Bahrain erschienen, wird im Buch von Ḫālid ar-Rifāʿī zum

[89] ar-Rifāʿī, S. 149-168.

Genre des Rebellenromans (*ar-riwāya al-mutamarrida*) gezählt. Die äußere Handlung des Romans ist ein Autounfall, bei dem die Hauptfigur Lailā als Beifahrerin ihres Bruders verletzt wird. Die Schuld an diesem Unfall trägt ihr Bruder, der mit dem Auto auf einer gefährlichen Straße in der Dunkelheit bei schlechter Sicht losgerast ist, obwohl sie ihn gebeten hatte, langsamer zu fahren. Laila liegt bewegungsunfähig im Krankenhaus, eine Metapher für den eingeschränkten Handlungsspielraum der Frau. Ihre Gedanken und Alpträume münden in ein Thema: die Rebellion gegen den Mann, die Gesellschaft und die Religion, die für Männer gemacht ist.[90] Samāhir aḍ-Ḍāmin bezeichnete im Gespräch die Autorin als zornige Feministin, deren Sprache „wie eine Bombe" ist und die sehr radikal und deutlich die Dinge beim Namen nennt.

„Hind wa-l-ᶜaskar" (Hind und die Armee), 2006, von Badriya Al-Bishr wird in der Sekundärliteratur häufig zitiert[91]. Mit diesem Roman hat Badriya Al-Bishr sichtlich ein Thema aufgegriffen, das viele betrifft und berührt. In unserem Gespräch zitierte sie eingangs einen Satz des Autors Saif al-Islam b. Saud Al Saud aus seinem 2004 erschienen Roman „Qalb min Binqilān": „Alles hat ein Ende, sogar das Schweigen" (li-kull šaiʾ nihāya, ḥattā aṣ-ṣamt).[92] Badriya Al-Bishr zeigt in „Hind wa-l-ᶜaskar" eine Mutter, die ihre einzige Macht aus der Rolle als gnadenlose Hüterin der Tradition bezieht. Sie ist hart, streng, religiös und traditionell. Sie kann weder Liebe geben noch glücklich machen, da sie selbst nie Liebe und Glück erlebt hat. Sie übernimmt die männlichen Regeln, selbst wenn sich diese gegen sie selbst oder ihre Tochter richten, und sie würde lieber ihre Tochter in die Hölle schicken, als einen Bruch der Regeln zuzulassen. Sich so zu verhalten, bedeutet für sie, eine „gute Frau" zu sein. Der Roman hat autobiographische Züge, wobei Badriya Al-Bishr im Gespräch anmerkte, sie habe nur etwa zwanzig Prozent von dem geschrieben, was wirklich geschah und noch in der Gesellschaft geschieht. Badriya Al-Bishr beschreibt eine Gesellschaft, die ihre Wüsten- und Bauernkultur beibehalten hat und in der bereits das Hinterfragen von Regeln als Schande gilt. Es herrscht der Glaube vor, dass ein Überschreiten der „roten Linie", die das Verbotene vom Erlaubten abgrenzt, mit der Hölle bestraft wird. Den Mädchen wird im Zuge der Erziehung ständig mit der Hölle gedroht, und ihr Selbstwertgefühl wird systematisch zerstört, so Badriya Al-Bishr. ar-Rifāᶜi zählt „Hind wa-l-ᶜaskar" zu den Rebellenromanen (*riwāyāt mutamarrida*), und er interpretiert den Titel dahingehend, dass *ᶜaskar* (wörtlich: Heer, Armee, Truppen)[93] für die männliche Übermacht steht, mit der Hind konfrontiert ist. Sie ist allein, ihr Gegner sind die Männergesellschaft und deren Handlanger (z. B. Hinds Mutter). Eine Armee, so ar-Rifāᶜi, ist durch Stärke, Kraft, hohe Anzahl, ständige Bereitschaft, Bewegung,

---

90 ar-Rifāᶜī, S. 193-200.

91 Beispielsweise aḍ-Ḍāmin, S. 279-281, 317-325, 349f-353 und ar-Rifāᶜī 184-193.

92 al-Hāǧirī, S. 39.

93 Wehr, S. 840.

Macht und Kontrolle gekennzeichnet und ihre Funktion ist es, den Schwächeren zu besiegen. Jede Bewegung der Armee bedeutet die Niederlage dessen, der sich ihr widersetzt. Sie will den Gegner überwältigen und zermalmen, und ihre Aufgabe ist es, jede Gelegenheit dazu zu ergreifen, so ar-Rifāʿi. Im Roman erlebt Hind die Feindseligkeit ihrer Umgebung und die Härte und Mitleidlosigkeit ihrer Mutter, die sie hasst, weil sie ein Mädchen ist. Für die Mutter sind Mädchen die Ursache ihrer nächtlichen Sorgen und Unruhe. Ihr Vater behandelt Hind als schwaches Wesen, ihr Bruder als eine Abgesandte des Teufels. In einer erzwungenen Ehe wird Hind gedemütigt und verspottet, weil sie eine Frau ist. Ihr Aktionsradius beschränkt sich auf das Haus und den *sūq*. Als sie ein Mädchen zur Welt bringt, schickt sie ihr Mann zu ihrer Mutter zurück, wo Hinds harter Kampf um Unabhängigkeit beginnt. Dieser führt sie schließlich in einem Beruf, durch den sie in einem Krankenhaus mit Männern gemeinsam auf gleicher Ebene arbeitet. Erstmals begegnet sie einem Mann, der sie mit Respekt und Liebe behandelt. Hinds Rebellion gegen ihre vielen Feinde (Mutter, Ehemann, Bruder) wird intensiver. Schließlich reist sie ab, jenem Mann entgegen, der vielleicht anders ist als die anderen.[94] 2010 erschien im Alawi-Verlag eine deutschsprachige Ausgabe des Romans unter dem harmlos-orientalistischen Titel „Der Duft von Kaffee und Kardamom".

„ʿAraq baladī" (Einheimischer Schnaps bzw. „Selbstgebrannter"), 2006, von Mohammed al-Muzaini ist der zweite Roman dieses Schriftstellers, der 2011 bereits seinen neunten Roman publiziert hat. Mohammed al-Muzaini greift seit 2004 in seinen Romanen gesellschaftliche Themen auf, sei es die Entwicklung der Städte, die Struktur der Gesellschaft mit ihren Hierarchien und Diskriminierungen, die Frage von Kulturen und Identitäten und die Heimatlosigkeit und Instabilität in der arabischen Welt. In „ʿAraq baladī" zeigt Muzaini die *hidden society* in Riyāḍ, die armen Saudis, die ohne Geld in den ärmeren Vierteln in kleinen, schäbigen Häusern wohnen. Die alten Lehmhäuser sind nach dem Ölboom entfernt worden, die Stadtviertel wurden von anderen verändert, nicht von denen, die sie bewohnen. Die Romanfiguren in „ʿAraq baladī" müssen Grenzen der Moral und der Legalität überschreiten, um zu überleben und auch einen kleinen Anteil am ausbrechenden Wohlstand zu ergattern. Mohammed al-Muzaini sieht in den guten Verkaufszahlen dieses Romans einen Beweis dafür, wie groß das Interesse an jenen bisher in der Öffentlichkeit nicht wahrgenommenen Bevölkerungsschichten und an deren Problemen ist. Ihm war es wichtig, jene gesellschaftlichen Probleme anzusprechen, die bisher im Dunklen geblieben sind. In diesem Buch gebe es keine Helden, betonte er.

---

94 ar-Rifāʿī, S. 184-193.

„Sūrat ar-Riyāḍ" (Das Kapitel ar-Riyāḍ)[95], 2007, von Ahmed al-Wasil handelt von Hoffnungen und Träumen junger Menschen in einer Gesellschaft, die sie in ihrer Entwicklung und Persönlichkeitsentfaltung behindert. Es geht um Identitäten, die sich ausdrücken müssen. Turkī und Samīra, die beiden Hauptfiguren, sind bildende Künstler, können aber ihre künstlerische Berufung nicht leben angesichts einer Interpretation religiöser Vorschriften, die das Abbilden menschlicher Wesen als Sünde verbietet. Darüber hinaus fühlen sie sich zu gleichgeschlechtlichen Liebespartnern hingezogen, eine Neigung, die in ihrer Gesellschaft mit harten Sanktionen geahndet wird. Identität, die sich ausdrücken will und muss, sei es in der Liebe oder in der Kunst, stößt auf Rahmenbedingungen, die einschränken und bedrücken und sie zu ersticken drohen. Der Roman spielt in einem Krankenhaus, eine Metapher für eine Welt, in der alle krank sind. Turkī und Samīra sehen angesichts dieser Restriktionen in ihrer Umwelt keine Lebenschancen, sondern erleben sich als Außenseiter. Sie müssen diese Umgebung hinter sich lassen, um aktiv werden zu können, ihre Liebe zu leben und die Welt mit Mitteln der bildenden Kunst auszudrücken. Schließlich verwirklicht Turkī seinen Traum, nach Paris zu gehen, und auch Samīra verlässt Riyāḍ. Neben dem Bilderverbot, das kritisch hinterfragt und diskutiert wird, kritisiert der Autor auch das Bildungssystem und hier vor allem, dass Kunst, Philosophie, Schönheit und Vernunft nicht gelehrt werden. Unter anderem kritisiert er auch den Geschichtsunterricht, der ein völlig unzureichendes Bild der historischen und gegenwärtigen Realität vermittelt. In diesem Klima des Verschweigens, der Umdeutung und des Ignorierens von Realität werden Hürden für junge Menschen aufgebaut, die sie daran hindern, ihre Träume zu verwirklichen und ein selbstbestimmtes Leben zu führen.

„ʿUyūn aṯ-ṯaʿālib" (Fuchsaugen), 2009, von Laila Alohaidib, Jahrgang 1964, berührt das Thema des männlichen Blickes auf die Frau. Der Roman spielt im Schriftstellermilieu und zeigt auf, dass Männer die schreibende Frau nicht als Schriftstellerin ansehen, sondern dass ihr Blick immer dem weiblichen Körper gilt. In der Theorie respektieren sie die Gedanken der Frau und ihren Verstand, in der Praxis aber haben Männer „Fuchsaugen", mit denen sie alles kontrollieren. Laila Alohaidib berichtete, dass sie nach dem Erscheinen des Romans über Facebook eine Reihe heftiger Reaktionen erhalten hat, in denen Männer ihr vorwarfen, dass sie Vorurteile gegenüber männlichen Schriftstellern schüre bzw. verstärke.

---

95 Im Buch wird auf die Mehrdeutigkeit des Titels hingewiesen und die verschiedenen Bedeutungen des Wortes sūra angeführt, die alle nicht übersetzbar sind. Der Autor selbst konnte keinen konkreten Übersetzungsvorschlag machen. Ein sehr erfahrener Literaturübersetzer, mit dem ich Rücksprache hielt, schlug vor, die ursprüngliche Bedeutung von „Sure" zu wählen, nämlich Kapitel. *Sūrat ar-Riyāḍ*, S. 7.

1.4.6. *Nach dem 11. September 2001: Junge stellen Fragen*

Das Internet und der 11. September 2001 haben die Welt verändert, vor allem für Saudi-Arabien. In der saudischen Romanszene sind es nach 2001 vor allem die Jungen, die Fragen stellen. Die saudische Gesellschaft ist eine sehr junge Gesellschaft. 58 % der Bevölkerung sind im ersten Jahrzehnt des dritten Jahrtausends unter 24 Jahre alt,[96] der Frauenanteil an den Universitäten beträgt 56,6 %.[97] Die knapp über 20-Jährigen bilden quasi die Vorhut und ermutigen auch Ältere zu mehr Kühnheit und dazu, Privates öffentlich zu machen, was im „Tsunami" der saudischen Romanproduktion 2006 seinen Niederschlag findet.

Mohammed Hasan Alwan, Jahrgang 1979, veröffentlicht seinen ab 2000 geschriebenen Roman „Saqf al-kifāya" im Jahr 2002, den ersten saudischen Roman, in dem gezeigt wird, was junge verliebte Menschen in Saudi Arabien erleben, was zwischen ihnen geschieht und welcher Schmerz durch arrangierte Ehen und die Behinderung einer freien Partnerwahl nicht nur jungen Frauen, sondern auch jungen Männern zugefügt wird. Der Romanheld ist ein verzweifelter junger Mann, und der Autor macht deutlich, dass rigide gesellschaftliche Regeln Leid über beide Geschlechter bringen. Er sagte mir dazu: „Ich schreibe Romane um Fragen zu stellen, nicht um Antworten zu geben".

Mit „Banāt ar-Riyāḍ" schließlich gelingt es Rajaa Alsanea, Jahrgang 1981, zu zeigen, wie politisch das Private ist.[98] Sie macht öffentlich, wie junge Menschen leben, fühlen und denken und welches Leid durch Tabus, Doppelmoral und die Unfähigkeit der Älteren zum Dialog mit der jungen Generation entsteht. Sie stellt klare und unmissverständliche Fragen zu Doppelmoral, Unmenschlichkeit, falscher Erziehung und dem sich Anklammern an nicht hinterfragte Traditionen aus mangelndem Mut zu persönlicher Verantwortung. Rajaa Alsanea beweist, dass es die saudische Gesellschaft durchaus aushält, wenn jemand all dies öffentlich ausspricht und all diese Fragen stellt. Ghazi Algosaibi empfiehlt Rajaa Alsaneas Buch öffentlich, Verbreitungsverbote werden zwar verlangt, aber auch wieder zurückgenommen, Gegenbücher und Nachfolgeromane werden geschrieben, und „Banāt ar-Riyāḍ" wird zu einem in 26 Sprachen übersetzten Weltbestseller. Nach wie vor ist Rajaa Alsaneas Roman in Saudi-Arabien heiß umstritten, wie ich bei vielen verschiedenen Gelegenheiten in Riyāḍ erleben konnte. Dies zeigt, wie sehr das Buch den öffentlichen Dialog angekurbelt hat.

„Banāt ar-Riyāḍ" hat etwas ausgelöst wie im Jahrzehnt zuvor „Šiqqat al-ḥurrīya" und vor allem die Trilogie „Aṭyāf al-ʾaziqqa al-mahǧūra" von Turki al-

---

96 UNDP 2009.

97 Nach Auskunft des saudischen Ministeriums für Höhere Bildung, Stand 2010.

98 Sponti-Spruch der 1968er-Bewegung: „Das Private ist politisch und das Politische ist privat".

Hamad. Sie hat einen gesellschaftlichen Diskurs eröffnet und andere ermutigt, auch zu publizieren.

2006 folgen dann weitere Junge, die mit brisanten Themen an die Öffentlichkeit gehen und aufzeigen, was sich im Verborgenen zwischen jungen Menschen ereignet oder ereignen könnte. Siba al-Hirz, Mitte 20, schreibt über Liebesbeziehungen zwischen Frauen unter den Bedingungen der sozialen Isolation. Ibrahim Badi, ebenfalls Mitte 20, beschreibt das Sexualleben junger Menschen trotz Repression und Verboten und führt vor, wie sich ein Kindheitstrauma im späteren Beziehungsverhalten auswirken kann. Ahmed al-Wasil thematisiert die Unterdrückung von bildenden Künstlern und gleichgeschlechtlich Liebenden und die erstickende Atmosphäre einer Gesellschaft, in der freie Entfaltung und ein selbstbestimmtes Leben nicht möglich sind.

Erstmals tritt die saudische Jugend mit ihren privaten Anliegen an die Öffentlichkeit und nützt die sich ab 2005, dem Jahr des Amtsantrittes von König ʿAbdullāh, im Land nach und nach immer weiter öffnenden Freiräume, um auf ihre Probleme, Wünsche und Hoffnungen aufmerksam zu machen. Erstmals werden Dinge, über die bisher oft nicht einmal im privaten Rahmen gesprochen wurde, öffentlich diskutiert. Die Themen der Chats haben ihren Weg in die saudische Romanliteratur und somit an die Öffentlichkeit gefunden.

1.4.7. Autoren und Leser zu Beginn des 3. Jahrtausends

Ab Mitte der 2000er-Jahre erlebt Saudi-Arabien ein Phänomen, das in der saudischen Romanliteratur bisher nicht bekannt war. Wählten die saudischen Romanautoren, die allesamt nicht vom Romanschreiben leben, sondern anderen Berufen nachgehen, ihre Themen bisher vorwiegend aus künstlerischen, menschlichen, gesellschaftlichen, ethischen oder philosophischen Erwägungen, so beginnen nun kommerzielle Motive eine Rolle zu spielen. Ein weiteres starkes Motiv ist der Wunsch, durch ein spektakuläres Buch rasch berühmt zu werden. Ibrahim Badi ironisiert in „Ḥubb fi s-Suʿūdīya" das Schreibmotiv Berühmtheit, wobei sich hier zweifellos Selbstironie in seine Darstellung eines als Romanfigur auftretenden Schriftstellers mischt.

Der leichte Zugang zu den Produktionsmitteln (Schreiben am Computer, Vermarkten und Bewerben über das Internet auf eigenen Websites bzw. über Facebook) ermutigt zum Romanschreiben. Die Facebook-Generation tut nun auch in Saudi-Arabien das, was sie weltweit tut: Sie schreibt über „sex and friends". Saudische Literaturkritiker orten dabei eine Fehlentwicklung zu Klischee und Kommerz, die weltweit ja bestens bekannt ist und nun auch vor Saudi-Arabien nicht Halt macht.

Einige Experten meinen, der Höhepunkt dieser Entwicklung sei 2011 bereits überschritten, und ein Literaturkritiker stellte überdies fest, dass das Romanschreiben an Prestige verloren hätte seit sich auch recht schwache Werke rund um die „sex and friends"-Thematik auf dem Buchmarkt tummeln. Allerdings konstatierten viele Romanautoren, dass das Romanschreiben in Saudi-Arabien auch vorher nicht besonders prestigeträchtig gewesen wäre und dass es ihnen keineswegs gesellschaftliche Anerkennung gebracht hätte. Diese widersprüchlichen Aussagen zeigen, wie sehr die Dinge in Bewegung geraten sind. Sogar Romankritiker werden bisweilen zu Romanautoren und geraten so ins Kreuzfeuer ihrer Kritikerkollegen. Manche Gesprächspartner vertraten den Standpunkt, die Leser stünden Romanen ablehnend gegenüber, in denen Tabus angesprochen werden, bloß um Aufmerksamkeit zu erregen. Verleger aber berichten, dass Leser bei Buchmessen gezielt Bücher verlangen, deren Verkauf in saudischen Buchhandlungen von der Zensur nicht genehmigt wurde.[99]

Diese Entwicklung stellt die Leserinnen und Leser vor die Aufgabe, ein kritisches Bewusstsein zu entwickeln, ein Lernprozess, der ja auch anderswo noch keineswegs abgeschlossen ist. Gesprächspartner berichteten mir, dass saudische Leser beispielsweise kaum zwischen Fiktion und Realität unterscheiden, zumal viele Romane aus der Ich-Perspektive erzählt werden und daher durchaus als rein autobiographisch missverstanden werden können.

Es war mir zwar nicht möglich, exakte Daten über Leserzahlen und Leserschichten saudischer Romane zu erhalten, punktuelle Auskünfte konnte ich jedoch einholen. So wurden etwa von „al-Baḥrīyāt" von Omaima al-Khamis seit 2006 6.000 Exemplare verkauft und von den Romanen von Yousef al-Mohaimeed jeweils mehr als 10.000 Stück. Mohammed Hasan Alwan, der sich mit seinen Büchern an die jüngsten Leserschichten wendet und deren Probleme behandelt, hat laut eigener Auskunft von seinem ersten Roman in neun Jahren etwa 25.000 Stück verkauft, von den später erschienenen Werken 16.000 bzw. 12.000 Stück. Wegen der laxen Handhabe von Copyrightsverletzungen im arabischen Raum weiß er jedoch, dass seine Romane illegalerweise über das Internet verbreitet werden, weshalb exakte Leserzahlen nicht feststellbar sind. Ein Vergleich etwa mit dem deutschen Sprachraum, wo die Buchverkäufe von Autoren wie Handke, Walser oder Grass bei einigen hunderttausend Stück liegen, wäre angesichts der unterschiedlichen kulturellen Entwicklung nicht fair.

Logischerweise ist Lesen eine Bildungsfrage, und je mehr Altersgruppen und Bevölkerungsschichten in Saudi-Arabien vom Bildungssystem erfasst sind, desto mehr Menschen kommen auch als potenzielle Leserinnen und Leser von Romanen in Betracht. In persönlichen Gesprächen musste ich jedoch feststellen, dass viele Saudis kaum Informationen über die inländische Romanproduktion haben, zumal das Lesen ausländischer Romane prestigeträchtiger ist als das von Werken aus dem eigenen Land. Nach meinen Vorträgen vom 20. März 2010 und 15. März 2011 an der österreichischen Botschaft in Riyāḍ sprachen mich einige saudische Besucherinnen und Besucher an und meinten, sie seien durch meine Ausführun-

---

99 http://www.asharq-e.com/news.asp?section=7&id=20149 vom 8. März 2010.

gen angeregt worden, künftig mehr saudische Romane zu lesen, und ich hätte ihnen von vielen Werken berichtet, deren Existenz sie bisher nicht wahrgenommen hatten. Auf der anderen Seite konnte ich feststellen, dass saudische Medien sehr ausführlich über Kulturelles und so auch über Romane berichten. 2010 war bereits eine Reihe von Werken der Sekundärliteratur über dieses Genre erhältlich. Auch Literaturzeitschriften nehmen sich dieses Themas ausführlich an.

Einen bedeutsamen Aspekt möchte ich nicht unerwähnt lassen. Mehrere Informatinnen wiesen darauf hin, dass in Saudi-Arabien Bücher von Frauen und über Frauen durchaus auch von Männern gelesen werden. Das Interesse männlicher Saudis am weiblichen Lebenszusammenhang und an den Gedanken und Gefühlen der Frauen ist groß, und Romane sind oft die einzige Möglichkeit, mehr über das andere Geschlecht zu erfahren. Eine Studentin in der Yamama-Universität, mit der ich in der Cafeteria über Romane diskutierte, formulierte es so: „Boys are dying to know what girls think."

1.4.8. Produktion und Vertrieb

Während Poesie, Geschichten, Epen oder Lebensweisheiten mündlich über Generationen überliefert worden sind und eine Art kollektives Gedächtnis darstellen, ist der moderne Roman eine literarische Form, die schriftlich produziert und rezipiert wird. Die Romanproduktion setzt überdies, wie schon erwähnt, eine Leserschaft mit einem gewissen Bildungsniveau voraus. Weiters benötigt sie professionelle Strukturen für Produktion und Vertrieb. Diese Voraussetzungen waren in Saudi-Arabien erst ab den 1990er-Jahren gegeben.

1.4.8.1. Verlage

Da die Entwicklung des Verlagswesens in Saudi-Arabien nicht Gegenstand meiner Forschungen war, werde ich hier lediglich einige Fakten anführen. Eine Interpretation dieser Fakten ist mir zum gegenwärtigen Zeitpunkt nicht möglich.

Für den Zeitraum 1990 bis 2006 liegt mir eine komplette Liste der Neuerscheinungen vor, die auch Verlagsangaben enthält.[100] Daraus geht hervor, dass beispielsweise im Jahr 1990 von acht Romanen fünf in saudischen Verlagen (zwei in Ǧidda, drei in Riyāḍ) sowie zwei Romane von den saudischen Literaturclubs in Medina und Ṭā'if publiziert wurden, ein weiterer Roman kam in Beirut heraus. Zwischen 1991 und 1993 erschienen von zwölf Romanen nur vier nicht in saudischen Verlagen, davon einer in Kairo, einer in Damaskus, einer in Beirut und einer, nämlich „Šiqqat al-ḥurrīya" von Ghazi Algosaibi, in London/Beirut bei Riad El-Rayyes Books Ltd.

[100] al-Hāǧirī, S. 447-467.

1995 erschienen zehn Romane, darunter der erste Roman von Abdo Khal „al-Maut yamurru min hunā" und „Ṭarīq al-ḥarīr" von Raja Alem. Beide wählten Verlage in Beirut. Von den übrigen Romanen erschienen drei in Ǧidda, einer in Riyāḍ, einer in Mekka, zwei in Kairo und einer in Beirut.

Eine der wichtigsten Adressen für die Publikation saudischer Romane ist Beirut und hier vor allem das renommierte Verlagshaus Dār as-Sāqī. Folgende prominente saudische Romanschriftsteller haben dort Werke verlegt: Ghazi Algosaibi, Turki al-Hamad, Abdo Khal, Ahmed Abodehman, Zainab Hifni, Mohammed Hasan Alwan, Rajaa Alsanea und Siba al-Hirz.

Raja Alem und Yousef Al-Mohaimeed publizieren ebenfalls in Beirut, und zwar bei al-Markaz aṯ-ṯaqāfī al-ʿarabī.

Im Verlag al-Muʾassasa al-ʿarabīya li-d-dirāsāt sind einige Romane von Ghazi Algosaibi sowie Werke von Abdalaziz Mishri, Nura al-Ghamdi, Maha Mohammed al-Faisal und Mohammed al-Muzaini erschienen.

Im Dār al-ʾādāb kamen Romane von Ibrahim Badi, Badriya Al-Bishr und Laila Aljohany heraus.

Der deutsche Verlag al-Kamel (al-Ǧamal) von Khalid al-Maaly (Ḫālid al-Maʿālī), mit Sitz in Köln und Beirut, hat u. a. eine Neuauflage des erstens Romans von Laila Aljohany sowie drei Romane von Abdo Khal herausgebracht, darunter 2009 den im Jahr darauf preisgekrönten Roman „Tarmī bi-šarar".

Riad El-Rayyes Books Ltd. (London/Beirut), das 1994 den berühmten Roman „Šiqqat al-hurrīya" von Ghazi Algosaibi publiziert hatte, brachte 2006 den Roman „Nuzhat ad-dulfin" von Yousef Al-Mohaimeed heraus und war auf der Buchmesse 2010 mit dem 2009 erschienenen Roman „ʿUyūn aṯ-ṯaʿālib"von Laila Alohaidib vertreten. 2010 erschien in diesem Verlag der historische Roman „Fitnat Ǧidda" von Maqbul Musa al-Alawi, der für den Bookerpreis 2011 nominiert worden war.

Auch in Damaskus werden saudische Romane publiziert. So erschien beispielsweise im Dār al Madā eine Neuauflage von „Maimūna" von Mahmud Trauri, weiters „al-Irhābī 20" von Abdullah Thabit und „al-Baḥriyāt" von Omaima al-Khamis.

Ein Blick in die Statistik für das Jahr 2006, in dem 48 Romane erschienen sind, zeigt folgende Verteilung der Erscheinungsorte: Saudi-Arabien: Riyāḍ 13, Dammām 7, Ǧidda 2, Aḥsāʾ 1. Außerhalb Saudi-Arabiens: Bahrain 1, Beirut 15, Damaskus 3, Jordanien 1, Kairo 4 und 1 ohne Angabe.

Einige Autoren haben mir im persönlichen Gespräch berichtet, dass sie die Erstauflage ihres ersten Romans selbst finanziert hätten, was nicht unüblich sei. Wenn ein Erstlingswerk Erfolg hat, dann sind die Verlage bereit, weitere Auflagen und weitere Romane selbst zu finanzieren.

1.4.8.2. Vertrieb

Turki al-Hamad beschreibt in seinem ersten Roman „al-ʿAdāma", wie er gegen Ende der 1960er-Jahre in den Schulferien mit seinen Eltern nach Beirut oder Amman reiste und dort heimlich ausländische Bücher kaufte, die in Saudi-Arabien verboten waren. Heute decken sich viele Saudis in Bahrain mit einheimischen Büchern ein, sofern diese nicht in den saudischen Buchhandlungen, wie etwa der Kette „al-Jarir", erhältlich sind.

Die „Maʿriḍ ar-Riyāḍ ad-duwalī li-l-kitāb" (Riyāḍ International Book Fair) findet alljährlich statt. Seit 2007 wird sie vom saudischen Ministerium für Kultur und Information veranstaltet. 2010 und 2011 hatte ich Gelegenheit, diese Messe persönlich zu besuchen. Sie ist die größte Verkaufsmesse für Bücher in Saudi-Arabien. 2010 waren laut Medienberichten rund 600 Verlage vertreten, darunter rund 120 aus Saudi-Arabien, weiters Verlage aus dem Libanon, Syrien, Jordanien, Ägypten, Sudan, Tunesien, Marokko, Jemen, Oman, Kuwait, Bahrain, den Vereinigten Arabischen Emiraten, Türkei, Iran, Indien, Japan, USA, Schweden, Frankreich, Großbritannien und Deutschland. Gastland 2010 war Senegal, 2011 Indien.

Im Rahmenprogramm der Buchmesse finden jeden Abend Veranstaltungen statt, bei denen Vorträge gehalten werden. Im Anschluss kann das Publikum Fragen stellen oder Diskussionsbeiträge liefern. An den Veranstaltungen nehmen Frauen und Männer sowohl als Vortragende als auch im Publikum teil, allerdings sitzen die Herren im Parterre des Veranstaltungssaales und die Damen auf dem Balkon. Ein gewisser Sichtkontakt ist allerdings vorhanden. An einem Abend stellte sich 2010 wie 2011 der saudische Minister für Kultur und Information, Dr. Abdalaziz Khoja, den Fragen des Publikums, wobei die anwesenden Kulturschaffenden sehr offen und hart fragten, vor allem die Frauen. 2011 war eine der Abendveranstaltungen den elektronischen Publikationsformen gewidmet, die in Saudi-Arabien eine enorme Rolle spielen, da die Saudis – zumindest jene der wohlhabenden Schichten – die jeweils neuesten Kommunikationstechnologien und -plattformen umgehend in ihren Lebensalltag zu integrieren pflegen.

Die Geschlechtertrennung bei der Buchmesse wurde im Laufe der Jahre nach und nach zurückgenommen. Seit 2009 können Männer und Frauen gemeinsam die Messe besuchen. Von den zehn Ausstellungstagen waren 2010 bzw. 2011 jeweils vier Halbtage (16 bis 22 Uhr) für Männer reserviert, Damen und Herrn gemeinsam standen sechs ganze Tage (10 bis 22 Uhr) und zwei Halbtage (10 bis 16 Uhr) zur Verfügung. Diese Einschränkung bezog sich jedoch nicht auf die Abendveranstaltungen, die immer beiden Geschlechtern offenstanden. Beim Berliner Literaturfestival 2009 hatte jemand berichtet, dass es bei der Buchmesse 2009 in Riyāḍ einer saudischen Autorin untersagt worden war, von einem Verleger eine Visitenkarte entgegenzunehmen. Weder 2010 noch 2011 konnte ich Vergleichbares beobachten und habe auch selbst mit einigen Herren gesprochen und auch ganz offen Visitenkarten ausgetauscht. Ein Interview, das ich mit einem Autor 2011 am

Rande der Buchmesse spontan führen wollte, haben wir jedoch auf seinen Vorschlag hin an einen anderen Ort verlegt, um einen möglichen Konflikt mit der „Hai'at al-'amr bi-l-ma'rūf wa-n-nahy 'an al-munkar", die auf der Buchmesse sehr zahlreich vertreten war, zu vermeiden.[101]

Das Internet spielt als Vertriebsweg von Literatur eine bedeutende Rolle. Das E-Book wird bei den Lesern und Leserinnen immer begehrter, Schriftsteller publizieren auch über das Internet bzw. kommunizieren auf diesem Weg mit ihren Leserinnen und Lesern. Die Journalistin und Schriftstellerin Badriya Al-Bishr sagte mir dazu: „Das Internet ist sehr wichtig für diese Gesellschaft. Es ist ein Fenster der Freiheit (*window of freedom*), das man nicht kontrollieren kann."

Auch für die illegale Verbreitung eignet sich das Internet. Rajaa Alsanea schrieb mir in einem ihrer Mails, dass „Banāt ar-Riyāḍ" online illegal publiziert worden war, und zwar sowohl auf Arabisch als auch auf Englisch. Die Verbreitung von Raubkopien kommt ebenfalls immer wieder vor, auch davon war Rajaa Alsanea betroffen, weshalb es nicht möglich ist, die tatsächliche Verbreitung ihres Romans festzustellen.

1.4.8.3. Zensur

Der Frage der Zensur (*raqāba*)[102] bin ich nicht systematisch nachgegangen, weil dies eine eigene Forschungsarbeit erfordern würde. Die Zuständigkeit für die Genehmigung bzw. das Untersagen des Vertriebs von Druckwerken ist im Ministerium für Kultur und Information angesiedelt. In Gesprächen mit Autoren wurde mir berichtet, dass es bei der alljährlichen Buchmesse in Riyāḍ möglich ist, auch Bücher zu verkaufen, die in den saudischen Buchhandlungen nicht verkauft werden dürfen. Die Verlage können für den Zeitraum der Buchmesse eine befristete Verkaufsgenehmigung beantragen.

In den letzten Jahren fand auch hier eine Liberalisierung statt. So durfte beispielsweise der Roman „al-Ḥamām lā yaṭīr fī Buraida" von Yousef Al-Mohaimeed, dessen Verkauf bei der Buchmesse 2009 nicht genehmigt worden war, 2010 bereits verkauft werden, wenn auch mit der Einschränkung, dass er nicht offen aufgelegt und nur über Verlangen ausgefolgt werden dürfe. 2011 wurde der Roman – zumindest in den letzten Ausstellungstagen – sichtbar am Stand des Verlages zum Verkauf angeboten. Der Verkauf des preisgekrönten Romans „Tarmī bi-šarar" von Abdo Khal war in den ersten Tagen der Buchmesse 2010 erlaubt, danach laut Medienberichten vorübergehend verboten und schließlich, angeblich aufgrund einer persönlichen Intervention eines Journalisten beim Kulturminister vor Ort, wieder

[101] Diese offizielle Organisation hat die Aufgabe und das Recht, bei Verstößen gegen die in Saudi-Arabien herrschenden Vorschriften einzugreifen bzw. für deren Einhaltung zu sorgen, also auch bei Verstößen gegen die im Land herrschende Geschlechtertrennung.

[102] Wehr S. 489: raqāba: Zensur, Briefzensur, Aufsicht, Überwachung, Beaufsichtigung, Kontrolle.

erlaubt. Dazu „Asharq Al-Awsat"[103]: „Culture and Media denied rumours that Abdo Khal'ʾs 'Spewing Sparks as Big as Castles' was withdrawn from the Riyadh International Book Fair. Minister of Culture and Information Abdulaziz Khoja also dismissed other rumours about the fair via his personal Facebook page. There are rumours that books by the prominent Saudi intellect Turki al Hamad have been banned at the fair and that the Al Jamal publishing house has been shut, which was denied by Khoja who said, ʾAl Jamal publishing house has not been shut, and I have just returned from visiting it. It has also been rumored that Dr. Turki al Hamadʾs books have been banned, but the truth of the matter is that the publishing house that published his work did not bring the books to the fair."[104] Diese Version hielt der Repräsentant von Dār as-Sāqī auch 2011 freundlich lächelnd aufrecht. Weiter heißt es in diesem Artikel, dass manche Verlage ihre Konkurrenten bezichtigen, mit dem Gerücht über Bücherverbote den Verkauf ihrer Bücher zu bewerben, da viele Leser direkt nach verbotenen Büchern fragen würden. Ein Sprecher des Kultur- und Informationsministeriums wird in dem Artikel u. a. mit folgender Aussage zitiert. „He added, that among the Ministryʾs targets of this fair is to make available the latests books in all fields to intellectuals and visitors and this does not necessarily have to contradict the censorship rules stipulated by the Saudi media policy and the printing and publishing system." Und weiter heißt es. „Though the controversial ‚censorshipʾ issue is raised every year with the event of the Riyadh International Book Fair, a number of owners of publishing houses who spoke to Asharq Al-Awsat emphasized that there is more freedom this year in comparison to previous years."

Meine persönliche Wahrnehmung war, dass ich 2010 drei benötigte Bücher auf der Buchmesse zwar nicht kaufen konnte, man mir jedoch sofort am Messestand einen Katalog aushändigte, damit ich die mit Verbreitungsverbot belegten Bücher per Internet bestellen kann. Zwei dieser drei Bücher brachte mir einige Tage später ein Journalist von einem Kurztrip aus Bahrain mit, wo sie im Buchhandel frei erhältlich waren.

[103] Die englischspachige Ausgabe von *aš-Šarq al-awsaṭ*.

[104] http://www.asharq-e.com/news.asp?section=7&id=20149 vom 8. März 2010.

2. Ausgewählte Romane

Die Romane, die in diesem Abschnitt behandelt werden, wurden danach ausgewählt, welcher Stellenwert ihnen in den Anthologien und wissenschaftlichen Werken über den saudischen Roman eingeräumt wird und welche Bedeutung ihnen die saudische Literaturkritik sowie die wesentlichen saudischen und europäischen Literaturzeitschriften zugewiesen haben. Ein weiteres Kriterium war die Einschätzung durch meine Gesprächspartnerinnen und Gesprächspartner aus dem universitären Bereich und aus dem Kulturjournalismus in Saudi-Arabien. Das drittes Kriterium war meine persönliche Einschätzung der Qualität und Relevanz dieser Werke und ihre Bedeutung für diese Arbeit, in der ich es mir zur Aufgabe gestellt habe, einen aussagekräftigen Einblick in die saudische Romanliteratur zu geben.

Habe ich im ersten Teil die Entwicklung der saudischen Romanliteratur im Kontext verschiedener Rahmenbedingungen dargestellt, so geht es im zweiten Teil um die Vielfalt der Themen, Personen und Schauplätze, um Lebenswelten, um menschliche Beziehungen und das, was sie erschwert, um Konflikte und deren Bewältigungsstrategien, um die impliziten und expliziten Botschaften der Autorinnen und Autoren und um das weite Feld der künstlerischen Phantasie, in dem sie ihre Figuren agieren lassen und ihre Handlungsstränge weben.

Die Kapitel in Teil 2 sind chronologisch nach dem Erscheinungsjahr der beschriebenen Romane gereiht, beginnend mit „al-Karādīb“ von Turki al-Hamad (1998) bis zu „al-Irhābī 20“ von Abdullah Thabit (2006). Bei jenen drei Romanen, von denen eine deutsche Übersetzung vorliegt, stammen die Textzitate aus der deutschen Version, in den anderen Fällen wurden die Zitate von mir – dem Sinn entsprechend und nicht zwingend wortwörtlich – aus dem arabischen Original übersetzt.

2.1. Turki al-Hamad (Turkī al-Ḥamad) تركي الحمد

Turki al-Hamad ist neben Ghazi Algosaibi der Wegbereiter des modernen saudischen Romans. Nach „Šiqqat al-ḥurrīya“ von Ghazi Algosaibi (siehe Punkt 1.4.3.) war es Turki al-Hamads Trilogie „Aṭyāf al-ʾaziqqa al-mahǧūra” (Gespenster der verlassenen Gassen) bestehend aus den Romanen „al-ʿAdāma” und „aš-Šumaisī” (erschienen 1997) sowie „al-Karādīb” (erschienen 1998), die neue Maßstäbe setzte.

Turki al-Hamads Familie stammt aus Buraida in der saudischen Provinz al-Qaṣīm. Er selbst wurde Anfang der 1950er-Jahre in al-Karak in Jordanien geboren. Schon seine Großeltern hatten als Gastarbeiter in Jordanien gearbeitet. Als er fünf Jahre alt war, übersiedelte die Familie in die saudische Ostprovinz nach Dammām, wo sein Vater für die Ölgesellschaft ARAMCO tätig war. Turki al-Hamad wuchs dort im Stadtviertel al-ʿAdāma auf, nach dem er seinen ersten Roman benannte. Später studierte er in Riyāḍ Wirtschafts- und Politikwissenschaft. Ab 1970 war er wegen seiner Mitgliedschaft bei der in Saudi-Arabien verbotenen Bathpartei eineinhalb Jahre lang im Gefängnis al-Karādīb in Ǧidda inhaftiert. Anschließend studierte er in Riyāḍ bis zum Baccalaureat weiter und ging dann in die USA, wo er 1985 mit einem PhD in Politikwissenschaft abschloss. Es folgten zehn Jahre Lehrtätigkeit an der König Saud Universität in Riyāḍ. Mit 43 Jahren zog er sich aus der hauptberuflichen Lehrtätigkeit zurück, um Zeit für seine schriftstellerische Arbeit zu haben. In nur neun Monaten schrieb er die Trilogie „Aṭyāf al-ʾaziqqa al-mahǧūra” nieder, ein Werk, das er 18 Jahre lang in sich getragen hatte, wie er im persönlichen Gespräch erzählte. Auf diese Trilogie, die 1997/98 im Verlag Dār as-Sāqī in Beirut erschienen war, folgte 1999 der Roman „Šarq al-wādī“. 2001 kam „Ǧurūḥ aḏ-ḏākira“ heraus und 2005 folgte „Rīḥ al-ǧanna“, alle ebenfalls im Dār as-Sāqī in Beirut publiziert.

In englischer Übersetzung sind „Adama” (2003, Übersetzer Robin Bray) und „Shumaisi” (2005, Übersetzer Paul Starkey) bei Saqi in London erschienen. „Adama“ gibt es auch in deutscher Sprache, und zwar als Übersetzung aus dem Englischen 2004 bei Heyne in München erschienen. Die englische Übersetzung des dritten Teils von Turki al-Hamads Trilogie „al-Karādīb“ ist seit 2006 immer wieder angekündigt (zuletzt im Verlagsprospekt von Saqi London 2009), bisher aber nicht erschienen.

Während der Held der Trilogie „Aṭyāf al-ʾaziqqa al-mahǧūra” aus Turki al-Hamads Generation stammt, geht der Autor in seinem Roman „Šarq al-wādī“ (Östlich des Tales) mit dem Untertitel „Asfār min ʾayyām al-intiẓār“ (Aufzeichnungen aus den Tagen des Wartens) um zwei Generationen zurück. Der Roman beginnt damit, dass ein junger Mann die Aufzeichnungen seines Großvaters Ǧābir findet. Anhand der Reisen und Erlebnisse dieses Großvaters im Laufe von 40 Jahren saudischer Geschichte wird die rasante Entwicklung gezeigt, die Saudi-Arabien in nur wenigen Jahrzehnten erfahren hat und mit der die Generation von Ǧābir zurechtkommen musste. Seine Reisen, die diesen aus einem kleinen Dorf im Naǧd stammenden Mann durch verschiedene Gegenden der arabischen Welt bis nach Amerika und wieder zurück führen, stehen für die Suche nach Wahrheit und Identität. Nur in wenigen Momenten glaubt Ǧābir, das gefunden zu haben, was er gesucht hat, personifiziert in einem verschwundenen Jugendfreund, dessen Spuren er verfolgt. Am Ende der Reise sind es seine Kinder, die ihm im Alter das Gefühl geben, angekommen zu sein. Für seinen Enkel, der die Aufzeichnungen liest, ist es wichtig, die Vergangenheit zu kennen. Er muss aber nun seinen eigenen Weg gehen und seine eigenen Reisen unternehmen.

Frauen eines Dorfes stehen im Mittelpunkt von „Ǧurūḥ aḏ-ḏākira" (Wunden der Erinnerung), vor allem die Geschichte der psychisch kranken Laṭīfa, die über ihr Leben sagt, es sei dramatischer verlaufen als jeder Roman, den sie gelesen hat. Auch hier geht es um Menschen zwischen zwei Epochen und um Entfremdungserfahrungen. Als Erwachsene müssen sie in einer Gesellschaft leben, die der Gesellschaft ihrer Kindheit nicht mehr entspricht. Familien brechen auseinander. Da gibt es Väter, die als Kriegsgewinnler am Verbrechen verdienen, und Söhne, die in Afghanistan und Bosnien kämpfen und sterben. Auch die Töchter driften in unterschiedliche Welten auseinander. Die tradierte Wertskala ist plötzlich in Frage gestellt. Während sich die einen an Koran und Sunna gebunden fühlen und sogar Fernsehen für verwerflich halten, schafft das Bildungssystem plötzlich junge Menschen, die an Wissenschaft und Rationalität glauben.

Mit „Rīḥ al-ǧanna" (Paradieswind) greift Turki al-Hamad das brisanteste Thema der ihm nachfolgenden Generation auf, nämlich den islamistisch motivierten Terror. Im Mittelpunkt des Romans stehen die Attentäter der Anschläge auf die USA vom 11. September 2001.

2.1.1. „Aṭyāf al-ʾaziqqa al-mahǧūra" (Gespenster der verlassenen Gassen) أطياف الأزقة المهجورة

Das Schicksal der politischen Engagierten um 1970

Das Schicksal eines politisch-ideologisch begeisterten und engagierten jungen Menschen, der gemeinsam mit Gleichgesinnten die Welt verändern will, zeigt Turki al-Hamad in seiner Trilogie „Aṭyāf al-ʾaziqqa al-mahǧūra" (Gespenster der verlassenen Gassen). Dieser Titel bezieht sich übrigens auf den unmittelbaren Schluss des dritten Teils der Trilogie, wo der Held Distanz zu einer dramatischen Phase seines Lebens gewonnen hat und mit der Vergangenheit abzuschließen versucht.[1]

Die sogenannte 1968er-Bewegung machte auch vor Saudi-Arabien nicht Halt. Revolutionäre Führerfiguren wie Nasser oder Che Guevara begeisterten damals

1 *al-Karādīb*, Seite 288.

die Jugend und boten ihr Identifikationsmöglichkeiten. Ideen und Ideale schufen weltweit eine Aufbruchsstimmung, allerdings mit unterschiedlichen Ausgangssituationen und unter unterschiedlichen Rahmenbedingungen. Ideologien wurden vielfach zu einem Religionsersatz.

Was Turki al-Hamads Trilogie auch international so interessant macht, ist die Tatsache, dass die 68er-Generation in vielen Ländern gegen das Establishment gekämpft und Repression erlebt hat, aber nicht überall auch Erfolge erzielen konnte, was Lesern einen hohen Identifikationsgrad mit der Hauptfigur Hišām al-ᶜĀbir ermöglicht. Waren es in Amerika und Europa das Vietnam-Desaster, die Hippiebewegung und die sexuelle Revolution, die eine breite Jugendbewegung auslösten, so begeisterten sich die gleichaltrigen Araber für den Sozialismus, den Kommunismus, den Panarabismus und den Islamismus.

Der schmerzliche Weg des Hišām ibn al-ᶜĀbir

Während Ghazi Algosaibi für seinen Roman „Šiqqat al-ḥurrīya" das Kairo der Jahre 1956 bis 1961 als Schauplatz gewählt hat und seine Protagonisten aus Bahrain kommen, ist Turki al-Hamads Roman – soweit ich feststellen konnte – in der modernen saudischen Literatur das erste Romanwerk, das in Saudi-Arabien spielt und sich mit Ereignissen aus der jüngeren Geschichte des Landes auseinandersetzt. Die drei Romane der Trilogie zeigen die entscheidenden Jugendjahre des Helden Hišām al-ᶜĀbir, die seine Entwicklung bestimmen. Turki al-Hamad beschreibt das Schicksal seiner Hauptfigur während der Jahre 1968 bis 1975. Die Hauptfigur der Trilogie trägt zwar autobiographische Züge, der Roman geht jedoch über eine reine Autobiographie weit hinaus, er ist vielmehr ein Entwicklungsroman eines Teils von Turki al-Hamads Generation .

Hišām, ein von einer liebevoll-strengen Mutter und einem sanften, in der Erziehung eher passiven Vater geprägtes Einzelkind, lebt im Viertel al-ᶜAdāma (es gab dem ersten Band der Trilogie seinen Namen) in der Hafenstadt ad-Dammām in der saudischen Ostprovinz. Historisch ist Hišāms Schulzeit eine bewegte Zeit, in der entscheidende politische Veränderungen in der arabischen Welt stattfinden. 1952 war in Ägypten die Monarchie von „Freien Offizieren" gestürzt worden und seit 1954 herrschte Nasser, der 1956 den Suezkanal verstaatlichte. 1958 übernahmen im Irak Offiziere unter ᶜAbd al-Karīm Qāsim die Macht, ermordeten den König und proklamierten die Republik. In internen Machtkämpfen siegte 1968 endgültig die bereits 1963 erstmals an die Macht gekommene arabisch-sozialistische Bathpartei. Auch in Syrien war die Bathpartei 1963 an die Macht gekommen, eine Macht, die sie 1970 endgültig festigen konnte. Die Lage der Palästinenser, seit 1948 ein permanent ungelöstes Problem, verschärfte sich nach dem Sechs-Tage-Krieg 1967 dramatisch. 1969 wurde in Libyen der König gestürzt und Muᶜammar al-Qaḏḏāfī kam an die Macht. 1970 war Jordanien Schauplatz des sogenannten „Schwarzen September", der dramatischen bürgerkriegsähnlichen Zuspitzung der

Konfrontation zwischen dem jordanischen König und der Palästinensischen Befreiungsorganisation PLO. Auf die Revolution von 1962 im Jemen folgte ein bis 1970 dauernder Krieg, in dem sich Saudi-Arabien auf der Seite der Royalisten gegen die von Nasser militärisch unterstützten Republikaner stark engagierte. Der Sturz der Könige in Ägypten, dem Irak, Libyen und dem Jemen sowie die Verbreitung sozialistischen und nationalistischen Gedankengutes stellten in dieser Zeit für die saudische Monarchie eine starke Bedrohung dar.

Dies ist das Umfeld, in dem Hišām aufwächst. Er erlebt eine Erwachsenenwelt, die aus Geboten und Verboten besteht und in der er keine Gesprächspartner für jene Themen findet, die ihn interessieren. Hišām zählt zu den jungen, weltoffenen und wissenshungrigen Intellektuellen seiner Zeit, die ihre geistigen Bedürfnisse nur heimlich stillen dürfen. Politische und philosophische Lektüre muss er in Beirut und Amman kaufen, über die Grenze schmuggeln und daheim hinter dem Rücken seiner Eltern lesen. Seine Begeisterung für die politischen Ideen seiner Zeit, wie etwa die Idee der arabischen Einheit, als deren Held der charismatische ägyptische Präsident Ǧamāl ʿAbd an-Nāṣir (Nasser) in der arabischen Welt verehrt wird, kann Hišām weder mit seinen Eltern, noch mit Lehrern oder Mitschülern teilen. Von der Mutter wird er wie ein Kind, von seinen Lehrern und dem Schuldirektor wie ein Untergebener behandelt. Jedes Hinterfragen und Diskutieren in der Schule, jeder eigenständige Gedanke wird mit Sanktionen bedroht.

Über Anwerbung wird Hišām Mitglied der in Saudi-Arabien verbotenen und daher als Geheimorganisation agierenden Bathpartei, wo er hofft, seinen Idealismus und sein Engagement für die Verbesserung der Welt einbringen zu können. Es schmeichelt ihm, ein Parteimitglied zu sein und wie ein Erwachsener behandelt zu werden. Doch diese Gruppierung erweist sich rasch als Enttäuschung, denn auch dort herrschen undemokratische, autoritär-unterdrückende Verhältnisse, auch dort sind Meinungen und Überzeugungen vorgegeben und das Denken außerhalb dieser Bahnen ist verboten. Als die geheime Parteiorganisation an die Behörden verraten wird, endet dieses Abenteuer, und Hišām übersiedelt zum Studium nach Riyāḍ ins Viertel „aš-Šumaisī“ (Titel des zweiten Teils der Trilogie), wo er bei seinem Onkel und seinen Cousins lebt.

Auch in Riyāḍ ist er mit einer Erwachsenenwelt konfrontiert, die keine Orientierung bietet und mit der es keinen Gedankenaustausch gibt. Der Onkel, bei dem er anfangs lebt und dessen häusliche Freizeitgestaltung aus Beten und Koranlektüre besteht, nimmt nichts außerhalb seines engen Horizonts wahr. Das Studium der Politologie und Wirtschaftswissenschaften ist von Auswendiglernen und kapitalistischer Indoktrinierung geprägt. Enttäuscht vom Mangel an intellektuellem Diskurs während seines Studiums gerät Hišām in einen Teufelskreis aus exzessivem Rauchen, Alkoholkonsum und sexuellen Abenteuern. Die Katastrophe bricht am Ende dieses zweiten Romanes aus. Seine Geliebte, eine verheiratete Nachbarin, wird schwanger, wobei die Wahrscheinlichkeit sehr hoch ist, dass das Kind von ihm ist. Überdies holt ihn seine politische Vergangenheit ein. Trotz verzweifelter Versuche seines Vaters, ihn außer Landes zu bringen, damit er in Beirut weiterstudieren kann, wird Hišām verhaftet.

Die ersten beiden Teile der Trilogie habe ich in meiner Diplomarbeit ausführlich analysiert.[2] Der dritte Teil, „al-Karādīb“, spielt im Gefängnis und beginnt damit, dass das Flugzeug mit Hišām und seinem Bewacher in Ǧidda landet.

2.1.1.1. „al-Karādīb" (Das Karadib-Gefängnis) الكراديب

Es gibt in der internationalen Literatur eine Reihe von Gefängniserinnerungen bzw. durch Gefängnisaufenthalte inspirierte Werke. Zum Beispiel Dostojewskis „Aufzeichnungen aus einem Totenhaus“ (1860), „Wer einmal aus dem Blechnapf frisst“ von Hans Fallada (1934) und „Archipel Gulag“ von Alexander Solschenizyn (1974). Gefängnisromane aus arabischen Ländern sind u. a.: aus Ägypten „Ḥikāyat Tū“ von Fatḥī Ġānim, „Muḏakkirāt fī siǧn an-nisāʾ“ von Nawāl as-Saʿdāwī und „Šaraf“ von Ṣunʿallāh Ibrāhīm; aus Marokko „Le Chemin des ordalies“ (Kerkermeere) von Abdellatif Laabi; aus Syrien „al-Qauqaʾa“ von Muṣṭafa Ḫalīfa; aus dem Irak „as-Sirdāb raqm 1“ von Yūsuf as-Sāyiġ.[3] Gefängnisromane von saudischen Autoren sind „Šarq al-mutawassiṭ“ (Östlich des Mittelmeeres, 1975) von ʿAbd ar-Raḥmān Munīf und „al-Ġaima ar-raṣāṣīya“ (Die graue Wolke, 1998) von ʿĀlī ad-Dumainī.

Auch Turki al-Hamad hat seinen Gefängnisaufenthalt literarisch aufgearbeitet. Im dritten Teil seiner Trilogie „Aṭyāf al-ʾaziqqa al-mahǧūra", dem 288 Seiten umfassenden und in 46 Kapitel gegliederten Roman „al-Karādīb“, geht er allerdings weit über den autobiographischen Aspekt hinaus. Auf Basis persönlicher Erinnerungen an seine Inhaftierung in jenem (heute nicht mehr existierenden) Gefängnis, nach dem der Roman benannt ist, zeigt Turki al-Hamad Menschen in einer Extremsituation, ihre Angst, ihren Schmerz, ihre Sinnsuche und ihre Auseinandersetzung mit sich selbst und mit existenziellen Fragen wie Freiheit, Wahrheit und Gott. Ein wichtiges Thema des Romans ist die Problematik von Ideologien, die – einmal zur Identität geworden und als Glaube verstanden, der nicht mehr hinterfragt wird, – keine Verständigung mit Andersdenkenden mehr möglich machen.

Ǧidda

„al-Karādīb“ schließt unmittelbar an „aš-Šumaisī“ an, dessen letztes Kapitel mit dem Landeanflug auf Ǧidda endet. Dort heißt es, dass diese Stadt Hišām von

---

2 Martinez-Weinberger: *Männliche und weibliche Lebenswelten im Spiegel moderner Romane aus Saudi-Arabien*, Wien 2009.

3 Sabry Hafez: *Torture, Imprisonment and Polical Assasination in the Arab Novel*, translated from the Arabic by Basil Samara. Al Jadid, Vol 8, no. 32, Los Angeles 2002 zitiert aus http://www.aljadid.com/essays_and_features/0838hafez.html.

oben wie ein strahlendes Juwel erscheint, voller Schönheit und Wärme. Doch das Ǧidda, in dem er nun ankommt, wird nicht das Ǧidda sein, das er kennt.[4]

> „Nun sind sie also in Ǧidda, der Braut unter den Städten, der Stadt des ewigen Karnevals, der er gegen seinen Willen zugeführt wird wie in einer traditionellen Hochzeit. Schon beim Gedanken an seine künftigen Nächte gerät er in Panik. Er öffnet seinen Mund zu einem kraftlosen, spöttischen Lächeln, als ihm die Frage durch den Kopf geht, wer wohl bei dieser Hochzeit die Braut sein mag und wer der Bräutigam. Die Dinge sind in Verwirrung geraten, denn es gibt weder Bräutigam noch Braut, sondern ein sadomasochistisches Fest, bei dem eine Jungfrau durchbohrt werden und scharlachrotes Blut strömen muss, das als Opfer einem unbekannten Herrn dargebracht wird. Wessen Blut? Das ist nicht wichtig. Hauptsache ist, dass Blut fließt, die Jungfräulichkeit endet und sich die Lust mit dem Schmerz vermengt."

Wie sehr die Vorahnungen Hišāms von der Realität des Gefängnisses übertroffen werden, zeigen die Beschreibungen der Folter in den Kapiteln 11 und 15 des Romans.

Das Haus der Trauer und der Renegaten

Nun beginnt eine Zeit des völligen Ausgeliefertseins und der Fremdbestimmung, des totalen Unterworfenseins unter Bedingungen, die Hišām nicht beeinflussen kann. Er wird an den Füßen gefesselt, mit Ketten, die sich „wie eine Amazonasschlange" um ihn winden.[5] Im Haftraum begrüßt ihn ein Mithäftling mit den Worten: „Willkommen im al-Karādīb, willkommen im Haus der Trauer und der Renegaten."[6] Der Ort ist von Angst erfüllt, Hišām erlebt einen Alptraum als Realität.

Er befindet sich im berüchtigten Erdgeschoß des Gefängnisses, in dem all jene sind, die noch nicht gestanden haben. Es beginnt eine Zeit der Alpträume, des Wartens und der Ungewissheit. Es gibt keine Gerichtsverfahren, nur die Aussicht auf Verhör und Folter. Zeitungen sind verboten und die Häftlinge befinden sich außerhalb von Zeit und Ort. Nur die Mahlzeiten strukturieren den Tag. Aus Brotkrumen sowie weißen und roten Zigarettenschachteln haben seine Zellengenossen ein Schachspiel hergestellt und verbringen damit ihre Zeit. Auch Hišām lernt, Schach zu spielen.[7] An sich sind alle Zerstreuungen verboten, nur das Schachspiel wird toleriert. Warum das so ist, weiß niemand. Die drei Jemeniten in seiner Zelle sind seit drei Jahren ohne Verurteilung oder Freispruch da, der vierte Zellengenosse, ʿĀrif, ein Saudi, ist Kommunist. Er wird Hišāms Gesprächspartner. Von ʿĀrif erfährt er auch, wie die Verhöre ablaufen und wer andere bereits verraten hat.[8]

---

4 *al-Karādīb*, Kapitel 1, Seite 7; Ü.: EMW.
5 *al-Karādīb*, Kapitel 1.
6 *al-Karādīb*, Kapitel 2.
7 *al-Karādīb*, Kapitel 4 und 5.
8 *al-Karādīb*, Kapitel 5.

Die Verhöre beginnen immer um Mitternacht. Vorher können die Gefangenen vor Angst nicht schlafen, denn jeder, der im Erdgeschoß untergebracht ist, kann jederzeit zum Verhör abgeholt werden. Immer wieder hören sie ferne Schreie.

Hišām weiß bereits, dass er nicht sofort gestehen und vor allem niemanden verraten darf. Dies ist der Ehrenkodex, dem er folgen muss und auch will. Wenn er zu früh gesteht, dann wird man mehr von ihm wollen. Er weiß aber auch, dass letztlich jeder gesteht. ʿĀrif erklärt ihm, dass das Geständnis an sich keine Schande sei, die Schande bestünde darin, Namen zu nennen.[9] Das Thema Verrat und die Bewunderung für das Heldentum jener, die trotz Folter keine Namen nennen, selbst wenn sie deshalb zu Tode gefoltert werden, beschäftigt Hišām sehr,[10] zumal auch er im Karādīb gelandet ist, weil ihn jemand verraten hat. Er trifft diesen Verräter nun im Gefängnis und stellt ihn zur Rede. Dieser rechtfertigt sich damit, dass er gefoltert worden sei und man ihm den Tod angedroht habe, wenn er keine Namen nennen sollte.[11]

Verhöre und Folter finden nachts statt. Hišām wartet voll panischer Angst. Schließlich wird eines Nachts sein Name aufgerufen.[12]

> „Es war das erste Mal, seit er ins Gefängnis gekommen war, dass Hišām den Zellentrakt verließ, und er fühlte in dieser nächtlichen Stunde die Süße der Luft und ihre Zartheit. Zum ersten Mal in seinem Leben nahm er die Schönheit des Himmels und der Sterne, der Erde und ihres Staubes wahr. Unser Problem ist immer, dass wir alle Dinge in unserem Leben für selbstverständlich erachten und uns ihres Wertes erst bewusst sind, wenn wir sie verloren haben. Das ist die Tragödie. Er wünschte in diesem Moment, dass er fähig wäre, sich im weichen Sand zu wälzen, seine Lungen unter freiem Himmel zu füllen und sich nackt ins Meer zu stürzen. Aber der Oberst wartet nicht. Die Angst in seinem Körper kehrte mit ihrer scharfen Speerspitze[13] an die Arbeit zurück, unermüdlich. Da verlor sich die Lust, die er für Augenblicke empfunden hatte, und verwandelte sich in Schmerz. Hišām fühlte, dass dies der längste Weg war, den er jemals in seinem Leben gegangen war, obwohl die Entfernung zwischen dem Zellentrakt und dem Büro des Obersten nicht mehr als wenige Meter betrug. In Hišāms Kopf tauchte das Bild des Messias auf, oder von einem, der ihm glich,[14] wie er auf der Via Dolorosa geht, das Kreuz auf dem Rücken tragend und die Dornenkrone auf seinem Kopf."

Bevor Hišām zum Oberst vorgelassen wird, lässt man ihn im Raum mit den Folterwerkzeugen lange warten. Der Oberst, Herr dieses Ortes, erweist sich als elegan-

---

9 *al-Karādīb*, Kapitel 12.

10 *al-Karādīb*, Kapitel 6.

11 *al-Karādīb*, Kapitel 7.

12 *al-Karādīb*, Kapitel 11, Seite 86-87; Ü.: EMW.

13 Hier nimmt der Autor auf einen auf Seite 85 beschriebenen körperlichen Schmerz Bezug, der durch Hišāms Angst hervorgerufen wurde.

14 Anspielung auf den Koran, Sure 4, Vers 157: „.... Sie haben ihn aber nicht getötet, und sie haben ihn nicht gekreuzigt, sondern es erschien ihnen eine ihm ähnliche Gestalt. ..." Khoury, S. 76.

ter Mann, gut riechend, attraktiv und elegant gekleidet. Er empfängt ihn väterlich freundlich. Doch als Hišām in diesem ersten mehrstündigen Verhör nicht gesteht, übergibt ihn der Oberst seinem Helfer Ǧilǧil. Dieser foltert Hišām durch Schläge mit dünnen Bambusstäben auf die nackten Fußsohlen. Ǧilǧil verspürt sichtlich eine sadistische Lust am Foltern. Als der Schmerz übermächtig wird, ist es Hišām, als wären seine Füße etwas Fremdes, zu dem er keine Verbindung mehr hat, und als wäre er ein Mystiker, entrückt im Geheimnis der Existenz, aber ohne Erleuchtung. Dann wird alles um ihn und in ihm still und dunkel.[15]

Verhöre und Folter werden in der Folge Teil des Gefängnisalltags. Der Oberst wechselt zwischen Freundlichkeit und Grausamkeit wie ein Schauspieler, und Ǧilǧil wendet noch schmerzhaftere Foltermethoden an als beim ersten Mal. Hišām hat aber nach einiger Zeit keine Angst mehr vor der Nacht und dem Verhör. Seltsamerweise beginnt er diese „Feiern" (*ḥafalāt*) zu genießen, trotz des Schreckens und des Schmerzes. Er empfindet geradezu eine masochistische Lust am Schmerz, der seinen Körper zerreißt. „Wer hat behauptet, dass Lust und Schmerz nicht übereinstimmen? Vielleicht folgt die Lust auf den Schmerz und vielleicht folgt der Schmerz auf die Lust. Was ist Lust und was ist Schmerz? Haben sie eine Existenz außerhalb des Ich?" [16]

Existenzielle Fragen ohne Antworten

Weite Teile des Romans enthalten innere Monologe Hišāms sowie Diskussionen mit Mitgefangenen. Aus der Fülle der Themen und Gedanken rund um existenzielle Fragen wie Leben, Tod, Freiheit, Wahrheit und Gott seien hier nur einige Beispiele angeführt.

Der Sinn des Lebens und der Existenz wird in dieser Extremsituation in Frage gestellt. Hierzu einige Zitate: „Das ganze Leben ist eine Frage ohne Antwort." „Wir leben, damit wir verwirklichen, woran wir glauben." „Wenn wir nur leben können und sonst nichts, bekommt das Leben keinen Sinn, nicht wahr?" „Und warum verharren wir in dieser tödlichen Routine, warum verharren wir in diesem Schauspiel ohne Sinn und Ziel?" „Wenn die Existenz keinen Sinn hat, dann hat nichts Sinn."[17]

„Ist Gott ein Glaube, eine Überzeugung oder ein Gefühl?" Diese Frage stellt Hišām in Kapitel 10. Und an anderer Stelle, im Zuge der Diskussion in Kapitel 14, geht es um die Frage, ob das, was mit den Menschen aufgrund der Vertreibung aus dem Paradies geschehen ist, Teil des göttlichen Beschlusses sei oder ein satanischer Spaß. ʿĀrif wiederum zitiert Sartres Ansicht, dass er Gott, falls es ihn gäbe und dieser zufrieden sei mit dem, was auf der Welt geschieht, nicht kennenlernen wolle. Er kommt zu der Überzeugung, die Suche nach dem Vater treibe die Men-

---

15 *al-Karādīb*, Kapitel 11.
16 *al-Karādīb*, Kapitel 15 und 16.
17 *al-Karādīb*, Kapitel 14.

schen in die Arme einer Illusion (*wahm*): „Wir können nicht leben ohne Metaphysik ... Das Geheimnis des Lebens ist das Leben ohne Antwort."[18] Wenige Stunden später, als Hišām nachts voller Angst und Unruhe wach liegt, kreisen seine Gedanken um Gott. „Wo ist Gott an diesem Ort? Wenn es ihn nicht gibt, dann sollte es ihn geben. Und wenn es ihn gibt, wo ist er?"

ʿĀrif vertritt den Standpunkt, dass der Gipfel der Freiheit der Selbstmord ist, denn der Selbstmörder wählt zwischen Sein und Nichtsein. Für den Fall, dass diese Entscheidung bedeutet, die Hölle zu wählen, ist Selbstmord eine Entscheidung gegen Gott und der abschließende Sieg.[19]

Isolation: Zurückgeworfen auf das Selbst

In einem ihrer Gespräche sagt ʿĀrif „Ich habe keine Beziehung zu mir. ... Wer bin ich? Es treibt mich manchmal an den Rand des Wahnsinns, dass ich mich nicht kenne."[20] Und an anderer Stelle überlegt Hišām: „Wie kann das Selbst vor sich selbst flüchten? Das ist die größte Last, ja sogar die größte Folter." [21]

Da Hišām trotz Folter nicht gesteht, kommt er in Isolationshaft, außerdem erhält er keine Zigaretten mehr. Anfangs beeindruckt ihn diese Maßnahme nicht sehr, zumal er immerhin beim Essen und in der Schlange beim Anstellen vor dem Bad die anderen Häftlinge sieht. Doch nach der ersten Woche verzweifelt er fast vor Verlangen, mit jemandem zu sprechen. Er führt Selbstgespräche, singt, rezitiert den Koran und gerät schließlich in einem Zustand außerhalb von Zeit und Ort.

Er erkennt, dass es kein Paradies ohne Menschen gibt und die Wahrheit nur im Feuer der Leiden erscheint. Die Abgeschiedenheit ist schön, wenn man wählen kann, aber nicht, wenn für einen gewählt wird. Er weiß nun, dass Sartre irrte, als er sagte, die Hölle, das seien die anderen. Denn das Selbst ist die wahre Folter.[22]

Das Rauchen war für Hišām im Gefängnis lebenswichtig geworden. Er bekommt zwar alle zwei Tage ein Paket, doch sein Verlangen nach Zigaretten ist weitaus stärker. Mithäftlinge, die sich als Raucher ausgegeben haben, obwohl sie nicht rauchen, schenken ihm ihre Ration. Auch der Oberst raucht. Nach dem ersten Verhör und vor der ersten Folter, zu der er den Befehl gegeben hat, bläst der Oberst Hišām den Rauch seiner Zigarette ins Gesicht.[23]

Am Ende der dritten Woche seines Alleinseins entstehen aus der Langeweile Überdruss, Unruhe und Angst. In der Isolation ohne Zigaretten wird die Sehnsucht nach dem Rauchen überdies übermächtig. Hišām sehnt sich sogar nach den Verhören mit dem Oberst und den Folterungen durch Ǧilǧil, die ihm entzo-

---

18 *al-Karādīb*, Kapitel 14.
19 *al-Karādīb*, Kapitel 10.
20 *al-Karādīb*, Kapitel 12.
21 *al-Karādīb*, Kapitel 13.
22 *al-Karādīb*, Kapitel 16-18.
23 *al-Karādīb*, Kapitel 11.

gen wurden. „Was wusste ich über mein widerwärtiges Selbst?... Ich will die Flucht. Aber wohin und wie? Denn mein Selbst ist ein Teil von mir. Und wie fliehe ich vor mir, vor meiner Qual in meine Qual? ... Wo ist Gott an diesem Ort? Der Oberst hat ihn abgeschafft und sich selbst zum Herrn dieses Ortes ernannt. Erbarme Dich meiner, Oberst ... Wächter, ... bring mich zum Oberst, ich will Vergebung, bring mich zum Oberst ... "[24]

Nach dem Geständnis: der 2. Stock

Nach seinem ausführlichen schriftlichen Geständnis werden ihm die Ketten, die er in den letzten Monaten ständig an seinen Füßen getragen hatte, abgenommen und er wird in den zweiten Stock des Karādīb verlegt. Endlich kann er ohne Angst schlafen. Doch Warten und Nichtstun machen dieses Paradies bald zur Hölle. Er raucht und beobachtet mit Überdruss die Mithäftlinge rund um sich, die ihm wie Gespenster erscheinen. Jede ihrer Bewegungen verwandelt sich in tödlichen Stillstand. Plötzlich fühlt er Angst. Er weiß nicht, wer und wo er ist. Er fühlt sich als irgendeine Sache, die auf irgendeinen Misthaufen in irgendeinem Dorf geworfen wurde. Angstzustände und die Vision eines gewaltigen Skeletts lassen ihn schaudern.[25] Schließlich dürfen ihn seine Eltern einmal im Monat besuchen.[26] Dazwischen wartet er, ohne zu wissen, was in der Welt draußen vor sich geht.

Der Streik

Plötzlich ereignet sich etwas, das Hišām zum ersten Mal, seit er im Karādīb ist, mit Glück erfüllt. Die Häftlinge im Erdgeschoß haben einen Hungerstreik begonnen.[27] Der erste Stock schließt sich an, ebenso der zweite Stock, in dem Hišām untergebracht ist. Die Häftlinge fordern Gerichtsverfahren sowie Zeitungen, Zeitschriften und Radio. Denn sie wissen nichts von draußen. Was geschah in Ägypten nach Nassers Tod? Und was in Jordanien nach dem Schwarzen September? Wie ist die Lage in Libyen, Syrien, dem Sudan, dem Irak und in Aden? Hišām fühlt sich, als hätte ihn jemand aus einem schweren Alptraum aufgeweckt. Er hatte die Welt um sich vergessen und sich nur mit sich selbst und seinem Schmerz beschäftigt. Doch nun nimmt er die Welt von neuem wahr und findet die verlorene Begeisterung wieder. Erstmals, seit er im Karādīb ist, fühlt er, dass Sinn in den Dingen und im Leben ist und dass es ein Ziel gibt, so gering es auch erscheinen mag.

Am siebenten Tag des Hungerstreiks wird den streikenden und gesundheitlich bereits schwer angeschlagenen Häftlingen die Zusage gegeben, dass sie ausgewählte Zeitungen und Zeitschriften erhalten werden und Radio hören dürfen. Auch

---

24 *al-Karādīb*, Kapitel 18.
25 *al-Karādīb*, Kapitel 21.
26 *al-Karādīb*, Kapitel 25.
27 *al-Karādīb*, Kapitel 30.

Prozesse werden in Aussicht gestellt.[28] Als die ersten Zeitungen am nächsten Tag kommen, lesen die Gefangenen alles gierig, sogar die Anzeigen.[29]

Ideologie als Identität

Ein zentrales Thema des Romans ist die Auseinandersetzung mit Ideologien. Da im zweiten Stock jene Gefangenen untergebracht sind, die bereits gestanden haben, können die Häftlinge untereinander offen über ihre politischen Überzeugungen sprechen, ohne Angst vor Verrat. Vor allem in den Diskussionen von drei Häftlingen, einem Nationalisten, einem Marxisten von der demokratischen Front, die sich von der Bathpartei abgespaltet hatte, und einem Muslimbruder, zeigt Turki al-Hamad die Festgefahrenheit von Menschen, die eine Ideologie zu ihrer Identität gemacht haben und diesen Glauben nicht mehr reflektieren und nicht mehr hinterfragen. Jeder wiederholt nur mehr seine Dogmen, was eine Verständigung nicht möglich macht. „Eines hatten alle drei gemeinsam: die Heftigkeit der Begeisterung und ihren unverrückbaren Glauben. Jeder von ihnen war fest davon überzeugt, dass er jenen Zauberstab besäße, der in der Lage ist, die Hölle in das Wohlleben zu verwandeln, alles Schlechte in Gutes, Unterdrückung in Gerechtigkeit und Rückständigkeit in Fortschritt. Für Walīd war die umma der Zauberstab, für ʿAbdallāh die Klasse und für Luqmān die Glaubenslehre.“ [30]

Gespenster der verlassenen Gassen

Die Jahre vergehen, die Zeit steht still. Immer die selben Gesichter, die selben Speisen und das Schachspiel. Sogar der Oberst und Ǧilǧil sind Teil ihrer aller Leben geworden. Nach insgesamt fünf Jahren wird Hišām freigelassen. Als ihn sein Vater vom Flughafen in Dammām abholt, sieht Hišām ihn zum ersten Mal weinen.[31]

Alles hat sich verändert. Seine Familie lebt nicht mehr in dem alten Haus in al-ʿAdāma, sondern hat ein neues Haus in einem besseren Viertel, sein Vater ist wohlhabend geworden und seine Mutter hat ihm eine kleine Schwester geboren. Er erfährt, dass seine Jugendliebe Nūra verheiratet ist und eines ihrer beiden Kinder Hišām heißt.[32]

Sein Vater möchte, dass Hišām weiterstudiert. Er stimmt ohne Begeisterung zu und kehrt nach Riyāḍ zurück. Aber alles dort ist ihm fremd geworden. Wo sind Ruqayya und Suwair, die Geliebten seiner Studentenzeit? Ist Suwairs Kind von ihm? Seine alten Freunde studieren in Amerika, seine Cousins sind in Ǧidda gro-

---

28 *al-Karādīb*, Kapitel 34.
29 *al-Karādīb*, Kapitel 35.
30 *al-Karādīb*, Kapitel 20.
31 *al-Karādīb*, Kapitel 42.
32 *al-Karādīb*, Kapitel 43.

ße Händler geworden und seine Cousine Mūḍī hat einen Diplomaten geheiratet und lebt in Südafrika. Riyāḍ ist nicht Riyāḍ, und Hišām fühlt eine kalte Einsamkeit. Nur die Vorlesungen und Seminare haben sich nicht geändert, obwohl sich alles geändert hat. Er geht in ein Café und bestellt Tee und eine Wasserpfeife.[33]

> „Hišām füllt seine Brust mit schwerem Rauch und bläst ihn wieder von sich, während er mit Augen, die ihren Glanz verloren haben, auf das Stadtviertel blickt, in dem er vor Jahren gelebt hatte. Doch er sieht nur mehr verlassene Gassen, in denen Gespenster umherschleichen, Gespenster, in denen kein Leben mehr ist, die aber auch nicht sterben wollen."

2.1.2. Romane von Turki al-Hamad

„Aṭyāf al-ʾaziqqa al-maḥǧūra", Trilogie, bestehend aus

„al-ʿAdāma", Dār as-Sāqī, Beirut 1997 (302 Seiten)
„aš-Šumaisī", Dār as-Sāqī, Beirut 1997 (255 Seiten)
„al-Karādīb", Dār as-Sāqī, Beirut 1998 (288 Seiten)
„Adama", Englisch von Robin Bray, Saqi, London 2003
„Adama", Deutsche Übersetzung aus dem Englischen von Cordula Kolarik, Wilhelm Heyne Verlag, München 2004
„Shumaisi", Englisch von Paul Starkey, Saqi, London 2005

„Šarq al-wādī", Dār as-Sāqī, Beirut 1999 (296 Seiten)

„Ǧurūḥ aḏ-ḏākira", Dār as-Sāqī, Beirut 2001 (286 Seiten)

„Rīḥ al-ǧanna", Dār as-Sāqī, Beirut 2005 (279 Seiten)

[33] *al-Karādīb*, Kapitel 46, Seite 288; Ü.: EMW.

2.2. Abdo Khal (ʿAbduh Ḫāl) عبده خال

Zwischen 1995 und 2009 sind sieben Romane von Abdo Khal erschienen. Für seinen siebenten Roman „Tarmī bi-šarar" (Sie sprüht Funken)[1] erhielt er am 2. März 2010 den renommierten Arabischen Bookerpreis (al-Ǧāʾiza al-ʿālamīya li-l-riwāya al-ʿarabīya).

Abdo Khal wurde 1962 im Dorf al-Maǧanna in der Region Ǧāzān im äußersten Süden Saudi-Arabiens am Ufer des Roten Meeres geboren. Bereits mit 15 Jahren begann er, Kurzgeschichten in Zeitungen und Zeitschriften zu publizieren. 1982 schloss er das Bakkalaureat in Politikwissenschaft an der Universität in Ǧidda ab und 1987 erschien seine erste Kurzgeschichtensammlung „Ḥiwār ʿalā bawwābat al-ʿarḍ" (Dialog am Tor der Erde), der weitere folgten, darunter auch eine Geschichtensammlung für Kinder.

Abdo Khal ist Grundschullehrer für arabische Sprache in Ǧidda und schreibt seit 1980 für verschiedene saudische Zeitungen. Derzeit verfasst er eine tägliche Kolumne in der Tageszeitung „ʿUkāẓ". Im Literaturclub von Ǧidda gehört er dem Leitungsgremium an. Abdo Khal lebt in Ǧidda im Bezirk al-Hindāwīya und ist mit der aus dem Ḥiǧāz stammenden bildenden Künstlerin Ḥanān al-Ǧuhanī verheiratet.

Um die Romane von Abdo Khal zu verstehen, ist es nicht zielführend, den Zugang über die Romanhandlung zu wählen. Der Autor erläuterte mir anlässlich eines ausführlichen Gespräches, das wir im März 2010 in Ǧidda führten, wie er seine Romane entwickelt, und zeigte mir so den Weg zum Verständnis seines Werkes. Ergänzend zu meinen Gesprächsnotizen kann ich mich diesbezüglich auch auf eine Rede des Kritikers ʿAlī aš-Šadawī stützen, die ich bei einer Ehrung für Abdo Khal am 16. März 2010 im Literaturclub von Ǧidda gehört habe und die am 17. März 2010 in der saudischen Tageszeitung „al-Waṭan" erschienen ist.[2]

In jedem seiner Romane behandelt Abdo Khal ein Grundthema, eine philosophische bzw. existenzielle Frage. Aus der Behandlung dieses Themas ergeben sich die Figuren und Geschichten. Abdo Khal sagte mir, dass sich die Romanfigur quasi selbst schreibt, man könne dies als Autor nicht beeinflussen. Die Person wählt ihr Schicksal, erläuterte er, und dieses Schicksal ist im Wesen der Romanfigur angelegt. Sie handelt im Rahmen der Umstände, wie sie handeln kann und muss, denn sie kann aus diesem Schicksal nicht heraustreten. Er, als Autor, sei der Dirigent, der anzeigt, wer im Verlaufe des Erzählens an der Reihe ist, aber er entscheide nicht über das Schicksal der Figuren.

---

1 In englischsprachigen Medienberichten findet sich auch die Übersetzung „She Throws Sparks as Big as Castles" oder „Spewing Sparks".

2 http://moheet.com/newsPrint.aspx?nid=355696.

Zur Konstruktion seiner Romane sagte Abdo Khal, er habe als einziger diese Technik (*handasa*) kreiert, bei der es eben nicht nur um die *story* geht. Als Autor sieht Abdo Khal seine Rolle als die eines Erzählers, der dem Handlungsverlauf nicht seine Ideologie aufdrängen soll und der nicht in den Dialog eingreift, sondern Dirigent bleibt. ᶜAlī aš-Šadawī über Abdo Khal: „Er ist kein Philosoph und kein Kritiker, er ist ein Künstler."

1995 debutierte Abdo Khal als Romanautor mit dem mehr als 500 Seiten umfassenden Werk „al-Maut yamurr min hunā" (Der Tod geht hier vorbei). Im Zentrum des Romans steht der Sawādī, der alles und alle beherrscht und für alles Schlechte und Schreckliche verantwortlich gemacht wird, das den Menschen eines Dorfes zustößt. Ist er ein Tyrann? Ist er Gott? Dient er den Menschen wie ein Mythos als Sündenbock und Erklärungsmuster für das Unglück in ihrem Leben? Lebt er überhaupt noch? Oder existiert er nur als Wahnvorstellung? Ist er ein Unsterblicher, so wie das Unglück unsterblich ist? Aus der Sicht verschiedener Personen wird die Geschichte der Bewohner eines Dorfes erzählt, in dem der Tod allgegenwärtig ist.

Die Frage der Unsterblichkeit und des Geheimnisses der Existenz greift Abdo Khal später in „aṭ-Ṭīn" (Lehm)[3], 2002, wieder auf. So wie der Tod nicht das Ende der Körper ist, da diese ihre Reise fortsetzen, so enden auch Geschichten niemals, sagt er. Und da Gott die Unsterblichkeit geschaffen hat, gibt es keinen Tod. Unendlichkeit bedeutet, dass kein Anfang und kein Ende ist. Auch die Physik bestätige dies im Gesetz zur Erhaltung der Energie, so Abdo Khal. Für „aṭ-Ṭīn" hat er sich mit verschiedenen Glaubensvorstellungen und Wissenschaften auseinandergesetzt, um Unendlichkeit bzw. Unsterblichkeit von unterschiedlichen Denkansätzen her nachzuweisen. Der Titel bezieht sich auf den menschlichen Körper, den Gott aus Lehm (*ṭīn*) gemacht hat und der am jüngsten Tag (*yaum al-qiyāma*) auferstehen wird.

Im Roman „Mudun taʾkul al-ᶜušb" (Städte, die das Gras vernichten), 1998 erschienen, ist das Leitmotiv *‚al-ġurba'*, das Fremdsein, von dem das Schicksal und die Handlungen der Hauptfigur bestimmt sind. Diese Hauptfigur kann, wie der Autor sagte, nur als Fremder mit anderen interagieren. Der Roman „Mudun taʾkul al-ᶜušb" wird in der Folge in diesem Kapitel ausführlich behandelt.

Beim Roman „al-ʾAyyām lā tuḫabbiʾ ʾaḥadan" (Die Tage verbergen niemanden), 2002, wird der Glaube des Lesers an den Text zum Thema des Textes selbst. Abdo Khal spielt mit der Beziehung von Text (*matn*) und Fußnote bzw. Randbemerkung (*hāmiš*). Das arabische Verb *matuna*[4] bedeutet fest bzw. solide sein und das Nomen *matn* wird für die Texte der mündlichen Überlieferungen verwendet, denen immer mehr Fußnoten und Anmerkungen hinzugefügt wurden. Im Ro-

---

3 Im Arabischen wird auch dann der Artikel verwendet, wenn eine Gattung ganz allgemein bezeichnet wird. Auf Deutsch ist der Titel „Lehm" passender als „Der Lehm", denn es geht generell um Lehm als jenes Material, aus dem Gott Adam erschaffen hat.

4 Wehr, S. 1184.

man gewinnen diese Hinzufügungen nach und nach eine größere Bedeutung als der Text selbst, *hāmiš* wird zu *matn* und erhält seinerseits wiederum Randbemerkungen (*hawāmiš*). Am Ende ist alles Fälschung.

In „Nubāḥ" (Gebell), 2003, stellt der Autor eine philosophische Betrachtung der Zustände „Vollsein" und „Leersein" und deren Beziehung zueinander an. Dazu erläuterte Abdo Khal, dass etwas, das voll wird, schließlich den Punkt erreicht, wo es geleert werden muss, und verglich dies mit dem Leben, das in Episoden ablaufe. Ohne diese Abfolge von Episoden des „voll Werdens und Leerens" würde das Leben nicht weitergehen. Der Titel bezieht sich auf das wie „Gebell" anmutende Gerede, von dem die arabischen Städte dröhnen und das die Leere füllen soll, aber die Leere der Städte wird nicht satt davon. Die Handlung des Romans spielt vor dem Hintergrund der irakischen Invasion in Kuwait 1990, als rund eine Million jemenitischer Gastarbeiter und Händler aus Saudi-Arabien abgeschoben wurde, weil die Regierung des Jemen nicht bereit war, die Maßnahmen gegen den Irak mitzutragen.[5] Die Schilderung der Reise eines Mannes, der seine Jugendliebe sucht, wird zu einer kritischen Darstellung der Befindlichkeit der arabischen Welt als einer Welt voller Lügen und leerer Rhetorik, eben „Gebell".[6]

In „Fusūq" (Unmoral), 2005, geht es um Zivilisationen und Wertvorstellungen von Gesellschaften bzw. Individuen. Zivilisationen lösen einander ab, indem sie das Vorhergehende ersetzen, erklärte Abdo Khal den Grundgedanken dieses Romans. Diese Ablöse kann durch das Herausreißen der Wurzeln (*iǧtiṯāṯ*) der vorhergehenden Zivilisation und das Ersetzen mit den eigenen Wurzeln geschehen, oder auch durch Auslöschen (*maḥw*) bzw. Ausradieren und Überschreiben. Im ersten Fall bleiben keine Spuren mehr. Eine solche Vorgangsweise wählen Ideologien. Dieses Herausreißen oder Überschreiben betrifft übrigens nicht nur Gesellschaften, sondern auch Individuen und deren kulturelle Ideologien, so Abdo Khal. In diesem Roman thematisiert Abdo Khal die tiefen Erschütterungen, die durch eine Gesellschaft gehen, die erlebt, dass ihre Werte und Traditionen vergänglich sind, und die sich in einer Art Zwischenraum befindet, in dem die alten Werte erschüttert, aber noch nicht verjagt sind und noch niemand die neuen Werte kennt.

Für seinen 2009 erschienenen und 2010 preisgekrönten Roman „Tarmī bi-šarar" (Sie sprüht Funken) hat Abdo Khal den Gegensatz von Paradies und Hölle (*ǧanna wa-ǧahannam*) als Thema gewählt. Er zeigt das Streben nach dem irdischen Paradies, verkörpert im „Palast" (*qaṣr*). Der Romantitel bezieht sich auf den Koran, Sure 77 al-Mursalāt, Vers 32, der lautet „tarmī bi-šarar ka-l-qaṣr".[7] Der Palast steht für

---

5 Bei der Abstimmung über die Resolutionen 661 und 665 des UN-Sicherheitrates, bei denen Sanktionen gegen den Irak beschlossen wurden, enthielt sich der Jemen der Stimme. Die Resolutionen in deutscher Übersetzung bei www.un.org/Depts/german/sr/sr_90/sr661-90.pdf und www.un.org/Depts/german/sr/sr_90/sr665-90.pdf.

6 Maaly/Naggar, S. 147.

7 Übersetzung von Khoury, S. 457: „32 Sie (die Hölle) sprüht Funken (hoch) wie ein Schloss, 33 als wären sie gelbe Kamele.".

ein Leben in Reichtum und Luxus, das sich als Hölle entpuppt, denn der Preis für die Teilnahme an diesem Leben ist Abhängigkeit, Unterdrückung und Missbrauch. Doch während in Abdo Khals erstem Roman „al-Maut yamurr min hunā" die Dorfbewohner im Gegensatz zum tyrannischen Herrscher stehen, folgen ihm die Menschen in „Tarmī bi-šarar" freiwillig und lassen sich versklaven. Diese versklavten Menschen sind nicht in der Lage, die Hölle, in der sie sich befinden, als solche zu erkennen, denn sie wollen ihre Hölle als Paradies sehen. Hölle und Paradies sind, so Abdo Khal, im Menschen selbst, den der Wunsch nach uneingeschränkter Macht und der maßlose, unstillbare Hunger nach immer mehr Reichtum (dem vermeintlichen Paradies) antreibt, bis er jedes Maß verliert und dadurch die Tyrannei (Hölle) erst möglich macht. Der Roman zeigt den zerstörerischen Effekt enormen Reichtums auf die menschlichen Beziehungen. Da sind auf der einen Seite die Mächtigen mit ihrem dekadenten Reichtum, auf der anderen die Ausgegrenzten, die in bitterer Armut leben. Damit der Reiche seine Macht sadistisch ausleben kann, braucht er die anderen, die sich benützen lassen. Am Beispiel der Stadt Ǧidda thematisiert Abdo Khal in „Tarmī bi-šarar" auch den dramatischen zerstörerischen Einfluss der mächtigen Investoren auf die Umwelt, die sie durch ihre Gier nach immer mehr Reichtum zerstört haben. Die Küste wird so verbaut, dass die frische Meeresbrise nicht mehr in die hinter den Prunkbauten an der Corniche liegenden Wohnquartiere gelangt und die Luft zwischen den engen Häusern stagniert. Die neu errichteten Mauern trennen das Meer von den Bewohnern Ǧiddas. Schwimmer müssen weite, kostspielige Wege auf sich nehmen, um ein unverbautes Küstenstück zu finden. Die Bewohner der Wohnviertel können nicht mehr zum Meer gelangen um sich, ihre Schafe und Kochutensilien zu waschen, und die Fischer protestieren vergeblich vor Gericht dagegen, dass man ihnen das Meer gestohlen hat. Aus Lehrern werden Immobilienmakler, die Stadt vergisst das Meer und badet in den Fluten des Geldes.

2.2.1. "Mudun taʾkul al-ʿušb"
(Städte, die das Gras vernichten) مدن تأكل العشب

Determinanten des Schicksals

> „Ich kenne Nasser nicht und ihr kennt meine Großmutter nicht. Nasser gab die Parole der arabischen Einheit aus und scheiterte, und meine Großmutter gab die Parole des Beistands für die Betrübten aus und scheiterte; und für beide hege ich einen verborgenen Groll, denn ich mache sie für meinen Verlust verantwortlich."[8]

Schon in den ersten Sätzen des Romans, dessen Titel mit „Städte, die das Gras vernichten" übersetzt werden kann, stellt der Autor jenes Ursache-Wirkung-Dreieck in den Raum, das den Ausgangspunkt für die künftigen Ereignisse im Le-

8 *Mudun taʾkul al-ʿušb*, S. 7.

ben des Romanhelden darstellt. Es ist Nasser, der das Schicksal der *umma*[9] bestimmt, das sich auch auf Yaḥyā und seine Mutter auswirkt, und es ist die Großmutter, deren Entscheidung, Yaḥyā auf ihre Pilgerreise mitzunehmen, die Katastrophe der *ġurba* auslöst.

Die „Ġurba"

Ġurba steht im Arabischen für Exil, Fremde, Verbannung und Trennung vom Vaterland. Das Verb *ġaraba* bedeutet „fortgehen" und „sich entfernen", das Verb *ġaruba* steht für „fremd sein" und „seltsam sein".[10] Als *ġurba* wird das mit dem Fremdsein verbundene Gefühl der Sehnsucht nach der Heimat bezeichnet, *ġurba* bedeutet weiters die Einsamkeit in der Fremde und die Nicht-Identität dessen, der nicht dazugehört. Abdo Khal bezeichnete im Gespräch mit mir die Hauptfigur Yaḥyā als einen isolierten Charakter. Nur als Fremder kann Yaḥyā interagieren, sagte er. Yaḥyā ist an jedem Ort fremd und verhält sich in seinen Beziehungen zu anderen Menschen als ein Fremder. Er kann nur leben, indem er seine Sehnsucht auf etwas Entferntes richtet. Dort (in der Sehnsucht nach seiner Mutter) ist seine Identität. Sein gesamtes Streben ist vom Bedürfnis nach diesem fernen Ziel bestimmt, er ist fixiert auf etwas, das er nicht hat. Daher fühlt er sich den Menschen, die um ihn sind, entfremdet und kann sich nicht auf sie einlassen. Sein ganzes Leben bleibt geprägt von Einsamkeit.[11]

> „Dreißig Jahre verbrachte ich fremd und allein. Wer von euch kann die Einsamkeit fühlen, die in meinem Inneren gewachsen ist und deren Früchte die Luft geworden sind, für die und durch die ich lebe. Ich kann mir nicht vorstellen, dass es einen Menschen gibt, der fähig wäre die Not zu begreifen, die ich erlebt habe und noch immer durchlebe."

Choreographie des Suchens

„Mudun taʾkul al-ʿušb" erzählt die Geschichte einer vergeblichen Suche. Yaḥyā stammt aus einem kleinen Dorf im Süden Saudi-Arabiens. Er geht mit seiner Großmutter auf die Pilgerreise, die Großmutter stirbt, ein Mann namens Ṭāhir nimmt sich seiner an, lässt ihn für sich arbeiten und nimmt ihn zu seiner Familie nach Ǧidda mit. Dort wohnt eine Tante Yaḥyās, die er jedoch nicht finden kann.

Yaḥyā lebt bei Ṭāhir zwar formal als dessen Sohn, de facto wird seine Arbeitskraft ausgebeutet, denn Ṭāhir nimmt ihm seinen Arbeitslohn als Kellner ab, unter dem Vorwand, ihn zu verwahren. Als Nasser im Jemenkrieg 1962 den Süden des Landes angreift, muss sich Yaḥyā Geld borgen, um in sein Dorf und zu seiner Mutter Maryam zu gelangen, die jedoch vor dem Krieg in die Stadt Ǧīzān geflo-

---

9 *umma* steht hier für die arabische Gemeinschaft; siehe auch *umma* in EI², Band X, S. 859-863.
10 Wehr, S. 909.
11 *Mudun taʾkul al-ʿušb*, S. 30; Ü.: EMW.

hen ist. Er reist ihr nach, sie ist aber inzwischen auf der Insel Farasān, um den Bombenangriffen auf Ǧīzān zu entgehen. Als Yaḥyā, der sie im Dorf nicht gefunden hat und ihr nachgereist ist, in Ǧīzān ankommt, gilt sie als tot. Doch als Maryam, die es in Farasān nicht mehr ausgehalten hat, zurückkommt, ist Yaḥyā schon wieder abgereist.

Maryam erfährt in Ǧīzān, dass Yaḥyā lebt und in Ǧidda bei einem gewissen Ṭāhir lebt. Sie versucht, sich Geld für die Reise zu Yaḥyā zu borgen, doch vergebens. Da verheiratet sie, nicht ohne schwere Gewissensbisse, ihre schöne, junge Tochter Ḥasīna an einen Soldaten, da ihr dieser verspricht, mit ihr nach Ǧidda zu Yaḥyā zu reisen. An mehreren Stellen im Roman verpassen einander Mutter und Sohn nur knapp, doch nie kommt es zur Wiedervereinigung, obwohl für beide die Suche nach dieser Wiedervereinigung zum zentralen Thema des Lebens geworden ist, dem alles andere untergeordnet wird. Diese Bewegungen der Suche von Mutter und Sohn gleichen einer Choreographie, in der sich Figuren entlang von Linien aufeinander zubewegen, aber im letzten Augenblick aneinander vorbei ins Leere gleiten. Es geht um Kreise der Fremdheit, sagte Abdo Khal. Yaḥyā kann nicht heraus aus seinem Schicksal. Am Ende erkennt er nicht einmal seine eigene Schwester Ḥasīna, mit der er im letzten Kapitel auf der Fahrt nach Riyāḍ im selben Sammeltaxi sitzt.

Die Entstehungsgeschichte des Romans

Yaḥyā und seine Mutter Maryam, die aufeinander bezogenen und einander suchenden zentralen Romanfiguren, sind die beiden Ich-Erzähler des Romans, der in eine Einleitung und elf Kapitel gegliedert ist. Es kommt auch ein *rāwī*[12] vor, der in einem kurzen *tanwīh* (Hinweis, Anmerkung)[13] die Entstehungsgeschichte dieses Romanes erzählt. Dieser *rāwī* trifft einen Schulkollegen namens Ḥasan, der ihm die Geschichte seiner Tante als Romanvorlage vorschlägt. Der *rāwī* lernt diese Tante kennen, die ihm ihre Geschichte erzählt. Weiters ist von einem Verleger die Rede, der über das Manuskript eines unbekannten, namenlosen Autors gewissermaßen gestolpert ist. Aus den beiden Erzählungen entstand schließlich ein Roman. Die wahre Bedeutung dieses Hinweises wird erst im Laufe der Lektüre des Romans klar: Ḥasan ist Yaḥyās Cousin und die Frau, die dem *rāwī* ihre Geschichte erzählt, ist Maryam, Yaḥyās Mutter. Was der Verleger nicht weiß, sehr wohl aber die Leser: Yaḥyā ist der unbekannte Autor des aufgefundenen Manuskripts.

Tragisch ist, dass Ḥasan und Yaḥyā einander in Ǧidda begegnet sind, ohne einander zu erkennen. Ḥasan ist nämlich Gast jenes Cafés, in dem Yaḥyā arbeitet.

---

12 In EI^2, Band VIII, S. 466-467 ist ein *rāwī* als „reciter and transmitter of poetry" beschrieben und die Institution des *rāwī* wird als die „main basis" für die Bewahrung der vorislamischen Dichtung bezeichnet. Wehr, S. 513: *rawā*: erzählen, berichten, tradieren, wiedergeben.

13 *Mudun ta'kul al-ʿušb*, S. 54-58.

Da er Yaḥyā verspottet und ihn mit Verachtung behandelt,[14] kommt es zu keinem näheren Kontakt. Bei einer späteren Gelegenheit soll Yaḥyā Ḥasans Mutter einen Brief bringen, doch er vergisst die Adresse und lässt den Auftrag von jemand anderem erledigen. So verpasst er auch diese Chance, seine Tante zu treffen und so auch seine Mutter wiederzusehen, die auf dem Weg nach Ǧidda ist.[15]

Die dramatische Dynamik der Massenszenen

Yaḥyā und seine Mutter Maryam sind nicht die einzigen Stimmen, die im Roman zu Wort kommen. Viele Romanszenen werden in Form von Dialogen dargestellt, wobei die direkte Rede dem erzählten Geschehen eine starke Unmittelbarkeit verleiht. Besondere Dynamik gewinnt die Erzählung beim Kriegsausbruch, als im Dorf Gerüchte über Nassers Luftangriffe kursieren und die Menschen ängstlich und ratlos durcheinander schreien. In diesen Massenszenen wählt Abdo Khal ein Stilmittel, mit dem er die Distanz zwischen Lesern und Geschehen verringert. Plötzlich wird aus einer Erzählung ein Theatertext, in dem das Geschehen über kürzere oder auch längere Passagen nur durch die direkte Rede vermittelt wird. Die handelnden Personen werden dabei anonymisiert und als „Stimme 1", „Stimme 2" etc. bezeichnet, um sie als Teil einer Masse zu charakterisieren.[16]

> „Stimme 1: Im Jemen ist eine Revolution ausgebrochen. – Stimme 2: Was ist das, eine Revolution? – Stimme 3: Wir haben gehört, dass General as-Sallāl[17] den Imām Aḥmad getötet hat. – Stimme 4: Der Imam Aḥmad war seit dem vergangenen Jahr krank. – Stimme 3: Man sagt, er hat ihn getötet, als er krank war. – Stimme 1: Nein, nein, der Tod des Imām Aḥmad war ein natürlicher (wörtlich: war von seinem Gott). – Stimme 3: Bei Gott, man sagt, er hat ihn im Bett getötet. – Stimme 5: Möge Gott über ihn kommen, was hat er ihm denn getan? – Stimme 1: Er will eine Republik. – Stimme 6: Und was ist das, eine Republik?"

Diese Technik wendet Abdo Khal im 8. Kapitel des Romanes an, um die Atmosphäre des von Panik und Ratlosigkeit erfüllten Dorfes zu Beginn des jemenitischen Bürgerkrieges zu zeichnen, bei dem der Süden Saudi-Arabiens von Nassers ägyptischer Luftwaffe bombardiert wurde. Später im selben Kapitel gliedert Abdo Khal den Romantext in Szenen, um die dramatische Dynamik der Ereignisse in der Stadt Ǧīzān, in die Yaḥyās Mutter vor den Luftangriffen geflüchtet war, und ihre weitere Flucht per Schiff auf die Insel Farasān darzustellen.

---

14 *Mudun ta'kul al-ʿušb*, S. 187-188.

15 *Mudun ta'kul al-ʿušb*, S. 279, 307, 312-313.

16 *Mudun ta'kul al-ʿušb*, S. 206. Ü.: EMW.

17 General ʿAbdallāh as-Sallāl, Führer einer Gruppe nationalistischer, sunnitischer Offiziere, die am 26. September 1962 im Nordjemen nach dem Tod des zaiditischen Herrschers Imām Aḥmad eine jemenitische arabische Republik proklamierten. Im darauf folgenden jemenitischen Bürgerkrieg unterstützte Saudi-Arabien die Anhänger der zaiditischen Monarchie und Ägypten (unter Nasser) die Republikaner.

Dieser Abschnitt beginnt mit der ersten Szene, als die Flüchtlinge nach Ǧīzān strömen.[18] Es folgen Szenen auf dem Marktplatz, als sie sich um die Lebensmittelhändler drängen. Die Szenen und die Stimmen, die zu hören sind, werden nicht vollständig nummeriert und auch nicht chronologisch aneinandergereiht, um das herrschende Chaos darzustellen und auch um auszudrücken, dass der Roman nur einen Teil der Ereignisse schildern kann. So findet etwa in Szene 6 ein Bombenangriff statt, bei dem die Stimmen 1, 6, 76, 45, 58, 74, 87, 65 und 82 zu hören sind.[19] In der 23. Szene[20] ist Yaḥyās Mutter mit Yaḥyās Geschwistern Fāṭima, Ḥasīna, Lailā und Yūsuf mitten auf dem nächtlichen Meer zwischen Ǧīzān und der Insel Farasān. Szene 45[21] spielt in Ǧidda, wo Yaḥyās Freunde in ihrem Stammcafé die politische Lage besprechen. Das Kapitel endet mit der 21. Szene, in der am Meeresufer der Stadt Ǧīzān ein Bombenangriff die auf Schiffe wartenden Flüchtlinge tötet.[22]

Spurensuche im verlassenen Dorf

An den *nasīb*, den ersten Teil einer altarabischen *qaṣīda*[23], erinnert jene Romanszene, in der Yaḥyā in sein Dorf zurückkehrt und das Haus seiner Familie leer findet, aber voller Spuren (*ʾaṭlāl*) der Bewohner. So wie die altarabischen Poeten im Sand die Lagerspuren der Geliebten betrachteten und sich wehmütig an vergangene Freuden erinnerten, so betrachtet Yaḥyā im leeren Haus seiner Mutter nun beispielsweise die Stelle, an der sein sterbender Vater einen Schluck Wasser verlangt hatte. Er verweilt vor dem Schlafplatz seiner Geschwister und erinnert sich an die Zeit, als er unter den Wunden der Beschneidung litt und seine Mutter ihn umarmte. In dem verlassenen Haus beschleicht ihn das Gefühl, einen Friedhof betreten zu haben.[24]

Yaḥyā und seine Mutter Maryam

Die Intensität der Beziehung zwischen Yaḥyā und seiner Mutter Maryam zeigt sich besonders in der Beschneidungsszene, in der Yaḥyā, um seiner Mutter keine Schande zu machen, den Schmerzen viel zu lange standhält und damit sein Leben riskiert.[25] Drei Monate dauert es, bis seine Wunden verheilt sind. Während

---

18 *Mudun taʾkul al-ʿušb*, S. 221.
19 *Mudun taʾkul al-ʿušb*, S. 230-231.
20 *Mudun taʾkul al-ʿušb*, S. 233-234.
21 *Mudun taʾkul al-ʿušb*, S. 234.
22 *Mudun taʾkul al-ʿušb*, S. 235.
23 Toelle: *Les Suspendues*, S. 39-45.
24 *Mudun taʾkul al-ʿušb*, S. 237-238.
25 Diese in einigen Regionen im Südwesten Saudi-Arabiens (Tihāma, ʿĀsīr-Gebirge) früher praktizierte extreme Form der Beschneidung thematisiert auch Ahmed Abodehman in seinem Roman „al-Ḥizām".

seiner schmerzhaften Rekonvaleszenz schlägt sich die Mutter immer wieder bestürzt an die Brust und ruft: „Es ist meinetwegen!"[26]

Für beide bedeutet die Trennung einen Schmerz, der ihr Leben bestimmt. Die Mutter weiß nicht, wo ihr Sohn ist und ob er überhaupt noch lebt, und der Sohn kann sechs Jahre lang nicht ins Dorf zurück, da er kein Geld für die Reise hat und überdies zu jung ist, um schutzlos alleine zu reisen. Yaḥyā arbeitet, um Geld für die Rückkehr zu verdienen, doch er wird darum betrogen.

Die Mutter, ebenfalls mittellos, ist ausschließlich auf die Wiedervereinigung mit ihrem Erstgeborenen fixiert und opfert das Glück ihrer anderen Kinder dafür. Sie behandelt ihre immer loyale und hilfsbereite Tochter Fāṭima rüde, riskiert das Leben ihrer Tochter Lailā, die auf der beschwerlichen Reise nach Ǧidda schwer erkrankt, und verheiratet ihre junge, schöne Tochter Ḥasīna, die einen Jungen aus ihrem Dorf liebt, an einen älteren Soldaten aus Riyāḍ, der ihr im Gegenzug die Reise nach Ǧidda zu Yaḥyā finanziert. Ihren jüngeren Sohn, den kleinen Yūsuf, beachtet sie kaum. All ihre Gedanken kreisen um den verlorenen Sohn Yaḥyā. Doch alle Opfer bleiben vergebens. Maryam findet zwar in Ǧidda ihre Schwester, nicht aber ihren Sohn. Dieser reist weiter nach Riyāḍ, in der Annahme, seine Mutter sei bei einem Luftangriff in Ǧīzān ums Leben gekommen.

Fremdsein als Identität

Die einzige Identität, die Yaḥyā gemäß ist, ist die als Sohn seiner Mutter Maryam, die nach ihm Umm Yaḥyā genannt wird. Sein Vater, der im Dorf ein Fremder war, erhielt einstmals den Beinamen (*laqab*) al-Ġarīb[27] (der Fremdling)[28] und so heißt auch sein Sohn Yaḥyā al-Ġarīb. Als sich herausstellt, dass Yaḥyā trotz des Besuches der Koranschule nicht schreiben kann, erhält er von Spöttern im Dorf den Spitznamen Yaḥyā Šaḫābīṭ[29], was sinngemäß soviel bedeutet wie „der Kritzler".

Fern vom Dorf wird Yaḥyā ein Namenloser, der andere Namen und Identitäten annimmt oder erhält. Ṭāhir, der Mann, der ihn nach dem Tod der Großmutter zu sich nimmt, gibt ihm den Namen Yaḥyā Ṭāhir Muḥammad al-Waṣābī[30], was zur Folge hat, dass Yaḥyā offiziell als Bruder von Ṭāhirs Tochter Ḥayā gilt, die er liebt. An seinen verschiedenen Arbeitsplätzen verwendet Yaḥyā jedes Mal einen anderen Namen oder ist unter einem Spitznamen bekannt, den ihm die Kunden geben. Unter einem solchen Spitznamen und als offiziellen Sohn von Ṭāhir lernt ihn auch sein Cousin Ḥasan kennen, einer der Gäste in einem Café, in dem Yaḥyā arbeitet, und so erfahren die beiden nie, dass sie zur selben Familie gehören.

---

26 *Mudun taʾkul al-ʿušb*, S. 42.
27 *Mudun taʾkul al-ʿušb*, S. 48.
28 Wehr, S. 909.
29 *Mudun taʾkul al-ʿušb*, S. 54; šaḫābīṭ: wörtlich: die Kritzeleien, Schmierereien, Beschmutzungen; *šaḫbaṭa*: kritzeln, schmieren; Wehr S. 637.
30 *Mudun taʾkul al-ʿušb*, S. 87.

Da Yaḥyā auf der Suche nach der Wiedervereinigung mit seiner Mutter ist, lebt er in einem ständigen Provisorium, im unentwegten Warten auf die Chance zur Rückkehr. Er ist unfähig, sich für eine Rolle unter den Menschen, mit denen er zusammenlebt, zu entscheiden. Er lebt in Ǧidda als Sohn eines Mannes, der nicht sein Vater ist, und er lebt mit dessen Frau und Töchtern zusammen, wird aber nicht als Sohn und Bruder anerkannt, sondern wie ein Diener behandelt. Er arbeitet schwer und kommt für den Unterhalt dieser fremden Familie auf, erhält aber dafür keinerlei Anerkennung oder den entsprechenden sozialen Status. Ṭāhirs Tochter ʿAwāṭif, die ihn liebt, stößt er zurück und steigert sich in eine unerfüllte Liebe zur grünäugigen Ḥayā hinein, die ihn zurückweist und demütigt. (Es ist wohl kein Zufall, dass die Namen Yaḥyā und Ḥayā aus der selben Wortwurzel gebildet werden, Yaḥyās Gefühle scheinen auch hier von einer schicksalshaften Konstellation geleitet zu werden.)

Als der kleine Yaḥyā früher im Dorf einmal jemandem einen Dienst erweist und dafür Geld erhält, bindet ihn sein Vater an einen Baum, verprügelt ihn mit einem Ast und schärft ihm ein: „Der Tagelöhner bleibt ein Diener sein Leben lang.“[31] Doch Yaḥyās einzige Möglichkeit zu überleben ist die Lohnarbeit, allerdings mit der Konsequenz, dass seine geliebte Ḥayā in ihm einen Diener sieht, also niemanden, den sie als sozial ebenbürtig respektiert.

Yaḥyā ist nicht in der Lage, Menschen einzuschätzen. Er vertraut Ṭāhir, der ihn betrügt, ihn um sein Geld bringt und den Kontakt zur Mutter hintertreibt. Er liebt Ḥayā, die ihn nicht will, und er erkennt nicht, dass einer seiner besten Freunde ihn nur besucht, um Ḥayā treffen zu können. Als er sieht, dass Ḥayā und dieser Freund ein Paar sind, bricht für ihn die Welt zusammen und er flüchtet weiter, in eine andere Stadt, in ein neues Fremdsein, bestimmt für die ewige *ġurba*. Denn jede neue Umwelt wird ihm fremd sein, er ist immer auf der Durchreise, er kann kein neues Heim finden, da das verlassene Heim sein Ziel ist. Sein Ziel liegt in einer Vergangenheit, die er nicht loslassen kann, und daher hat er keine Zukunft. Alles ist nur vorübergehend. Das, was nicht ist, ist wichtiger als das, was ist.

Nasser: Idol und Mörder

Die Figur des ägyptischen Präsidenten Nasser, die bereits im ersten Satz des Romans vorkommt, entscheidet über Yaḥyās Schicksal. Ohne Nassers Luftangriffe wäre seine Mutter nicht aus dem Dorf geflüchtet, und Yaḥyā hätte sie eines Tages gefunden. Außerdem glaubt Yaḥyā aufgrund eines Missverständnisses, dass seine Mutter in Ǧīzān in einem Bombardement der ägyptischen Armee getötet wurde. Nasser ist seine größte Enttäuschung. Wie für viele junge Araber der 1950er- und 1960er-Jahre war Nasser auch für Yaḥyā zum Idol geworden. Nassers Stimme im

---

[31] *Mudun taʾkul al-ʿušb*, S. 39.

Radio und seine Botschaften ergreifen und berauschen den heranwachsenden Yaḥyā.[32]

> „Ǧamāl war der Faden, der mich mit dem Leben verband, der Faden, der meine Einsamkeit mit den Farben des Regenbogens umspann. Ich sah den Regen und roch den Duft der Erde. Ich sah den Himmel näherkommen und wurde zu einem Vogel, der in die Weite schwebt. Nasser war wie die Nabelschnur, die mich mit dem Leben verband und die mir die Hoffnung gab, dass ich aus meinem Kokon herauskomme und mich mit denen vereinige, die ich liebe."

Doch das einzige, große Idol wird zur grausamsten Enttäuschung, denn in den Straßen von Yaḥyās Heimat ist das Blut von Nassers Opfern geflossen, und – wie er irrtümlich glaubt – auch das seiner eigenen Mutter.

Ṭāhir, der Ausbeuter

So wie sich Yaḥyā in Nasser irrt, so wird auch jener Mann, dem er sich nach dem Tod seiner Großmutter auf der Pilgerreise anvertraut, ihm Schaden zufügen. Ṭāhir kommt aus einem Dorf in den Bergen und ist viel auf Reisen, um den Ketten zu entgehen, als die er seine Familie in Ǧidda empfindet. Er kehrt aber doch immer wieder zu ihr zurück. Er bezeichnet sein Leben als ewige Suche, und als Yaḥyā ihn schließlich zur Rede stellt, gibt er freimütig zu, ein Dieb zu sein. In einer raffiniert-sentimentalen Verteidigungsrede legt Ṭāhir Yaḥyā seine Lebensphilosophie dar und seinen Entschluss, den leichten Weg des Diebstahls zu gehen, den er zwar jedes Mal bereut, aber doch immer wieder einschlägt. Er sei nicht in der Lage, Geld zu verdienen, Betrug sei das einzige, wozu er imstande sei. Das Leben, sagt Ṭāhir, sei ein gemeines Spiel, bei dem einander die Menschen Fallen stellen.

Dorf und Stadt

Das Leben im Dorf ist karg und beschwerlich. Als Yaḥyās Vater früh stirbt, schreit die Mutter Yaḥyā an: „Geh weg, bevor alles stirbt." Yaḥyā hört die Alten davon reden, dass der, der weggeht, nicht wiederkehrt. Yaḥyās Tante, die in Ǧidda lebt, unterstützt die Familie ihrer Schwester mit Kleidung und Geld, denn das Dorf bietet kaum Möglichkeiten zu überleben. Es fällt kein Regen, nichts wächst, und die Tiere werden immer schwächer. Von denen, die weggehen, wird erwartet, dass sie mit Geld heimkommen. Auch Yaḥyās Mutter will, dass er mit Geld zurückkommt, damit seine Geschwister nicht verhungern.

Die Stadt gibt Yaḥyā Arbeit und Bildung. Er besucht die *madrasat al-falāḥ*[33] und lernt Lesen und Schreiben. Doch er kann diese Chancen nicht umsetzen, da er sich von Ṭāhir ausbeuten lässt. Selbst aus den positiven sozialen Beziehungen zu

---

32 *Mudun ta'kul al-ʿušb*, S. 9; Ü.: EMW.

33 „Schule des Erfolges", eine alte Privatschule in Ǧidda.

seinem Freundeskreis kann Yaḥyā nichts Zukunftsweisendes machen, da er als Entwurzelter durch das Leben tappt und ein ewiges Opfer bleibt.

2.2.2. Romane von Abdo Khal

„al-Maut yamurr min hunā", al-Muʾassasa al-ʿarabīya li-d-dirasāt wa-n-našr, Beirut 1995; neue Ausgabe bei Manšūrāt al-ǧamal, Beirut/Köln 2004 (512 Seiten)

„Mudun taʾkul al-ʿušb", Dār as-Sāqī, Beirut 1998 (349 Seiten)

„aṭ-Ṭīn", Dār as-Sāqī, Beirut 2002 (400 Seiten)

„al-ʾAyyām lā tuḫabbiʾ ʾaḥadan", Manšūrāt al-ǧamal, Beirut/Köln 2002 (318 Seiten)

„Nubāḥ", Manšūrāt al-ǧamal, Beirut/Köln 2003 (319 Seiten)

„Fusūq", Dār as-Sāqī, Beirut 2005 (255 Seiten)

„Tarmī bi-šarar", Manšūrāt al-ǧamal, Beirut/Köln 2009 (416 Seiten)

2.3. Laila Aljohany (Lailā al-Ǧuhanī) ليلى الجهني

Laila Aljohany wurde 1969 in Tabūk geboren, studierte in Medina englische Sprache und Literatur und publizierte eine Reihe von Kurzgeschichten.[1] Ihr erster Roman „Dāʾiman sa-yabqā al-ḥubb" (Die Liebe wird immer bleiben) gewann 1995 beim Festival in Abhā einen Preis, wurde aber nicht gedruckt.

1996 schrieb Laila Aljohany „al-Firdaus al-yabāb" (Das verwüstete Paradies), das 1998 im Verlag Dāʾirat aṯ-ṯaqāfa wa-l-ʾaʿlām in aš-Šāriqa, VAR, publiziert wurde. Eine weitere Ausgabe erschien 1999 im Al-Kamel Verlag in Köln/Beirut. Die englische Übersetzung des dritten Romankapitels ist 2004 in der britischen Literaturzeitschrift „Banipal"[2] veröffentlicht worden, die des letzten Kapitels 2006 in der Anthologie „Beyond the Dunes"[3]. Der Titel des Romans wurde in „Banipal" mit „The Waste Paradise" und in „Beyond the Dunes" mit „The Barren Paradise" übersetzt. Eine italienische Übersetzung des kompletten Romans trägt den Titel „Il canto perduto" und erschien 2007 bei Ilisso Edizioni in Nuoro, Italien. Die Übersetzerin ist Francesca Addabbo.

Ein weiterer Roman von Laila Aljohany, „Ǧāhilīya"[4] erschien 2006 im Verlag Dār al-ʾĀdāb in Beirut. Auch hier hat „Banipal" Textauszüge in englischer Übersetzung veröffentlicht.[5] Der Titel spielt auf die vorislamische Zeit an, die als die Zeit der Unwissenheit (*ǧāhilīya*) bezeichnet wird, und thematisiert die Relikte dieser Unwissenheit, dieser Ignoranz im heutigen Saudi-Arabien. Zentrales Problem des Romans, der in Medina spielt, ist die Liebe zwischen einer Weißen und einem Schwarzen. Līn und Mālik, die beide Muslime sind, dürfen nicht heiraten, da dies gesellschaftlich nicht akzeptiert wird. Hāšim, Līns Bruder, fühlt sich – auch auf Druck seiner Mutter – verpflichtet einzugreifen und verletzt Mālik dabei schwer. Rund um diese Handlung werden Fragen der privaten als auch der politischen Gewalt thematisiert.[6]

2010 war Laila Aljohany auf der Buchmesse in Riyāḍ mit „40 .. fī maʿnā ʾan ʾakbar" (40 .. im Sinne, dass ich älter werde) vertreten, einem 64-Seiten-Buch, das Gedanken über das Älterwerden enthält.

---

1 *al-Firdaus al-yabāb*, S. 4.

2 *Banipal* 20/2004, S. 92-97; übersetzt von Christina Phillips.

3 *Beyond the Dunes*, S. 295-303; Übersetzer nicht angegeben.

4 Wehr S. 212: *ǧahl bzw. ǧahāla*: Unwissenheit, Ignoranz, Dummheit; *ǧāhilīya*: vorislamisches Heidentum, vorislamische Zeit.

5 *Banipal* 34/2009, S. 43-52; übersetzt von Piers Amodia.

6 al-Bāzʿī: *Sard al-mudun fī r-riwāya wa-s-sīnamā*, S. 69-78 und aḍ-Ḍāmin, S 275-279.

2.3.1. *„al-Firdaus al-yabāb" (Das verwüstete Paradies)* الفردوس اليباب

Ein Trauermonolog als Roman

Für „al-Firdaus al-yabāb" hat Laila Aljohany eine spezielle Form gewählt, um das zentrale Thema auszudrücken, nämlich Trauer und Schmerz über das verlorene, zerstörte, verwüstete Paradies. Dieser Schmerz wird in fünf von sechs Kapiteln in inneren Monologen zweier Hauptfiguren artikuliert und beschrieben, ja geradezu zelebriert. Zur Sprache heißt es in „Beyond the Dunes": „... the intensity of language is such that some of it's passages almost resemble the writing of poetry. Even the chapter titles transmit the passionate grief to be found everywhere in the novel."[7]

Das in dem Roman geschilderte Problem kann man als „klassisches" Thema bezeichnen, das beispielsweise in der deutschsprachigen Literatur früherer Jahrhunderte immer wieder abgehandelt wurde. Die wohl berühmteste Betroffene ist hier Margarete (Gretchen) in Goethes „Faust". Erwähnt sei auch Klara, die Hauptfigur des Theaterstückes „Maria Magdalena" von Friedrich Hebbel. So wie bei Goethe und Hebbel geht es auch in „al-Firdaus al-yabāb" um eine ungewollte Schwangerschaft, die eine tödliche Tragödie auslöst. Ṣabā, ein junges unverheiratetes Mädchen, wird von ihrem Geliebten ʿĀmir schwanger. Dieser jedoch wendet sich von ihr ab, beendet die Beziehung und ist auch nicht bereit, seine Vaterschaft zu akzeptieren. Schließlich verlobt er sich mit Ṣabās bester Freundin Ḫālida. Dies ist die Ausgangslage. Die Katastrophe ist bereits eingetreten, als der Roman beginnt.

Der Roman schildert keinen Konflikt, denn für die Heldin besteht keine Wahlmöglichkeit mehr. Ausweglosigkeit als Faktum steht am Beginn. Laila Aljohanys Text besteht aus den Gedanken und Gefühlen der Protagonistinnen rund um die Lage der Romanheldin Ṣabā. Einem illegalen Schwangerschaftsabbruch folgt Ṣabās Tod. Vier von den sechs Kapiteln des – je nach Ausgabe – ca. 90 Seiten umfassenden Buches sind innere Monologe von Ṣabā, im fünften Kapitel spricht ihre Freundin Ḫālida, im letzten die Erzählerin/Autorin.

Konstruktion und Inhalt

„al-Hawāʾ yamūt maḫnūqan" (Die Luft stirbt erstickend)[8] ist der Titel des ersten Kapitels, in dem sich Ṣabā an ihre Freundin Ḫālida wendet. Sie schreibt alles das nieder, was zwischen ihnen nie ausgesprochen wurde. Ṣabā entschuldigt sich dafür, dass sie Ḫālida nicht bei der Verlobungsfeier vor ʿĀmir gewarnt hat. Sie er-

[7] *Beyond the Dunes*, S. 295.

[8] In *Beyond the Dunes* wird der Titel auf Seite 34 mit „Air suffocates" und auf Seite 295 mit „The air dies strangulated" übersetzt.

zählt von den schönen Liebesworten, mit denen ʿĀmir sie verführt hat, und erinnert sich an die hässlichen Worte, mit denen er sie von sich weggestoßen hat, als sie schwanger war.

Neben den drei jungen Menschen, die in diese Tragödie involviert sind, wird im ersten Kapitel auch die zweite Hauptheldin des Romans vorgestellt, die Stadt Ǧidda, mit der sich Ṣabā zutiefst verbunden fühlt. Der Titel des Kapitels bezieht sich auf eine Passage auf der ersten Seite, wo es heißt: „Die Luft starb erstickend zwischen unseren eng vereinten Körpern". In der Nacht der Verlobung ihres Geliebten mit ihrer besten Freundin starb die Luft ebenfalls. Sie erstickte als Weinen in Ṣabās Kehle.[9]

Im zweiten Kapitel, das den Titel „Tafāṣīl al-lawʿa" (Einzelheiten der Qual) trägt, spricht Ṣabā den Embryo an, ihr Kind, das in ihr wächst und das sie abtreiben muss. Sie thematisiert die innige körperliche Verbindung mit dem Kind und die Schuld, die sie auf sich laden muss, indem sie es töten wird.

Im dritten Kapitel, „Qārra ṯāmina taġūr" (Ein achter Kontinent versinkt), schildert Ṣabā den illegalen, schmerzhaften Schwangerschaftsabbruch im Privathaus einer ihr fremden Frau. Während des Eingriffes erinnert sie sich an ihre Liebesnacht mit ʿĀmir am Strand, an das Kerzenlicht, das von der Brise ausgeblasen worden war, und an die schwarze Spitze, in die sie gekleidet war. Auch Ǧidda ist in ihren Gedanken. Für Ṣabā ist Ǧidda eine Frau wie sie, aber viel klüger, denn sie öffnet sich nicht jedem.[10] Als Ṣabā nach dem Eingriff zu bluten beginnt, vergleicht sie das Blut mit dem Meer, das während ihrer nächtlichen Umarmung mit ʿĀmir am Strand die Kerzen weggespült hat. Mit dem achten Kontinent, der im Titel dieses Kapitels angesprochen wird, meint die Autorin, wie sie mir auf Anfrage schrieb, das sagenhafte Atlantis. Für Ṣabā gleicht Ǧidda in diesem Augenblick Atlantis, das auf dem Höhepunkt seiner Vollendung im Meer versinkt, so wie sie selbst. Ihre Vision ist, dass Ǧidda nach und nach im Salz ihrer Tränen untergeht.[11] Nur Blut bleibt, das sie mit dem Moschus der Märtyrer und der Farbe der Rose vergleicht. Blut ist schließlich auch die einzige Sprache, in der sie mit ihrem Kind kommunizieren kann. Ṣabā weiß, dass sie sterben wird, und sie fühlt sich bereits im Meer versinken.[12] Gegen Ende dieses Kapitels heißt es: „Eine verwundete weiße Taube liegt verblutend auf dem Sand und daneben eine zertretene Rose."[13]

Nun zelebriert Ṣabā die Todeszeremonie für sich und ihr Kind. Das vierte Kapitel trägt den Titel „Suqūṭ al-warda" (Der Fall der Rose) und beginnt mit den Worten:[14]

> „Die Spitze, die Kerzen und das verlorene Paradies. Die Spitze! Wie könnte man eine Todeszeremonie ohne Spitze beginnen? Die Spitze, die Enttäuschung, die Dunkelheit,

---

9 *al-Firdaus al-yabāb*, S. 5.
10 *al-Firdaus al-yabāb*, S. 23.
11 *al-Firdaus al-yabāb*, S. 27.
12 *al-Firdaus al-yabāb*, S. 28.
13 *al-Firdaus al-yabāb*, S. 25.
14 *al-Firdaus al-yabāb*, S. 29; Ü: EMW.

das Meer. Hinter mir das verlorene Paradies, vor mir das Meer. Und ich? Ich taumle am äußersten Rand der Traurigkeit. Ein weiterer Schritt vorwärts und ich falle vom Erdball herunter."

Ṣabās Gedanken kreisen um das Kind, das in ihrer Vorstellung nun Stück für Stück in ihr stirbt, und um ihre Erinnerungen an die Liebe zu ʿĀmir. Ihr Gedankengang führt zu einer Reihe von Assoziationen, so etwa zu englischer Literatur, die sie gelesen hat, zu Filmschauspielern und Dialogen aus Fernsehserien, zum israelischen Angriff auf den Libanon im April 1996[15] und zum Krieg um Kuwait von 1990/1991.

Dieses Kapitel ist eine Elegie voll von Todesgewissheit, eine Litanei, ein Klagelied, das jedoch im Unterschied zur altarabischen *marṯiya*[16] als einsames Ritual zelebriert wird. Symbole wie die Rose, das Blut, das Meer, der Sand, die Kerzen, die Flammen, die Spitze, die Dunkelheit, Ṣabās Tränen sowie Adam, Eva und das verlorene Paradies sind die Elemente dieser ästhetisierten Todeszeremonie, deren packende Intensität und unendliche Traurigkeit die Leser in ihren Bann zieht.

Auch Ǧidda ist in diesem Kapitel immer wieder präsent. In ihren Phantasien stellt sich Ṣabā vor, wie grausam die Menschen nach ihrem Tod über sie, die Sünderin, urteilen werden, und wie ʿĀmir sie Ḫālida gegenüber diffamieren wird. In einer Passage des Monologes spricht sie auch zu ihrem Chauffeur Ḥasan Imām aus al-Manṣūra, der eigentlich Architekt und – wie sie vermutet – in sie verliebt ist. Bitter und desillusioniert angesichts dessen, was sie als „Liebe" erlebt hat, weiß sie, dass ein Mann aus ihrer Gesellschaft keine Frau lieben könnte, die schon einen anderen Mann geliebt hat. Bitter verabschiedet sie sich von allen. Ihr bleibt nur noch das Meer. Sie singt ein Kinderlied für das Kind, das ihren Körper noch nicht verlassen hat. In Gedanken bittet sie ihre Mutter, die noch keine Ahnung hat, was geschehen ist, sie zu vergessen und ihr zu verzeihen. Als Ṣabā die Augen schließt, weiß sie, dass man sie verfluchen wird.[17]

Der Titel des fünften Kapitels „Lan tabkiya al-ḥasāsīn ʿalā š-šurfāt" ist schwer zu übersetzen. Das Wort *ḥasāsīn* ist der Plural von *ḥassūn* und bedeutet Stieglitze bzw. Distelfinken. Die Übersetzung wäre somit „Die Distelfinken werden nicht auf den Balkonen weinen". Dies ergibt nur dann einen Sinn, wenn man weiß, dass diese Formulierung sich auf ein Gedicht des berühmten palästinensischen Dichters Maḥmūd Darwīš bezieht, wie mir Laila Aljohany schrieb.[18] Die Antho-

---

15 Dieser Angriff stand unter dem Codenamen „Früchte des Zorns".

16 *marṯiya:* Trauergedicht, Elegie, Klagelied, Wehr S. 451; Laut EI², Band IV, S. 602-608 eine Elegie im Rhythmus des Trauerrituals, „composed to lament the passing of a beloved person and to celebrate his merits", üblicherweise von einem weiblichen Familienmitglied verfasst und vorgetragen.

17 *al-Firdaus al-yabāb*, S. 57.

18 *ḥassūn*, pl. *ḥasāsīn*, Stieglitz bzw. Distelfink, lat. *Carduelis carduelis*. Anspielung auf ein Gedicht von Maḥmūd Darwīš mit dem Titel *Kaifa ʾaktubu fauqa s-saḥāb*, in dem dieser Vogel vorkommt. Siehe Maḥmūd Darwīš *al-ʾAʿmāl aš-šiʿrīya al-kāmila* 1-3, 3. Auflage, 2008 (keine Verlagsangabe, vermutlich Raubkopie).

logie „Beyond the Dunes" übersetzte, den Titel des fünften Kapitels mit „Sensivity shall not cry on balconies", in Unkenntnis dieses Zusammenhanges.[19]

In diesem Kapitel ist es Ḫālida, die ihre Gedanken und Gefühle schildert. Ihr Monolog beginnt mit den Worten:[20]

> „August. Viele Blumen sterben im August. Ṣabā und ʿĀmir, wer von euch beiden war die Blume und wer der Stein? Kann denn eine Blume im Herzen eines Steins sprießen? Und ich? Wo war ich bei all dem, was geschah?
> August. Und ich habe noch nicht geweint. Im August gibt es keine Wolken, die es mir ermöglichen würden zu weinen. Das Meer brennt an den Ufern von Ǧidda. Es ist aufgewühlt wie mein Herz und eingesperrt wie meine Tränen."

Ḫālida macht der toten Freundin Vorwürfe, weil sie sie nicht ins Vertrauen gezogen hat, sondern ins Meer gegangen ist. Tod sei keine Lösung, Ṣabā hätte auf die Vergebung Gottes vertrauen sollen. Ḫālida gibt den Büchern die Schuld, die Ṣabā, eine Studentin der englischen Literatur, gelesen hat. Diese Bücher hätten Ṣabā ruiniert, denn Bücher seien nicht wie das Leben. Ḫālida, die jahrelang mit Ṣabā befreundet war, muss nun feststellen, dass sie Ṣabā nicht gekannt hat. Sie wirft ihr vor, den einfachsten, feigsten Weg gegangen zu sein, indem sie den Tod gewählt hat.

In Aufzeichnungen in Ṣabās Zimmer findet Ḫālida schließlich den Namen jenes Mannes, der Ṣabā geschwängert hat. Es ist ihr eigener Verlobter. Sie verflucht ʿĀmir, spuckt ihm ins Gesicht, verflucht seine Mutter und verflucht die Liebe. Sie bittet Gott, Ṣabā zu verzeihen, diesem Mädchen, das davon geträumt hat, das Paradies auf Erden zu finden. Und so endet dieses Kapitel:[21]

> „Schlaf jetzt, mein Mädchen, das gestern aus Verzweiflung sein Kind abgetrieben hat. Schließ deine honigbraunen Augen zum letzten Mal und überlass mir die Traurigkeit, dieses Erbe aller Araber, das immer größer wird und von Gefühlen der Schmach und Schande begleitet wird. Überlass das alles mir und schlaf, umhüllt von Verzeihung. Und die Distelfinken, die nicht für alle sichtbar auf den Balkonen um dich trauern dürfen, weinen im Verborgenen auf meiner Brust."

Das letzte Kapitel wird in der dritten Person erzählt. Die Erzählerin des Buches spricht nun Ṣabā an. Für den Titel „Iḫtizāl ar-rūḥ" findet sich in „Beyond the Dunes" sowohl die Übersetzung „Severing of souls" (Abtrennen der Seelen) als auch „The stenography of the soul".[22] Die italienische Übersetzerin entschied sich für „Rinchiudere lo spirito"[23]. „Abtrennen der Seele" wäre sinngemäß richtig, „Abstraktion der Seele" würde aber vielleicht eher zum Stil des Romans passen.

Zu Beginn dieses Kapitels wird an Moses erinnert und daran, dass sich für ihn das Meer teilte. Das Meer wird mit dem Namen Abū Ḫālid angesprochen. Laut

---

19 *Beyond the Dunes*, S. 34.
20 *al-Firdaus al-yabāb*, S. 59; Ü.: EMW.
21 *al-Firdaus al-yabāb*, S. 78; Ü.: EMW.
22 *Beyond the Dunes*, S. 34 und 295.
23 *Il canto perduto*, S. 75.

Auskunft der Autorin ist dies eine aus dem arabischen kulturellen Erbe stammende *kunya*[24] für das Meer. Dazu schrieb sie mir, dass diese *kunya* auf die Zeit von Moses zurückgeht, als er auf der Flucht vor den Pharaonen mit seinem Volk zum Roten Meer kam und Gott ihm offenbarte, dass er dem Meer mit seinem Stock ein Zeichen geben solle, damit es sich teilt und trockener Boden erscheint. Moses tat, wie ihm geheißen, aber das Meer reagierte nicht. Da gab Gott ihm ein, das Meer mit seiner *kunya* anzusprechen. Moses machte wieder ein Zeichen mit seinen Stock und sagte: „Teile dich, Abū Ḫālid!" Das Meer teilte sich und Moses konnte mit seinen Leuten auf festem Boden weitergehen. Der Pharao, der ihn verfolgte, ertrank mit seinem Heer im Meer.

Abū Ḫālid, also das Meer, soll nun seine Wogen teilen und Ṣabā den Weg zum Jenseits öffnen. Auch auf Eva wird Bezug genommen, die im Sand am Ufer des Meeres von Ǧidda ihre Fußspuren hinterlassen haben soll, als sie zu Adam ging und sie einander am Berg Arafat trafen.[25] Ṣabā steht nun für alle von Trauer erfüllten Araberinnen und für deren Niederlagen, Fehlschläge, Misserfolge und Enttäuschungen über die Jahrhunderte hinweg. Die mythische Vergangenheit von Adam, Eva und Moses sowie die Geschichte der Stadt Ǧidda bis hin zu Ṣabās Sterben wird als Gleichzeitigkeit von Vergangenheit, Gegenwart und Zukunft dargestellt, als eine Einheit von Zeit, Ort und arabischem Frauenschicksal. Die Vereinigung Ṣabās mit dem Meer bleibt eng mit der Stadt Ǧidda verbunden, einem Ort vieler Erinnerungen, die täglich mehr werden und sich aufeinandertürmen, aber nie von Archäologen entdeckt werden können. Durch dieses letzte Kapitel zieht sich der Ruf „Infaliq, Abā Ḫālid!" (Teile dich, Meer) .

In diesem Kapitel wird übrigens erstmals erwähnt, dass für Ṣabā, die aus der Stadt al-Ǧubail stammt, Ǧidda der Sehnsuchtsort ihrer Träume war, jenes Ǧidda, das sie durch die Grausamkeit seiner Menschen enttäuscht hat. Dennoch bleibt die Liebe Ṣabās zu Ǧidda ungebrochen. Reflexionen über Ṣabās Liebe zu Ǧidda und ihre Verbundenheit mit dieser Stadt gehen in die Frage über, ob die Seele von Ǧidda schreibend ausgedrückt werden kann. Am Ende geht Ṣabā an einen Ort, der versteckt jenseits des Meeres liegt, und ‚Abū Ḫālid' teilt die Wogen für sie. Im Tod vereint sich Ṣabā mit dem Universum, in dem Zeit, Raum und Schicksal eine Einheit bilden.

Keine unehelichen Kinder in der saudischen Gesellschaft

Zum besseren Verständnis des Romans ist es wichtig, darauf hinzuweisen, dass zwar die Schwangerschaft eines unverheirateten Mädchens in allen konservativ-religiösen Gesellschaften zu allen Zeiten und an allen Orten ein großes Problem

---

[24] Eine *kunya* ist jener Beiname, der die so benannte Person als Vater oder Mutter bzw. Sohn oder Tochter einer bestimmten Person bezeichnet, z. B. Abū Muḥammad oder Umm Fāṭima etc.; Wehr S. 1124.

[25] al-Firdaus al-yabāb, S. 79.

gewesen ist, dass aber in Saudi-Arabien eine für das 21. Jahrhundert extreme Situation vorliegt. Die offizielle Existenz unehelicher Kinder ist in der saudischen Gesellschaft absolut nicht möglich. In allen diesbezüglichen Hintergrundgesprächen anlässlich meines Aufenthaltes in Saudi-Arabien wurde mir bestätigt, dass es in Saudi-Arabien nach wie vor undenkbar ist, ein uneheliches Kind offiziell zu gebären, zu behalten und großzuziehen. Abgesehen von den religiösen und staatlichen Gesetzen, die außerehelichen Geschlechtsverkehr als Offizialdelikt ansehen und ahnden, ist es wegen des sozialen Druckes nicht möglich, dass sich beispielsweise eine Familie zum Großziehen des unehelichen Kindes einer ihrer Töchter entscheidet. Für den Fall, dass eine außereheliche Schwangerschaft bekannt würde, wäre der betroffenen Frau und ihrer Familie der „soziale Tod" gewiss. Es bleibt also als Ausweg nur die Abtreibung oder aber das heimliche Gebären und Aussetzen des Neugeborenen nahe einer Moschee. Krankenhäuser, in denen Frauen uneheliche Kinder gebären, pflegen Anzeige zu erstatten. Die Kinder werden dann der Mutter weggenommen und in staatlichen Heimen aufgezogen. Das Schicksal eines solchen Kindes wird in „Fiḫāḫ ar-rāʾiḥa" von Yousef Al-Mohaimeed beschrieben.

Dieses Wissen setzt die Autorin bei ihren saudischen Lesern voraus. An einer Stelle ist davon die Rede, dass Ṣabā die Schwangerschaft nicht beenden wollte, aber dies tun musste, da es „Stärkeres und Wichtigeres gibt als unsere Wünsche".[26] Laila Aljohany schildert die unendliche Verzweiflung und das tiefe Leid eines betroffenen Mädchens, das in dieser Situation auch keinerlei Beistand von Familie oder Freunden erwarten kann. Ṣabā vertraut sich niemandem an, und ihre ausweglose Lage führt letztlich zum Tod. Nirgends wird zwar das Wort „Selbstmord" erwähnt, aber es ist klar, dass Ṣabā nach dem Schwangerschaftsabbruch keinen Lebenswillen mehr hat. Ihr Blut strömt gemeinsam mit dem Kind aus ihr heraus, und in einer Vereinigung mit dem unendlichen Meer geht sie aus dieser Welt. Samāhir aḍ-Ḍāmin schreibt dazu, dass Ṣabā, nachdem sie ihren rosaroten Traum mit dem Mann, den sie liebt, verwirklicht hat und voreilig die Frucht der Liebe mit ihm gepflückt hat, zu einer Ausgestoßenen, Verfluchten geworden ist, für die kein Platz in diesem Leben ist. Die Gesellschaft wird ihr nicht vergeben und kein Mitleid, keine Barmherzigkeit für sie haben. Ṣabā hat keine andere Wahl, als sich dem Tod hinzugeben.[27]

Schuldzuweisungen an die Gesellschaft, in der Ṣabā lebt, sucht man in „al-Firdaus al-yabāb" vergebens. Auch Anklagen wegen der Grausamkeit einer aus humanistischer Sicht unmenschlichen Umwelt, die betroffenen Mädchen nicht hilft, sondern sie gnadenlos verdammt, werden nicht expressis verbis formuliert. Aus den Gedanken, den Gefühlen und dem Leid eines jungen Mädchens, das eine in der saudischen Gesellschaft unverzeihliche Sünde begangen hat, müssen die Leserinnen und Leser ihre Schlussfolgerungen selbst ziehen. Die Drastik und der

---

26 *al-Firdaus al-yabāb*, S. 24.
27 aḍ-Ḍāmin, S. 339.

passagenweise quälende Detailreichtum der Schilderung von Ṣabās Tragödie sind jedoch zweifellos Denkanstoß für Reflexionen, die je nach Sozialisation und Wertsystem möglicherweise sehr unterschiedlich verlaufen werden.

Die einzige Schuldzuweisung, die ausgesprochen wird, geht an ʿĀmir. Er ist die einzige der Hauptfiguren des Romans, die nicht selbst zu Wort kommt. ʿĀmir bleibt eindimensional und klischeehaft. Dies mag daran liegen, dass die Frauenwelt keinen Zugang zu den Gedanken und Gefühlen der Männer hat, aber auch daran, dass es immer die Frauen sind, die den Preis einer verbotenen Liebe bezahlen, während Männer durch Frauenbeziehungen ihre Männlichkeit beweisen.

Einsame junge Menschen in einem sprachlosen Umfeld

Der Roman schildert Menschen, die nicht miteinander über die wirklich wichtigen Dinge kommunizieren. Ṣabā kommuniziert mit ihren Büchern und schreibt. Ihre Gedanken vertraut sie eher dem Papier als ihrer besten Freundin an. Ṣabā spricht in ihrer Phantasie zu Ḫālida, zu ihrem Kind, zu ihrem Chauffeur oder zu ihrer Mutter, aber sie tut dies nicht in der Realität. Die Wahl der Form des inneren Monologes für das Thema von „al-Firdaus al-yabāb" drückt diese Isolation aus, in der sich die betroffenen jungen Menschen befinden. Die Sehnsucht nach Dialog ist da, aber er gelingt nicht.

Schon während ihrer Zeit in Ǧubail wird Ṣabā als einsames Mädchen geschildert. Die Mutter wird zwar erwähnt, es gibt aber sichtlich keinen Austausch zwischen Mutter und Tochter. Über den Vater erfahren die Leser nur, dass er einmal das Poster eines ägyptischen Filmschauspielers, das Ṣabā in ihrem Zimmer aufgehängt hatte, wortlos heruntergenommen und zerrissen hat. Ṣabā lebt in einer Welt des Lesens und Schreibens. Ihre Sehnsucht ist Ǧidda, auf das sie all ihre Hoffungen setzt und das sie zum Ziel ihrer Sehnsucht macht. Aber eine Stadt ist kein geeignetes Liebesobjekt. ʿĀmir hingegen schon. Er nimmt Ṣabā wahr, bestätigt sie in ihrer Existenz, nimmt sie in die Arme und gibt ihr das Gefühl, geliebt zu werden. Er spricht mit ihr, zuerst Liebesworte und später Worte der Zurückweisung, voll von grausamem Hohn. Ṣabā erinnert sich an ʿĀmirs Liebesworte.[28]

> „ʿĀmir, der Mann, der mir ‚ich liebe dich' auf alle nur mögliche Arten sagte. Er schrie diese Worte laut heraus, er sagte sie lachend, auf dem Boden ausgestreckt und die Arme ausbreitend. Er flüsterte sie, traurig, frustriert. Er sagte sie, während er mich küsste. Er sagte sie, indem er mich heftig schüttelte."

Als sie schwanger ist, verhöhnt er sie, bezeichnet die Liebe als Misthaufen und sich selbst als krähenden Hahn auf dem Mist.[29] Was ʿĀmir wirklich fühlt, bleibt unbekannt. Weder seine Mutter noch seine Verlobte wissen, was in ihm vorgeht. Als er erfährt, dass Ṣabā schwanger ist, reagiert er wie eine Maus in der Falle.

---

28 *al-Firdaus al-yabāb*, S. 5; Ü.: EMW.
29 *al-Firdaus al-yabāb*, S. 7.

Auch mit Freundin Ḫālida spricht Ṣabā nicht. Erst nach Ṣabās Tod erfährt Ḫālida aus Ṣabās Aufzeichnungen, was geschehen ist. Doch da ist es bereits zu spät. Ḫālida spricht in ihrem inneren Monolog mit einer Toten.

Laila Aljohany schildert in „al-Firdaus al-yabāb“ eine Welt ohne Liebe, ohne Vertrauen, ohne Ehrlichkeit, und eine Umwelt, von der verzweifelte junge Menschen in Krisensituationen keinerlei Hilfe erwarten können. Was sie erwartet sind üble Nachrede, Verurteilung und Verfluchung.

Das verwüstete Paradies

1667 veröffentlichte der englische Dichter John Milton sein berühmtes Epos „Paradise Lost“. In Abwandlung seines Titels heißt es bei Laila Aljohany „Das verwüstete Paradies“. Die in „Beyond the Dunes“ gewählte Übersetzung „The Barren Paradise“ oder „The Waste Paradise“, wie es in „Banipal“ heißt, scheint mir nicht zutreffend, geht es doch im Roman nicht um ein kahles oder ödes, sondern um ein verwüstetes, zerstörtes Paradies.

Im Rahmen eines E-Mail-Dialoges mit der Autorin im Frühjahr 2010 (ein persönliches Treffen war leider nicht möglich, da Laila Aljohany in Medina lebt, eine Stadt, die Nicht-Muslime nicht betreten dürfen), diskutierte ich mit ihr die Metapher des ‚al-Firdaus al-yabāb‘. Ich schrieb ihr, dass ich es als Metapher für die Heldin Ṣabā verstehe, ihre Seele, ihren Körper, ihren Uterus, ihr Leben. Auch ihr Baby ist für mich ein zerstörtes Paradies, denn jeder Beginn eines menschlichen Lebens stellt eine Chance auf ein neues Paradies dar. Dazu merkte Laila Aljohany an, dass für Ṣabā vielleicht auch Ǧidda ein Paradies war. In Ǧidda wollte sie versuchen, das Paradies wieder zu erringen. Denn unser Streben nach Glück, so die Autorin, ist in seinem Ursprung nichts anderes als ein Streben nach der Zurückeroberung des einstmals verlorenen Paradieses. Und vielleicht sind in diesem Sinne Städte, die wir lieben, unser spezielles Paradies. Weiters meinte sie, dass möglicherweise die Frau in der Liebe ihr Paradies findet und verliert. In diesem Sinne, schrieb sie mir, wiederholt sich die selbe Geschichte seit Anbeginn der Schöpfung, aus unterschiedlichen Gründen und in verschiedenen Varianten. Ṣabā selbst sieht sich im Roman in den Flammen der Hölle als Strafe dafür, „dass sie die Wache überlistet hat und in das Paradies eingedrungen ist, bevor es Gott ihr als seinem Geschöpf erlaubt hat.“

Nichts ist geblieben

„Nichts ist geblieben.“ Diese Bilanz zieht Ṣabā, als sie im ersten Kapitel über die Welt, die sie umgibt, reflektiert:[30]

---

30 *al-Firdaus al-yabāb*, S. 10; Ü: EMW.

„... die Welt von Coca Cola, das Pepsi Cola auf dem Markt besiegt. Die Welt des Mobiltelefons und des Internet, der CDs und des Rinderwahns, des Ebolafiebers und des Wahnsinns der Olympiade, der sich noch nicht beruhigt hat. Die Welt, die rund um uns tost, voller Terroristen und Extremisten, Fundamentalisten und Fortschrittlichen, Liberalen und rigiden Eiferern, Organisationen und Parteien und ähnlichen verdächtigen Bündnissen, die uns wie ein Schraubstock von allen Seiten umzingeln. Und dann sind da noch die Wirtschaftsblöcke. Ja, das Geld. Das Geld, das Geld, das Geld. Die Sprache, die alle verstehen. Das Geld im Meer, an den Küsten, in den Straßen und den pompösen Gebäuden. Das Geld, das nichts aufhalten kann. Es ist ein tosendes Meer, das über die, die es besitzen, und über die, die von ihm träumen, hinwegbraust. Du und ich, Ḫālida, wir sind zwei Verlorene inmitten dieses Wahnsinns. Wir flüchten - oder vielleicht bin nur ich allein geflüchtet - in die Dichtung und in die Romane, in die Geschichten und die Träume. Und jetzt, nachdem ich in den Träumen untergegangen bin, nachdem ich die Bücher verbrannt habe und nachdem sein Ring deinen Finger umschließt, da haben die Rosen ihre Wurzel verloren und Füße haben sie zertreten. Ich sage: Nichts ist geblieben."

2.3.2. Romane von Laila Aljohany

„Dāʾiman sa-yabqā al-ḥubb" 1995, nicht publiziert

„al Firdaus al-yabāb", Dāʾirat aṯ-ṯaqāfa wa-l-ʾaʿlām, aš-Šāriqa, VAR 1998, spätere Ausgabe im al-Kamel Verlag, Köln, 1999 (93 Seiten)

„Il canto perduto", Italienisch von Francesca Addabbo, Ilisso Edizioni, Nuoro 2007

„Ǧāhilīya", Dār al-ādāb, Beirut 2007 (181 Seiten)

2.4. Ahmed Abodehman (Aḥmad Abūdahmān) أحمد ابودهمان

Ahmed Abodehman, Jahrgang 1949, stammt aus dem auf 3000 m Seehöhe liegenden Dorf al-Ḫalaf im ʿAsīr, der an den Jemen grenzenden Gebirgsregion im Südwesten des saudischen Staates. Er gehört der ersten Generation seines Dorfes an, der ein Schulbesuch möglich gemacht wurde. Als erfolgreicher Schüler konnte er auch die Universität besuchen und erhielt mit Hilfe von Staatsstipendien die Möglichkeit, seine universitären Studien außerhalb Saudi-Arabiens fortzusetzen. Nach Aufenthalten in den Vereinigten Staaten, Großbritannien, Deutschland, Spanien und Frankreich übernahm Ahmed Abodehman die Leitung des Pariser Büros der saudi-arabischen Zeitung „Ar-Riyāḍ", eine Funktion, die er dreißig Jahre lang ausübte.[1]

Ahmed Abodehman ist der erste Autor aus Saudi-Arabien, der einen Roman in französischer Sprache geschrieben hat. Die Erstausgabe seines Werkes erschien im Jahr 2000 bei Gallimard in Paris unter dem Titel „La Ceinture". Ihr ließ Abodehman eine arabischsprachige Ausgabe folgen, die, wie er sagt, keine Übersetzung der französischen Version darstellt, sondern von ihm „récrit" (neu geschrieben) wurde. Sie trägt den Titel „al-Ḥizām" und wurde 2001 von Dār as-Sāqī in Beirut publiziert. Es folgten Übersetzungen ins Deutsche, Englische, Niederländische, Spanische und Polnische.

2.4.1. „al-Ḥizām" (Der Gürtel) الحزام

Roman oder Autobiographie?

Während die deutschsprachige und auch die englischsprachige Ausgabe das Buch als Roman bzw. *novel* bezeichnet, fehlt diese Charakterisierung in der arabischen Ausgabe von „al-Ḥizām". Ahmed Abodehman selbst versteht sein Buch als anthropologischen Text. In einem im Internetportal „Islam Daily" publizierten Artikel wird „al-Ḥizām" als „fictionalized autobiography" charakterisiert.[2] Alle diese Charakterisierungen treffen zweifellos zu, der Einfachheit halber bleibe ich jedoch in der Folge bei der Bezeichnung „Roman", zumal diese die oben angeführten Eigenschaften des Buches keineswegs ausschließt.

„Schreiben bedeutet für mich, die Welt zugleich zu teilen und neu zu erfinden. Erst in Paris konnte ich mein Heimatland und mein Dorf richtig sehen ..." schreibt Ahmed Abodehman im Prolog der deutschen Ausgabe.[3] Mir gegenüber

1 *Der Gürtel*, S. 9 und Umschlagsseite 4.
2 http://www.islamdaily.net/eu/contents.aspx?AID=656.
3 *Der Gürtel*, S. 9.

antwortete er auf die Frage nach der autobiographischen Authentizität seines Romanes: „J'ai réinventé mon Arabie" (Ich habe mein Arabien neu erfunden). In diesem Sinne geht das Buch weit über eine Autobiographie hinaus, so wie viele andere saudische Romane, in denen in der Ich-Form Lebensabschnitte von Romanfiguren beschrieben sind, deren Lebensumfeld und Schicksal sich zwar in weiten Bereichen mit jenen des Autors deckt, die aber dennoch keine reinen Autobiographien darstellen.

Die Buchausgaben von „al-Ḥizām" umfassen, je nach Sprache, rund 160 Seiten. Der Roman beginnt mit einem Prolog. In der arabischen Ausgabe folgt diesem Prolog, der inhaltlich zwar sinngemäß, aber nicht in allen Details mit dem der deutschen Ausgabe übereinstimmt, noch eine zusätzliche Begrüßung der arabischen Leser. Das Buch besteht weiters aus elf Kapiteln, denen ein Epilog folgt, in dem sich der Autor, so wie im Prolog, wieder direkt an die Leser wendet. Die Kapitel tragen folgende Titel: „Die Frau seiner Frau", „Der kleine Prophet", „Die andere Welt", „Meine Schwestern – mein Gedächtnis", „Eine Woche in der Stadt", „Der Regenbogen", „Das Gedächtnis des Wassers", „Die Stadt der Wolken", „Die Zeit der Dschinn", „Der Hammel und der Schreiber" und „Das Opfer".[4]

Die Welt seines Dorfes, die Ahmed Abodehman beschreibt, gibt es nicht mehr bzw. hat es wohl auch in dieser Form an einem einzigen Ort und zu einer genau definierten Zeit nie gegeben. Doch wie es das deutsche Wort „Dichter" so treffend ausdrückt, findet in einem literarischen Text eine „poetische Verdichtung" statt, bei der eine örtlich und zeitlich komprimierte Wirklichkeit geschaffen wird, deren Wahrheitsanspruch über dem konkret Erlebten steht. Die poetische Überhöhung schafft eine komplexe Dimension von Realität, die sich nicht auf einige Jahrzehnte eines Lebens beschränkt, sondern in die Erfahrung von Jahrtausenden eingebettet ist.

Ahmed Abodehman gehört dem Stamm der Qaḥṭān an, den er im Prolog als den edelsten Stamm der arabischen Halbinsel und den Ursprung alles Arabischen bezeichnet.[5] Der Ahnenreihe kam im Leben eines Buben aus dem Dorf des Autors eine besondere Bedeutung zu, musste er sie doch anlässlich seiner Beschneidung auswendig und fehlerlos vortragen können. Die Spuren dieser Tradition trägt der Autor an seinem Körper. „Also hat mich mein Stamm beschnitten, wie man es schon vor zweitausendfünfhundert Jahren getan hat. Mit anderen Worten, meine Kindheit und meine Jugend gehören einer gewissen Urgeschichte an. Ich bin gewissermaßen ein historisches Denkmal." [6]

---

4 Die Titel der Kapitel sind der deutschsprachigen Ausgabe entnommen. Sie decken sich wortwörtlich mit denen der arabischen Ausgabe.

5 Laut muslimischen Genealogen, Historikern und Geographen und arabischen Volkstraditionen ist Qaḥṭān der Urahn der Südaraber. Der Stammesname Qaḥṭān wurde bereits in vorislamischer Zeit verwendet, wie eine Inschrift aus dem 2. Jahrhundert a. D. beweist. EI^2, Band IV, S. 447-449.

6 *Der Gürtel*, S. 7-8.

Ahmed Abodehman verkörpert jene Generation der gesellschaftlichen Transformation, die noch als Kind in die alte Zeit hineingeboren wurde und die anschließend als erste Generation in die neue Zeit hineingewachsen ist. In „al-Ḥizām" lässt er jenes alte Leben seiner Vorfahren im Rückblick noch einmal aufleben, um endgültig damit abzuschließen.

Schauplatz und Hauptfiguren

Schauplatz des Romans ist ein Dorf, die Heimat des Autors, dessen Züge der Ich-Erzähler des Romans trägt. Dieses Dorf befindet sich auf 3000 m Höhe in ʿAsīr-Gebirge. „Meines Wissens sind wir der einzige Stamm auf der Welt, der vom Himmel herabgestiegen ist. Wir leben in einer Gebirgsgegend, und der Himmel ist ein Teil der Berge. Bei uns fällt der Regen nicht, er steigt." [7] Dorf und Stamm bilden das Arabien der Hauptfigur, in dem alle Buben Brüder sind und alle Mütter ihre Mütter. „Wenn ich mit meiner Mutter über die Nachbarin sprach, so sagte ich ‚meine Mutter Shafira', doch wenn ich mit irgend jemandem über meine eigene sprach, sagte ich nur ‚meine Mutter'. So verhielt es sich auch beim Vater, und so ist es auch heute noch." [8]

Zu Beginn des Romans ist die Hauptfigur ein Kind vor dem Beschneidungsalter. Die Handlung umfasst den Zeitraum seiner Schulzeit im Dorf sowie seiner Schuljahre in der nächsten Stadt bis zu seinem endgültigen Abschied aus dem Dorf, der notwendig ist, damit er durch ein Universitätsstudium in der Hauptstadt den Weg aus der Armut finden kann. Der Ich-Erzähler stellt sich als Dichter vor, als der Dorfpoet, der die Seele der Menschen ergründen kann, der alles sieht, der Geheimnisse nicht für sich behalten kann und dem die Menschen die intimsten Dinge ihres Lebens anvertrauen.[9] Die Mädchen des Nachbardorfes nennen ihn „den kleinen Propheten" .[10] Die zweite Hauptfigur, Ḥizām, ist einerseits eine reale Figur der Romanhandlung, andererseits steht diese Figur symbolisch für die Tradition, deren bester Kenner und unerbittlicher Hüter Ḥizām ist.

Das Messer des Mannes

Ḥizām kennt alle Regeln, an die sich ein Mann zu halten hat. Symbol dieser Tradition ist der Gürtel (al-ḥizām). „Ein Gürtel ist etwas, das alles offenbart. Der Schleier verhüllt, der Gürtel enthüllt. Er zeigt die Poesie der Frauen und den Stolz der Männer", erläutert der Autor im Epilog des Buches.[11] Symbol der Männlich-

---

7 *Der Gürtel,* S. 28.
8 *Der Gürtel,* S. 20.
9 *Der Gürtel,* S. 12-13.
10 *Der Gürtel,* S. 24.
11 *Der Gürtel,* S. 161.

keit ist das Messer (sikkīn).[12] Ḥizām: „Was ist ein Mann sonst, wenn nicht ein Messer? Seine Worte, Blicke, Handlungen und selbst sein Schlaf ähneln seinem Messer. Das Messer des Mannes ist sein Gewissen. .... Gott hat das Männliche nach dem Bilde des Messers geschaffen, das fähig ist, alles zu schneiden, zu jeder Zeit. Das Messer macht den Mann, nicht der Bart und nicht das Geschlecht." Darauf antwortet der Ich-Erzähler, an den Ḥizām diese Belehrung gerichtet hat: „Ich werde das Messer sein, das dir vorschwebt, Hizam."[13]

Ḥizām macht den jungen Dichter mit der Tradition des Stammes vertraut, er gibt dieses Wissen an ihn weiter, so wie es seit Anbeginn von Generation zu Generation weitergegeben wurde. Doch um seinen eigenen Weg zu finden, muss der Dichter das Dorf und somit auch Ḥizām verlassen. Durch das Buch, das er nach Jahrzehnten schreibt und das den Titel „al-Ḥizām" trägt, tritt der Dichter wieder mit Ḥizām, also mit seiner Tradition, in Verbindung, und somit schließt sich der Kreis. Diese Wiederkehr ist jedoch keine Rückkehr, kein Rückschritt, sie ist eine poetische Wiederkehr in Form eines Textes.

Traditionelle Lebensregeln

Ḥizāms Regeln sind streng. Er verlangt eine Lebensführung, die dem Mann verbietet, Gefühle und Schwäche zuzulassen. „Hizam zufolge waren Krankheiten nichts als Lügen oder ein Vorwand, um sich der Arbeit zu entziehen, die aber seiner Ansicht nach das einzig wahre Heilmittel gegen jede Art von Schwäche oder Müdigkeit war. Die einzige Krankheit, mit der er sich abfand, war der Tod. ‚Arbeite, wenn du krank bist, so heilt dich Gott', wurde er nicht müde, ständig um sich herum zu verbreiten. ... Niemand durfte sich beklagen oder das geringste Leiden, den geringsten Schmerz zur Schau tragen." [14] Auch an anderer Stelle wird deutlich gemacht, was die Gesellschaft von einem Mann erwartet. Nachdem der Erzähler zum ersten Mal seinem Vater beim Schlachten eines Hammels zur Hand gehen darf, weiß er, dass ihn sein Vater endlich als Mann betrachtet. „... von nun an durfte ich nie mehr weinen noch irgendjemanden fürchten."[15]

Nach seiner Beschneidung erhält der Erzähler von Ḥizām einen Gürtel und ein Messer. „Jetzt bist du ein Mann. An diesem heiligen Augenblick darfst du nie Verrat begehen. Die Frauen sind den Männern nur ein Klotz am Bein. Von jetzt an darfst du weder lieben noch singen, es sei denn (du liebst) deine Felder und (singst) für deine Felder."[16] Diese Ansicht Ḥizāms wird allerdings im Alltagsleben des Dorfes sichtlich nicht geteilt und schon gar nicht gelebt. Der Erzähler schildert beispielsweise die Beziehung seiner Eltern als sehr liebevoll.

---

12 *al-Ḥizām*, S. 16.
13 *Der Gürtel*, S. 12.
14 *Der Gürtel*, S. 30.
15 *Der Gürtel*, S. 31.
16 *Der Gürtel*, S. 91.

Die Angst des Traditionalisten Ḥizām vor fremden Frauen wird auch durchaus satirisch-drastisch geschildert. Als Ḥizām gemeinsam mit seinem Sohn in die Stadt fahren muss, um auf Anweisung des Schuldirektors einen Personalausweis für seinen Sohn zu beantragen, begegnet er im Krankenhaus erstmals Krankenschwestern, die bei den Untersuchungen der Jugendlichen zur Feststellung ihres Alters dabei sind. Diesen Frauen, die als Berufskleidung Hosen tragen, unterstellt Ḥizām, sie würden die Absicht haben, seinen Sohn zu vergewaltigen. Nach der Untersuchung entkleidet Ḥizām dann seinen Sohn zur Kontrolle und weint erleichtert, als er feststellt, dass die Krankenschwestern entgegen seinen Befürchtungen seinem Sohn keineswegs „den Pimmel gestohlen" haben.[17] Zu Ḥizāms Überzeugungen zählt auch, dass Männer ohne Bart missglückte Frauen und obendrein Lügner sind, da der Bart allen Stämmen seit jeher als ein Zeichen der Redlichkeit und Aufrichtigkeit galt.[18]

Ḥizām lebt in der Vergangenheit und geht stets barfuß, um sich niemals von der Erde zu lösen. „Er ertrug die Vorstellung nicht, dass man verliebt sein, sich über Schmerz oder über Müdigkeit beklagen mochte. Er duldete es nicht, wenn er uns unter einem Baum faulenzen, viel essen, zu spät aufstehen sah oder uns zu laut lachen hörte. Selbst ein einfacher Spaziergang schien ihm sträflich. Über alle Maßen verletzte ihn jedoch, wenn er einen jungen Mann am Steuer eines Wagens erblickte. Man vermied es tunlichst, ihm zu gestehen, man habe das Flugzeug genommen oder sei in ein Hotel oder ins Restaurant gegangen." [19]

Familie und Gemeinschaft

Das Gefühl der Zusammengehörigkeit im Stamm und im Dorf ist stark. Wie schon erwähnt, gelten im Dorf alle Knaben als Brüder und alle Mütter als deren Mütter.[20] So intensiv die Bindung an die leiblichen Eltern sein mag, die Bindung an die anderen Dorfbewohnerinnen und Dorfbewohner ist ebenfalls stark und schafft in der Gemeinschaft ein Klima der Geborgenheit, des gegenseitigen Vertrauens und der Verantwortung füreinander. So wird der Erzähler schon während seiner Kinderzeit Pate von acht Buben, die seinen Vornamen tragen und die unter seine Obhut gestellt sind.[21]

Eine einschneidende Neuerung kommt auf die Familie zu, als ein nicht aus dem Dorf stammender Religionswächter (*muṭawwaʿ*)[22] plötzlich den Familien un-

17 *Der Gürtel*, S. 62.
18 *Der Gürtel*, S. 54.
19 *Der Gürtel*, S. 54-55.
20 *Der Gürtel*, S. 20.
21 *Der Gürtel*, S. 53.
22 *al-Ḥizām*, S. 71 bzw. *Der Gürtel*, S. 67: Der *muṭawwaʿ* wird in der arabischen Ausgabe auch als *rağul dīn* (Mann der Religion) bezeichnet. Die Übersetzung in der deutschsprachigen Ausgabe mit Geistlicher bzw. Gottesmann ist nicht korrekt, die zutreffende Funktionsbezeichnung ist Religionswächter. Wörtlich übersetzt bedeutet *muṭawwaʿ* Freiwilliger. Wehr S. 791.

tersagt, gemeinsam zu schlafen. Buben ab dem zehnten Lebensjahr, so lautet die neue Regel, dürfen nun nicht mehr mit der Mutter das Zimmer teilen. „Nun schliefen wir jedoch allesamt im selben Zimmer, meine-Schwester-mein-Gedächtnis, meine Mutter und ich, sowie mein Vater unweit davon. In dreitausend Metern Höhe ist dies für uns die einzige Möglichkeit, die eisig kalten Nächte durchzustehen." Der Religionswächter lässt dieses Argument aber nicht gelten. Doch die Mutter fügt sich seiner Anordnung nicht, sondern wärmt ihren Sohn weiterhin, bis er einschläft, und geht erst dann ins andere Zimmer zu ihrer Tochter. Doch da sie spürt, dass beide Kinder ihre Nähe brauchen, zögern sie gemeinsam den Zeitpunkt des Schlafengehens hinaus, indem sie einen Großteil der Nacht am Feuer sitzen und singen, Liebesgeschichten erzählen und Gedichte aufsagen.[23]

Durch eine frühere Scheidung seiner Mutter und eine spätere Wiederverheiratung seines Vaters hat der Erzähler weitere Geschwister, erwähnt werden jedoch nur die insgesamt acht leiblichen Schwestern bzw. Halbschwestern, denen er heimlich poetische Namen gibt wie meine-Schwester-mein-Gedächtnis, die-Schwester-die-mich-liebt oder die-Schwester-die-ich-liebe.[24]

Poesie und Gesang

Poesie und Gesang spielen im Leben des Dorfes eine große Rolle. „Jede Tätigkeit im Dorf besaß ihren ureigenen Gesang. Keiner tat irgend etwas, ohne dabei zu singen. Wir sangen bei allem und um alles – als könnte ohne Gedichte nichts leben, wachsen oder gedeihen. Wir sangen, damit das Leben tanzte, was es häufig auch tat. Meine Mutter hat mir erzählt, unser Dorf sei in seinen Anfängen ein Lied gewesen ..." [25]

Seine Familie beschreibt der Erzähler wie folgt: „Wir waren zu viert im Haus: meine Mutter, die ich vergötterte, meine-Schwester-mein-Gedächtnis, mein Vater, den ich liebte, und ich, der Poet. Meine Mutter hat mir die Dichtkunst beigebracht, und mein Vater meiner Schwester die Musik: die ideale Familie."[26] Der Vater des Erzählers war in seiner Jugend ein „Prinz der Nacht", der lange Reisen zu Fuß zurückgelegt hatte, um an einem Tanzabend teilzunehmen. „Wie er musizierte und tanzte löste bei anderen eine Art Tollheit aus, die niemand mehr zu bändigen vermochte. Man nannte ihn raʿdan, der die Gewitter entfesselt oder heraufbeschwört."[27]

---

23 *Der Gürtel*, S. 67-68.
24 *Der Gürtel*, S. 53.
25 *Der Gürtel*, S. 48.
26 *Der Gürtel*, S. 14.
27 *Der Gürtel*, S. 25.

In den Ehen, die geschildert werden, sind die Frauen stark und durchsetzungsfähig. Sie wählen ihren Ehemann frei, und sofern ihnen dies nicht möglich ist, finden sie Mittel und Wege, erfolgreich Widerstand zu leisten. Eine der Halbschwestern des Erzählers muss zwar eine abgesprochene Ehe eingehen, sie verlässt allerdings noch am Hochzeitstag vor der Nacht das eheliche Dach. „Sie trotzte der Dunkelheit und überquerte die Berge, um schließlich bei meinem Onkel mütterlicherseits Zuflucht zu finden, der ihr bis zu ihrer Scheidung Schutz gewährte."[28] Sie heiratet später einen Mann ihrer Wahl und ist glücklich mit ihm. Als dieser sich einer anderen Frau zuwendet, verweigert sie ihm lautstark und für das ganze Dorf hörbar das eheliche Haus und gibt nicht nach, bis ihr Vater den reuigen Ehemann zu ihr bringt, und zwar mit den Worten: „Meine Tochter, ich bringe dir deine Frau zurück."[29]

Auch eine andere Halbschwester erweist sich als äußerst durchsetzungsfähig. Sie verliebt sich in einen bereits verheirateten Mann, und es gelingt ihr, ihren Vater (den ersten Mann der Mutter des Erzählers) dazu zu bewegen, diese Beziehung zu billigen. Sie droht damit, vor aller Augen zu diesem Mann zu gehen, wenn man ihr nicht erlaubt, ihn zu heiraten. Schließlich setzt sie sich durch, heiratet und lebt glücklich mit ihm, seiner ersten Ehefrau und ihren jeweils zehn Kindern.[30]

Das oben erwähnte Motiv, dass ein Mann die Frau seiner Frau sein kann, kommt auch an anderer Stelle vor. So wird etwa ein Mann, der seiner Frau den Schlüssel für die Vorratskammer überlässt, in der jeder Mann im Dorf nach altem Brauch Gästen und Besuchern vorbehaltene Lebensmittel aufbewahrt, zur Frau seiner Frau.[31] Doch auch der umgekehrte Fall kann eintreten. So geht eines Tages eine Frau durch die nur Männern vorbehaltene abendliche Versammlung auf dem Dorfplatz. Es handelt sich dabei um eine Witwe, welcher der männliche Dorftratsch unterstellt hatte, schwanger zu sein. „Um dem Gerede Einhalt zu gebieten, hatte sie den Zeitpunkt gewählt, zu dem sämtliche ‚Ungeheuer' (so nannten die Frauen die Männer bei solchen Gelegenheiten) versammelt waren, und war mit einer breiten, blutgetränkten Stoffbinde um den Leib zwischen ihnen durchgeschritten. Die Männer hatten begriffen, dass dies Blut von ihrem Monatsfluss stammte." So war diese Frau zum Mann geworden, zumal nach Ansicht jeder verheirateten Frau sich eine Witwe zum Mann wandeln muss, „um sich selbst wie auch die von ihrem verstorbenen Ehemann geerbten Güter verteidigen zu können." [32]

Der Umgang der Frauen mit den noch nicht beschnittenen Jungen ist liebevoll. Eine der Frauen aus dem Dorf „hatte oftmals den Wunsch geäußert, ich möge

---

28 *Der Gürtel*, S. 57.
29 *Der Gürtel*, S. 58.
30 *Der Gürtel*, S. 27.
31 *Der Gürtel*, S. 17.
32 *Der Gürtel*, S. 19.

doch ihr ganzes Leben lang klein bleiben, um mich weiterhin auf den Mund küssen zu können, doch leider kam ich allmählich ins Alter der Beschneidung." [33] An anderer Stelle wird von zwei jungen Mädchen berichtet, die er bei dieser Nachbarin trifft. „Diese beiden waren wirklich schön, sie nahmen mich vor der Frau, die mich ihr ganzes Leben lang küssen wollte, in ihre Arme!" [34]

Geschichten und Sagen

Die Erinnerungen des Dorfes bzw. des Stammes werden in zahlreichen mündlich überlieferten Geschichten und Sagen weitergegeben, so auch jene eines Mannes, dessen Frau gerade gestorben ist und der seine kleine, erst ein paar Tage alte Tochter bei sich hat, die er niemandem anvertrauen will, da er seiner Frau geschworen hat, niemand anderer als er werde sich um das Kind kümmern. Er lebt in der Moschee und drückt den Säugling so lange fest an seine Brust, bis es ihm gelingt, ihn zu nähren. „Das Dorf erkannte nun, dass es dem Vater gelungen war, seine Tochter an der eigenen Brust zu nähren. Seitdem weiß man: Liebe und Not vermögen einen Mann in eine Mutter zu verwandeln." [35]

Lebensweisheiten und Verhaltensregeln sowie historische Ereignisse werden so von Generation zu Generation weitergegeben. Eine der Dorfsagen berichtet vom Ahnvater des Dorfes und seiner Wette mit dem Gutsherren, der die schöne Tochter des Ahnvaters heiraten will, wobei ein Wettlauf zwischen dem Gutsherrn und der Tochter über den Brautpreis entscheiden soll.[36] Eine andere Sage erzählt, dass der wahre Dichter Milch voller Haare trinken müsse, die ihm einer aus dem Volk der *ǧinn*[37] mitten in der Nacht anbietet, damit er ein wahrer Poet werden kann.[38] Gemäß einer der überlieferten Dorfregeln darf man übrigens niemals nackt Liebe machen, da die Brust einer Frau imstande sei, sogar die Erde zu verbrennen.[39]

Die Beschneidung

Die Zeremonie der Beschneidung, die an Knaben im Alter von rund fünfzehn Jahren vorgenommen wird, ist Sache des Dorfes und des ganzen Stammes. Dabei müssen die Knaben mit lauter Stimme ein langes Gedicht rezitieren, in dem sie den väterlichen und mütterlichen Stammbaum preisen, und dabei zwei Dolche

---

33 *Der Gürtel*, S. 21.
34 *Der Gürtel*, S. 24.
35 *Der Gürtel*, S. 15-16.
36 *Der Gürtel*, S. 42.
37 Laut Koran sind die *ǧinn* aus rauchlosen Flammen geschaffen (Q 55, 14 u. a.). *Ǧinn* sind intelligent, von unseren Sinnen nicht wahrnehmbar, aber imstande in verschiedenen Formen zu erscheinen. Präislamische *ǧinn* waren die Wüstennymphen und Wüstensatyre. EI^2, Band II, S. 546-550.
38 *Der Gürtel*, S. 51.
39 *Der Gürtel*, S. 45.

über dem Kopf halten. Die Zeremonie findet in Anwesenheit des ganzen Dorfes und aller Onkel mütterlicherseits statt. Das Haar der Knaben ist mit Butter eingerieben, und sie tragen einen Kranz aus Bergblumen auf dem Kopf. Während der Beschneidung darf der Knabe den Beschneider nicht ansehen und muss fehlerlos sein Gedicht rezitieren. „Ein Hauch von Schwäche, ein falsch ausgesprochenes Wort hätten den gesellschaftlichen Tod des Jungen bedeutet, und kein Mädchen wäre je stolz gewesen, ihn zu heiraten.“ [40]

Welch bedeutende Rolle dieses Ritual im Leben eines Mannes hat, zeigt auch die Tatsache, dass Ahmed Abodehman als Titelfoto der Originalausgabe seines Buches ein Bild gewählt hat, das von einer traditionellen Beschneidungszeremonie stammen könnte. Es zeigt das Gesicht eines mit einem Blumenkranz gekrönten Knaben, das Ernst und Entschlossenheit ausdrückt.

Seine eigene Beschneidung schildert der Erzähler als einen Vorgang, der zwar nach alter Sitte erfolgte, aber ohne Feierlichkeit. Zu diesem Zeitpunkt gab es bereits eine Schule im Dorf, was bewirkte, dass ein Großteil der Sitten und Gebräuche nach und nach aufgegeben wurde. Die Väter, die Geheul und Ohnmachtsanfälle ihrer Söhne befürchteten, entschieden, dass die Zeremonie von nun an in aller Stille vollzogen werden solle. Nachdem der Beschneider des Erzählers seine mit heftigen Schmerzen verbundene Arbeit getan hatte und gegangen war, fand allerdings der anwesende Onkel väterlicherseits, dass „... ein paar kleine widerspenstige Hautfetzen übriggeblieben waren. Unter Mithilfe meiner beschnittenen Vetter hielt er mir nun die Beine auseinander und schickte sich an, eigenhändig abzuschneiden, was er die ‚Hautfetzen der Schande' nannte. Erst die Heimkehr meines Vaters rettete mich: Mit Tränen der Freude und des Stolzes in den Augen hat er dem Ganzen Einhalt geboten.“ Von der Mutter bereits vorbereitete Feigenblätter und Steinmehl dienten anschließend zur Wundversorgung.[41]

Die spezielle Form der Beschneidung, die in dieser Region praktiziert wurde, ist in der Literatur mehrfach beschrieben. Laut Guido Steinberg wurden bei der Beschneidung im ʿAsīr nicht nur die Vorhaut, sondern auch weitere Hautstücke bis kurz unter dem Bauchnabel öffentlich und vor den Augen der Frauen des Ortes entfernt. Diese Zeremonie wurde zwar von den saudisch-wahhabitischen Eroberern verboten, hielt sich aber dennoch bis weit in die Hälfte des 20. Jahrhunderts.[42] Aldeeb Abu-Sahlieh beschreibt diesen Beschneidungstyp wie folgt: „This type involves completely peeling the skin of the penis and sometimes the skin if the scrotum and pubis.“ Er zitiert den britischen Forscher Wilfred Thesiger, der als Grund für das Verbot durch Ibn Saud angibt, dass es sich bei dieser Beschneidungsform und -zeremonie um eine heidnische Sitte handle.[43]

---

40 *Der Gürtel*, S. 21-22.

41 *Der Gürtel*, S. 90-91.

42 Steinberg, S. 28.

43 Aldeeb Abu-Sahlieh: *Male & female circumcision*, S. 9.

Am Ausführlichsten setzte sich Joseph Henninger in einer 1938 publizierten Literaturstudie mit diesem Phänomen auseinander, die 1989, durch Kommentare und Anhänge ergänzt, erneut publiziert wurde.[44] Henninger führt zahlreiche Berichte an, die er mit größter wissenschaftlicher Vorsicht und Skepsis wiedergibt und kommentiert. Unter anderem bezieht er sich auf Berichte des deutschen Forschungsreisenden Carsten Niebuhr aus dem 18. Jahrhundert und des Briten Richard F. Burton, des Österreichers Eduard Glaser aus dem 19. Jahrhundert sowie von Jack (St. John) Philby aus dem frühen 20. Jahrhundert. In einem Nachtrag findet sich auch ein Schreiben des österreichischen Kultur- und Sozialanthropologen Prof. Walter Dostal, dessen Forschungen aus den Jahren 1979 bis 1982 Existenz und Art der „ʿasīrischen Beschneidungsform" bestätigt haben. Neben Ahmed Abodehman in „al-Ḥizām" beschreibt auch Abdo Khal in „Mudun taʾkul al-ʿušb" für ein Dorf nahe der im Südwesten Saudi-Arabiens gelegenen Stadt Ǧīzān dieses bzw. ein ähnliches Beschneidungsritual.

Die Schule gibt dem Dichter Sprache und Individualität

Das Dorf hatte die Kinder vieles gelehrt, so etwa, dass der Mensch die Eigenschaften einer Katze und eines Esels braucht. So müsse er wie die Katze sein Mahl stets aufessen, seine Feinde kennen und seine Exkremente verscharren, und wie der Esel langsam und genug trinken, seine Bürde tragen und seinen Weg kennen.[45] Doch nun verfügt die Regierung, dass die Buben zur Schule gehen müssen.

„Die andere Welt" nennt Abodehman jenes Kapitel, das mit der Eröffnung der Schule im Dorf beginnt. Es fängt an mit den Worten: „Die Eröffnung der Schule hat sämtliche Grundsätze des Dorfes tiefgreifend erschüttert." [46] Mit der Schule kommt das Verbot, Messer zu tragen, sowie die Anweisungen, Fingernägel zu schneiden, sich oft zu waschen und Schuhe zu tragen.

Für den jungen Dorfpoeten bedeutet die Schule aber vor allem, seine eigene Realität finden zu können. „Während das Dorf aus mir einen Mann machen wollte, in dem ich mich nicht wiederfand, entsprach das Schulleben mehr meiner inneren Wahrheit. Dort fand ich mich voll und ganz – und so wurde ich der Beste. In der Schule entdeckte ich das, was das Dorf und der Stamm versucht hatten auszulöschen: meine Realität. ... Dort waren wir ganz einfach nur Jungen. Tapferkeit hatte eine ganz andere Bedeutung, wie auch Autorität, Schwäche, Wärme, Intelligenz. Dort war uns das Tragen eines Messers vollkommen untersagt. Kurzum, es war eine andere Welt als die Hizams, eine Welt, in der wir lachen, weinen, reden, spielen, ja, ganz einfach Kinder sein durften und nicht nur Messer." [47]

---

44 Henniger, Arabica Varia: *Eine eigenartige Beschneidungsform in Südwestarabien*, S. 393-432.
45 *Der Gürtel*, S. 40-41.
46 *Der Gürtel*, S. 35.
47 *Der Gürtel*, S. 35-36.

„Die Schule hat mir also eine Seele und eine Sprache gegeben."[48] Der Erzähler begegnet nun Wörtern, die er noch nie zuvor gehört hatte und die ihn auf geistige Reisen einladen. „Welt" wird eines seiner Lieblingswörter. Die Kinder lernen, „dass der Prophet die Muslime angespornt hatte, sich von Geburt an bis zum Tode Wissen anzueignen, selbst wenn man dafür bis nach China wandern müsse."[49] Die Wörter, welche die Kinder in der Schule lernen, sind ihnen allerdings fremd, denn das klassische Arabisch ist eine Sprache, die kein Dorfbewohner jemals benutzte. „So erwarb ich mir ein Vokabular, dessen Sinn ich nicht kannte und das mir im Dorf von keinerlei Nutzen war, doch es begeisterte meinen Aufsatzlehrer derart, dass er meinen Vater anregte, mir Zeitungen zu besorgen, damit ich mich in etwas üben könne, das er ‚freies Lesen' nannte." [50]

Die Stadt und ihre Bedrohungen

Nachdem bereits einige Dorfbewohner in der Stadt zu Wohlstand gekommen waren, ist es an der Zeit, dass auch die Jungen in die Stadt gehen, um ihre Schulausbildung fortzusetzen. Ḥizām schenkt seinem Sohn und dem Dichter, die gemeinsam aufbrechen, Unterhosen und sagt. „Schützt eure Pimmel und euer Geld, es geht um eure Ehre und um die unsrige."[51] Da ihr Geld nicht ausreicht, geraten die jugendlichen Schüler bald in massive finanzielle Probleme, wodurch sie sich genötigt sehen, Hilfe bei einem reichen Verwandten zu suchen. Doch in der Stadt erleben sie nicht mehr die gegenseitige Hilfsbereitschaft, die sie aus dem Dorf gewöhnt sind. Sie lernen menschliche Bösartigkeit, Ängste und Verzweiflung kennen. Der Anspruch, die Erwartungen der Eltern und des Dorfes nicht zu enttäuschen, lastet auf ihnen. Dazu kommt, dass der Vater des Erzählers krank ist und wegen eines Leistenbruches operiert werden muss. „Diese Zeit war die traurigste in meinem Leben."[52]

Die unbeschwerte Kindheit ist vorbei. Glücklicherweise findet sich dann doch noch ein wohltätiger Händler, der den verzweifelten Schülern Lebensmittel auf Kredit überlässt, von denen sie leben können, bis sie am Jahresende ihre Stipendien erhalten. „Am Ende des Abends schenkte uns der Händler schließlich noch einen Wecker, aber nur mein Freund lernte, sich seiner zu bedienen. Wir besaßen nämlich weder Armbanduhren noch Radios, noch Strom, Gas, Zahnbürsten, Bücher, außer denen aus der Schule, noch Zeitschriften und Zeitungen, doch wir konnten singen." [53]

Auch das Phänomen der Prostitution begegnet den Schülern, und zwar in Form von Frauen, die einen Freund des Erzählers als Schreiber engagieren. Der

[48] *Der Gürtel*, S. 36.
[49] *Der Gürtel*, S. 59.
[50] *Der Gürtel*, S. 59.
[51] *Der Gürtel*, S. 95.
[52] *Der Gürtel*, S. 104.
[53] *Der Gürtel*, S. 107.

junge Mann wird rasch zum Schreiber des ganzen Viertels, viele Damen begehren seine Dienste. Ab nun benötigen der Schreiber und seine Freunde kein Geld mehr für Wohnen und Essen zu beschaffen, denn dieser teilt alles, was er für seine Dienste erhält, mit ihnen. Der Schreiber wird von Viertel zu Viertel weiterempfohlen, seine Schulleistungen leiden allerdings erheblich unter dieser lukrativen Nebenbeschäftigung. Als die Jungen schließlich erkennen, um welche Art von Leistung es sich handelt und welcher Stift von den Damen tatsächlich benötigt wird, beschließen sie, dass sie lieber Not leiden, anstatt den Freund weiterhin als „Schreiber" für sie arbeiten zu lassen.[54]

Abschied vom Dorf

Als der Erzähler zum Opferfest ins Dorf zurückkehrt, sieht er seinen Vater, dessen Leistenbruchoperation nicht gut verlaufen ist, erstmals schwach. „Ich, der ich geglaubt habe, der Leib meines Vaters sei aus Fels gehauen, ich entdeckte nun, dass er aus Fleisch und Knochen geschaffen, ein gewöhnlicher, erschöpfter Körper war, ein Körper aus Sonne, Kälte, Erde und Regen." [55]

Beim Familientreffen anlässlich dieses Festes wird die Armut und Not offenkundig. Der Stier, mit dem der Vater die Felder bebaut hatte, war gestorben, und die Felder, für die der Vater alles geopfert hatte, sind ein Bild des Jammers.[56] Auch seine Mutter sieht der Erzähler nun mit anderen Augen: „Ich glaubte stets, meine Mutter sei ein ewiges Gedicht, ein Gedicht, das sich ohne Unterlass erneuert. In jener Nacht musste ich erkennen, dass meine Mutter nur ein Mensch war. ... ‚Meine Mutter hat nur noch ein gewöhnliches Leben vor sich', dachte ich mir, ‚ein Leben mit Krankheiten, Müdigkeit, kleinen Sorgen, dem Altern, ein alltägliches Leben.' Meine Mutter sang nicht mehr, mein Vater war nicht da und krank. Meine Schwester schlief oder tat so. Mir wurde plötzlich bewusst, dass wir in einem kranken Haus lebten. Ein Haus ohne Musik, ohne Gedichte, ist ein unheimliches Haus." [57] Der Vater sieht die Zukunft des Sohnes in den Büchern. „Ich werde alles tun, damit du deine Studien zu Ende führen kannst, auch wenn ich dafür jene Felder eins nach dem anderen verkaufen muss ... ich bin bereit, alles zu opfern." [58]

Mit der „märchenhaften" Hochzeit der Schwester endet die Erzählung. Für den früheren Dorfpoeten, der nun die Schule beendet hat und seine Studien in der weit entfernten Hauptstadt fortführen wird, bedeutet dieses Freudenfest aber gleichzeitig auch den Abschied vom Dorf und von seiner Liebe zu einem der Dorfmädchen, das er „mein Regenbogen" nannte. Das Mädchen schickt ihm durch seine Mutter einen kleinen Stoffbeutel. „Mir hätte es genügt, an diesem

54 *Der Gürtel*, S. 128.
55 *Der Gürtel*, S. 129.
56 *Der Gürtel*, S. 131.
57 *Der Gürtel*, S. 117.
58 *Der Gürtel*, S. 132.

Beutel zu riechen, ihn mein Leben lang an meinen Gürtel zu binden, ohne auch nur zu wissen, was er enthielt, doch meine Mutter bestand darauf. Eine Haarsträhne fiel heraus .... ‚Das gehört nun dir, alles übrige gehört dir nicht mehr. Sie ist verlobt', sagte meine Mutter zu mir." [59] Es kommt schließlich zu einer letzten Begegnung mit Ḥizām. „Die Sonne ging unter. Mein Vater rief weinend zum Gebet. Das Dorf war verschwunden, und ich hatte niemanden mehr als meinen Hizam, der mich nun zu dem großen Fels führte, den wir ‚das Gedächtnis' nannten. Dort begruben die Frauen und die Dichter ihr Leid." [60]

Der Epilog führt wieder in die Gegenwart zurück und stellt die Verbindung des Dichters und seines Buches zur in Ḥizām verkörperten Tradition her. Ḥizām bemerkt, dass der Dichter nun Worte auch von links nach rechts lesen kann. „In Hizams Augen hatte ich das außergewöhnliche Glück, die Welt von beiden Enden aus betrachten zu können." [61] Ḥizāms Leben geht zu Ende, und er hinterlässt dem Dichter seinen Gürtel und seinen Dolch.[62]

2.4.2. Romane von Ahmed Abodehman

„La Ceinture", Editions Gallimard, Paris 2000

„al-Ḥizām", Dār as-Sāqī, Beirut 2001, arabische Fassung vom Autor selbst (160 Seiten)

„Der Gürtel", Deutsch von Stefan Linster, Distel Literaturverlag, Heilbronn 2002 „The Belt", Englisch von Nadia Benabid, Saqi, London 2002

„Riem", Niederländisch von Kiki Coumans, de Geus, Breda 2002

„El Cinturón", Spanisch bei Losada, Argentinien 2003

„Hizam znaczy pas", Polnisch bei Dialog 2006[63]

---

59 *Der Gürtel*, S. 157.

60 *Der Gürtel*, S. 157.

61 *Der Gürtel*, S. 159.

62 *Der Gürtel*, S. 161.

63 Die Informationen über die spanische und polnische Ausgabe konnten nicht überprüft werden.

2.5. Raja Alem (Raǧā' ʿĀlim) رجاء عالم

1987 schrieb Raja Alem ihren ersten Roman „Arbaʿa/Ṣifr“ (Vier/Null), 2011 erhielt sie für ihren zehnten Roman „Ṭauq al-ḥamām“ den renommierten Arabischen Bookerpreis. Dazwischen liegt der Werdegang einer der vielseitigsten und thematisch wie künstlerisch interessantesten saudischen Schriftstellerinnen, deren Werk Romane, Kurzgeschichten, Essays und Theaterstücke umfasst. Immer wieder arbeitet Raja Alem auch im Bereich der bildenden Kunst mit ihrer Schwester Shadia zusammen, und dies auf höchstem künstlerischen Niveau, dessen Qualität auch internationale Anerkennung findet. So wurden beispielsweise 2009 auf der 53. Biennale in Venedig Installationen gezeigt, die Raja Alem gemeinsam mit ihrer Schwester Shadia geschaffen hatte. 2011 haben Raja und Shadia Alem Saudi-Arabien bei seiner ersten Teilnahme an der Biennale von Venedig mit ihrer Installation „The Black Arch“ repräsentiert. Der Ankündigungstext auf der offiziellen Website der Biennale stellt eine gute Einführung in die künstlerische Welt von Raja Alem dar:

> „The work of Shadia and Raja Alem can be read as a double narrative. Raja the writer, and Shadia the visual artist, have a unique and non-traditional artist's background. While having had a classical and literary education the sisters acquired knowledge through their encounters with pilgrims visiting Mecca. Their family has welcomed pilgrims into their home during the Hadj for generations. Since the mid 1980s, the sisters have travelled the world for exhibitions, lectures, and for the general exploration and appreciation of art and literature, and in some way seeking the origins of cultures and civilizations that sparked their imagination through the stories of the visitors to Mecca throughout their childhood.
> The Black Arch has been created through a profound collaboration between Shadia and Raja Alem. It is very much about a meeting point of the two artists; of two visions of the world; from darkness to light, and of two cities - Mecca and Venice. The work is a stage, set to project the artists' collective memory of Black - the monumental absence of colour - and physical representation of Black, referring to their past. The narrative is fueled by the inspirational tales told by their aunts and grandmothers, and are anchored in Mecca, where the sisters grew up in the 1970s. The experience with the physical presence of Black is striking for the artists as Raja explains, 'I grew up aware of the physical presence of Black all around, the black silhouettes of Saudi women, the black cloth of the Al ka'ba and the black stone which supposedly is said to have enhanced our knowledge.' As a counter point, the second part of the installation is a mirror image, reflecting the present. These are the aesthetic parameters of the work.
> The Black Arch is also about a journey, about transition; inspired by Marco Polo and fellow thirteenth-century traveler Ibn Battuta - both examples of how cultures were bridged together through travel. Shadia explains how she felt a desire to follow Marco Polo's example and 'to bring my city of Mecca to Venice, through objects brought from there: a Black Arch; a cubic city, and a handful of Muzdalifah pebbles.' The artists focus on the similarities between the two cosmopolitan cities and their inspirational powers."[1]

---

1 http://www.labiennale.org/en/art/exhibition/first-time/saudi-arabia.html?back=true.

Raja Alem wurde um 1959[2] in Mekka geboren, wo sie in einer traditionellen Großfamilie aufwuchs, und hat in Ǧidda englische Literatur studiert. Eingangs wurden bereits ihre vielfältigen literarischen und künstlerischen Aktivitäten erwähnt, ich werde mich jedoch, wie bei den anderen Autoren auch, auf ihr umfangreiches Romanwerk konzentrieren.

Raja Alems erster Roman „Arbaʿa/Ṣifr" (Vier/Null), 1987 erschienen, wird in einer Einführung in die Welt von Raja Alem von Saʿīd as-Suraiḥī, einem der besten Kenner ihrer Werke, ausführlich gewürdigt.[3] Das Buch erschien, wie er schreibt, in einer Zeit, in der Fundamentalisten heftige Attacken gegen die Moderne und somit auch gegen den Literaturclub Ǧidda führten, der das Buch zwar publiziert hatte, aber mit dem Vertrieb zögerte. Kritiker, so heißt es in dem Artikel weiter, hielten sich damals ebenfalls zurück und warteten ab, bis sich der Proteststurm legt. Vom hispano-arabischen Kulturinstitut in Madrid erhielt Raja Alem inzwischen einen Preis für „Arbaʿa/Ṣifr". Weitere internationale Literaturpreise für andere Werke folgten.

Das Brisante an dem Roman „Arbaʿa/Ṣifr" ist das Thema der Gottsuche eines Kindes, das sich in seiner Existenzangst an einen verborgenen, fernen Herrn wendet und diesem verzweifelte Briefe schreibt, aber nie Antwort erhält. Der Roman behandelt die Krise des Geschöpfes, das in einander widersprechende Personen zerrissen und auf der Suche nach Einheit ist, und es geht um die Beziehung des Menschen zu der verborgenen Kraft in ihm selbst. „Der Roman zeichnet die Grenzen der Horizonte, innerhalb derer sich das Werk von Raja Alem bewegt.", so Saʿīd as-Suraiḥī.

Ihre Heimatstadt Mekka und die Geschichte ihrer Familie spielen eine zentrale Rolle in den Romanen von Raja Alem. Das reiche spirituelle Erbe der Menschen des Ḥiǧāz wird in Raja Alems Romanen mit einer Intensität lebendig, die verstehen lässt, welche enorme geistige Kraft von dieser Region und ihren Menschen in der Zeit, in der Raja Alem aufgewachsen ist, ausgegangen ist.

Zu ihrem zweiten Roman „Ṭarīq al-ḥarīr" (Erstauflage 1995) heißt es im Lexikon von Khalid al-Maaly und Mona Naggar: „Schon hier entfaltet sich ihr unnachahmlicher komplexer Stil, der eine wahre Herausforderung für die Leserin und den Leser darstellt. Sie schöpft aus der mündlichen Tradition des Ḥiǧāz, aus Mythen, Märchen und arabisch-islamischen Klassikern und webt aus verschiedenen Erzählsträngen eine Welt der Zauberei. Ihre Romane sind voller Erotik, die sich hinter ihrer ausgefeilten Sprache verbirgt."[4] Eine ausführliche Darstellung von „Ṭarīq al-ḥarīr" (Seidenstraße) findet sich in der Anthologie „Beyond the Dunes":

---

2 Die Angaben ihres Geburtsjahres in den Quellen sind sehr unterschiedlich und liegen zwischen 1956 und 1963. Zuverlässigen mündlichen Quellen zufolge dürfte 1959 das richtige Geburtsjahr sein.

3 *ʿUkāẓ*, Ausgabe vom 16. März 2011, Seite 28.

4 Maaly/Naggar S. 28-29.

„Alem describes her novel 'The Silk Road' as a journey, although we do not know, whether this journey is factual or fictional, by land or by sea. It can be inferred from the beginning of the novel that the journey is coming from the Sahara in the west, and is heading towards the Arabian Peninsula via Egypt or Sinai. Later, we discover that most of the events of the journey are written through remembering or internal 'monologue' in Mecca. The novel describes the family of the narrator, and in particular her grandfather, Ahmad al-Bukhari, who came from the East via the famous Silk Road. It also describes many forgotten Meccan customs and traditions, such as 'Quais' (a folklorish song used to be performed by women in Mecca, during the three days of Hajj, mocking any man they can see loitering the streets instead of being outside the City doing the Hajj rituals), wedding parties and old folksongs. Moreover this is a journey in time and into the unknown, in which the reader encounters numerous historical and mythical characters, such as Ibn Khaldoun and Mansour the Chess Lover. In this world, humans mingle with jinn, speech is weird and amazing, the letters of the alphabet are counted numerically and superstition reigns.
In the novel, the journey starts in 1372, around the eighth century of the Hijra and during the days of Ibn Khaldoun. The novel stretches into modern times. It might be more appropriate, therefore, to say that it is a journey which conjures up old spirits and mixes up times, ideas and characters. The 'Silk Road' is full of memories and personal recollections, but it is a marvellously exciting novel in structure, language and style of writing. It is also laden with traditional texts and verses from the Holy Qur'an, alongside the historical and mythical characters mentioned previously. The chessboard, on which Mansour and Ibn Khaldoun are playing, controls the events of the journey. It can also summon numerous historical characters. The board can be likened to mandal-type fortune telling that was known to Meccans in old times for its ability to unravel mysteries."[5]

Eine wissenschaftliche Auseinandersetzung mit dem Werk von Raja Alem nahm Muᶜǧib al-ᶜAdwānī vor. Sein 2009 im Verlag al-Intišār al-ᶜarabī erschienenes und vom Literaturclub Ḥāʾil herausgegebenes Buch trägt den Titel „al-Kitāba wa al-maḥw. at-tanāṣṣīya fī ʾaᶜmāl Raǧāʾ ᶜĀlim ar-riwāʾīya" (Das Schreiben und das Auslöschen. Intertexualität in den Romanen von Raja Alem.) In zwei der drei Abschnitte des Buches befasst sich al-ᶜAdwānī mit dem Roman „Ṭarīq al-ḥarīr", im dritten Abschnitt setzt er sich mit den Romanen „Masrā yā Raqīb", „Sīdī Waḥdānah" und „Mauqid aṭ-ṭair" auseinander.

In dem Artikel von Saᶜīd as-Suraiḥī ist von einem weiterem, in keiner anderen Quelle erwähnten Roman von Raja Alem mit dem Titel „Ġair wa-ġair" die Rede, den sie unter dem Pseudonym Hāǧir al-Makkī schrieb.[6]

„Masrā yā Raqīb"[7] (Eine Nachreise, oh Beschützer), 1997 in Beirut im al-Markaz aṯ-ṯaqāfī al-ᶜarabī erschienen, verfasste Raja gemeinsam mit ihrer Schwester Shadia Alem. Es ist die Geschichte der nächtlichen Reise einer Prinzessin, einer Reise in

---

5 *Beyond the Dunes*, S. 33.

6 *ᶜUkāẓ*, Ausgabe vom 16. März 2011, Seite 28.

7 *ar-raqīb* ist einer der *al-ʾasmā al-ḥusnā*, der schönsten Namen Gottes. *ar-raqīb* ist der 44. Name und bedeutet Wächter, Bewacher; siehe auch Q 4,1 (... Gott ist Wächter über euch) und 5,117 (... als Du mich abberufen hast, warst Du der Wächter über sie); Khoury *Der Koran* und EI^2, Band I, S. 714-719.

die Seele. Die Anrede „ya Raqīb“ wird, wie mir erläutert wurde, von den Sufis verwendet, wenn sie nachts reisen.

„Sīdī Waḥdānah” (1998) wurde von Raja Alem gemeinsam mit dem New Yorker Autor Tom McDonough auf Englisch neu geschrieben. Zwar ist der Roman in den USA 2007 unter dem reichlich klischeehaften Titel „My Thousand and One Nights – A Novel of Mecca“ erschienen, zweifellos ein Zugeständnis an den amerikanischen Verlag, dennoch bietet diese englischsprachige Ausgabe einem internationalen Leserkreis, der nicht des Arabischen mächtig ist, die einzigartige Chance, jenes historische Mekka kennenzulernen, das die Dichterin in ihrer Kindheit noch erleben konnte, bevor auch diese Stadt des historisch Gewachsenen beraubt und gnadenlos in die Beliebigkeit kapitalistischer Monumentalarchitektur katapultiert wurde. Raja Alem bezeichnete in einem ihrer Mails an mich den Roman „Sīdī Waḥdānah“ als eine Biographie ihrer Familie. Hauptfiguren dieses Romans sind die Frauen einer angesehenen mekkanischen Familie, allen voran Ǧammū (englisch: Jummo) deren Welt voller Magie und Phantasie ist, voller Amulette, Talismane, Düfte und Begegnungen mit Sīdī Waḥdānah, einem mythischen Derwisch, der bei Geburten und Todesfällen erscheint. Die dargestellten Frauen sind starke und lebensbejahende Persönlichkeiten, voller Lebensfreude, Kraft und Phantasie. Sie bilden eine einander in Zuneigung verbundene Gemeinschaft (ganz im Gegensatz zu der Großfamilie aus dem Naǧd im Roman „al-Baḥrīyat“[8] von Omaima al-Khamis). Eine formale Änderung wurde für die amerikanische Leserschaft vorgenommen, indem 79 nummerierte Zwischentitel eingefügt wurden, die in der arabischen Ausgabe nicht existieren. Hier einige Beispiele: „The Dervish“, „The Donkey Sheik's Son“, „The Girl Next Door“, „Big Ruby's Big Party“, „Eyes, Buttermilk, and Bad Hair“, „Wartime Economies“, „The Factory in the Hidden Well“, „Jummo's Alphabet Game”, „Mayjan's Pilgrimage”, „Hungry Graves”, „The Genii Cat”, „Caravan to the Unknown”, „A Dark Side of Sidi”, „Jummo Learns the Secret of Immortality”, „Murder, Funeral, Marriage, Divorce”, „Jummo Dies Again”.

„Ḥubba“ (2000) spielt, wie Saʿīd as-Suraiḥī schreibt, in einer Welt, in der sich die obere und untere Welt vermengen und der *ǧinn* dem Menschen begegnet. Die Ḥubba (ein Synonym für die Kaʿba in Mekka) bildet die Grenze zwischen Oben und Unten, zwischen Sichtbarem und Verborgenem. Neben der bekannten Geschichte (im Sinne von Historie) gibt es auch eine unbekannte Geschichte, zu der die Menschen durch Intuition und Glauben Zugang haben.[9]

Mit „Ḫātim“ (2001) hat Raja Alem eine Romanfigur geschaffen, die zwischen den Geschlechtern und sozialen Welten pendelt und die in der Kunst des Musizierens auf der Laute (*ʿūd*) eine Einheit zwischen ihrem Körper, dem Instrument, der Musik und dem Universum herstellt. Eine ausführliche Darstellung des Romanes,

---

8 siehe Punkt 2.12.1. dieser Arbeit.

9 *ʿUkāẓ*, Ausgabe vom 16. März 2011, Seite 28.

der unter dem Titel „Játim“ auch in spanischer Sprache erschienen ist, findet sich in diesem Kapitel.

In „Fatma“ (Syracuse University Press, New York 2002) steht eine hochinteressante und faszinierende Frauenfigur im Mittelpunkt, die sich angesichts einer äußeren Welt der Sprach- und Kontaktlosigkeit und Isolation eine unendlich reiche innere Welt schafft, inspiriert von den Überlieferungen ihrer Großmutter. Auf Basis ihrer eigenen schöpferischen Phantasie entwickelt sie eine spirituelle Sensibilität, die es ihr ermöglicht, mit der Natur zu kommunizieren. Dieser Roman wurde von Raja Alem in englischer Sprache geschrieben, in Zusammenarbeit mit Tom McDonough, mit dem sie einige Jahre später dann die englischsprachige Ausgabe von „Sīdī Waḥdānah“ erarbeitet hat. Eine arabischsprachige Ausgabe von „Fatma“ existiert nicht. Eine ausführliche Darstellung von „Fatma“ folgt ebenfalls in diesem Kapitel.

„Mauqid aṭ-ṭair“ (2002) bezieht seine Symbolwelt aus alten Werken des kulturellen arabisch-islamischen Erbes. Der Titel spielt auf den sagenhaften indischen Vogel Samandal an, der dem Phönix entspricht und der im „Kitāb al-ḥayawān“ von al-Ǧāḥiẓ sowie in der Chronik „Badāʾiʿ az-zuhūr fī waqāʾiʿ ad-duhūr“ von Ibn ʾIyās beschrieben wird. Er nistet in einem feuerspeienden Berg, aber das Feuer verbrennt ihn nicht.[10]

„Sitr“ (2005) spielt in der realen Welt der Gegenwart. Die Zeitschrift für arabische Literatur „LISAN“, in deren Ausgabe 8/2009 die deutsche Übersetzung eines kurzen Ausschnittes aus dem Roman erschienen ist, schreibt über „Sitr“:

> „Langsam, Schritt für Schritt, nähert sich der Leser des Romans ‚Sitr‘ (Schleier) den Gedankengängen und Vorstellungen der jungen Protagonistin, deren Leben durch veraltete Traditionen belastet wird. Wegen ihrer Unzulänglichkeiten wird sie von ihrem Umfeld mit all seinen Paradoxien verfolgt und verurteilt, ohne dass jenes seine eigenen Unzulänglichkeiten bemerkt, da es sie für gottgegeben hält. ‚Du bildest dir ein, du wärst unsichtbar! Wach auf, dein Kopf ist in den Wolken, aber es ist offensichtlich, dass du ihn in den Sand steckst! Sie haben dich trotz deines Gesichtsschleiers erkannt. Dein Körper spricht eine Sprache, die jeder versteht, der nur einen Blick auf dich wirft, wie eine Puppe aus Porzellan. Du kannst dich nicht verstecken. Du bist eine wandelnde Schande!!!‘
> In Raja Alems Schreibstil erkennt man ihre Leidenschaft für die Schriftstellerei. Sie schleicht sich beim Leser ein, der sich vom Zauber ihrer Sprache verführen lässt, bis er ein Gefangener der Welten wird, denen er hinterher läuft, ihnen aber niemals begegnen kann, weil sie mit einem feinen Schleier der Sprache bedeckt bleiben, der jede Berührung verhindert. Der Roman ‚Sitr‘ beschreibt, wie bei vielen saudischen Erzählwerken, Bilder, die auf gesellschaftliche Veränderungen Saudi-Arabiens hinweisen. Die saudische Gesellschaft erlebt – in ihrem inneren Kampf und ihrer extremen Gespaltenheit zwischen Vergangenheit und Tradition einerseits und dem modernen Leben andererseits – das Leben im Rhythmus einer kleinen Welt für sich, einer Welt, in der alles miteinander verwoben ist.“[11]

---

[10] al-ʿAdwānī, S. 187-193.

[11] *Lisan,* Zeitschrift für arabische Literatur, No. 8/2009, S. 101.

Während ich im Sommer 2010 an diesem Kapitel arbeitete, erreichte mich ein Mail von Raja Alem, in dem sie mir schrieb, dass sie soeben ein neues Buch herausgebracht habe, in dem es um das Mekka von heute geht und das den Titel „Ṭauq al-ḥamām" (Der Halsring der Tauben) trägt.[12] Das Buch ist, wie sie schrieb, „...like a salute to my city Mecca, which I believe is disappearing". Als dieser Roman die Shortlist für den Arabischen Bookerpreis 2011 erreichte, hieß es dazu auf der offiziellen Website des Booker Price: „The sordid underbelly of the holy city of Mecca ist revealed in this astonishing story. The world painted by heroine Aisha embraces everything from prostitution and religious extremism to the exploitation of foreign workers under a mafia of building constructors, who are destroying the historic areas of the city. This bleak scene is contrasted with the beauty of Aisha's love letters to her German boyfriend."[13] In einem Interview mit „Arab News", erschienen am 16. Dezember 2010, bezeichnete Raja Alem das Buch als ihre Eulogie auf das alte Mekka, als einen Liebesbrief an ihre Geburtsstadt.[14]

Schließlich kam der 14. März 2011, an dem Raja Alem für „Ṭauq al-ḥamām" den renommierten Bookerpreis erhielt, ex aequo mit „al-Qaus wa-l-farāša" (Der Bogen und der Schmetterling) des marokkanischen Autors und ehemaligen Kulturministers Muḥammad al-ʾAšʿarī. In einem Interview anlässlich der Preisverleihung sagte Raja Alem, dass sie bereits an einem weiteren Roman über die Generation ihrer Tanten schreibe, der kurz vor der Fertigstellung sei.

2.5.1. „Ḫātim" خاتم

Der Roman, der 2001 erschienen ist, trägt den Namen der Hauptfigur im Titel. 2007 kam er in spanischer Sprache als „Játim" heraus. In der Anthologie „Beyond the Dunes" ist der Titel fälschlicherweise mit „A Ring" übersetzt.[15] Die Wortwurzel ḫ-t-m hat u. a. die Bedeutung versiegeln, verschließen oder beendigen,[16] und so wie der Prophet Muḥammad als das Siegel der Propheten (*ḫātam al-ʾanbiyāʾ*) bezeichnet wird, also als der letzte der Propheten, nach dem keiner mehr kommen wird, so ist auch die Hauptfigur des Romans Ḫātim das letzte Kind, das ihre Mutter zur Welt bringen kann.

Drei junge Menschen stehen im Zentrum dieses Romans: Ḫātim, Tochter/Sohn des durch Sklavenhandel reich gewordenen angesehenen Mekkaners Šaiḫ

[12] Der Titel ist eine Anspielung auf das berühmte Werk „Ṭauq al-ḥamāma" (Der Halsring der Taube) des Andalusiers Ibn Ḥazm aus dem 11. Jahrhundert, ein Buch über die Liebe und die Liebenden in mit Versen durchsetzter Prosa. Ibn Ḥazm war Poet, Historiker, Jurist, Philosoph, Theologe und einer der größten Denker der arabisch-muslimischen Zivilisation. EI[2], Band III, S. 790-799.

[13] http://www.arabicfiction.org/book/57.html besucht am 28. Jänner 2011.

[14] http://arabnews.com/saudiarabia/article216523.ece besucht am 28. Jänner 2011.

[15] *Beyond the Dunes*, S. 519.

[16] *ḫatama*: Wehr S 320-321.

Naṣīb und seiner Frau Sukaina; Sanad, Kind der Sklaven Šāra und Farağ, der von Naṣīb wie ein Sohn aufgezogen wird; Hilāl, Sohn afrikanischer Sklaven, dessen Beziehung zu Ḫātim von einer intensiven, gewalttätigen Leidenschaft geprägt ist. Alle drei suchen die absolute Faszination und Ekstase und das intensive Einswerden mit dem Universum. Sanad findet dies in der Beschäftigung mit kostbaren Edelsteinen und macht seine Leidenschaft zum Beruf, Ḫātim erlebt in der Musik und der Kunst des Lautespielens, wie die Laute und ihr Körper eins werden. Hilāl kann seine Leidenschaft für Ḫātim nicht ausleben und kompensiert seine wilde ungestillte Sehnsucht durch Gewalttätigkeit.

Ein Haus ohne Söhne

Schauplatz des Romans ist Mekka im letzten Drittel der osmanischen Ära. Die Stadt ist zu jener Zeit ein gefährlicher Ort, denn immer wieder brechen Kriege rivalisierender Prinzen aus der Šarīfenfamilie aus und junge Männer werden zwangsrekrutiert, um in diesen Bruderkriegen zu kämpfen.

Das Haus von Šaiḫ Naṣīb, Ḫātims Vater, liegt auf dem Ğabal Hindī. Es ist das höchste Haus der Stadt und verfügt auch über eine eigene Zisterne. Es wird von Šaiḫ Naṣīb, seiner Frau Sukaina, seinen fünf Töchtern und den Schwiegersöhnen bewohnt. Sukaina hatte fünfmal Zwillinge geboren, doch die Söhne überlebten nicht. Der siebente Stock von Naṣībs Haus ist noch unbewohnt. Er wartet auf einen Sohn.

Zu Beginn des Romans reist Šaiḫ Naṣīb mit großem Gefolge nach Medina zu seiner Schwester, die soeben ein Kind geboren hat. Sanad, ein in seinem Haus geborenes Sklavenkind, soll von ihrer Brust trinken. Durch die Muttermilch wird Verwandtschaft hergestellt und Šaiḫ Naṣīb kann dadurch Sanad als seinen Sohn in seine Familie aufnehmen. Šāra, Sanads leibliche Mutter, besucht mit ihrem Säugling in Medina die Moschee mit dem Grab des Propheten. Unterwegs trinkt Sanad von der Brust einer Afrikanerin, an deren Brust kurz danach das Kind einer syrischen Pilgerin trinkt und bald auch noch ein indisches Kind. Šāra fragt sich: „Wo endet die Verwandtschaft meines Sohnes und seiner Geschwister?“ [17]

Ḫātims Geburt ereignet sich drei Jahre nach Sanads Adoption. Sukaina ist bei der Geburt dieses Kindes, einer rothaarigen Tochter, allein. Diese kommt mit dem Füßen voran zur Welt und Sukaina weiß, dass ihr Geburtskanal nun für immer verschlossen bleiben wird, verbrannt von den roten Haaren der Neugeborenen. Šaiḫ Naṣīb kommt hinzu und schneidet die Nabelschnur durch. Er gibt dem Mädchen den Namen Ḫātim.

---

17 *Ḫātim*, S. 17.

Ḥātims erste Begegnung mit dem schwarzen Sklavenkind Hilāl, Sohn der Afrikanerin Maimūna, wird bestimmend für Beziehung der beiden. Es ist die Zeit der Regenfälle, bei denen Tropfen nicht fallen, sondern wie wilde Rudel, die man aufgescheucht hat, in Richtung Ḥaram[18] strömen.[19] Jede dieser Fluten hat ihre dramatischen Geschichten. Diese tauchen auf, sobald sich die Überschwemmung gelegt hat. Es sind Erinnerungen, deren Held das Wasser ist.[20] Als Ḥāṭim, die damals drei Jahre alt ist, den Warnruf hört, der die heranbrausende Flut ankündigt, verspürt sie in eine intensive Erregung, aber keine Angst. Im Gegenteil: Durch das explosionsartige Hereinbrechen des Wassers gerät sie in Ekstase. Nackt, nur mit einer Unterhose bekleidet, läuft sie auf die Terrasse.[21]

> „Die Glieder des kleinen Körpers öffneten sich für das Wasser. Ḥātim lachte ekstatisch, als Hilāl auf der Terrasse auftauchte. Seine Augen weiteten sich vor Erstaunen, nicht so sehr wegen des plötzlichen Regens sondern angesichts des überraschenden Erscheinens dieses kleinen nackten Körpers. Im nächsten Augenblick hatte auch er seine Kleidung von sich geworfen und kam näher. Ḥātim lief vor ihm her wie ein Vogel, verwirrt von unerträglicher Freude, sie folgte den Abflüssen und der ungebändigten Musik im Wasser, das über die Mauern auf die abschüssigen Wege strömte, die nach unten in eine Hölle führten. Die Gewässer der Abhänge und der Seitengassen waren von den Körpern der Versunkenen, von den Körpern derer, die um Hilfe riefen, und von den Körpern derer, die das Wasser oben trug, verstopft. Ḥātim lachte unbeschwert und atemlos. Sie presste ihre Ohren, ihre Stirn, ihren ganzen Körper an die Mauern über den Regenrinnen und lauschte auf das innere Wesen des Wassers. Sie horchte in ihren eigenen Körper, der die beißende Kälte Mekkas und seines Gebirgsklimas zu spüren begonnen hatte, ein weißer Körper, in Röte entflammt, dessen Echo ein anderer Körper war, dessen Schwarz grün schillerte. Wie zwei bunte Vögel liefen sie durchnässt und erregt umher. Ihr Lachen brach sich an den Gittern der Balkone und flog zu den Wadis der Berge."

Die beiden Kinder sind von diesem Tag an unzertrennlich. Gemeinsam erforschen sie die Töne der Welt, entdecken die Melodien der Dinge und Geschöpfe und teilen die Leidenschaft für die Musik des Universums, zu dem ein realer und gleichzeitig symbolischer Schlüssel den Zugang öffnet. „Wenn Hilāl den Schlüssel umdreht, dringt das Singen aller Dinge direkt in das Herz von Ḥātim."[22] Eines Tages werden sie bei ihren heimlichen Treffen entdeckt, und Hilāl darf das Haus nicht mehr betreten. So endet ihre kindliche Verbundenheit jäh. Den erwachsenen Hilāl quält eine leidenschaftliche Sehnsucht nach Ḥātim, die er aber nur in Form von Gewalt ausdrücken kann. Erst im Tod, als die selbe Kugel beide trifft, ist er wieder mit ihr vereint. Doch als dies geschieht, ist sie zum Mann geworden.

---

18 al-Ḥaram aš-Šarīf ist die Bezeichnung für die Große Moschee in Mekka; EI², Band III, S. 173-175.

19 *Ḥātim*, S. 28.

20 *Ḥātim*, S. 29.

21 *Ḥātim*, S. 30, Ü.: EMW.

22 *Ḥātim*, S. 35.

Jeden Freitag wäscht Sukaina ihre Tochter, deren Körper aus Wachs zu sein scheint, mit Rosenwasser. Auch mit zwölf Jahren ist Ḥātim flachbrüstig. Nun verlässt ihren Körper die Weiblichkeit, und sie begibt sich an Orte, die Frauen verboten sind. In den Gemächern ihres Vaters zieht sie männliche Kleidung an und mischt sich unter dessen Gäste. Dann geht es zum Freitagsgebet in die Heilige Moschee. Der 12-jährige Jüngling, der Ḥātim nun ist, besteigt eine Eselin, und gemeinsam mit dem Vater und dessen 15-jährigem Adoptivsohn Sanad macht er sich auf den Weg, um die Predigt zu hören.

So lebt Ḥātim ein männliches und ein weibliches Leben. Der Schneider, der ihr jedes Jahr gegen Ende des *ramaḍān* neue Kleidung näht, nimmt an ihr Maß wie an einem Mann. Sie erhält auch gemeinsam mit Sanad eine Ausbildung. Als Sanad sie fragt, ob sie nun ein Mann oder eine Frau sei, weiß sie keine Antwort. Sie lebt zwei Existenzen und möchte nicht auf ein Geschlecht und dessen Aktionsradius reduziert werden. Sie will sich nicht verstecken müssen, wie die Frauen, aber sie liebt es auch, mit ihnen zusammen zu sein und ihre Geheimnisse zu teilen. „Ich will mich nicht verstecken und auch nicht enthüllen", sagt sie zu Sanad.[23] Die Frage der männlichen oder weiblichen Identität wird an vielen Stellen des Romans thematisiert. Ist die Sprache der Körper eine männliche oder eine weibliche, oder hat nicht vielmehr alles eine weibliche und eine männliche Seite? Ihre Identitätssuche bereitet Ḥātim Angst. Was ist, wenn sie nur ein einziges Geschlecht hat, wenn sich die Türen zum anderen Geschlecht schließen und ihr damit jene verborgenen Welten verloren gehen, die sich nur jeweils einem Geschlecht öffnen?[24]

Die verbotene Zone

Ḥātim lebt in Mekka in der Welt der Wohlhabenden und Kultivierten, in der Welt der religiösen Riten, Bankette und Feste. Doch sie entdeckt auch eine andere Welt, die Welt der armen Immigranten, der Haschischraucher, der Arbeiter in den Sesammühlen, der Bettler, Nichtstuer, Diebe und Mörder, die im Ḥamīm, der verbotenen Zone auf dem Berg Hindī, jenseits einer verlassenen Moschee hausen. Hilāl ist in beiden Welten daheim. Er zeigt Ḥātim die Welt jener Menschen, die ihre Kinder als Sklaven an Ḥātims Vater verkaufen müssen, weil sie sie nicht ernähren können. Von Hilāl erfährt sie auch, dass ihr Vater seinen Reichtum mit Sklavenhandel erworben hat.

---

23 *Ḥātim*, S. 60.

24 *Ḥātim*, S. 233. Einige Jahre nach dem Erscheinen von „Ḥātim" kann angesichts des Phänomens der „Boyāt" beobachtet werden, dass sich in den Golfstaaten und auch in Saudi-Arabien in der weiblichen Jugend eine Subkultur gebildet hat, die das Überschreiten der engen Normen und der limitierten Lebenswelten des eigenen Geschlechts zu leben versucht. Siehe Nigst/Sánchez García *Boyāt in die Gulf: Identity, Contestation and Social Control.*

Was Ḫātim im Ḥamīm besonders fasziniert ist das Haus mit den neun Zimmern, das sie in Männerkleidung besucht und in dem sie Frauen aus verschiedenen Ländern begegnet, darunter Ziryāb aus Aleppo, einer Meisterin des Lautenspiels.[25] Ḫātim fühlt Erregung angesichts der Frauen dort. Es kommt zu Ḫātims und Ziryābs erster intimer Begegnung, bei der Ḫātims Körper aus der Welt der Blindheit in die Welt des Schmerzes tritt, eines speziellen Schmerzes, der mit etwas vermengt ist, das ihr Körper bisher noch nicht gekannt hatte. Sie vergleicht es mit dem Eintauchen in einen Rosenteich mit aufgelösten Dornen, in dem plötzlich brennendes Begehren hervorbricht."[26]

Die Laute und die Edelsteine

Töne und Klänge faszinieren Ḫāṭim. Sie hatte sich bereits früher Material für Trommeln besorgt, sie gebaut und gelernt, Rhythmen zu schlagen. Bei Ziryāb entdeckt sie dann jenes Instrument, das zu einem Teil ihrer selbst wird. Die Laute (*ʿūd*)[27] und ihr Körper verbinden sich zu einer Einheit, und erst durch die Laute kann dieser sich ausdrücken. Ziryāb sagt zu ihr: „Mach deinen Körper leer für die Laute. Das Vibrieren der Saite ist das Beben der Ader."[28] Ziryāb weist sie an, ihre Augen und Ohren zu schließen. Sie soll auf ihre Finger hören und erkennen, welche Teile ihres Körpers mit der Saite der Laute mitschwingen.[29]

> „Als der Ton der Saite zīr[30] sich erhob, fühlte Ḫātim, dass die Säfte ihres Körpers in Erregung gerieten, und mit ihnen entzündeten sich die feurigen Elemente. In ihr erwachte ein brennender Sommer. Der Schweiß rann an ihrer Kehle hinunter, und sie spürte, wie er über ihren Körper lief und sich am Gewölbe der höllischen Türme Krebs und Löwe bis hin zum Sternzeichen Jungfrau ausbreitete. In ihr war ein Himmel vom Zenit bis zum Untergang, ein Himmel, in dem sie die Zeit in ihrer Hand hält, sodass sie die Mittagshitze ihres Körpers verstärken und bis zum Sonnenuntergang weitertragen kann. Ihr Körper empfing eine Jugend voller Anziehungskräfte, und jeder vorbeikommende Vogel und jegliches Licht wurde von ihrer Nacktheit angezogen, die zu einem Teil der Laute geworden ist. Ḫātim wurde sie selbst durch diese Saite, und ihr Gesicht erstrahlte."

---

25 Ziryāb alias Abū l-Ḥāsan ʿAlī b. Nāfiʿ, 789-857, berühmter Musiker unter Hārūn ar-Rašīd in Bagdad, später große Karriere in al-Andalus unter ʿAbd ar-Raḥmān II. in Cordoba. Ziryāb führte als erster die Laute in Spanien und Europa ein, gründete das erste Musikkonservatorium weltweit und war nicht nur auf dem Gebiet der Musik, sondern auch der Mode, der Gastronomie und der Lebensart stilbildend. http://www.muslimheretage.com/topics/default.cfm?ArticleID=374 und EI², Band XI, S. 516-517.

26 *Ḫātim*, S. 111.

27 *ʿūd*; EI², Band X, S. 767-773.

28 *Ḫātim*, S. 138.

29 *Ḫātim*, S. 112, Ü.: EMW.

30 *zīr*: höchste Seite der Saiteninstrumente; Wehr S. 541.

Auch Sanad entdeckt eine Leidenschaft, die es ihm ermöglicht, in eine intensive Beziehung mit dem Universum zu treten. Sein Medium sind dabei die Edelsteine. Sein Lehrmeister, Safar Yāqūt, führt ihn in das Geheimnis der Steine ein.[31]

> „Dein Blick in das Herz des Edelsteines ist wie der Blick des Juwels in dein Schicksal. Solange tief in deinem Inneren nicht die selbe Essenz und Strahlkraft und die selbe Reinheit von Farbe und Qualität verwurzelt ist, gibt es keinen Weg für dich, im Edelstein zu lesen. Danach musst du lernen, wie du den Edelstein dazu bringst, dass er dir etwas von dem gibt, was in ihm verborgen ist. Wenn du dich dem Edelstein nicht völlig und bedingungslos hingegeben hast, stößt du ihn weg und bewirkst, dass er sich verschließt und in sich selbst versenkt. Ein einziges Wort, ein einziger Hauch kann genügen, um das Ritual des Eindringens in das Herz des Juwels zu zerstören."

Angstbesetzte Sexualität

Ḫātim empfindet Hilāls Körperlichkeit als extrem bedrohlich. Ihrer beider Begegnungen werden von Gewalt und Todesangst dominiert. Als Ḫātim in ihrer weiblichen Rolle bei einem Hochzeitsfest eingeladen ist, empfindet sie die Braut als Taube in den Klauen eines Falken und beginnt zu weinen. Sie selbst will sich so einer Opferung nicht aussetzen, dazu ist sie fest entschlossen. Doch gerade an einem Ort, an dem die Sexualität als Ware gehandelt wird, fühlt sich Ḫātim wohl, nämlich bei den Frauen in dem Haus mit den neun Zimmern. Diese Frauen werden im Roman niemals als Huren oder Prostituierte und das Haus wird nie als Bordell bezeichnet. Wie mir erläutert wurde, ist dies eine übliche Vorgangsweise in der Gesellschaft, die im Roman beschrieben wird. Tabus bedeuten ein Leugnen von Realität. Ein Name steht für Existenz. Was man aber nicht benennt, das kann man als nicht existent verdrängen.

Am Ende des Romans, als in Mekka wieder einmal Kämpfe ausgebrochen sind, dringen Soldaten in Naṣībs Haus ein, um alle dort versteckten Männer zu töten. Die Soldaten greifen allen Frauen zwischen ihre Beine, um zu prüfen, ob sich unter den Frauenkleidern nicht Männer verbergen. In diesem Augenblick, in dem das Frausein Ḫātims Leben retten würde, finden die Soldaten an ihrem Körper ein männliches Glied. Sie ist zum Mann geworden und wird erschossen. Eine Interpretation dieses Romanendes könnte sein, dass das Mädchen Ḫātim lieber als Mann stirbt, als sich als Frau von einem Mann berühren zu lassen.

2.5.2. *„Fatma"*

Das Original dieses 2002 in New York bei der Syracuse University Press erschienenen Romans wurde von Raja Alem in englischer Sprache geschrieben, in enger Zusammenarbeit mit dem Autor Tom McDonough. Der Roman trägt den Unter-

31 *Ḫātim*, S. 90, Ü.: EMW.

titel „a novel of arabia“. Die Zitate daraus werden in der Folge im englischen Original wiedergegeben, die Schreibweise der Eigennamen und arabischen Bezeichnungen entspricht ebenfalls der englischen Fassung. Eine arabischsprachige Ausgabe von „Fatma“ existiert nicht.

Der Roman erzählt die Geschichte einer Frau, die – eingesperrt in eine ebenso grauenvolle wie ausweglose Ehe – Fähigkeiten entwickelt, um seelisch zu überleben. Der Roman ist in neun Kapitel gegliedert, deren Titel lauten: „How Her Story Broke“, „Her Wedding Night“, „Untaming the Abaya“, „My Captivity”, „When a Neighbor Knocked at My Door”, „The Angry Birds in Her Bed”, „Her Body Rebels”, „The Revolution” und „How She Lay Dying on the Porter's Bench”. Es ist davon auszugehen, dass diese Gliederung und diese eher banal klingenden Kapitelüberschriften ein Zugeständnis an die amerikanische Leserschaft sind, ebenso wie die Ankündigung auf dem Buchcover als „A Unique Fever Dream”. Doch schon die künstlerische Gestaltung des Buchcovers von Shadia Alem führt mehr als jeder PR-Slogan in die Welt von Fatma ein, eine Welt, die voll vom kulturellen und spirituellen Erbe der Frauen aus den Stämmen und Regionen Saudi-Arabiens ist.

Überleben in einer Welt der Sprachlosigkeit und Isolation

Fatma, ein 16-jähriges Mädchen ohne lebende weibliche Verwandte, wird von ihrem alten Vater verheiratet. Schon in ihrer Kindheit lebte sie in extremer Isolation. Ihre einzigen Freunde sind auf einer alten Blechurne eingravierte Figuren, unter ihnen ein Ritter, der eine Fahne trägt und den sie Noor nennt. Zwischen Vater und Tochter herrscht Distanz. „He was sixty-eight, maybe seventy, but he had actually only lived two or three years of his life. His taste for solitude was so strong, that it kept him from living.”[32]

Als Hochzeitsgeschenk erhält Fatma die seidene, schwarze ʿabāya ihrer verstorbenen Großmutter. „She remembered the abaya from the earliest days of her childhood. It was the most treasured item in her grandmother's wooden trunk. It had never left the bottom of the trunk, never been looked at or touched, never seen the light. ... Fatma felt in a vague sort of way, that she was a flesh-eating flower, or maybe an animal brimming with energy. Ever since she first became aware of her body, she believed, that as soon as she was touched by a man, the animal part of her would spring to life and her inner self would be revealed. She'd been waiting for a sprinkle of rain to shatter her shell and unleash torrents of passion.”[33]

Ihre Vorfreude auf das Frausein nimmt nach wenigen Küssen ihres jungen, gutaussehenden Ehemannes Sajir ein jähes Ende. Mit einer brutalen Vergewaltigung beginnt nun eine 20-jährige Ehe, die von Sprachlosigkeit, sexueller Gewalt und gegenseitiger Angst geprägt sein wird.

---

32 *Fatma*, S. 6.
33 *Fatma*, S. 12-13.

Sieben Tage nach der Hochzeit fällt Fatma nach dem tödlichen Biß einer Schlange, der „Great Horned Black" aus der Schlangenfarm, die ihr Mann in einem Raum der kleinen Wohnung betreibt, in eine Art Koma, aus dem sie – bisher noch ein dünnes 16-jähriges Mädchen – als sinnliche, kraftvolle, schlangengleiche Frau erwacht, die Sajir Angst macht. Die Great Horned Black, Sajirs wertvollste Schlange, verbrennt sich selbst, und zurück bleibt ein Moschusgeruch, der von dieser Nacht an von Fatma ausgeht und sie nicht mehr verlässt.

Fatmas visionäre Kraft erschafft eine Welt

Fatma entdeckt ihre Fähigkeiten und Möglichkeiten. Sie beobachtet die Schlangen und deren Schatten und beginnt, ihre faszinierenden Spiralen auf die *ʿabāya* zu sticken. Sie entdeckt die Kunst, mit den blinden Kreaturen zusammenzuleben. Sajir, der die Arbeit mit den Schlangen und das Extrahieren ihres hochbezahlten Giftes widerwillig von seinem Vater lernen musste, muss Fatma nichts lehren. Sie übernimmt wie selbstverständlich die Betreuung der Schlangen, deren Bedürfnisse sie intuitiv erfasst. Fatma entwickelt eine Verbindung zu ihnen, wie es ihr niemals mit ihrem Vater oder Ehemann möglich war. Ihr Gehirn verändert sich, und ihren Sinnen öffnet sich eine Welt, reich an Königreichen aus Wellen, Licht und Wesen. Nach und nach macht sie sich alles im Haus zu eigen. „She came to reign over a kaleidoscopic kingdom of poisons, danger and surpassing, deathless beauty."[34] Für Sajir wird Fatma immer mehr zum Monster, zu einem hochgiftigen Feind, der ihm Todesangst bereitet. Es ist Fatma peinlich, seine Angst zu sehen, und sie beschließt, ihn nie mehr anzublicken.

Fatmas Phantasie erschafft sich einen Gefährten. Dieser erscheint anfangs als menschenähnlicher, gesichtsloser Schatten an der Wand der Schlangenfarm, neben einem Bassin aus Feuerstein, in dem die Great Horned Black verbrannt war. Bald nimmt er die Züge von Noor an, dem fahnentragenden Ritter, der auf der Blechurne im Haus ihres Vaters eingraviert war. Noor gleicht einer Schlange mit einem Löwenkopf. Der Schatten, der weder Mann noch Frau ist, erscheint bald täglich und spricht mit Fatma über ihre Sorgen und Ängste. In der realen Welt mit ihrem Ehemann gibt es kein Gespräch. Fatma weiß nicht mehr, wie sie klingt, und sagt zu Noor: „I've never really had the chance to know how I sound. Especially since I got married and stopped talking."[35]

Fatmas Großmutter und ihre Männer

Alles, was Fatma über die Welt und das Leben weiß, hat sie den Erzählungen ihrer Großmutter Shumla entnommen. Diese Erzählungen handeln von einer phantasti-

---

34 *Fatma*, S. 28.
35 *Fatma*, S. 31.

schen Welt, in der Frauen starke Kämpferinnen sind, frei in der Wahl ihrer Männer, voller magischem Wissen und verbunden mit den Geheimnissen der Natur. Es sind phantastische Geschichten, denen eine transzendentale Wahrheit innewohnt.

Die legendäre Shumla, eine Beduinin, war die Königin der Langlebigkeit und hat jeden Mann in ihrer Familie überlebt, darunter zwölf Brüder, dreißig Onkel, hunderte Cousins und dutzende Ehemänner. Im Alter von 150 Jahren gebar sie Fatmas Vater. „She ruled a kingdom of dead men; she fed on their deaths: Their dying was her solace, her sustenance in an endless, miserable life. When the family left their tribal home and moved to Mecca, Shumla lost everything she loved. She had no herd to care for anymore, no fields to wander in, only the cage-like rooms of her one-story house."[36]

Fatma liebte den Duft ihrer Großmutter, deren *ʿabāya* nach Tieren und wilden Blumen roch. Als Shumla eine junge Schafhirtin im Mount Shummer[37] war, träumten alle Männer von ihr. Sie war eine Mondgans, deren Duft wie kein anderer ist und der in die Seelen der Männer eindringt. Noor spinnt die phantastischen Geschichten von Fatmas Großmutter weiter, während Fatma die *ʿabāya* ihrer Großmutter bestickt

Fatmas Sensibilität wird intensiver

> „Fatmas body began to change. She was able now to detect the heat of any approaching body. The dimmer the light happened to be, the more sensitive she was. She would sit still and let her senses locate every object in the house, itemizing them one by one, until finally she reached a state in which her body was able to pass through walls and travel some distance to locate things moving outside. Needless to say, she was also able to identify all the snakes in her husband's vast collection."[38]

Sie fühlt, dass alle Schlangen in einem großen Fluß schwimmen, und versenkt sich in ihren Rhythmus, ihre Melodie und ihre fast unerträglich perfekten Harmonien, die sich jenseits des Bereichs menschlicher Wahrnehmung befinden. Diese Musik sieht Fatma in Form von Ornamenten auf den Schlangenkörpern dargestellt. „The triangles, circles, and the ambigous, cipherlike letters contained the creative essence, the source of the universe."[39]

Noor lehrt Fatma, die Kraft der Träume zu nutzen. „The body we take on when we're dreaming is immortal. We can fall off a mountain without getting hurt, we can pass through fire unscathed, we can die and be resurrected in the wink of an eye. In no time at all we can go from disaster to triumph – that's what dreams are about, and it's a source of strength we mustn't ignore just because we'd rather be awake. ... Our bodies are the same, when we're dreaming, only made of a much

---

36 *Fatma*, S. 7.
37 Šammar-Gebirge im Norden Saudi-Arabiens.
38 *Fatma*, S. 36.
39 *Fatma*, S. 37.

more basic substance – light. The closer we can get our bodies to the light, the nearer they come to immortality. What we must do is get our bodies, our temples, to a state of transparency. We must get them to glow. We can do this by believing in such a state and by believing in our ability to achieve it."[40] Noor lehrt sie auch, ihrem inneren Feuer zu begegnen, das keinem Feuer der sichtbaren Welt gleicht.

Fatmas Reise nach Najran

Fatma gewöhnt sich daran, ihre Intuition zu nützen, um die entferntesten Bereiche der Wüste zu erreichen und dort die Blüten der Tamarisken zu berühren und in die Tiefen des Indischen Ozeans hineinzuhören. Eines Tages geht ihr Geist auf eine Reise in die alte Stadt Najran,[41] die Fatma mit zehn Jahren im Traum erschienen ist. Najran war vor rund 2000 Jahren zum Königreich der Schlangen geworden, nachdem König Thonawas sich zum Judentum bekehrt hatte und in einem gewaltigen Holocaust Christen verbrannt und so zu Märtyrern gemacht hatte. Aus dem Feuer ihres Glaubens sprießten die Schlangen, und daher leben die meisten Schlangen im Südwesten von Arabien.[42] Die als Knabe verkleidete und mit einer Gesichtsmaske ausgestattete Fatma reist in einem Truck mit ihrem Mann und den Schlangen, die unterwegs in Schlangenshows gezeigt werden. Fatmas Platz im Truck ist unter den Schlangen, in ihrer *ʿabāya* hat sie Noor mitgenommen. In Najran, der grünen Oase an der Grenze zur Wüste Rubʿ al-Ḫālī (das Leere Viertel), werden sie von einem Prinzen empfangen. Fatma erlebt die Wüste, die Bankette, das nächtliche Trommeln und die Triller der Frauen, sie besteigt ein weißes Kamel, hört einem Geschichtenerzähler zu, der zur Musik Verse improvisiert, und ist fasziniert von den Tänzen eines alten Falkentrainers.

Fatma begegnet dem Krieger Taray, der sich im Traum in eine Wüstennymphe verliebt hatte. Er war schon zwanzigmal verheiratet, in dem Glauben, die Liebe mache aus jeder Frau eine Nymphe.[43] Taray erkennt die Frau in der als Knabe verkleideten Fatma und berührt ihren Körper, aber er geht nicht weiter, denn er will, dass sie aus eigenem Willen zu ihm kommt. Nachdem er sie berührt hat, fühlt sie sich wild und frei. „It seemed to come from nowhere, all at once, wild and free, this opening of a long blocked sensitivity inside her, the spring-to-life of the feel and smell and taste of human skin. She wanted the touch, she wanted to perfect many different touches; she wanted to know the rhythms of touch, hear its soaring, deafening tempos; wanted to feel the touching ebb away. She wanted to cling to the mane of touch, to ride it and sink back. She wanted to tap the mys-

40 *Fatma*, S. 57.

41 Naǧrān, Stadt im Süden Saudi-Arabiens, nahe der Grenze zum Jemen.

42 *Fatma*, S. 116; Diese Textstelle bezieht sich auf das Massaker, das der Himyaritische König Ḏū Nuwās, der zum Judentum konvertiert war, im Jahre 524 a. D. an Christen in Naǧrān verübt hatte. EI^2, Band II, S. 243-245.

43 *Fatma*, S. 81.

teries in her soul that had been ruined by her father's detachment and her husband's cruelty. It was not sexual contact she was thinking of, it was human intimacy, the closeness of similar souls."[44]

Fatma warnt Taray, sie würde ihn vergiften, aber er ist schon von ihr vergiftet. Hat sich Fatma in eine Schlange verwandelt, um ihn lieben zu können? Taray, der Kronprinz des Stammes Yami, wird im Truck gefunden, umschlungen von einer enormen Schlange. Mühsam wird er befreit. Sein Körper ist so heiß, dass niemand ihn berühren kann. Einen Monat lang ist Taray bewusstlos. Eine alte Seherin behandelt ihn, danach steht er um zwanzig Jahre verjüngt auf, rezitiert Gedichte von unsterblicher Liebe und geht in die Wildnis. „... he set out far into the wilderness, on a long journey down the road of solitude. Never again did anyone lay eyes on the Prince of the Yami."[45]

Wieder daheim wird Fatma immer mehr zur Schlange und fühlt sich schwanger. Die Schlangenfarm wuchert, immer mehr Schlangen kommen aus dem Nirgendwo. Sajir ist geblendet von den Farben des Lichts auf den Schlangenkörpern. Der Körper seiner Frau stößt ihn immer mehr ab, und er hat Angst, von Fatma vergiftet zu werden. Ihre neue Kraft schüchtert ihn ein. Er vergewaltigt sie wieder, ihr Schmerz wird unerträglich. Der intensive Moschusgeruch, der von Fatma ausgeht, ekelt Sajir, das Erbrechen wird für ihn zur täglichen Routine. Ohne Fatma dabei zu berühren, dringt er wieder in sie ein. „He was being very careful, not to make contact with her lethal skin. He raised himself up high and penetrated her. Fatma's body made a decision on its own: Her muscles convulsed, becoming hard as emerald, and gripped his sword. He drew back in shock but was unable to pull out. The Nurse's[46] soft feminine sinews had taken control, ignoring Sajir's curses and threats, and Fatma's own surprise. She was as helpless as he was."[47]

Tod auf der Straße

Sajir befreit sich mit Gewalt und wirft Fatma aus dem Haus. Die Rahmenhandlung (Kapitel 1 und 9) zeigt Fatma vor dem Haus, in dem sie zwanzig Jahre lang eingesperrt war. Die ʿabāya bedeckt ihre Nacktheit nur unzureichend, ein alter jemenitischer Portier sieht ihre Brüste und ihr langes Haar. Fatma weiß, dass sie stirbt und dass dies der einzige Weg zurück zu Noor ist. Ihre Jahre von Geheimnis und Verstellung sind vorbei, sie steht nackt vor ihrem Schicksal. Sie sagt zu dem um sie besorgten alten Mann: „I am going to a world where I'll be able to show my true face. Part of me has already gone on ahead to the invisible world. I can be myself there, I can be truly alive."[48]

---

[44] *Fatma*, S. 83.
[45] *Fatma*, S. 107.
[46] *Nurse* steht hier als Synonym für Fatma.
[47] *Fatma*, S. 142.
[48] *Fatma*, S. 145.

Als Fatma stirbt, sinkt die Temperatur in der Schlangenfarm. Sajir hat keine Chance, alle Schlangen sterben und er ist finanziell ruiniert. Sein Vermögen existiert nicht mehr. Die Schlangen haben ihn verlassen und sind ihrer Herrin gefolgt. „It was the finest death Fatma had ever experienced. She was a snake of the purest ebony black. Every creature in the world found a place on her skin. For the first time in her existence, the Nurse was moving through the very heart of life. Her dream of the al-Zamel dance was coming true."[49] Der Roman endet mit den Worten: „Fatma-Serpent flowed on a river of water and light. She was the River Lar, coursing through the Arabian Peninsula and carrying with her, in endless gliding images, every living creature. And bodies, whose substances were dreams. Balkees, Prince Taray, Taray's soldiers, and his fine white camels were there; Ibn Madhy, Ibn Sakran, his silver falcons and gazelles – all where there, patiently waiting, flowing. All were the River Lar. All were everlasting."[50]

2.5.3. Romane von Raja Alem

„Arbaʿa/Ṣifr", an-Nādī al-ʾadabī aṯ-ṯaqāfī, Ǧidda 1987 (214 Seiten)

„Ṭarīq al-ḥarīr", al-Markaz aṯ-ṯaqāfī al-ʿarabī, Beirut 1995 (244 Seiten)

„Masrā yā Raqīb", al-Markaz aṯ-ṯaqāfī al-ʿarabī, Beirut 1997 (gemeinsam mit Shadia Alem) (104 Seiten)

„Sīdī Waḥdānah", al-Markaz aṯ-ṯaqāfī al-ʿarabī, Beirut 1998 (214 Seiten)
„My Thousands and One Nights", Englisch von Raja Alem und Tom McDonough, Syracuse University Press, New York 2007

„Ḥubba", al-Markaz aṯ-ṯaqāfī al-ʿarabī, Beirut 2000 (320 Seiten)

„Ḫātim", al-Markaz aṯ-ṯaqāfī al-ʿarabī, Beirut 2001 (254 Seiten)
„Játim", Spanisch von Milagros Nuin, Huerga y Fierro Editores, Madrid 2007

„Fatma", Syracuse University Press, New York 2002 (in englischer Sprache, gemeinsam mit Tom McDonough) (164 Seiten)

„Mauqid aṭ-ṭair", al-Markaz aṯ-ṯaqāfī al-ʿarabī, Beirut 2002 (208 Seiten)

„Sitr", al-Markaz aṯ-ṯaqāfī al-ʿarabī, Beirut 2005 (254 Seiten)

„Ṭauq al-Ḥamām", al-Markaz aṯ-ṯaqāfī al-ʿarabī, Beirut 2010 (566 Seiten)

---

49 *Fatma*, S. 149

50 *Fatma*, S. 150.

2.6. Yousef Al-Mohaimeed (Yūsif al-Muḥaimīd)[1] يوسف المحيميد

Yousef Al-Mohaimeed wurde 1964 in Riyāḍ geboren. Über seine ersten Lebensjahre schreibt der Schriftsteller auf seiner Website in der dritten Person:

> „On a cold afternoon, on the 17th of Ramadan 1383 (31st January 1964) he let out his first cry, in an upstairs room of a mud house in the old Riyadh quarter of Al-Shmaisi. 'It's a boy,' shouted his grandmother. His aunt welcomed his arrival as a good omen after seven girls, the first three of whom had died. His mother thought he would be a renowned religious scholar since his birthday coincided with the anniversary of the battle of Badr, the first battle of Islam, in which the Muslims were victorious.
> When he was one year old, his family moved to the new quarter of Aleisha where he lived until he was 21. As a child he spent many sleepless nights and almost passed away on more than one occasion. Perhaps the most difficult was when he caught German measles at the age of two, fell into a coma and didn't eat for days. His mother fed him lettuce from the garden. 'The green lettuce in the garden was the plant of life,' she said when he came back from the dead; lettuce continued to be the most important element in his mother's diet until she was in her seventies.
> When he was six, Yousef and his two younger brothers got food poisoning and were all taken to the central hospital in Al-Shmaisi. He and the middle brother pulled through but his youngest brother, aged two, died. Their mother was greatly affected by the tragedy and she became more anxious and protective over him, but that did not stop him falling easy prey to other illnesses." [2]

Yousef Al-Mohaimeed studierte Verwaltungswissenschaften an der König Saud Universität und war dort auch als Herausgeber einer Wochenzeitschrift namens „Ḥiwār“ (Dialog) tätig, die wegen ihrer Inhalte bald von islamistischen Extremisten attackiert wurde, weshalb Yousef Al-Mohaimeed beinahe aus der Universität ausgeschlossen worden wäre. Nach seinem Studium arbeitet er für eine Ölgesellschaft und für das Ölministerium sowie als Journalist und Kulturredakteur der Literaturzeitschrift „al-Yamāma“.

Schon in jungen Jahren beschäftigte sich Yousef Al-Mohaimeed mit Malerei und Fotografie, später begann er Kurzgeschichten zu schreiben, die bereits während seiner Schulzeit in Zeitschriften veröffentlicht wurden. Zwischen 1989 und 2005 publizierte er vier Kurzgeschichtensammlungen in Buchform. Nach einem Studienaufenthalt in Norwich, wo er Englisch und Fotografie studierte, wandte er sich dem Roman zu.

Sein erster Roman, „Laġaṭ mautā“ („Lärm von Toten“) den er bereits 1996 geschrieben hatte, wurde 2000 von der Arab Writers Union in Damaskus publiziert, eine spätere Ausgabe erschien 2003 bei al-Ǧamal in Köln. In „Laġaṭ mautā“ sitzt

---

1 Der Autor legte mir ausdrücklich nahe, dass sein Vorname nicht Yūsuf sondern Yūsif ausgesprochen wird.

2 http://www.al-mohaimeed.net.

ein Schriftsteller, der bisher nur Kurzgeschichten geschrieben hat, nachts an seinem Schreibtisch. Er leidet darunter, dass seine Freunde sagen, er könne keinen Roman schreiben. Eine Nacht lang reflektiert er schreibend über das Romanschreiben, über Realität und Romanfiguren, um am Morgen festzustellen, dass er erstmals einen Roman geschrieben hat.

Während „Laġaṭ mautā" mit nur 86 Seiten eine Art Etüde darstellt, gelang dem Autor, der sich bereits als Verfasser von Kurzgeschichten beim saudischen Leserpublikum einen Namen gemacht hatte, 2003 mit „Fiḫāḫ ar-rā'iḥa" der Durchbruch als Romanautor. Mit seinen weiteren Romanen festigte er seine Reputation in der saudischen Literaturszene und zählt inzwischen zu den bedeutendsten saudischen Romanschriftstellern.

„Fiḫāḫ ar-rā'iḥa" (Duftfallen) wurde ins Englische („Wolves of a Crescent Moon") und Französische („Loin de cet enfer") übersetzt, eine italienische Ausgabe ist in Vorbereitung.

„al-Qārūra" (Die Flasche) folgte 2004, die englische Ausgabe erschien 2010 unter dem Titel „Muniras Bottle", eine russische Übersetzung trägt den Titel „Butilka". „Al-Qārūra" wird, ebenso wie „Fiḫāḫ ar-rā'iḥa", in diesem Kapitel ausführlich beschrieben.

„Nuzhat ad-dulfin" (Der Spaziergang des Delphins) erschien 2006, spielt im Schriftstellermilieu und erzählt von zwei jungen Männern und einer jungen Frau. Das Meeres- und Delfinmotiv zieht sich durch diesen poetischen Roman, wobei der Delphin auch als Metapher für die Hand des Mädchens steht, welche die Form eines Delfins hat und sich wie ein Delfin bewegt.

In „al-Ḥamām lā yaṭīr fī Buraida" (In Buraida fliegen keine Tauben), 2009, geht es um eine kritische Auseinandersetzung mit als Religion getarntem oder als Religion missverstandenem Aberglauben sowie um Unterdrückung unter dem Vorwand von Religion. Der Roman thematisiert unter anderem auch die Besetzung der großen Moschee von Mekka durch eine Gruppe militanter Islamisten am 1. Muḥarram 1400 (21. November 1979). Dieses Ereignis löste damals in Saudi-Arabien die schwerste innenpolitische Krise seit dem Aufstand der Iḫwān im Jahr 1929 aus.[3] Die 2.000 Exemplare der Erstauflage von „al-Ḥamām lā yaṭīr fī Buraida" waren 2009 innerhalb von zehn Tagen ausverkauft, wie mir Yousef Al-Mohaimeed erzählte, die zweite Auflage folgte bereits nach einem Monat. Bei der Buchmesse im März 2010 war schon die vierte Auflage auf dem Markt.

Die Romane von Yousef Al-Mohaimeed sind übrigens in Saudi-Arabien nicht im Buchhandel erhältlich, mit Ausnahme der Buchmesse, die alljährlich in Riyāḍ stattfindet. Bei der zehntägigen Buchmesse 2010 in Riyāḍ war allerdings sein letzter Roman „al-Ḥamām lā yaṭīr fī Buraida" nach Auskunft des Autors während einiger Tage mit einem Verkaufsverbot belegt bzw. durfte zwar auf Verlangen ver-

---

3 Steinberg, S. 62.

kauft, aber nicht ausgestellt werden. 2011 lag der Roman, zumindest in den letzten Tagen der Buchmesse, am Stand des Verlages offen auf.

Während viele andere Autoren Romane mit autobiographischen Zügen schreiben oder zumindest viele persönliche Aspekte, Erfahrungen und Probleme ihres eigenen Lebens in die Romane einfließen lassen, ist Yousef Al-Mohaimeed ein Autor, der Thema, Charaktere und Stil für jeden Roman neu entwickelt. Im Gespräch formulierte es Yousef Al-Mohaimeed so, dass jeder Roman für ihn eine neue Welt bedeute. Er gehe an jedes Buch heran, als ob er das erste Mal einen Roman schriebe, und er entwickle Personen, Stil, Strategie und Sprache für jedes Werk neu. So habe er etwa für „Nuzhat ad-dulfīn", dessen Hauptfigur ein Poet ist, eine poetischere Sprache gewählt, während er sich für „al-Qārūra" der Herausforderung gestellt habe, wie eine Frau zu fühlen.

Für seinen Roman „al-Ḥamām lā yaṭīr fī Buraida" sowie für sein Gesamtwerk erhielt er, wie die französischsprachige tunesische Nachrichtenagentur TAP meldete, am 27. Mai 2011 in Tunis den „Prix Abou El Kacem Chebbi 2011" der Banque de Tunisie, für den 135 Romane aus 15 Ländern eingereicht worden waren.[4]

Im Folgenden werden zwei seiner Romane beschrieben, „Fiḫāḫ ar-rā'iḥa" und „al-Qārūra", um einen differenzierten Einblick in das Schaffen von Yousef al-Mohaimeed zu ermöglichen.

2.6.1. *„Fiḫāḫ ar-rā'iḥa" (Duftfallen)* فخاخ الرائحة

Der Titel des Romans bedeutet „Duftfallen", wurde jedoch bei den Übersetzungen in andere Sprachen nicht wörtlich übernommen (englischsprachige Ausgabe: „Wolves of the Crescent Moon", Übersetzer Anthony Calderbank; französischsprachige Ausgabe: „Loin de cet enfer", Übersetzer: Emmanuel Varlet). Der arabische Titel bezieht sich auf den Umstand, dass das Schicksal aller drei zentralen Romanfiguren jeweils durch einen verführerischen Duft, der sie in eine Falle führt, eine dramatische Wendung nimmt.

Auf knappen 134 Seiten[5] sind die dramatischen Ereignisse der Romanhandlung komprimiert. Einem nicht benannten Einleitungskapitel, mit dem die Rahmenhandlung beginnt, folgen vierzehn nicht nummerierte Kapitel mit den Titeln „Das Geheimnis des traurigen Gesanges", „Die Reise der unendlichen Qual", „Offizielle Dokumente", „Ein langer Kampf", „Ein Körper wie eine reife Frucht", „Geraubte Männlichkeit", „Kampf mit den Wächtern", „Missbrauchte Kindheit", „Mondlust", „Gefangen im Sand", „Reise der dornigen Träume", „Vergehen und Bestrafung", „Resignation" und „Der heroische Wolf".[6]

---

4 http://www.tap.info.tu/fr/index.php?option=com_content&view=article&id=3305; dieser Literaturpreis ist nach dem tunesischen Dichter Abū al-Qāsim aš-Šābī benannt.

5 3. Auflage der arabischen Ausgabe.

6 Ü.: EMW.

Die Schicksale der drei Hauptfiguren werden in der dritten Person erzählt. In den zahlreichen Rückblenden, die in eine Rahmenhandlung eingebettet sind, übernehmen passagenweise auch zwei der drei Hauptfiguren, Ṭurād und Taufīq, die Erzählerrolle, während die dritte Hauptfigur, Nāṣir, nur in Form von Tagebucheintragungen zu Wort kommt, auf die Ṭurād im Wartesaal eines Busbahnhofes stößt.

Inhaltlich weisen die Schicksale der drei Hauptfiguren drei Parallelen auf. Alle drei sind aus der Gesellschaft Ausgestoßene, alle drei haben im Laufe ihres Lebens einen Teil ihres Körpers eingebüßt (der eine ein Auge, der andere ein Ohr und der dritte die Hoden) und aller dreier Schicksale wurden entscheidend von einem Augenblick beeinflusst, in dem ein verführerischer Duft sich als Falle erwiesen hat. Im Roman begegnen einander die Lebenswege dieser drei Menschen in unterschiedlicher Intensität und Häufigkeit. Im Leben aller drei Hauptfiguren spielt ein Palast eine Rolle, der zu einer Station ihres Lebens wird.

Die drei Hauptfiguren und ihre Umwelt

Die drei zentralen Romanfiguren sind: ein Mann mittleren Alters, der Beduine Ṭurād; ein alter Mann, der Sudanese Ḥasan (später Taufīq); ein Kind namens Nāṣir. Sie gehören zu der Gruppe der aus der Gesellschaft Ausgestoßenen und sind einer feindlichen Umwelt ausgeliefert, in der andere Menschen von ihnen profitieren, sie gnadenlos demütigen, sie missbrauchen und ihnen Gewalt antun. Schauplatz des Romans ist eine Welt ohne Gnade, in der Schwächere ausgebeutet werden, eine Welt ohne Mitgefühl und Nächstenliebe und ohne Respekt für jene, die nicht den gesellschaftlich anerkannten, durch Abstammung determinierten Klassen angehören. Die Stadt Riyāḍ wird von den drei Hauptfiguren als gnadenlose Hölle erlebt. Ṭurād fleht sogar Gott an, er möge ihm nach seinem Tod die Hölle ersparen und sich mit jener einzigen Hölle begnügen, die er bereits auf Erden erlebt hat.[7]

Die Rahmenhandlung des 2003 erschienen Romanes spielt um das Jahr 2000 (als der Ende 1977 geborene Nāṣir etwas mehr als zwanzig Jahre alt ist) und hat als Schauplatz den Wartesaal eines Busbahnhofes, und – in dessen unmittelbarer Umgebung – einen winzigen Imbissstand ohne Sitzgelegenheit sowie eine Telefonzelle. Rückblenden führen in die Wüstenheimat des Ṭurād, in den Sudan von Ḥasan/Taufīq, weiters an jene Orte, an denen einander Nāṣirs Eltern begegnet sind, an die Arbeitsstätten von Ṭurād und Taufīq, in Nāṣirs Kinderheim und in einen Palast in Riyāḍ, in dem alle drei vorübergehend Station machen, sei es als Arbeitskraft oder als Pflegekind.

---

[7] *Fiḫāḫ ar-rāʾiḥa*, S. 38.

Das uneheliche Kind

Nāṣirs Schicksal entscheidet sich schon vor seiner Geburt. Er darf nicht bei seinen leiblichen Eltern aufwachsen, da eine gnadenlose, nach nie hinterfragten Regeln lebende und andere mitleidlos bevormundende Gesellschaft ihm seine Eltern nimmt und seine Lebenschancen zerstört (siehe auch Laila Aljohany „al-Firdaus al-yabāb“). Seine Mutter war als Fahrgast in das Taxi seines Vaters gestiegen. Ihr Duft hatte ihn betört, und sie verliebten sich ineinander. Als sie mit Nāṣir schwanger wird und der Taxifahrer sie heiraten will, verbietet ihm seine Familie diese Heirat, da sie nicht wie er einem Stamm angehört. Nāṣirs Vater versucht, die Heirat dennoch durchzusetzen, doch sein Bruder bedroht ihn mit einer Waffe und versichert ihm, er würde ihn töten, sollte er eine derart gewöhnliche Frau ohne Abstammung heiraten.[8] Obwohl sie sein Kind erwartet, er sie liebt und ihr die Heirat versprochen hat, verschwindet er unerreichbar aus ihrem Leben.

Die Eltern der jungen Frau ignorieren ihre verzweifelte Situation. Sie bringt das Kind schließlich bei einer auf solche „Notfälle“ spezialisierten alten Frau zur Welt, deren Handlanger das Neugeborene in einer Bananenschachtel bei einer Moschee aussetzt, da die Gesellschaft uneheliche Kinder nicht akzeptiert. Bevor das Kind gefunden und in ein Heim gebracht wird, verliert es, möglicherweise durch eine streunende Katze, sein rechtes Auge. Der kleine Nāṣir wächst im Heim auf. Dort wird er von philippinischen Frauen, die im Heim die Kinder betreuen, sexuell missbraucht.[9] Als er die Chance einer Adoption durch eine reiche Frau erhält, verrät ihn deren Gärtner wegen eines kleinen Fehlverhaltens, und das verzweifelte Kind wird, ohne eine zweite Chance zu bekommen, wieder ins Heim zurückgeschickt.

In einer Gesellschaft, in der nur Abstammung und Familie einem Menschen seine Stellung in der Gesellschaft zuweisen, ist Nāṣir als uneheliches Kind ein Niemand. Seine Papiere führen zwar fiktive Elternnamen an, weisen aber auf keine respektable Abstammung hin. Nāṣir hat sowohl einen körperlichen Defekt (das fehlende Auge) als auch einen sozialen Defekt (die fehlende Abstammung). Sein Geburtsdatum, der 13. Muḥarram 1398, entspricht übrigens dem 24. Dezember 1977, eine durchaus nicht zufällige Anspielung.[10]

Der sudanesische Sklave

Taufiq, der in einem nicht näher definierten Ministerium Tee und Kaffee serviert, der nie lacht oder lächelt und dessen Gesicht von Pockennarben entstellt ist, hieß

8 *Fiḫāḫ ar-rā'iḥa*, S. 61.
9 *Fiḫāḫ ar-rā'iḥa*, S. 84.
10 Zwar hatte der Autor nicht ausdrücklich die Absicht, mit der Wahl dieses Geburtsdatums für Nāṣir auch auf die Herbergssuche Marias bei Jesu Geburt anzuspielen, aber als ich ihm diese Interpretation vorschlug, gefiel sie ihm sehr.

sechzig Jahre früher Ḥasan und war ein sudanesischer Knabe, der schon in seiner Heimat Ausbeutung und Bedrohung durch heimische Sklavenhalter, Sklavenhändler und deren Handlanger erlebt hatte. Bereits seine Mutter war versklavt und vergewaltigt worden, und auch er kann trotz Flucht dieser Gefahr nicht entrinnen. Als er gemeinsam mit anderen hungrigen, verzweifelten Flüchtlingen ein Lagerfeuer riecht und sich diesem verführerischen Duft in der Hoffnung auf Nahrung nähert, geht er gemeinsam mit den anderen Flüchtlingen in die Falle der Sklavenhändler.

Ḥasan wird gefangen, per Schiff nach Arabien transportiert, unterwegs vergewaltigt, dann kastriert (der Geruch des Betäubungsmittels bleibt in seiner Erinnerung) und verkauft. Die Beschreibung der Kastration im Kapitel „Geraubte Männlichkeit" zählt zu einer der erschütterndsten Szenen des Romans.[11] Somit wurde ihm seine Heimat, seine Freiheit, sein Name, seine Identität, seine Würde und seine Männlichkeit genommen. Für all dies sind Menschen verantwortlich, die nie zur Rechenschaft gezogen werden. Als Sklave dient er dann verschiedenen Herrinnen und Herren und wird Vertrauter der Gattin und Tochter eines Sklavenhändlers, der zur Tarnung einen Parfumhandel betreibt. Inzwischen ist er dreizehn Jahre alt, und eines der Hausmädchen versucht, ihn zu verführen. Da entdeckt sie, dass Taufiq kastriert ist, verspottet ihn und offenbart anderen sein Geheimnis. Später wird er Chauffeur einer hochgestellten Dame in einem Palast, im Alter aber zum Gärtner degradiert.

Als die Sklaverei schließlich in den Jahren 1962/63 abgeschafft wird,[12] findet er keinen Platz in der Gesellschaft. Er, der kastrierte ehemalige Sklave, kann keine Familie gründen, und auf dem Arbeitsmarkt machen ihm billige Arbeitskräfte aus Pakistan und anderen asiatischen Ländern Konkurrenz. Er bleibt ein Ausgestoßener. Kurzfristig kehrt er wieder zurück in den Palast, seinen „Käfig", bis er schließlich als Tee- und Kaffeekocher in einem Ministerium endet.

Der besiegte Beduine

Ṭurād ist ein Beduine aus der Nafūd-Wüste, dem zentralen Kernland des Naǧd. Er gehört einem angesehenen Stamm an[13] und wird als mutiger Jäger und Kämpfer beschrieben, der vor nichts Angst hat. Ṭurād liebt die Wüstennächte und freundet sich mit den Wölfen[14] an. Seinen Lebensunterhalt verdient er als Wegelagerer.

Bei einem missglückten Versuch, einer Pilgerkarawane heimlich Kamele zu entwenden, wird er überwältigt, gefesselt und bis zum Hals im Sand eingegraben. Der Duft der Beute, die er erringen wollte, ist ihm zum Verhängnis geworden.

---

11 *Fiḫāḫ ar-rā'iḥa*, S.70 –73.

12 Steinberg, S. 120-121.

13 *Fiḫāḫ ar-rā'iḥa*, S. 41.

14 ḏi'b ʿarabī: Arabischer Wolf (Canis lupus arabs), laut Auskunft des ‚Qatar Natural History Museum' eine Unterart des Wolfes, die in der gesamten Arabischen Halbinsel und angrenzenden Gebieten weit verbreitet ist.

Nun wird er selbst zur Beute, und sein Duft lockt einen Wolf an. Er wird Zeuge der grausamen tödlichen Attacke des Wolfs auf seinen ebenfalls eingegrabenen Komplizen. Der Autor erspart den Lesern eine gnadenlos detailreiche Beschreibung dieser Attacke nicht.[15] Der Wolf, der Ṭurād kennt, da dieser ihn oft gefüttert hatte, legt sich gesättigt neben ihn und schläft ein. Doch Ṭurād, der nie weint, kann in dieser Extremsituation seine Tränen nicht zurückhalten. Eine verhängnisvolle Träne landet auf dem Pelz des Tieres.[16]

> „Die Träne fiel in einem entscheidenden und mit Entsetzen erfüllten Augenblick. Sie glitt aus seinem Auge, floss langsam parallel zu seiner Nase weiter, rann über seine trockene Wange bis an das äußerste Ende seines Schnurrbartes, um schließlich unvermittelt auf das Gesicht des Wolfs herabzufallen. Dieser sprang erschreckt auf, zeigte seine berüchtigten Zähne, die blitzenden Dolchen glichen, riss mit ihnen Ṭurāds linkes Ohr samt der Wurzel aus, und während er die Ohrmuschel zwischen seinen Zähnen zermalmte, erhob er sich und verschwand in der Ferne."

Nach dieser schändlichen Niederlage muss Ṭurād seinen Stamm und seine Familie verlassen und in die Stadt gehen, wo er sich mit demütigenden Jobs durchbringt. Für den Stamm gilt er, dem nun ein Ohr fehlt, plötzlich als defekt (*maḫrūm*).[17] Seine Reputation und sein Mut, für den er bekannt war, zählen plötzlich nichts mehr. Er verflucht den Stamm und dessen Bräuche. Mit dem Verlust seines Ohres beginnt ein Leben der Demütigung.[18] Seine Stammesgenossen verlachen und verspotten ihn, sie beleidigen seine Würde, seinen Mut und seine Männlichkeit. Das fehlende Ohr wird zum sichtbaren Zeichen dafür, dass er sich nicht schützen kann, was in seinem Stamm für einen Mann nicht akzeptabel ist. Deshalb muss er die Wüste verlassen.

In der Stadt begegnet er einer Gesellschaft, deren Geheimnisse und Machenschaften er nicht kennt. Als Fluch der Stadt empfindet er, dass man dort gegen unbekannte Feinde kämpfen muss, gegen Feinde, die man nicht mit freiem Auge sehen kann.[19] Auf dem Arbeitsmarkt findet er Jobs und verliert sie wieder, er versucht sogar zu betteln, was er als noch würdeloser als das Stehlen empfindet, und er schämt sich, gemeinsam mit Arbeitskräften aus Indien und Bangladesch Autos zu waschen.[20] Als er einen Job in einem Ministerium erhält, wo die höher gestellten Mitarbeiter sadistische Spielchen treiben, um ihn zu demütigen, begegnet er Taufiq.

---

15 *Fiḫāḫ ar-rā'iḥa*, S. 123.

16 *Fiḫāḫ ar-rā'iḥa*, S. 125, Ü.: EMW.

17 *Fiḫāḫ ar-rā'iḥa*, S. 63.

18 *Fiḫāḫ ar-rā'iḥa*, S. 127.

19 *Fiḫāḫ ar-rā'iḥa*, S. 121.

20 *Fiḫāḫ ar-rā'iḥa*, S. 127-128.

Die im arabischen Titel „Fiḫāḫ ar-rā'iḥa" (Duftfallen) formulierte Parallelität der Schicksale der drei Hauptfiguren, bei denen jeweils ein Duft in die entscheidende und verhängnisvolle Falle führt, ist nicht so zu interpretierten, dass diejenigen, die in diese Fallen tappen, Schuld trifft. Es handelt sich vielmehr eine grausame Ironie des Schicksals, die hier wirksam wird. Die innere Notwendigkeit, dem Duft zu folgen, ist in allen Fällen durch eine Not, einen Mangel verursacht. Ḥasan, der sudanesische Knabe, folgt dem Duft des Lagerfeuers aus quälendem Hunger. Der Wegelagerer Ṭurād und sein Kampfgefährte wittern den Duft einer Beute, die sie benötigen, da sie als Beduinen in der Wüste keine andere Erwerbs- und somit Überlebensmöglichkeit haben. Nāṣirs Vater schließlich lässt sich durch den Duft von Nāṣirs Mutter dazu verführen, seinem emotionalen Bedürfnis nach körperlicher Liebe nachzugeben, einen Bedürfnis, das er in der Gesellschaft, in der er lebt, nicht offen ausleben kann. Zwar handeln alle drei Hauptfiguren des Romans im Augenblick des Verhängnisses gegen ein Verbot (Ḥasan will Nahrung stehlen, Nāṣirs Vater und Mutter geben sich einer Liebe hin, die nicht durch Heirat legitimiert ist, und Ṭurād ist im Begriff, einen Diebstahl zu begehen, um sich und seine Familie zu ernähren), dennoch steht die Strafe, die sie bzw. das durch eine verbotene Handlung entstandene Kind lebenslang erleiden, in keiner Relation zum Vergehen.

Eindeutig weist der Autor weder einem unentrinnbaren Schicksal noch den Hauptfiguren selbst Schuld zu. Er kritisiert die herrschenden Zustände, bei denen beispielsweise Stämme Bräuche, die längst ihren Sinn verloren haben, über Vernunft und Menschlichkeit stellen. Er kritisiert, dass Liebende getrennt werden und nicht heiraten dürfen, ja dass deren Kind sogar als uneheliches Kind anonym weggelegt werden muss. Er zeigt die Willkür jener, die Macht über andere ausüben, Wehrlose ausbeuten und ihnen Gewalt antun. Und er kritisiert schließlich jene, die Behinderte und Leidende verspotten, anstatt Mitgefühl zu empfinden und jenen beizustehen, die Unglück erlebt haben und keine Chancen im Leben vorgefunden haben.

Perspektiven

Ṭurād will Riyāḍ verlassen. Doch er erkennt, dass ihn von allen Seiten eine Hölle umgibt und dass er ein Flüchtling bleiben wird, wohin auch immer er geht. Gibt es eine schlimmere Hölle als diesen Zustand?[21]

> „Ich suche nicht nach dem himmlischen Garten und nicht nach einem Paradies oder einem angenehmen Leben. Ich möchte bloß einen Platz, wo man mich respektiert, wo man mich nicht erniedrigt und nicht wie einen Hund behandelt. Ich bin wegen des

---

21 *Fiḫāḫ ar-rā'iḥa*, S. 37/38, Ü: EMW.

Stammes von zu Hause geflohen, ich rannte vom Palast weg, vom Parkplatz und vom Ministerium. Und schließlich versuche ich sogar aus der Hölle zu entkommen."

Am Ende des Romans lässt Ṭurād seine bereits gekaufte Busfahrkarte verfallen und entschließt sich zu bleiben. Durch das nächtliche Riyāḍ geht er zu Taufiq und wird vermutlich auch zu seinem Job im Ministerium zurückkehren.

Auch für Taufiq ist es zu spät, etwas zu verändern, denn er ist fast siebzig Jahre alt. Er hat resigniert. Er war Fahrer eines Rolls Royce gewesen, ein Job, der ihm gefiel, aber eines Tages hatte seine Herrin entschieden, er sei zu alt dafür. Jahrelang stutzte er dann als Gärtner Büsche und Gras, ein trauriges Leben voller Langeweile. Das Dekret zur Aufhebung der Sklaverei kommt zu spät für ihn. Ohne Ausbildung oder Kapital hat er keine Chance auf ein freies Leben, also geht er wie ein Vogel wieder in seinen Käfig, den Palast, zurück. Doch dann entscheidet er eines Tages doch, den Palast zu verlassen, und versucht es auf dem Arbeitsmarkt, aber die asiatischen Arbeiter sind billiger, die libanesischen besser und die pakistanischen kräftiger als er. Durch einen Freund bekommt er schließlich einen Job in einem Ministerium.

Nāṣir hatte davon geträumt, Soldat zu werden, doch das System erlaubte ihm diese Karriere nicht, weil er keinen respektablen Familiennamen hat. Er tut nun den Schritt hinaus aus seinem bisherigen Leben und verlässt die Stadt, in der er so gelitten hat. Am Schluss des Romans nimmt Nāṣir die Mappe an sich, die seine offiziellen Papiere, Fotos und andere Spuren seines Lebens enthält und die er beinahe im Wartesaal des Busbahnhofes vergessen hätte, und fährt weg.

Ṭurād kündigt Taufiq telefonisch sein Kommen an. Der Roman endet mit den Worten:[22]

> „Nachdem er den Hörer aufgelegt hatte, sagte Ṭurād zu sich selbst: ‚Ich werde eine Weile in dieser Hölle umherwandern bevor ich zu Taufiq gehe. Das erste Licht des Morgens ist die angenehmste Zeit in Riyāḍ. Da gleicht die Stadt dem Gesicht einer jungen Frau, die sich den Schlaf aus den Augen wischt.'"

Realität, nicht „magic"

Amerikanische Medien haben Yousef Al-Mohaimeed übrigens wiederholt mit Gabriel Garcia Marquez und seinen Stil mit dessen magischem Realismus verglichen. Sein Kommentar dazu in einem Interview:

> „Maybe outsiders can find magic in these novels because our society is strange to you. But Saudis do not find them that way. They know this is the truth."[23]

Damit verweist er auf die Perspektive von Lesern, die aus ihrer geschützten Position heraus einen Ausflug der Phantasie in fremde Welten unternehmen und dabei

---

22 *Fiḫāḫ ar-rā'iḥa*, S. 129/130, Ü.: EMW.
23 http://www.al-mohaimeed.net, „New Lines in the Sand".

das dort Beschriebene nur sehr selektiv wahrnehmen. Dieses Phänomen wird auch oft bei Touristen beobachtet, wenn sie auf ihren Reisen Lebensformen als exotisch und pittoresk empfinden und die oft traurige Realität des Beobachteten nicht wahrnehmen bzw. verdrängen.

2.6.2. „al-Qārūra" (Die Flasche) القارورة

Als Motto dieses Romans wählte Yousef Al-Mohaimeed ein Zitat von Friedrich Nietzsche:[24] *„Die Liebe, die in ihren Mitteln der Krieg, in ihrem Grund der Todhass der Geschlechter ist."*[25]

In der englischen Ausgabe ist noch ein weiteres Zitat hinzugefügt:

„People, my ear is in love with a maiden in the hayy!
For sometimes the ear falls in love before the eye.
Bašar bin Burd, blind arab poet, 718-84.[26]

Yousef Al-Mohaimeed hat diesmal den Kapiteln keine Titel sondern Nummern gegeben. Der Roman umfasst 43 Kapitel auf 240 Seiten.[27] Er entstand zwischen November 2002 und März 2003.[28]

2004 erschien die erste Auflage in arabischer Sprache im Verlag al-Markaz aṯ-ṯaqāfī al-ʿarabī in Beirut, 2010 kam die englische Übersetzung von Anthony Calderbank, der auch schon „Fiḫāḫ ar-rāʾiḥa" übersetzt hatte, in der American University in Cairo Press unter dem Titel „Munira's Bottle" heraus.

Schauplatz und historischer Hintergrund

Das Zitat von Nietzsche, das dem Roman als Motto vorangestellt ist, drückt den Zusammenhang zwischen Liebe und Krieg aus. Der Roman zeigt nicht nur im übertragenen Sinn einen Krieg der Geschlechter, sondern vielmehr konkret die als Liebe getarnte systematische Unterwerfung eines Menschen vor dem Hintergrund eines realen Krieges, nämlich des 2. Golfkrieges.[29] Immer wieder ergeben sich Par-

---

24 *al-Qārūra*, S. 7.

25 Zitat aus *Der Fall Wagner"/Turiner Brief vom Mai 1888*, Nr. 2 laut schriftlicher Auskunft der Nietzsche-Gesellschaft, Naumburg a. d. Saale (http://www.nietzsche-gesellschaft.de).

26 *Munira's Bottle*, vor S. 1. Dieses Zitat bezieht sich auf die erste Begegnung der beiden Hauptfiguren, die am Telefon stattfindet.

27 3. Auflage der arabischen Ausgabe.

28 *al-Qārūra*, S. 238.

29 2. Golfkrieg: 2. August 1990 bis 5. März 1991. Casus Belli war die irakische Invasion in Kuwait am 2. August 1990. Um den Irak am Eindringen in Saudi-Arabien zu hindern (Operation „Desert Shield") und Kuwait zu befreien, bildete sich eine internationale Koalition, bestehend aus rund 30 Ländern, darunter die USA, Saudi-Arabien, Großbritannien, die Türkei und Ägypten, unter dem US-Befehlshaber General Norman Schwarzkopf. Der Luftkrieg (Operation „Desert Storm") gegen den Irak begann am 17. Januar 1991. Vom

allelen zwischen den militärischen Ereignissen des Golfkrieges und dem persönlichen Krieg des unbedeutenden Soldaten und Laufburschen Ḥasan gegen die Familie as-Sāhī, der Munīra angehört.

Das erste der 43 Kapitel beginnt Ende Februar 1991, als die im Roman geschilderten Ereignisse bereits geschehen sind. Auch hier wird, wie schon in „Fiḥāḫ ar-rāʾiḥa", die Handlung vom Ende her aufgerollt. Die Romanhandlung, die in Riyāḍ spielt, erstreckt sich über den Zeitraum zwischen dem 13. Juli 1990, dem Tag, an dem eine Spinne in Munīras Zimmer aufgetaucht ist und begonnen hat, ihre Netze zu weben[30] um auf Beute zu lauern, bis zum Februar 1991, als die Luftangriffe auf Saudi-Arabien aufgehört haben und die fremden, vorwiegend US-amerikanischen Streitkräfte abziehen, die Saudi-Arabien gegen den Irak unterstützt haben.

Die Erzählung der Ereignisse in Munīras Leben erfolgt nicht chronologisch. Anhand der an vielen Stellen erwähnten Ereignisse der irakischen Invasion in Kuwait und der Militäroperation „Desert Storm" ist die zeitliche Orientierung jedoch leicht. So wird etwa im 6. Kapitel erwähnt, dass am 17. Jänner 1991 die ersten Luftangriffe vom US-Luftwaffenstützpunkt Ẓahrān aus gestartet wurden, und im Kapitel 31 wird die Ausweisung von rund einer Million Jemeniten[31] sowie von Palästinensern aus Saudi-Arabien thematisiert.

Ein weiteres historisches Ereignis, das in der Romanhandlung eine Rolle spielt, ist eine legendäre Aktion in Riyāḍ, bei der 47 angesehene Damen (Universitätsprofessorinnen, Beamtinnen, Studentinnen, Journalistinnen) in 13 von Frauen gelenkten Autos eine friedliche Demonstration durchführten, was zu einer unfassbaren Hysterie bei ultrareligiösen Gruppen führte und auch für die betroffenen Damen zum Teil schwerwiegende berufliche und persönliche Folgen hatte.[32]

Munīra

Mit Munīra as-Sāhī schuf Yousef Al-Mohaimeed eine Romanfigur, deren Präsenz und Sinnlichkeit von einer starken Unmittelbarkeit und Intensität ist. Sie ist drei-

---

Luftkrieg war auch Saudi-Arabien betroffen. Insgesamt wurden vom Irak aus 46 Scud-Raketen auf Saudi-Arabien abgefeuert, denen 28 US-Soldaten in einer Kaserne zum Opfer fielen. Am 29. Januar 1991 kam es zur Schlacht von al-Ḫafǧī, einer am Golf gelegenen saudi-arabischen Grenzstadt, die von der irakischen Armee angegriffen worden war. Am 24. Februar begannen die USA ihren Bodenkrieg gegen den Irak. Eine der Hauptbefürchtungen, dass nämlich der Irak chemische Waffen einsetzen könnte, bewahrheitete sich nicht. Am 5. März 1991 annullierte der Irak die Annexion Kuwaits, am 12. April 1991 trat der Waffenstillstand zwischen dem Irak und den Koalitionsstreitkräften in Kraft. Die Verluste Saudi-Arabiens betrugen 18 Tote und 6 Verwundete sowie 2 Flugzeuge. Von den Kriegskosten von insgesamt 61,1 Milliarden Dollar trugen Kuwait, Saudi-Arabien und die anderen Golfstaaten 36 Milliarden Dollar. http://de.wikipedia.org/wiki/Desert_Shield.

30 *al-Qārūra*, Kapitel 1.

31 Jemen hatte sich bei den einschlägigen Resolutionen 661 und 665 des UN-Sicherheitsrates der Stimme enthalten.

32 *al-Qārūra*, Kapitel 15 bis 19.

ßig Jahre alt, ihre Seele und ihr Körper sind reif für die Liebe, die sie aber noch nie erlebt hat. Als mittlere Tochter fühlt sie sich daheim vernachlässigt, und außer Haus droht ihr ständig die Gefahr körperlicher Belästigung. Sie kann sich nicht vorstellen, dass sie jemals jemanden lieben wird.[33] Wie viele einsame Menschen ist sie sehr mit sich selbst beschäftigt. Sie dekoriert ihr Zimmer mit Fotos von sich, die in silbernen Rahmen überall an der Wand hängen, und lässt ihr Bild sogar auf Badezimmerfliesen eingravieren.[34] Die Worte des Autors malen Munīras Bild genüsslich, plastisch und detailreich, das Bild einer erotischen Frau, die ihre Brüste mit Miss Chanel parfümiert und in ihrem Zimmer von einem ägyptischen Schauspieler träumt, der zu ihrem Phantasieliebhaber wird und sie wie Tarzan auf seinen Armen trägt.[35]

Munīra arbeitet als Sozialarbeiterin in einem *dār al-fatayāt*, einer dem Frauengefängnis vorgelagerten Institution für Frauen unter dreißig Jahren. Sie hat Soziologie studiert und schreibt an ihrer Masterarbeit, die sie allerdings wegen des Krieges und der dadurch verursachten Ausweisung ihres wissenschaftlichen Betreuers, eines Palästinensers, nicht zu Ende führen kann. Außerdem ist Munīra Journalistin und verfasst wöchentlich eine Kolumne unter dem Titel „Warda fī ʾāniya" (Rose in einer Vase).[36] Über weite Strecken des Romans übernimmt die Hauptfigur Munīra die Erzählerrolle.

Munīras Familie

Munīra lebt in einer wohlhabenden Familie der saudischen Mittelschicht. Der Vater, Betreiber eines Parfumhandels, war ein Einzelkind, das sich nie von seiner Mutter hatte lösen können. Seiner Vaterrolle ist er nicht gewachsen, weshalb er alle Ereignisse meist desinteressiert und passiv geschehen lässt ohne einzugreifen. Die Mutter bietet ihrer Tochter ebenfalls keinen Halt. So wächst Munīra als oft übersehene mittlere von drei Schwestern auf. Der Älteste ihrer drei Brüder bekleidet einen höheren militärischen Rang und befindet sich im Zeitraum der Romanhandlung im Ausland.

Eine starke Persönlichkeit in der Familie ist Munīras Bruder Muḥammad. Als er 1986 aus Afghanistan zurückgekommen war, hatte er in den Kommunisten seine Feindbilder gesehen. Später sind es die „Ungläubigen", die er überall und vor allem in seiner eigenen Familie wittert. Er terrorisiert alle mit seinen rigiden religiösen Regeln und Ansichten,[37] die ihn allerdings nicht daran hindern, ein unseriöser Geschäftsmann zu werden, der vom Unglück und der Güte anderer schamlos pro-

33 *al-Qārūra*, Kapitel 14.
34 *al-Qārūra*, Kapitel 6.
35 *al-Qārūra*, Kapitel 10.
36 *al-Qārūra*, Kapitel 4.
37 *al-Qārūra*, Kapitel 10.

fitiert.[38] Trotz seines Bedürfnisses, alle zu kontrollieren und ihnen seinen Willen aufzuzwingen, ist er nicht in der Lage, seine Schwester zu schützen.

Die Flasche und die traurigen Geschichten

Der Originaltitel „Die Flasche" wurde in der englischen Übersetzung auf „Munira's Bottle" geändert". Die Flasche (*qārūra*) symbolisiert die Frau, wie aus einigen mündlichen Überlieferungen aus dem Leben des Propheten hervorgeht, in denen das Wort *qarāwīr* (Flaschen) für Frauen steht.[39] Gleichzeitig geht es im Roman aber auch um eine reale Flasche. Munīra erhält dieses mit indischen Ornamenten und silbernen Schriftzeichen verzierte Gefäß von ihrer Großmutter als Preis für das Erzählen einer besonders traurigen Geschichte. Für Munīra wird die Flasche zum Versteck all ihrer Geheimnisse, Sorgen und Probleme. Sie schreibt alle traurigen Geschichten, die ihr begegnen, auf Papierstreifen auf und steckt diese in die Flasche.

Traurige Geschichten begleiten Munīras Leben. Zu Beginn des Romans erzählt sie eine erfundene traurige Geschichte, um einen von ihrer Großmutter versprochenen Preis zu erringen.[40] In ihrem Beruf als Sozialarbeiterin begegnen ihr junge Frauen, deren traurige wahre Geschichten ihr nahegehen, wie etwa die Geschichte der vom Vater und Ehemann schwer misshandelten Beduinin Maytāʾ, die ihren Ehemann getötet hat,[41] oder die Geschichte von Fāṭima, die von einem unter falschem Namen auf Mädchenjagd gehenden jungen Mann geschwängert wurde. Fāṭimas Arzt zeigte sie bei den Behörden an, und sie kam ins Gefängnis. Die Behörden forschten den Verführer aus, der sich aber weigerte, Fāṭima zu heiraten.[42] Schließlich wird Munīra selbst zur Heldin einer traurigen Geschichte.

Major ʿAlī ad-Daḥḥāl alias Ḥasan al-ʿĀṣī

Der Romanfigur Munīra ist die Romanfigur Ḥasan al-ʿĀṣī gegenübergestellt. Dieser dient ihrem ältesten Bruder, Major Ṣāliḥ, als Laufbursche (*ǧundī murāsil*). Wenige Sekunden entscheiden über das Schicksal Munīras. Als Ḥasan Munīras Namen ihrem Bruder gegenüber erwähnt und wissen will, ob die Journalistin Munīra as-Sāhī mit ihm verwandt sei, reagiert sein Vorgesetzter gewalttätig und tritt ihn mit dem Stiefel, den Ḥasan gerade putzt, gegen die Brust, sodass Ḥasan rücklings

---

38 *al-Qārūra*, Kapitel 12 und 31.

39 http://www.ekabakti.com/dohindex_view.php?hin=%C8%C7%E1%DE%E6%C7%D1%ED%D1&index=2&idi=20349, und http://www.ekabakti.com/dohindex_view.php?hin=%C8%C7%E1%DE%E6%C7%D1%ED%D1&index=1&idi=24430.

40 *al-Qārūra*, Kapitel 3.

41 *al-Qārūra*, Kapitel 23.

42 *al-Qārūra*, Kapitel 25.

zu Boden stürzt.[43] Doch der Laufbursche rächt sich für die erlittene Demütigung nicht etwa von Mann zu Mann. Zum Opfer wird jene junge Frau, die Anlass für Ḥasans Demütigung war. Als *rā'id* (Major) ᶜAlī ad-Daḥḥāl webt Ḥasan, der einfache Soldat ohne Dienstgrad, ein geniales Lügengespinst, und entwickelt ein opulentes Verführungsszenario, um Munīra zu heiraten. Dabei erweist er sich als genialer Hochstapler, als Meister des Betruges, dem die Ideen nie ausgehen. Selbst als seine Täuschung aufgeflogen ist, setzt er den Betrug noch fort, fordert den nie bezahlten Brautpreis zurück und bezichtigt Munīra vor Gericht der Hexerei, um ihr die Schuld an seinen Taten anzulasten.

Ḥasan al-ᶜĀṣī, der unbedeutende Soldat ohne Dienstgrad, der unterste in der militärischen Hierarchie, erweist sich als genialer Stratege. Siebzehn Tage bevor der Kommandant von Bagdad nach Kuwait aufbricht, startet er seinen Angriff auf Munīra. Seine Waffen sind Liebe und Begehren, er führt einen Blitzkrieg der Leidenschaft und Lust und erfindet für sie Major ᶜAlī ad-Daḥḥāl.[44] ᶜAlī ad-Daḥḥāl ist das Kunstwerk von Ḥasan al-ᶜĀṣī, der diese Rolle in allen Lebenslagen meisterhaft und für alle überzeugend spielt. Sogar Munīras misstrauischen religiösen Bruder Muḥammad kann Major ᶜAlī ad-Daḥḥāl überzeugen.[45] Und Munīra lernt durch ihn Liebe, Lust und Leidenschaft kennen.

Die Namen al-ᶜĀṣī und ad-Daḥḥāl sind übrigens keinesfalls zufällig gewählt, ihre Bedeutung hat Yousef Al-Mohaimeed mir wie folgt erläutert: al-ᶜĀṣī ist der Ungehorsame, der sich Auflehnende, der Rebell,[46] während ad-Daḥḥāl der Gazellenjäger in der Wüste ist. Der Begriff ist von der Bezeichnung daḥl abgeleitet, worunter man im Naǧd eine dunkle, höhlenartige Vertiefung im Wüstenboden versteht. Manche dieser Höhlen sind klein, andere sind jedoch wie ein Kanal, in dem man eine verborgene Wasserquelle und einige Kräuter finden kann und wo Gazellen während der Mittagzeit rasten.

Munīra im Spinnennetz

So wie die Spinne in Munīras Zimmer ihre Netze webt, so bilden auch im Roman die Ereignisse ein Netzwerk, bei dem jede Aktion in einem Teil des Netzwerkes eine Aktion in einem anderen, möglicherweise weit entfernten Teil auslösen kann. Die wöchentliche Kolumne „Rose in einer Vase“, die Munīra schreibt und die jeden Dienstag in der Abendzeitung erscheint, wird zum Anlass für die Demütigung Ḥasans durch Munīras Bruder und gleichzeitig Anknüpfungspunkt für Ḥasan/ᶜAlīs telefonische Kontaktaufnahme mit ihr. Am 13. Juli 1990, dem Tag, an dem die kleine Spinne Munīras Zimmer bezieht, beginnt ᶜAlī seinen Eroberungs-

---

43 *al-Qārūra*, Kapitel 33.
44 *al-Qārūra*, Kapitel 33.
45 *al-Qārūra*, Kapitel 12.
46 Wehr, S. 846-847.

feldzug.[47] Er will die Schwester seines arroganten Vorgesetzten erobern und heiraten. Ein Ziel, das er schließlich auch erreicht. Der Krieg bildet den idealen Rahmen für sein Spiel, da er ihm ermöglicht, tagelange Absenzen seiner Familie bzw. Munīra gegenüber mit geheimen militärischen Missionen zu begründen. Als die Katastrophe schließlich eingetreten und sein Betrug aufgeflogen ist, quält sich Munīra mit der Frage, warum sich ihr dieser Mann in einer vorgetäuschten Rolle genähert und sein Spiel bis zur Heirat durchgezogen hat, obwohl er doch verheiratet ist und sechs Kinder hat. Der Leser erfährt die Lösung dieses Rätsels in Kapitel 33, Munīra erfährt sie nie.

Männer als Bedrohung

Getreu der Erziehung ihrer Mutter und der Normen ihrer Gesellschaft weist Munīra jede männliche Annäherung energisch und nahezu panisch zurück.[48] Auch die Annäherungen ihrer Arbeitskollegin Nabīla, die sich aufgrund des ständigen sexuellen Missbrauchs durch ihren Stiefvater (eine weitere der traurigen Geschichten) zu Frauen hingezogen fühlt, weist Munīra zurück. Als Nabīla sie küssen will, reagiert Munīra mit einer heftigen Ohrfeige.[49] Bis zum 13. Juli 1990 ist sie nur mit ihrer Arbeit und ihrem Studium beschäftigt. Doch dann geht sie in die Falle.[50]

> „Wie viele leidenschaftliche und kopflos verliebte Vögel sind durch meinen Himmel geflattert! Wahnsinnig und wie erstarrt standen sie vor meinen glänzenden Augen, die alle bewunderten. Wie viele Männer mit edlen und schmutzigen Absichten sind zu meinen Füßen gekrochen! Wie viele sind unter meinen Blicken schwindlig geworden, verblendet vor Liebe und sinnlicher Gier! Aber ich liebte dich mehr. Ich liebte deine Liebe zu mir, du Sohn des ad-Daḥḥāl, und ich liebte deine brillante theatralische Kultiviertheit mehr als alle theatralischen Darbietungen, die in unserem seltsamen Land aufgeführt werden. Vielleicht war deine Performance brillanter und überzeugender als die der anderen, und vielleicht bin ich deshalb in deine Falle geraten, denn es gab kein Entkommen für mich aus deinem hinterhältigen Blendwerk."

Spannungsaufbau

Raffiniert baut Yousef Al-Mohaimeed die Handlung auf und erzeugt einen interessanten Spannungsbogen. Da er die Handlung vom Ende her aufrollt, entdeckt er dem Leser erst nach und nach die Ereignisse, die Munīra widerfahren sind. Gelegentlich nimmt er die Erzählung der Haupthandlung zurück, um durch eine Nebenhandlung die Spannung zu erhöhen und die Lösung des Rätsels weiter hinauszuzögern, wie beispielsweise in den Kapiteln 7 bis 9, wo der Autor die Er-

---

47 *al-Qārūra*, Kapitel 4.
48 *al-Qārūra*, Kapitel 13.
49 *al-Qārūra*, Kapitel 5.
50 *al-Qārūra*, Kapitel 13, S. 79, Ü.: EMW.

eignisse rund um den Tod von Munīras Großmutter zum Anlass nimmt, weitere traurig-schaurige Geschichten zu erzählen.

Am Kulminationspunkt der Romanhandlung, als die Hochzeit der beiden Hauptfiguren zum Desaster wird[51] und der Leser den Eindruck hat, nun sei alles enthüllt, setzt der Autor eine weitere überraschende Pointe: Nicht Ḥasan, sondern Munīra steht plötzlich als Angeklagte vor Gericht. Ihr wird das Verbrechen der Hexerei vorgeworfen.[52] Denn ʿAlī ad-Daḥḥāl hat noch nicht kapituliert. Jetzt bringt er seine gefährlichsten Geschütze in Stellung.

Gerechtigkeit

Als Frau ist Munīra in ihren Rechten und ihrem Aktionsspielraum enorm eingeschränkt. So hat sie beispielsweise keine Möglichkeit, selbst einen Partner zu suchen. Sie muss alles, was auf sie zukommt, unterwürfig annehmen und darf nicht selbst handeln. Sie darf nur passiv sein, nicht unabhängig. Zuerst hatte sie ihrem Vater gehört, später wird sie einem Ehemann gehören, der ihr befehlen und verbieten kann und der ihr Vormund und ihr Sachwalter sein wird, solange sie lebt.[53] Auch Munīras Bruder Muḥammad hat jederzeit das Recht, seiner unverheirateten Schwester etwas zu gebieten und verbieten. Doch obwohl sie als schwach und nicht selbständig gilt, schützt das Gericht sie gegenüber dem Betrüger Ḥasan in keiner Weise. Sofort wird der Spieß umgedreht und er gilt als das von ihr behexte Opfer. Der Richter erwartet sogar von ihr, dass sie trotz des Betruges die Ehe bestehen lässt, zumal Ḥasan dem Gericht eine rührselige Szene vorspielt und in Tränen aufgelöst behauptet, dass er sie liebt und neben seiner ersten Frau und den sechs Kindern als zweite Frau behalten möchte.

Um die Annullierung ihrer glücklicherweise nicht vollzogenen Ehe mit ihm zu erreichen, muss Munīra dann sogar den von Ḥasan nie bezahlten Brautpreis an ihn „rückerstatten", um sich von ihm zu befreien. Darüber hinaus muss sie auch noch demütigende Beleidigungen ertragen, als der Richter ihren Bruder allen Ernstes beauftragt, Munīra dazu veranlassen, ihre langen Nägel zu schneiden, denn diese seien der wahre Grund für den Verfall der Sitten.[54]

---

51 *al-Qārūra*, Kapitel 35 und 36.

52 *al-Qārūra*, Kapitel 37. Laut Auskunft eines zuverlässigen Informanten werden Vorwürfe, Schwarze Magie zu betreiben, in Saudi-Arabien durchaus ernst genommen. Es kommt auch zu Anklagen. Großes Aufsehen erregte der Fall eines libanesischen TV-Moderators, der wegen einer astrologischen Ratgebersendung, die auch in Saudi-Arabien zu sehen war, der Hexerei angeklagt und zum Tode verurteilt worden war. Ob es tatsächlich zu einer Exekution kam, ist allerdings nicht bekannt. Es ist angeblich nicht unüblich, dass ein junger Mann ein Mädchen verführt und dann vor Gericht behauptet, das Mädchen habe ihn verhext. Kurz vor Redaktionsschluss meiner Arbeit fand ich auf der Website der englischsprachigen Ausgabe von „Arab News" einen Beitrag vom 4. April 2011 mit dem Titel „Haia officers get training to combat black magic": www.arabnews.com/saudiarabia/article344101.ece.

53 *al-Qārūra*, Kapitel 14.

54 *al-Qārūra*, Kapitel 39.

2.6.3. Romane von Yousef Al-Mohaimeed

„Laġaṭ mauta“, Manšūrāt al-ǧamal/Al-Kamel Verlag Köln 2003 (86 Seiten)

„Fiḫāḫ ar-rā'iḥa“, Riad El-Rayyes Books, Beirut 2003 (Erstauflage), 3. Auflage bei al-Markaz aṯ-ṯaqāfī alᶜarabī, Beirut 2010 (124 Seiten)

„Wolves of the Crescent Moon“, ins Englische übersetzt von Anthony Calderbank, Penguin Books London 2007 (Erstauflage American University in Cairo Press 2007)

„Loin de cet enfer", Französisch von Emmanuel Varlet, Actes Sud, Arles 2007

„al-Qārūra“, al-Markaz aṯ-ṯaqāfī alᶜarabī, Beirut 2004 (240 Seiten)

„Munira's Bottle“, ins Englische übersetzt von Anthony Calderbank, The American University in Cairo Press, Cairo/New York 2010

„Butilka", Russische Übersetzung durch Prof. Shaheldin Rustum Musarow[55]

„Nuzhat ad-dulfīn“, Riad El-Rayyes Books, Beirut 2006 (Erstauflage), spätere Auflagen bei al-Markaz aṯ-ṯaqāfī al-ᶜarabī, Beirut (157 Seiten)

„al-Ḥamām lā yaṭīr fī Buraida“, al-Markaz aṯ-ṯaqāfī alᶜarabī, Beirut 2009 (366 Seiten)

55 Informationen zur russischen Ausgabe nach Auskunft des Autors. Nähere Angaben konnten nicht ermittelt werden.

2.7. Zainab Hifni (Zainab Ḥifnī) زينب حفني

Zainab Hifni wurde in Ǧidda geboren, wo sie 1993 ihr Universitätsstudium der Literatur abschloss. Sie ist seit 1987 als Journalistin tätig, hatte fünf Jahre lang einen wöchentlichen Artikel in der Zeitung „aš-Šarq al-ʾawsaṭ" und verfasst derzeit einen wöchentlichen Artikel für „al-Ittiḥād" (VAE) und schrieb bzw. schreibt für viele Zeitungen und Zeitschriften in Saudi-Arabien und in der arabischen Welt.

Seit 1992 publiziert sie Kurzgeschichtensammlungen, Prosagedichte und journalistische Texte, deren Titel („Brief an einen Mann", „Deine Fessel oder meine Freiheit", „Weibliche Rhythmen" u. a.) ihr Engagement ausdrücken, einen Diskussionsprozess in der Gesellschaft in Gang zu setzen. Ihre Verlage liegen in Kairo, Damaskus und Beirut.

1996 erschien in Kairo ihre Kurzgeschichten-Sammlung „Nisāʾ ʿinda ḫaṭṭ al-istiwāʾ" (Frauen am Äquator), die große Aufregung hervorrief, da sie darin weibliche Sexualität thematisierte und über außereheliche und – als erste saudische Schriftstellerin – auch über gleichgeschlechtliche Frauenbeziehungen schrieb, also eine Realität der Gesellschaft aus der Tabuzone herausholte und an die Öffentlichkeit brachte.

Die Folgen dieser Publikation waren für Zainab Hifni einigermaßen dramatisch. Nachdem ihr Buch in Kairo kopiert und per Fax nach Saudi-Arabien importiert und so verbreitet worden war, griffen die Behörden ein. Zainab Hifnis Vater (und nicht etwa sie selbst, damals immerhin eine erwachsene Frau) wurde vorgeladen, und er musste als ihr *maḥram* (Vormund) unterschreiben, dass seine Tochter fünf Jahre lang weder schreiben (bzw. in Saudi-Arabien publizieren) noch reisen darf. Nach mehreren Eingaben gelang es der Autorin, dieses Verbot auf drei Jahre zu reduzieren. Danach lebte sie längere Zeit außerhalb Saudi-Arabiens, darunter mehrere Jahre in London.

1998 erschien in Kairo ihr erster Roman „Raqṣ ʿalā d-dufūf" (Tanz zu den Trommeln)[1], dessen zweite Auflage 2003 bei Dār Ṭalās in Damaskus folgte. Sie selbst bezeichnete mir gegenüber diesen Roman als noch nicht ausgereiftes Erstlingswerk. Hintergrund dieser Liebesgeschichte zwischen einer in Kairo studierenden Saudi und einem Studenten aus Kuwait ist der Kuwaitkrieg gegen den Irak 1991.

2004 erschien der Roman „Lam ʾaʿud ʾabkī" (Keine Tränen mehr) im Verlag Dār as-Sāqī, Beirut, ein Roman über Liebe, sexuelle Ausbeutung und Doppelmoral, der in der Folge eingehend beschrieben wird.

2006 publizierte sie „Malāmiḥ" (Charakterzüge), ebenfalls bei Dār as-Sāqī, Beirut. Darin beschreibt Zainab Hifni eine Welt, in der Sexualität zum Konsumarti-

1 Ein *daf* oder *daff* ist eine handliche Rahmentrommel, die u. a. bei Sufi-Zeremonien und arabischen Hochzeiten verwendet wird. http://de.wikipedia.org/wiki/Daf_(Musikinstrument).

kel geworden ist, zu einer Ware, die gehandelt wird, um Macht in Form von Geld oder Befriedigung zu erlangen. Die Autorin schildert eine Gesellschaft, in der die menschlichen Beziehungen nicht von Liebe und Zuneigung geprägt sind. Geld gibt eine Form von Sicherheit, Sexualität ersetzt menschliche Beziehungen. Die Hauptfiguren in „Malāmiḥ" sind ein Ehepaar, das – aus armen Verhältnissen kommend – für den gesellschaftlichen Aufstieg Sexualität als Ware einsetzt. Der Mann macht sich dabei gewissermaßen zum Zuhälter seiner Frau. Daran zerbricht letztlich die Ehe, in der von Beginn an keine Liebe war. Als der Sohn, ein einsames, von Alpträumen gequältes Kind, erwachsen ist, geht er seinen eigenen radikalen Weg bis hin zum Tod in Afghanistan. Die Frau hat nach ihrer Scheidung sexuelle Beziehungen zu verheirateten Männern und auch zu Frauen. Sie ist beruflich erfolgreich und sehr wohlhabend. Am Ende des Romans stirbt sie einsam. Der Mann heiratet in London seine 25-jährige englische Sekretärin und gibt ihrem gemeinsamen Kind den Namen seines toten Sohnes aus erster Ehe.

Zainab Hifnis vierter Roman „Sīqān multawiya" wurde 2008 vom Verlag al-Muʾassasa al-ʿarabīya in Beirut publiziert. Als Titelübersetzung ist bei einigen Online-Vertrieben „Dancing legs" zu finden, was sich auch mit der Zeichnung auf dem Buchcover deckt. Zutreffender ist jedoch die Übersetzung „Crooked legs" bzw. „Verdrehte Beine". In dem Roman geht es um den Spagat zwischen zwei Kulturen. Sāra, eine junge Saudi, die in England geboren ist, lebt mit ihren Eltern in London. Die Sommerferien verbringt sie jedoch in Riyāḍ, was sie eher ungern tut, abgesehen von dem Beisammensein mit ihren Cousinen. Durch das Schicksal ihrer Cousine Hayyā, die mit 17 Jahren heiratet und zwei Jahre später wieder geschieden ist, ohne das Recht zu haben, einen Grund dafür zu erfahren oder dagegen Einspruch zu erheben, wird Sāra erstmals die ohnmächtige Stellung der Frau in der saudischen Gesellschaft bewusst. Sie muss erleben, dass auch in ihrer eigenen Familie Frauen unterdrückt werden. Hayyā lernt nach ihrer Scheidung über eine Freundin einen netten Mann kennen, der ebenfalls eine gescheiterte Ehe hinter sich hat. Telefonisch vereinbaren die beiden ein persönliches Treffen in einem Cafe, bevor sie die Verlobung bekanntgeben wollen. Dabei werden sie von Religionswächtern erwischt. Hayyās Vater ist wütend und verbietet ihr von diesem Tag an, das Haus jemals wieder zu verlassen. Die Frage der Frauenrechte sowie Rolle und Verhalten der Religionswächter werden im Roman diskutiert. Die unglückliche Hayyā sagt zur inzwischen 18-jährigen Sāra, als diese sich nach den Sommerferien von ihr verabschiedet: „Komm nicht zurück. Du würdest sterben vor Kummer." Wenige Tage später ist Hayyā tot. Sie hatte ihrem Leben ein Ende gesetzt. Aus Angst, eines Tages ebenfalls solch einem Schicksal ausgeliefert zu sein, verlässt Sāra ihre in London lebenden Eltern und verschwindet spurlos. Mit ihrem palästinensischen Freund, einem bildenden Künstler, fliegt sie am Ende des Romans nach Rom, in ein freies Leben mit einem selbstgewählten Ehemann, den sie liebt. Im Unterschied zu anderen Romanen von Zainab Hifni war dieser Roman übrigens bei der Buchmesse 2011 in Riyāḍ erhältlich.

Bei unserem Treffen im März 2011 in Ǧidda übergab mir Zainab Hifni ihren neuesten, soeben bei Sāqī in Beirut erschienen Roman „Wisāda li-ḥubbik" (Ein Kopfpolster für deine Liebe), der die Liebe zwischen einer Schiitin und einem Sunniten behandelt und somit wieder ein heißes Eisen der saudischen Gesellschaft aufgreift.

Bereits 2003 erschien übrigens in Damaskus eine neue Fassung der legendären Kurzgeschichtensammlung „Nisāʾ ʿinda ḫaṭṭ al-istiwāʾ" (Frauen am Äquator), 2006 kam diese Fassung in einer Neuausgabe bei al-Muʾassasa li-d-dirāsāt wa-n-našr in Beirut heraus, und 2009 lag davon bereits die 3. Auflage vor.

Zainab Hifni hat neben ihren Romanen auch Kurzgeschichten, Artikelsammlungen, Prosagedichte und anderes mehr veröffentlicht. Auf ihrer Website[2] sind viele ihrer Texte nachzulesen. Eine Gesamtausgabe ihres Werkes erschien 2002 in Damaskus. Einige von Zainab Hifnis Kurzgeschichten wurden ins Französische und Holländische übersetzt.[3] Ausschnitte aus „Lam ʾaʿud abkī" sind 2004 in englischer Sprache in der Literaturzeitschrift „Banipal" erschienen.[4]

Zainab Hifni nimmt an vielen internationalen Veranstaltungen wie Seminaren und Kongressen teil und spricht zu zahlreichen Themen, wie den Frauenrechten in der arabischen Welt, zu Literatur, Journalismus und Medien, zu Menschenrechten, zum europäisch-arabischen Dialog, und zur freien Meinungsäußerung. In einem vielbeacheten Interview im Fernsehsender al-ʿArabīya vom 19. Mai 2006[5] plädierte Zainab Hifni dafür, offen über Sexualität zu sprechen, und sagte unter anderem, dass zur Zeit des Propheten Sexualität kein Tabu gewesen ist. Auf die provokante Frage, ob man Sex in den Schulen lehren solle, antwortete sie gelassen: „Warum nicht?" Interviewer: „Ich meine Sexualerziehung." Zainab Hifni: „Selbstverständlich." Interviewer: „Und von welchem Alter an?" Zainab Hifni: „Es könnte mit zwölf Jahren beginnen."

Zainab Hifni vergleicht die arabische Gesellschaft, die freie Meinungsäußerung und Kritik unterdrückt, mit einem Menschen, der Krebs hat, dem man aber aus Angst vor seiner Reaktion nichts davon sagt. Der Krebs breitet sich also unbehandelt immer weiter aus, und wenn der Mensch erkennt, woran er leidet, ist es schon zu spät. Als Schriftstellerin sieht sie ihre Funktion darin, die Gesellschaft mit dem „Krebs" zu konfrontieren und zu warnen, damit sich das tödliche Übel nicht ausbreitet.

Die Romane der neuen Generation bezeichnet Zainab Hifni als „gesund", denn sie sprechen offen über Probleme der Gesellschaft. Sie selbst sagt von sich: „I decided to fight" und bezeichnet es als ihr Ziel, die Gesellschaft zu verändern. In ihren Büchern möchte sie vor allem auch junge Menschen ansprechen und sie ermutigen, Dinge in Frage zu stellen. Vor zwanzig Jahren etwa sei es nicht mög-

---

2 http://zhautor.com.
3 http://zhauthor.com/html/en-cv.htm.
4 *Banipal*, No. 20/2004, S. 118-124.
5 http://www.freerepublic.com/focus/f-news/1642040/posts.

lich gewesen, über Probleme in der Gesellschaft zu sprechen geschweige denn zu schreiben, und noch immer herrsche das Denken vor, dass man über Probleme nicht spricht, sagt Zainab Hifni. Nun aber gebe es durch das Internet die Möglichkeit zum Austausch und zu Auseinandersetzungen, was eine große Chance für die Jugend biete. In diesem Zusammenhang weist Zainab Hifni auch auf die zunehmende Bedeutung des E-Books hin, vor allem für ihre Leserschaft, die oft Schwierigkeiten hat, sich Zainab Hifnis Bücher auf andere Weise zu beschaffen.

Zainab Hifnis Romane sind sehr kompakt. Auf maximal 160 Seiten erzählt sie ihre Geschichten, die eine starke Unmittelbarkeit haben. Sie verzichtet auf einen elitären Stil und richtet sich dadurch an eine breite Leserschaft. Ihr Talent, Geschichten zu erzählen, setzt sie ein, um für Menschlichkeit zu plädieren und sich für die Freiheit der Frauen zu engagieren. Frauen sollen, so Zainab Hifni, das Recht haben zu lieben und zu schreiben, um die Welt zu verändern.

2.7.1. „Lam ʾaʿud ʾabkī" (Keine Tränen mehr) لم أعد أبكي

Zainab Hifnis Roman ist ein kämpferisches, sozialkritisches Buch. Es geht der Autorin nicht um den Tabubruch als Selbstzweck, sondern um die Darstellung einer Realität, zu der sexuelle Beziehungen auch dann gehören, wenn es sie offiziell nicht geben darf. Anhand der Bedingungen, unter denen sexuelle Beziehungen stattfinden, zeigt Zainab Hifni die unterschiedlichen Maßstäbe auf, die an Frauen und Männer angelegt werden. Die Lebensperspektiven junger Frauen, deren Bestimmung die Heirat ist, werden durch sexuelle, emotionale und finanzielle Ausbeutung zerstört oder zumindest schwer beeinträchtigt. Ein zweiter Themenbereich des Romans ist die Rolle der Künstler in der Gesellschaft.

Ġāda und Našwa: zwei Frauenschicksale

Anhand der Schicksale zweier junger Frauen aus Ǧidda, Ġāda und Našwa, zeigt Zainab Hifni weibliche Lebensperspektiven auf, wie sie sich jungen Frauen im Rahmen der herrschenden gesellschaftlichen Regeln bieten.

Našwa, aus reichem Hause, geht den gesellschaftlich vorgegebenen Weg einer frühen Ehe. Ihr Vater verheiratet sie mit einem älteren Mann, und sie stimmt dem zu, da sie sich ein Leben in Luxus erhofft. Nach dem Tod dieses Mannes, den sie nicht geliebt hat, heiratet sie einen attraktiven jungen Mann, der ihr Vermögen verschleudert und ihr untreu ist. Ungebildet, träge und desinteressiert wie sie ist, ist sie weder in der Lage, sich selbst um ihre Finanzen zu kümmern, noch kann sie einem Mann eine Partnerin sein. Nach der Trennung und dem finanziellen Ruin vom Leben desillusioniert, entscheidet sie sich dafür, sich durch den Verkauf ihres Körpers wieder ein luxuriöses Leben zu ermöglichen, das allerdings durch eine Leukämieerkrankung früh beendet wird.

Ġāda verlor ihre Jungfräulichkeit bereits als Minderjährige an jenen Mann, der sie schon als Kind sexuell missbraucht hatte. Somit verfügt sie nicht mehr über die wichtigste Voraussetzung einer Braut in der saudischen Gesellschaft. Sie wählt, gegen den anfänglichen Widerstand ihres Vaters, den Beruf der Journalistin, da sie nicht davon ausgehen kann, dass ihr Lebensunterhalt künftig von einem Ehemann finanziert wird. Als sie sich in einen liberalen und gesellschaftskritischen Schriftsteller verliebt und ihm ehrlich ihre Lage erklärt, nutzt dieser Mann dies als Chance, mit ihr eine leidenschaftliche Liebesaffaire zu beginnen, die viele Jahre dauert. Letztlich muss er aber eingestehen, dass er aufgrund seiner Sozialisation nicht in der Lage ist, eine Frau zu heiraten, die nicht von ihm in die Sexualität eingeführt wurde.

Sexuelle Annäherung an ein Kind

Packend und emotional nachvollziehbar schildert die Autorin, wie zwei völlig isolierte Menschen in eine Lage geraten, in der es zu Handlungen kommt, die den Tatbestand des sexuellen Missbrauchs eines Kindes darstellen. Ġāda erfährt in den Sommerferien nach ihrem ersten Schuljahr von der Scheidung ihrer Eltern. Ihre Mutter bricht seelisch zusammen, und niemand ist da, der dem verzweifelt weinenden Kind beisteht, nur der jemenitische Fahrer Zaid, der auch den Garten pflegt. Ġāda findet ihn in seinem Zimmer, weint an seiner Brust und schläft ein. Als sie aufwacht, spürt sie seine Hände an ihrem Körper. Seinen Samenerguss hält sie für Harn und glaubt, er hätte sich eingenässt.

Zaid war als Neunjähriger aus dem Jemen nach Saudi-Arabien gekommen, hatte als Kellner in einem Cafe und dann bei Ġādas Vater gearbeitet, der ihn auch zur Abendschule geschickt hatte, wo er Lesen und Schreiben lernte. Schließlich erhielt er ein Zimmer in einer Ecke des Gartens und erledigte Botendienste, pflegte den Garten und zog mit vierzehn Jahren ganz bei Ġādas Familie ein. Ġāda war damals drei Jahre alt. Zu Zaids Pflichten gehörte es auch, mit Ġāda zu spielen. Der ruhige, introvertierte Junge betrachtet Ġādas Familie als seine eigene und liebt Ġāda. Als er ein Mann wird, hat er keine Möglichkeit, mit Frauen in Kontakt zu kommen, da er sich scheut, illegale afrikanische Prostituierte aufzusuchen. Der erste weibliche Körper, den er in seinem Leben berührt, ist jener der achtjährigen Ġāda. Zu diesen Zeitpunkt ist Zaid neunzehn Jahre alt. Nach diesem ersten Samenerguss auf Ġādas Körper weint Zaid und fühlt sich schuldig gegenüber Ġādas Vater, der ihm vertraut hatte.[6]

---

6 *Lam ʾaʿud abkī*, S. 20.

Als Ġādas Mutter die Scheidungspapiere erhält, stößt sie Schreie aus, die das Kind in Panik versetzen.[7] Ġāda eilt zu ihrer auf dem Boden liegenden Mutter, um ihr zu helfen, doch diese stößt sie zurück mit den Worten: „Dein Vater hat sich soeben von mir scheiden lassen. Die eheliche Gemeinschaft hat ihm nichts bedeutet. Ich werde ihm niemals vergeben solange ich lebe." Als das Kind sie schüttelt und „Mama, Mama!!" ruft, reagiert sie nicht.[8]

Erst später erfährt Ġāda den Scheidungsgrund. Ihre Mutter hatte ihren Vater im Alter von fünfzehn Jahren geheiratet. Als ihr einige Jahre nach Ġādas Geburt die Eierstöcke entfernt werden mussten, war ihre Hoffnung dahin, dass sich ihr Haus mit vielen Söhnen und Töchtern füllen würde. Nach der Operation veränderte sich ihr Wesen völlig. Sie wurde überängstlich und ließ Ġāda nicht aus den Augen. Sie verdächtigte den Vater, wieder heiraten zu wollen und wurde depressiv. Der Vater stürzte sich in seine Arbeit, doch je erfolgreicher er wurde, desto eifersüchtiger wurde die Mutter. Auch Vermittlungen von Verwandten verbesserten das Klima zwischen den Eheleuten nicht.

Nach der Scheidung ist die Mutter erst einunddreißig Jahre alt. Sie zieht sich in sich selbst zurück und lässt keinen Mann mehr in ihr Leben. Ġāda schreibt in ihrem Tagebuch später darüber: „Sie ließ widerstandslos zu, dass die Wogen des Lebens sie in die Tiefen des Meeres stoßen. Ich war allein in der düsteren Sphäre ihres Lebens." Die Mutter versinkt in Trauer und Krankheit und wirkt bald wie eine alte Frau.[9] Die Tochter, die wegen der Spannungen zwischen ihren Eltern die Geborgenheit eines Familienlebens nie erlebten konnte, hat später ständig das Gefühl, die Mutter für ihren Verlust entschädigen zu müssen.

Die Mutter verkriecht sich in ihr Zimmer, wo sie meist auf ihrem Gebetsteppich sitzt. Jeden Freitag wird im Haus mit duftendem Räucherwerk eine Atmosphäre der Heiligkeit geschaffen, anschließend verfolgt sie im Fernsehen die Freitagspredigt aus Mekka oder Medina, dann betet sie in ihrem Zimmer und liest Suren aus dem Koran.[10] Im Umgang mit ihrer erwachsenen Tochter wird sie als zärtlich beschrieben. Allerdings ist es der Tochter nicht möglich, mit der Mutter ihre Probleme zu besprechen, da dies die Gesundheit der Mutter beeinträchtigen würde. Ehrlichkeit ist angesichts der Instabilität der Mutter undenkbar. Die ständige Sorge der Tochter um die Mutter und deren schwaches Herz kehrt die Rollen um. Nach ihrer ersten Liebesnacht mit dem Schriftsteller Ṭalāl heißt es: „Ġāda wünschte in diesem Augenblick, dass sie ihrer Mutter offen gestehen könne, was ihr in der Vergangen-

---

7 In mehreren Romanen, etwa auch in *Banāt ar-Riyāḍ*, werden solche Situationen beschrieben, in denen Frauen ohne entsprechendes Vorgespräch und ohne Begründung von ihren Ehemännern die Scheidungspapiere zugeschickt werden, und die Frauen keine Möglichkeit haben, dagegen ein Rechtsmittel zu ergreifen.

8 *Lam ʾaʿud abkī*, S. 16.

9 *Lam ʾaʿud abkī*, S. 22.

10 *Lam ʾaʿud abkī*, S. 84.

heit zugestoßen war und was sich vor Stunden ereignet hatte. Doch sie fürchtete um das Herz ihrer Mutter und dass diese ihren Fehltritt nicht ertragen würde."[11]

Der Täter wird zum Liebesobjekt

Da die depressive Mutter als Bezugsperson wegfällt und der Vater eine neue Familie hat und beruflich stark beschäftigt ist, wird der Gärtner Zaid zum Mittelpunkt von Ġādas Welt. Er kompensiert sie für den Verlust eines Familienlebens und wird zu ihrem sicheren Hafen.[12]

> „Es gab für mich nichts als die Welt von Zaid, die mich immer wieder erstaunte und beglückte. Er hatte seine Tat nach jenem Tag, an dem er die Zügel seiner Männlichkeit mit mir losgelassen hatte, viele, viele Male wiederholt. Aber er dachte niemals daran, in die gefährlichen Zonen meines Körpers einzutauchen, er überschritt diese Linie nicht. Ich empfing seine zärtlichen Berührungen mit einer spontanen Lust. Eines Tages sagte er mir, nachdem er das Wasser seiner Lust vergossen hatte und der Schweiß von seiner Stirn floss: ‚Du darfst deiner Mutter nichts von unserem Spiel sagen, denn sie mag es nicht. Wenn sie davon wüsste, dann würde sie mich aus dem Haus jagen und du würdest mich nie wiedersehen.' Damals antwortete ich ihm unschuldig: ‚Nein, ich werde ihr nichts sagen, denn ich spiele gerne mit dir.'"

Nicht Zaid beendet den sexuellen Missbrauch, sondern ihre ahnungslose Mutter, die ab Ġādas Pubertät ihrer Tochter den Kontakt mit Zaid untersagt, wie es die Sitte verlangt. Ġāda reagiert wie eine Drogenabhängige auf Entzug und wird pychosomatisch krank. Später nimmt sie eines Nachts von sich aus den Kontakt heimlich wieder auf, und diesmal überschreitet Zaid alle Grenzen. Von ihrem vierzehnten bis zu ihrem siebzehnten Lebensjahr hat sie eine sexuelle Beziehung mit Zaid, die erst zu Ende geht, als dieser auf Wunsch seiner Mutter in den Jemen zurückkehren muss, um eine Familie zu gründen.[13]

Gefährliche Ehrlichkeit

Nach dem Studium stürzt sich Ġāda ins Berufsleben und wird bald eine begeisterte und erfolgreiche Journalistin. Heiratsanträge lehnt sie ab, bis sie sich in Ṭalāl verliebt, einen berühmten Dichter und Journalisten. Obwohl ihr Našwa dringend zu einer Operation (*ʿamalīyat tarmīm*) [14] rät, um sich diesem Mann als Jungfrau präsentieren zu können und so die Chance zu haben, von ihm geheiratet zu werden, hält es Ġāda für anständiger, Ṭalāl die Wahrheit zu sagen. Er nutzt dieses Geständnis aus, um sie zu verführen, und es beginnt eine mehrjährige Liebesbeziehung.[15]

---

11 *Lam ʾaʿud abkī*, S. 93.
12 *Lam ʾaʿud abkī*, S. 24-25; Ü.: EMW.
13 *Lam ʾaʿud abkī*, S. 28.
14 *Lam ʾaʿud abkī*, S. 86 , tarmīm = Reparatur, Restaurierung; Wehr S. 499.
15 *Lam ʾaʿud abkī*, S. 92.

Ṭalāl hat schon viele sexuelle Beziehungen und auch eine Ehe hinter sich. In seinem Beruf und seinen Gesprächen gilt er als Liberaler, der vehement für die Rechte der Frau eintritt. Doch in der Praxis haben seine Theorien wenig Gewicht. Nach vielen Jahren ihrer Beziehung, in denen er dem Thema Heirat immer ausgewichen ist, gesteht er Ġāda in einem Abschiedsbrief ein, dass er es als orientalischer Mann nicht ertragen könne, nicht der erste gewesen zu sein, der „diese Erde der Jungfrau bestellt“ .[16] In anderen Bereichen jedoch beklagt Ṭalāl die Doppelmoral der saudischen Gesellschaft, unter der auch er leidet.[17]

> „Wie oft waren wir uns darüber einig, dass das Problem unserer Gesellschaft im Morast der Doppelmoral versunken liegt: Alles ist zulässig, solange es heimlich geschieht. Das ist es, was ich gehasst habe und noch immer tue. Wir sind eine Gesellschaft, die vor Widersprüchen strotzt. Ihre Mitglieder folgen dem Beispiel der Dichter, deren Worte anders sind als ihre Taten. Es herrscht ein Klima voller Heuchelei und Verstellung.“

Našwa: Körper gegen Luxus

Schon Našwas erste Ehe wird auf einer Basis geschlossen, die mit Prostitution vergleichbar ist. Sie stimmt der Ehe mit einem über fünfzigjährigen Mann zu, um durch ihn ein Leben in Luxus führen zu können. Des Luxus wird sie bald überdrüssig, dazu kommt noch, dass ihr Mann ihre Kontakte kontrolliert und einschränkt. Ohne seine Erlaubnis darf sie das Haus nicht verlassen. In ihrer zweiten Ehe ist es umgekehrt. Ein attraktiver junger Mann befriedigt ihre emotionalen und sexuellen Bedürfnisse, und verschafft sich im Gegenzug ihr Geld. Našwa glaubt nicht mehr an Liebe, nur mehr an Gegengeschäfte. Als sie nach ihrer zweiten Ehe allein dasteht (ihre Eltern sind inzwischen gestorben) und finanzielle Sorgen hat, wird sie die leichte Beute einer Frau, die sie für bestimmte Parties anwirbt, bei denen attraktive junge Frauen gegen Geld mit reichen, einflussreichen Männern schlafen. Našwa wählt diese Möglichkeit, um sich zu amüsieren und ihren Lebensstandard nicht aufgeben zu müssen, ist jedoch entschlossen, ihre Seele in den Handel mit ihrem Körper nicht einzuschließen.[18] Einmal sagt sie zu Ġāda, dass sie beide Gebende seien. „Du gibst im Namen der Liebe, und ich gebe, weil ich nicht an die Liebe glaube.“[19]

---

16 *Lam ʾaʿud abkī*, S. 148.
17 *Lam ʾaʿud abkī*, S. 142; Ü.: EMW.
18 *Lam ʾaʿud abkī*, S. 74.
19 *Lam ʾaʿud abkī*, S. 111.

Berufstätigkeit der Frau

Die Fremdbestimmung der Frauen ist eines der Themen, die im Roman kritisch beleuchtet werden. So darf Ġāda nicht im Ausland studieren, da es ihr Vater verbietet. Auch wird bei ihrer Einstellung als Journalistin zur Bedingung gemacht, dass sie eine Einverständniserklärung ihres Vaters vorlegt. Ġāda findet es empörend, dass der Aufstieg einer Frau von einem Federstrich des Vaters oder des Ehemannes abhängt. Sie will das Recht haben, selbst ihren Lebensweg und ihr Schicksal zu bestimmen.

Eine junge spanische Juristin aus Ṭalāls Vergangenheit, die er anlässlich seines Studiums in England kennengelernt hatte und heiraten wollte, hatte es trotz großer Liebe zu ihm abgelehnt, unter solchen Bedingungen zu leben. Sie sagte ihm, sie könne nicht in Saudi-Arabien leben, wo es der einzige Beruf der Frau sei, eine Familie zu gründen und Kinder zu gebären. Sie wolle Rechtsanwältin werden und könne diesen Traum auch ihm zuliebe nicht begraben. Wenn sie ihn heirate, würde sich ihr Leben in eine Hölle verwandeln und sie würde Ṭalāl dafür die Schuld geben. Doch selbst wenn sie ihre Gefühle unterdrücken könne, so dürfe sie doch nicht die Rechte ihrer Kinder unberücksichtigt lassen. Sie wolle, dass ihre Kinder in einem Land aufwachsen, das an das Prinzip des Dialoges glaubt und in dem ein Klima der Freiheit herrscht.[20]

Freiheit des Denkens

Ein Schlaglicht auf das geistige Klima in ihrem Umfeld wirft die Beschreibung von Ġādas erstem Arbeitsplatz in der Bibliothek einer staatlichen Schule. Ständig muss sie Bücher aus der Bibliothek entfernen, deren Inhalte negative Einflüsse auf die Studentinnen haben könnten. Diskussionen darüber sind nicht möglich, sie hat widerspruchslos zu vollziehen, was angeordnet ist.[21] Auch Ṭalāl hat eine ähnlich frustrierende Erfahrung in einer saudischen Universität, wo er als soeben aus Paris zurückgekehrter Lektor anregt, den Dialog zwischen Professoren und Studenten zu fördern. Er wird von den anderen Professoren mit Hohn überschüttet und derartig gemobbt, dass er seinen Rücktritt einreicht und in den Journalismus wechselt.[22]

An ihrem Arbeitsplatz als Journalistin kann Ġāda interessante Themen bearbeiten. Sie macht Reportagen über den Zusammenhang zwischen Universitätsausbildung und Arbeitsmarkt, über Kredite für Projekte junger Leute, über Hospize (*ʾarbiṭa*) für obdachlose Frauen und Kinder oder auch über die Gründe des Schweigens einiger renommierter Schriftsteller.

20 *Lam ʾaʿud abkī*, S. 68.
21 *Lam ʾaʿud abkī*, S. 41-42.
22 *Lam ʾaʿud abkī* , S. 147.

Etliche Passagen des Romanes thematisieren die Rolle des Künstlers in einer Gesellschaft, in der Schreibverbote und Beschlagnahmung von Büchern die freie Meinungsäußerung bestrafen. In einem Telefonat mit Ġāda sagt der Schriftsteller Nāṣir zu diesem Thema:[23]

> „Die Künste brauchen zu ihrer Vollendung einen festen Willen. Vergiss nicht, dass der arabische Künstler in einem Klima arbeitet, wo er mit dicken Seilen aus Gewohnheiten und Traditionen gefesselt ist. Und wie geht es unserer saudischen Gesellschaft, die bis über die Ohren in diesem Meer versunken ist?!"

Ṭalāl wird schließlich verhaftet und muss für sechs Monate ins Gefängnis, da man ihm vorwirft, in einem seiner Gedichte zur Unsittlichkeit aufgerufen zu haben. Der Verrat anderer Intellektueller, die sich in dieser Situation gegen ihn ausgesprochen und ihn öffentlich angegriffen haben, ist für ihn jedoch die schmerzlichste Erfahrung. Trotz Ġādas eindringlicher Appelle, er möge die Heimat nicht verlassen, da es für sie keinen Ersatz gebe,[24] entschließt er sich am Ende des Romans doch, das Land zu verlassen und nach Amerika zu gehen.

Idealisiertes Frauenbild, idealisiertes Männerbild

So wie Ṭalāl Ġāda nicht heiratet, weil er als Ehefrau nur eine Jungfrau akzeptieren kann, wie dies seinem anerzogenen idealen Frauenbild entspricht, so idealisiert auch Ġāda die Männer, denen sie als Erwachsene begegnet. Ṭalāl und Nāṣir werden beide als berühmte, bedeutende Männer geschildert, aus guter und reicher Familie. Sie sind gut aussehend und ihre Stimmen am Telefon berühren sie emotional. Als Ġāda Ṭalāl kennengelernt und ein paar Mal mit ihm ausgegangen ist, ist sie sicher, dass dieser Mann sie für alle ihre Qualen entschädigen werde.[25] Nach der schmerzlichen Erfahrung ihrer Trennung von Ṭalāl ist es Nāṣir, der ihr mit seinem Heiratsantrag und seiner Ausdauer die Hoffnung gibt, doch noch eine Ehe zu schließen. Sie kennt ihn nur aus Telefongesprächen und ist ihm lediglich ein einziges Mal persönlich begegnet. Man kann also davon ausgehen, dass sowohl Nāṣir als auch Ġāda all ihre Idealvorstellungen in den jeweils anderen projizieren. Was daraus wird, erfahren die Leser nicht mehr. Der Roman endet mit Ġādas Entschluss, nach Ṭalāls unerwarteter Abreise in die Zukunft zu schauen und keine Tränen mehr zu vergießen. Sie bricht nicht zusammen, sondern fühlt ihre Stärke. Im letzten Satz des Romans klingelt das Telefon. Beginnt nun mit Nāṣir das ersehnte Glück für Ġāḍa?[26]

---

23 *Lam ʾaʿud abkī*, S. 103; Ü.: EMW.
24 *Lam ʾaʿud abkī*, S. 118.
25 *Lam ʾaʿud abkī*, S. 78.
26 *Lam ʾaʿud abkī*, S. 159.

2.7.2. Romane von Zainab Hifni

„Raqṣ ʿalā d-dufūf", Siǧill al-ʿarab, Kairo, 1998 (112 Seiten)
zweite Auflage bei Dār Ṭalās, Damaskus 2003

„Lam ʾaʿud ʾabkī", Dār as-Sāqī, Beirut 2004 (160 Seiten)

„Malāmiḥ", Dār as-Sāqī, Beirut 2006 (160 Seiten)

„Sīqān multawiya", al-Muʾassasa al-ʿarabīya, Beirut 2008 (132 Seiten)

„Wisāda li-ḥubbik", Dār as-Sāqī, Beirut 2011 (151 Seiten)

2.8. Mohammed Hasan Alwan (Muḥammad Ḥasan ʿAlwān) محمد حسن علوان

Wie schon im ersten Teil dieser Arbeit ausgeführt, fängt ab dem Beginn des Dritten Jahrtausends nun auch die Generation der Zwanzigjährigen an, sich in Romanen kritisch mit ihrer eigenen Gegenwart und mit gesellschaftlichen Fragen auseinanderzusetzen. Mit 21 Jahren schreibt Mohammed Hasan Alwan seinen ersten Roman „Saqf al-kifāya". Der Autor selbst schlug mir für diesen Titel die Übersetzung „Ceiling of Sufficiency" vor. Als Mohammed Hasan Alwan 23 Jahre ist, kommt die erste und zweite Auflage dieses mehr als 400 Seiten starken Romans 2002 im Verlag Dār al-Fārābī in Beirut heraus. 2008 folgt eine Neuausgabe im Verlag Dār as-Sāqī, von der bereits drei Auflagen erschienen sind.

Noch vor dem Weltbestseller „Banāt ar-Riyāḍ" thematisiert Mohammed Hasan Alwan Schicksale von jungen Menschen seiner Altersgruppe. Er betonte im Gespräch mit mir im März 2010, dass es ihm wichtig war zu schreiben, was zwischen Burschen und Mädchen wirklich vorgeht und wie sich deren Beziehungen und Begegnungen angesichts der herrschenden Restriktionen gestalten. Er sei der erste, der in einem saudischen Roman im Detail die Beziehungen von Burschen und Mädchen in Riyāḍ beschrieben habe, sagte er und fügte hinzu: „The way we live, devastates people".

Der Roman beschreibt eine Liebesgeschichte, die jedoch jäh beendet wird, denn der junge Mann darf das Mädchen, das er liebt, nicht heiraten, da sie bereits durch eine von ihrer Familie arrangierte Verlobung an einen anderen gebunden ist. In tiefer Verzweiflung reist der junge Mann zum Studium nach Vancouver, wo er einem irakischen Emigranten und einer 70-jährigen Dame namens Miss Tingle begegnet, die ihn zu trösten versuchen.

Der 1979 in Riyāḍ geborene Mohammed Hasan Alwan hatte bereits mit 15 Jahren begonnen Gedichte zu schreiben und ist auch Autor von Kurzgeschichten. Er hat 2008 in Portland, Oregon, einen Master in Business Administration erworben und arbeitet derzeit (2010/2011) in Ottawa, Kanada, an seinem Ph.D. in Marketing.

Zwei Jahre nach Mohammed Hasan Alwans sehr erfolgreichem Erstlingswerk erschien 2004 der Roman „Ṣūfiyā", die Geschichte einer Grenzerfahrung zweier junger Menschen. Der Roman wird in diesem Kapitel ausführlich dargestellt.

Während eines Studienaufenthaltes in Portland schrieb Mohammed Hasan Alwan dann seinen dritten, 2007 erschienen Roman „Ṭauq aṭ-Ṭahāra", für dessen Titel er mir als englische Übersetzung „The Collar of Purity" vorschlug. Der Roman erzählt die Geschichte eines sehr schönen jungen Mannes aus Riyāḍ, der von einem seiner Lehrer sexuell belästigt wurde und dem es wegen seiner Schönheit die Frauen leicht machen. Er nützt die Frauen aus, so wie er ausgenützt wurde. Sein Leben besteht aus „Sex & Fun" ohne Schuldgefühle. Als er sich in eine geschiedene Frau verliebt und sie heiraten will, muss er verzichten, weil sie durch eine erneute Heirat ihr Kind an ihren geschiedenen Mann verlieren würde. Es geht auch hier wieder, wie im ersten Roman von Mohammed Hasan Alwan, um Liebesbeziehungen, die im Widerspruch zu gesellschaftlichen Normen stehen. Diese Normen jedoch stürzen die jungen Menschen in Verzweiflung.

Mohammed Hasan Alwan hinterfragt das moralische System der Gesellschaft und zeigt den Widerspruch auf zwischen dem Gerechtigkeitsempfinden der heutigen Jugend und dem, was in den Augen der Gesellschaft richtig ist. „Writing novels is asking questions, not giving answers", erläuterte er mir seinen Standpunkt. Neben dem inhaltlichen Aspekt sind seine Romane auch literarisch bemerkenswert, denn Mohammed Hasan Alwan erweist sich als ein Erzähler, der den Gedanken und Gefühlen seiner Romanfiguren detailliert nachspürt und sie facettenreich wiedergibt.

2.8.1. „Ṣūfiyā" صوفيا

Eine Geschichte von Liebe und Tod

Der 2004 erschienene Roman „Ṣūfiyā" erzählt die Geschichte einer krebskranken Libanesin, deren Tod unmittelbar bevorsteht und die, bevor sie stirbt, die Liebe erleben möchte. Über das Internet lernt sie den Saudi Muʿtazz kennen, der ihre Einladung annimmt und mit ihr 42 Tage verbringt, eine Erfahrung, die ihn anfangs herausfordert, dann aber auch überfordert und einen tiefen Eindruck hinterlässt. Seine Gedanken und Gefühle während dieses intensiven Zusammenseins mit Sūfiyā und auch danach, als er die meist bewusstlos dahinsiechende Sūfiyā unter der Obhut einer Krankenschwester zurücklässt und in eine Art Schockzustand verfällt, sind Thema des Romans, dessen Stil ich als poetischen Realismus bezeichnen möchte.

Langeweile als tödliche Bedrohung

Der Ich-Erzähler ist ein junger Mann in den Dreißigern, nach dem Tod seiner Eltern wohlhabend, ohne Beruf und geschieden. Sein zentrales Charakteristikum ist seine Unfähigkeit, Eintönigkeit, Routine und Beständigkeit zu ertragen. Langeweile ist für ihn eine tödliche Bedrohung, und sein Leben besteht aus einem verzweifelten Kampf dagegen. *Malall* (Langeweile, Überdruss), *ratāba* (Eintönigkeit) und *ṯabāt* (Beständigkeit, Stabilität, Gewissheit, Beharrung, Festhaltung, Beibehaltung)[1] verwandeln sein Leben in eine „leere Hölle". [2]

---

1 Wehr, S. 1217, S. 449 und S. 150.
2 *Ṣūfiyā*, S. 29, Ü.: EMW.

„Wieviele Dinge im Universum verändern sich vielleicht gerade während der Minuten, in denen ich geistesabwesend bin! Neue Geschöpfe werden geschaffen, Knospen bilden sich, Sternschnuppen fallen, andere Sterne werden im All geboren und Schicksale werden vom Himmel herabgesandt. Winde, Zeitungen, Millionen Menschen bewegen sich durch Straßen. Insekten vermehren sich, Fische wechseln ihre Positionen im Meer, Künstler begehen Selbstmord, Flugplätze vibrieren vor Aktivität und Häuser erhalten einen neuen Anstrich. Wer fände da Zeit, um auch nur für Minuten geistesabwesend zu sein, für lange sechzig Sekunden! Und wenn diese Abwesenheit manchmal gar eine halbe Stunde dauerte, so wäre das in der Tat ein Verbrechen, ein Verbrechen der Dummheit dem Universum gegenüber."

Im 3. Kapitel beschreibt der Ich-Erzähler die Qual der Langeweile und seine Strategien, um ihr zu entgehen. „Ich war gelangweilt von meiner Gestalt und meinem Geruch, und so sieht keine gewöhnliche Langeweile aus."[3] Mit diesen Worten beginnt eine ausführliche Schilderung des Zustandes jenes Mannes, der durch Ṣūfiyā eine Erfahrung machen wird, die seine Sucht nach Veränderung über das Maß des Erträglichen hinaus fordert. Bereits die Kindheit von Muʿtazz zeigt diesen manischen Wunsch nach permanenter Veränderung und Verwandlung, die sich etwa im ständigen Wechsel seines Haarschnittes und des Schlafplatzes manifestiert. Als er das Zeichnen entdeckt, ist es der Vorgang des Zeichnens an sich, der ihn fasziniert, und zwar wegen der Veränderung des reglosen Weiß auf dem Blatt. Die fertigen Bilder jedoch muss er zerreißen, da er ihren endgültigen Zustand nicht ertragen kann.[4]

Die Pubertät als Paradies der Veränderungen

Die Pubertät wird für den seltsamen Jungen zur schönsten Zeit seines Lebens. Sein Körper verändert sich, sein Gesicht, seine Stimme und auch das Verhalten der anderen ihm gegenüber. An einem einzigen Tag kann er Mann und Kind sein. Durch die neuen Möglichkeiten seiner Stimme verwandelt er sich abwechselnd in einen Mann, ein Kind oder auch in ein Mädchen, und in diesen Rollen telefoniert er mit fremden Menschen und entlockt ihnen ihre Geheimnisse. Er taucht in andere Welten ein, etwa die der Mädchen oder der Pädophilen. Der Zustand ständiger Liebe, mit der er, als verwöhntes Einzelkind, von der Mutter umgeben wird, langweilt ihn ebenso wie die Nächte mit ihrem einzigen Zustand feststehender Finsternis.

Als er erwachsen wird, begreift er die Welt als etwas, das auf der Philosophie der Veränderung aufgebaut ist. Nach dem plötzlichen Unfalltod seiner Eltern tröstet ihn der neue Zustand des Hauses. Er trauert, genießt aber auch die veränderte Lage ohne Vater und Mutter. Seine Versuche, der Langweile in seinem Dasein zu entgehen, scheitern. Er versucht es mit Reisen, verschiedenen Berufen

---

3 *Ṣūfiyā*, S. 21.
4 *Ṣūfiyā*, S. 23.

oder Unternehmungen, und schließlich auch mit einer Ehe, die aber nach drei Jahren nur mehr eine Wiederholung der ewig gleichen Szenen ist. Er lässt sich scheiden. Mit dreißig Jahren ist er traurig und verzweifelt und hat das Gefühl, dass sein Leben zu Ende ist, da es ihm nichts Neues mehr zu bieten hat. Da tritt Ṣūfiyā in sein Leben.

Ṣūfiyās letzte Wünsche

Ṣūfiyā ist 29 Jahre alt, Christin aus dem Libanon und an Krebs erkrankt. Eine Chemotherapie lehnt sie ab, ihr Tod steht unmittelbar bevor. Doch vorher möchte sie noch Dinge erleben, die ihr wichtig sind. Sie reißt die Blätter ihres Abreißkalenders ab und schreibt ihre Wünsche auf deren Rückseite. Sie sagt, das das, was in ihrem Körper noch an Leben geblieben ist, beinahe nicht mehr ausreicht für die wenigen Wochen, die ihr noch bleiben, und für das, was sie noch erleben möchte.

Sie, die noch Jungfrau ist, wünscht sich Muʿtazz, den sie nur vom Internet und Telefon her kennt, denn mit ihm möchte sie die Liebe erleben. Auch wenn es nur eine durch ihren Tod zeitlich bereits begrenzte Zeit der Liebe sein wird, so wünscht sie sich, gemeinsam mit diesem unbekannten jungen Mann aus Riyāḍ einen vollkommenen Zustand (*ḥāla tāmma*)[5] von Liebe zu schaffen und zu durchleben. Und der junge Mann, an einem Tiefpunkt seines Lebens angekommen, entschließt sich, zu ihr zu fahren, zu dieser jungen Frau, die ihm sagt: „Ich brauche deinen Körper" und „Ich werde sterben und du wirst abreisen."[6] Seine Entscheidung, nach Beirut zu Ṣūfiyā zu reisen, beschreibt Muʿtazz so: „Ich habe mich Ṣūfiyā wie ein Vogel ohne Augen genähert, um in ihr Herz und in ihren Körper die Liebe zu säen, bevor ich die Zigarette der Langeweile auslösche, die meinen Mund verbrennt."[7]

Eine Wohnung mit Blick aufs Meer

Ṣūfiyā hat für ihr Sterben und die restlichen Tage ihres Lebens eine Wohnung im zehnten Stock gemietet, von der aus man auf das Meer blicken kann. Sie möchte dort bei offenem Fenster sterben, damit der Engel, der kommen wird um ihre Seele zu Gott zu holen, über das Meer mit ihr in die Höhe steigen kann.[8]

> „Heute betrat ich zum ersten Mal eine offene Wunde in Form einer Wohnung, trotz der Blumen, des Lichts und Ṣūfiyās Gesicht, das von ihrem hartnäckigen Wunsch strahlte, und trotz ihrer offenen Augen, zwei Koffern gleich, die bestrebt sind, die Welt vor ihrer Abreise in sich aufzunehmen. Ich trat auf sie zu als ob meine Schritte nach vorne rück-

---

5 *tāmm*: vollständig, vollkommen, perfekt, vollwertig, keiner Ergänzung bedürfend; Wehr S. 145.

6 *Ṣūfiyā*, S. 37.

7 *Ṣūfiyā*, S. 17.

8 *Ṣūfiyā*, S. 33; Ü.: EMW.

wärts gingen. Ich fühlte, dass das Ausmaß des Elends, das zu entschärfen ich gekommen war, größer ist als meine Fähigkeiten und dass alle menschlichen Talente in mir, vom Mitgefühl bis zum Possenreißen, die Fülle an Trauer nicht eindämmen werden, die aus ihren Augen hervorbricht wie Noahs Vulkan."[9]

Zum ersten Mal wurde eine Wohnung für den Tod gemietet und nicht für das Leben. In dieser Wohnung verleben die beiden 42 Tage, in denen Muʿtazz die Wohnung nicht verlässt und erstmals in seinem Leben auf einen anderen Menschen eingeht, mit ihm mitempfindet und seine Menschlichkeit entdeckt.

Beirut und Ṣūfiyā: Geschichten vom Krieg

Beirut ist nicht eine Stadt wie jede andere und Ṣūfiyā nicht eine junge Frau wie alle anderen. Beide sind geprägt vom Krieg. „Die Wände von Beirut haben ein präzises Gedächtnis. Sie behalten sogar die Namen der Bomben und die Farben des Unglücks."[10] Ṣūfiyā ist eine Tochter dieser Stadt, sie hat drei Viertel ihres Lebens im Krieg verbracht. Und sie weiß, dass der Tod von Beirut anders ist und es nirgends auf der Welt einen Todesengel gibt, der so seine Pflicht erfüllt wie der von Beirut.

Ṣūfiyā erzählt Muʿtazz Geschichten, in denen Schmerz und Freude wie siamesische Zwillinge auf seltsame Weise miteinander verbunden sind. Er weiß nie, ob ihre Geschichten erfunden oder wahr sind. Sie selbst legt keinen Wert auf den Unterschied zwischen Wahrheit und Erfindung. Es sind ihre persönlichen Geschichten und auch die des kollektiven Gedächtnisses von Beirut, die sich zu einer Wahrheit vereinigen. Muʿtazz hat angesichts dieser grauenhaften Kriegsgeschichten das Gefühl, dass Sūfiyās Duft der von Schießpulver ist und er in ihrem Körper das Echo der Schüsse und Bomben hören kann, so wie man in einer großen Muschel das Meer rauschen hört.[11]

Eine Grenzerfahrung

Der Tod, der in Ṣūfiyās Leben durch den Krieg so intensiv präsent war, begegnet nun auch Muʿtazz unmittelbar, mit allen Gedanken, Gefühlen, Ängsten und Fragen, die er auslöst. Und mit all den Zweifeln an einem Gott, der Ṣūfiyās Tod zulässt. Ṣūfiyā hadert mit Gott, stellt ihm Fragen und ist im ständigen Dialog mit ihm, der ihr Schaden zugefügt hat und der ohne Grund ihre Eltern und so viele andere Menschen im Krieg hat sterben lassen. Sie betrachtet es als ihr Recht,

---

9 Hier ist jener Berg gemeint, an dem Noahs Arche nach der Sintflut gestrandet sein soll. Je nach Quelle kann dieser Berg in Armenien, Arabien oder in der heutigen Türkei (entweder der Ararat oder der Cudi Dağı) gewesen sein. Die entsprechende Koranstelle (Q 11,44) spricht von einem Berg namens Ǧūdī. Khoury S. 169.

10 *Ṣūfiyā*, S. 16.

11 *Ṣūfiyā*, S. 57.

Gott zu tadeln. Muʿtazz hat Gott schon von Kindheit an als einen Mächtigen erlebt, der schweigt.

Ein heftiger Schock begegnet ihm am 20. Tag, als Ṣūfiyā einen gesundheitlichen und nervlichen Zusammenbruch hat, bei dem er ihr beisteht. Als Muʿtazz aus Riyāḍ zu Ṣūfiyā gereist war, bedeutete sie ihm nicht viel. Er fand ihre Geschichte vom Sterben nicht ganz glaubhaft, in jedem Fall aber aufregend. Im Zuge des intensiven Zusammenlebens mit ihr entwickelt er jedoch eine bisher nie gekannte Fähigkeit zur Empathie. „In den Tagen, die ich mit ihr verbracht habe, hat Ṣūfiyā die Truhe meiner Gefühle geöffnet und all mein Mitgefühl beansprucht.“[12] Er kann sich nicht mehr vorstellen, an einem anderen Ort zu sein als in dieser Wohnung. Er fühlt, dass seine Anwesenheit an diesem Ort eine menschliche Notwendigkeit geworden ist, die erste wahre Aufgabe, die ihm als Mensch anvertraut worden war.

Zwischen Hier und Dort

Als Muʿtazz später zurückschaut und sich an seine Ankunft bei Ṣūfiyā erinnert, weiß er: „Ich hatte nicht eine Wohnung betreten, sondern eine Grabstätte.“[13] Er hat die Empfindung, dass Ṣūfiyā ihre Blicke immer mehr auf das richtet, was außerhalb der menschlichen Existenz ist, außerhalb der zeitlichen Wahrheit, außerhalb dessen, was der Himmel bedeckt. Ihre Blicke öffnen eine letzte Tür, und sie beide sind nicht mehr auf der selben Seite dieser Tür. Während Muʿtazz dies bewusst wird, klammert sich Ṣūfiyā immer stärker an den letzten Rest von Leben, der ihr bleibt, und behauptet, von ihm schwanger zu sein. Sie phantasiert von einem Himmelskind, das sie im Himmel gebären und das bei Gott aufwachsen wird. Während er sich Sorgen um dieses Kind macht, wird Ṣūfiyā immer euphorischer und sieht das Kind zwischen den Wolken aufwachsen, sich in den Flügeln der Engel verstecken und in den Gassen des Lichts laufen. Bis zum Schluss weiß Muʿtazz nicht, ob Ṣūfiyā wirklich von ihm schwanger war.

Immer mehr jedoch wird Muʿtazz zu einem Teil ihrer Krankheit, und sein Unbehagen wächst. Er hat Angst, diese Rolle zu spielen. Die Szenen zwischen ihnen beginnen sich zu wiederholen. Er stößt an seine Grenzen und kann den Schmerz seines Mitgefühls nicht mehr ertragen. Ein kurzer Spaziergang durch Beirut am 42. Tag zeigt ihm, dass er hier fremd ist. Er braucht eine Auszeit und nimmt sie sich auch. Nach einer neuntägigen Abwesenheit kehrt er zurück, aber nur, um wieder zu gehen, als Ṣūfiyā in einen Dämmerzustand fällt. Seine Rolle ist zu Ende, beim Sterben kann er ihr nicht zusehen. Er geht ein letztes Mal durch Beirut und sieht überall Ṣūfiyā in den Straßen wie einen Geist, der zwischen Himmel und Erde schwebt.

---

12 *Ṣūfiyā*, S. 67.
13 *Ṣūfiyā*, S. 39.

Während Ṣūfiyā in Beirut sterbend in ihrer Wohnung liegt, betreut von einer Krankenschwester, schreibt Muʿtazz in Riyāḍ ihre Geschichte auf. Er ist in einer Art Schockzustand, in dem er alle Trauerriten vollzieht, ohne wirklich traurig zu sein. Er fühlt sich „wie ein Leichnam in Formalin", er bewegt sich nicht, geht nicht aus und fühlt, dass jede zusätzliche Aktivität nicht angebracht ist angesichts der Heiligkeit des Todes, der sich Ṣūfiyā nähert und vor dem er geflüchtet ist. Ihm ist, als sei er in ein schwieriges Schauspiel hineingeraten, dessen Text er nicht kennt und nicht versteht.[14] Viele Fragen über den Tod, Gott und sein eigenes Leben vermengen sich mit seinen Gedanken an Ṣūfiyā. Ein letzter Besuch bei ihr, die ihn möglicherweise nicht mehr erkennt, erschüttert ihn zutiefst.[15]

> „Ihre Augen waren wie zwei tote Kater, und ihr Körper war völlig ausgelöscht, als ob der Tod in der Nacht die Hälfte des Mädchens gestohlen und nach oben in ein Versteck geschmuggelt hätte. Es blieb nur mehr sehr wenig an Leben in dem zerstörten Körper. Inzwischen waren die Infusionen, die sie bisher nur zeitweilig erhalten hatte, ständig mit ihren Venen verbunden, und kaum erwachte sie aus einer Bewusstlosigkeit, so fiel sie schon wieder in eine andere. Der Körper erlosch, ein Organ nach dem anderen. Hier, in jenem Zimmer, das wir einige Wochen hindurch mit Leben erfüllt hatten, kündigte in der Tat alles seine Kapitulation an. Alles war fahl geworden, von den Bettlaken bis zu den Haarspangen. Der ganze Ort starb mit Sūfiyā."

Ihm wird bewusst, dass Sūfiyā weggehen wird ohne eine Adresse zu hinterlassen und dass sie nicht zurückkommen wird. Oder doch? Muʿtazz wünscht sich, dass sie ihm die Nummer ihrer Wolke hinterlässt und ihm mit ihren schwach gewordenen Fingern den Weg aufzeichnet.

Wenige Wochen später erfährt er, dass sie im Krankenhaus gestorben ist und nicht in ihrer Wohnung am Meer, wie sie es sich gewünscht hatte. Vier ihrer Wunschzettel, die sie geschrieben hatte, liegen dort noch immer auf einem kleinen Tisch. Sie tragen Wünsche ... vergebliche Wünsche.

Und die Langeweile kehrt zu Muʿtazz zurück.

2.8.2. Romane von Mohammed Hasan Alwan

„Saqf al-kifāya", die ersten beiden Auflagen bei al-Fārābī Beirut 2002, ab der dritten Auflage Dār as-Sāqī, Beirut 2008 (470 Seiten),

„Ṣūfiyā", Dār as-Sāqī, Beirut 2004 (144 Seiten)

„Ṭauq aṭ-ṭahāra", Dār as-Sāqī, Beirut 2007 (287 Seiten)

---

14 *Ṣūfiyā*, S. 127-128.
15 *Ṣūfiyā*, S. 140. Ü.: EMW.

2.9. Rajaa Alsanea (Raǧāʾ aṣ-Ṣāniʿ) رجاء الصانع

2007 ging der Name einer damals 25-jährigen saudischen Studentin durch die Weltpresse. Raǧāʾ aṣ-Ṣāniʿ, in der englischsprachigen und deutschsprachigen Ausgabe ‚Rajaa Alsanea' geschrieben, hatte 2005 bei Sāqī in Beirut ihren ersten Roman „Banāt ar-Riyāḍ" publiziert, der – wie andere Werke in diesem Zeitraum auch (siehe zum Beispiel „Saqf al-kifāya", 2002, von Mohammed Hasan Alwan) – beschrieb, wie junge Menschen in Saudi-Arabien die Liebe erleben.

Im Unterschied zu anderen Werken, die ähnliche Themen behandeln, wurde „Banāt ar-Riyāḍ" (englischer Titel: „Girls of Riyadh", deutscher Titel: „Die Girls von Riad") ein Weltbestseller, dessen Medienecho man ohne zu übertreiben als gewaltig und für einen arabischen Roman als einzigartig bezeichnen kann. Die genaue Zahl der Leserinnen und Leser dieses bisher in 26 Sprachen[1] übersetzen Romans ist nicht feststellbar, da eine Reihe von Raubkopien und Raubdrucken im arabischen Raum erschienen sind und der Roman überdies illegal im Internet in arabischer und englischer Sprache gratis zum Download verfügbar war bzw. eventuell auch noch ist.

Rajaa Alsanea wurde Ende 1981 in Kuwait geboren und entstammt der saudischen Oberschicht. Ihr Vater war in Kuwait Redakteur im Informationsministerium. Rajaa ist das Jüngste von sechs Geschwistern und hat vier ältere Brüder und eine ältere Schwester. Sie begann, vom Vater ermutigt, schon als Kind zu schreiben. Der Vater starb an einem Herzinfarkt, als sie acht Jahre alt war, und die Familie übersiedelte nach Riyāḍ. Rajaa Alsanea erzählte in einem Interview, dass sie Privatschulen besucht hatte und erst an der Universität eine öffentliche Bildungseinrichtung erlebte, wo sie erstmals mit weniger reichen Mädchen zusammenkam, auch mit Schiitinnen und Mädchen aus einem dörflichen Umfeld.[2] Alle ihre Geschwister sind Ärzte, und auch Rajaa Alsanea studierte in den USA Zahnmedizin. Sie ist nach eigenen Angaben die erste Frau in Saudi-Arabien, die eine Ausbildung als Endodontistin[3] hat.

Ihr Roman „Banāt ar-Riyāḍ" hat eine Reihe von anderen Autorinnen und Autoren inspiriert, über das Leben junger Araberinnen zu schreiben. Diese Bücher erschienen unter ähnlichen Titeln wie „Šabāb ar-Riyāḍ", „Banāt ad-Dammām", „Banāt al-Qāhira", „Banāt al-Ḫarṭūm", „Banāt Ẓahrān" etc. In der Sekundärliteratur erwähnt sind überdies „Suʿūdīyāt" von Sāra al-ʿUlaiwī (2006), „Banāt min ar-Riyāḍ" von Fāyiza Ibrāhīm (2006), und „Banāt al-mamlaka" von Ḫālid aṣ-Ṣaqʿabī.[4] Auch Bücher, die sich mit „Banāt ar-Riyāḍ" kritisch auseinandersetzen, sind erschienen,

---

1 Laut Auskunft von The Penguin Press, New York, vom 12. Oktober 2010.
2 http://www.brigitte.de/gesellschaft/politik-gesellschaft/rajaa-alsanea-559915.
3 Endodontie oder Endodontologie ist ein Teilbereich der Zahnheilkunde. Die häufigsten Behandlungen in der Endodontie sind Wurzelkanalbehandlungen.
4 ar-Rifāʿī, S. 200, und aḍ-Ḍāmin S. 376-378.

wie beispielsweise „al-Mirʾāt al-munʿakisa" von Sāra az-Zāmil (2006) und „Ḥāqīqat riwāyat Banāt ar-Riyāḍ", auf das in diesem Kapitel noch näher eingegangen wird.

2.9.1. „Banāt ar-Riyāḍ" (Mädchen aus Riyadh) بنات الرياض

Ein Weltbestseller aus Saudi-Arabien

Die Ursachen für den internationalen Erfolg von „Banāt ar-Riyāḍ" scheinen auf der Hand zu liegen: Ein hübsches Mädchen stellt sich gegen eine unterdrückende Gesellschaft, und dies in Form eines leicht lesbaren Romans, der von den Reichen und Schönen einer rätselhaften Welt berichtet, ihren Liebesgeschichten, Hoffnungen, Enttäuschungen und Schmerzen. Mit der Forderung der Autorin nach mehr Freiräumen für die Jugend ihres Landes konnten sich die Leserinnen und Leser aller Länder und Altersstufen obendrein problemlos identifizieren. Angesichts der PR-Kampagnen der Verlage für den Roman und der Medienberichte entstand der Eindruck, der Roman transportiere genau jene Klischees über Saudi-Arabien, die aus den Medien ohnedies bestens bekannt sind.

Auch der Zeitpunkt des Erscheinens des Romans begünstigte das weltweite Interesse: Durch das Attentat auf das World Trade Center in New York am 11. September 2001, bei dem unter den 19 beteiligten Terroristen 15 saudische Staatsbürger waren, wurde – vor allem in Europa und den USA – das Interesse an der arabisch-islamischen Welt und somit auch an den extrem konservativen und rigiden gesellschaftlichen Rahmenbedingungen in manchen arabischen Ländern geweckt. Erstmals schien es nun, dass mit „Banāt ar-Riyāḍ" ein Buch auf dem Markt ist, das es ermöglicht, hinter den Schleier der Frauen zu schauen und Informationen zu bekommen, die bisher nicht zugänglich waren. Dazu kommt, dass die Tendenz der westlichen Medien, sich immer stärker in das Intimleben der Menschen zu drängen, ohnedies erheblich ist und durch Boulevardmedien und Fernsehen beim Publikum permanent wachgehalten wird. Die Chance, intime Details über das Gefühlsleben junger, unverheirateter Mädchen in Saudi-Arabien und über ihre Beziehungen zu Männern zu erfahren, wollten Leser und vor allem Leserinnen aller Kontinente nicht ungenützt vorübergehen lassen.

Was die weltweite Verbreitung und das Medienecho betrifft, nimmt „Banāt ar-Riyāḍ" eine Sonderstellung unter den zeitgenössischen saudischen Romanen ein. Kein einziger saudischer Roman hat auch nur annähernde jene Verbreitung erreicht. Ist diese Sonderstellung durch die Qualität des Romans auch gerechtfertigt? Oder liegt die Ursache für diesen Welterfolg ausschließlich in der speziellen Konstellation Thema-Autorin-Zeitpunkt? Oder ist der Welterfolg möglicherweise bloß ein Zufallsphänomen? Eine Antwort auf diese Frage möchte ich an Ende meiner Analyse zu geben versuchen.

Die Idee

Die Grundidee des Romans entspricht den Kommunikationsmöglichkeiten, welche die saudische Jugend zu Beginn des dritten Jahrtausends durch das Internet vorfindet. Daraus entwickelte Rajaa Alsanea ein Szenario, in dem eine einzige junge, weibliche Person die Initiative ergreift und ein ganzes Land dazu auffordert, Dinge in Frage zu stellen und zu diskutieren. Sie tut dies anonym über E-Mails, die sie an alle saudischen E-Mail-Adressen verschickt. Diese Idee des Publizierens ohne Grenzen und des Schaffens eines öffentlichen Bewusstseins durch Internet-Kommunikation könnte zeitgemäßer nicht sein.

Weiters beschränkt sich die Autorin nicht nur darauf, in den E-Mails eine Geschichte zu erzählen, sondern sie greift auch in der Rolle der anonymen Absenderin kommentierend ein. Dabei wendet sie sich direkt an ihre Leserschaft und geht bereits auf viele mögliche Einwände und Kritikpunkte ihrer Leser prophylaktisch ein, ein raffinierter rhetorischer Trick, durch den eine lebendige Dialogsituation zwischen der anonymen Verfasserin der E-Mails und den Leserinnen und Lesern entsteht.

Die Absenderin der Mails als zentrale Romanfigur

Die Frage, ob die Verfasserin der anonymen Mails mit der Autorin identisch ist, ist bei einem literarischen Werk irrelevant. Ich-Erzähler oder Ich-Erzählerinnen sind in dem Moment, in dem sie eine Rolle in einer literarischen Form übernehmen, immer ein literarisch konstruiertes Ich, wobei es aus literarischer Sicht irrelevant ist, wie sehr dieses Ich dem tatsächlichen Ich des/der Schreibenden entspricht. Ob authentisches Ich oder Wunsch-Ich: In jedem Fall handelt es sich um ein literarisches Ich. Daher ist eine Ich-Erzählerin aufgrund ihrer Rolle in einem literarischen Werk als Romanfigur anzusehen. Diese Romanfigur ist in „Banāt ar-Riyāḍ" eine energische, selbstbewusste, aktive und intelligente junge Frau, die sich eine eigene Meinung gebildet hat und nicht davor zurückschreckt, diese auch anderen mitzuteilen. Sie „verkörpert nicht die Rolle des jammernden, leidenden und ohnmächtigen weiblichen Opfers. Sie ist eine junge Frau, die mutig handelt, indem sie der saudischen Gesellschaft in aller Öffentlichkeit einen Spiegel vorhält."[5]

Adressaten der Mails sind all jene, die in Saudi-Arabien über einen Internetanschluss verfügen. Die Idee, dass sich ein einzelnes junges Mädchen an alle Menschen eines Landes wenden kann und so allen ihre Sorgen, ihr Unbehagen und ihre Gesellschaftskritik mitteilt, ist kühn und angesichts des Alters der Autorin (mit 18 Jahren begann sie, an diesem Buch zu schreiben, beim Erscheinen der arabischen Fassung war sie 23 Jahre alt) gut nachvollziehbar. Denn sich zu enga-

---

5 Martinez-Weinberger: *Männliche und weibliche Lebenswelten im Spiegel moderner Romane aus Saudi-Arabien,* S. 106.

gieren und die Welt besser machen zu wollen ist schließlich das Vorrecht, wenn nicht sogar die Aufgabe der Jugend.

Literarische Konstruktion

In meiner 2009 fertiggestellten Diplomarbeit[6] habe ich „Banāt ar-Riyāḍ" ausführlich analysiert. Aus meiner Sicht kann man „Banāt ar-Riyāḍ" durchaus dem Genre des „Briefromans" zurechnen, wie er zeitgemäßer nicht sein könnte. Ich schrieb damals: „‚Banāt ar-Riyāḍ' entspricht den für das beginnende 21. Jahrhundert typischen Kommunikationsweisen insofern, als dieser Roman aus Briefen in Form von E-Mails besteht, die von einer unbekannten jungen Frau ein Jahr lang (und zwar zwischen dem 13.2.2004 und dem 18.2.2005) jeden Freitag über yahoogroups.com anonym von der Adresse „seerehwenfadha7et" (*sīra w-infaḍaḥat*)[7] an einen ebenfalls anonymen Adressatenkreis versandt werden. Dieser Kreis der Empfängerinnen und Empfänger umfasst die meisten Internetnutzerinnen und Internetnutzer in ganz Saudi-Arabien. Die E-Mails stellen eine Erzählung in Fortsetzungen dar und beschreiben mehrere Jahre aus dem Leben von vier Freundinnen."[8]

„Die fünfzig E-Mails, aus denen der Roman besteht, stellen quasi fünfzig Romankapitel da, deren Titel jeweils im „Betreff" der Mails angegeben ist. Jedem Mail ist weiters ein Zitat als Motto vorangestellt."[9] „Nach dem „Betreff" des jeweiligen Mails und dem darauf folgenden Zitat wendet sich die Mail-Schreiberin direkt an ihre Leserinnen und Leser und geht auf deren Reaktionen ein. Sie zieht also die Fiktion des Romans konsequent durch, indem sie vorgibt, dass alle Internetuser in Saudi-Arabien Woche für Woche ihre E-Mails erhalten, diese diskutieren und der Autorin Kommentare zu den Mails senden, auf welche diese wiederum im Mail der jeweils nächsten Woche reagieren kann. Diese Konstruktionstechnik ermöglicht es ihr, die von ihr erwartete Empörung über das Ansprechen von Tabuthemen gleich im Buch diskutieren und kritisieren zu können. Aufgrund ihrer Kenntnis der saudischen Gesellschaft weiß sie, welche Kritik man an ihrem Buch üben wird, und sie nimmt zu dieser erwarteten Kritik Stellung. So regt sie zum Diskurs an, nimmt gleichzeitig selbst daran teil und kommentiert diesen

---

6 Martinez-Weinberger: *Männliche und weibliche Lebenswelten im Spiegel moderner Romane aus Saudi-Arabien.*

7 Anspielung auf eine beliebte libanesische Fernsehsendung mit dem Titel „Sīra w-infataḥat". „Seerehwenfadha7et" (in internetgerechtem Arabizi geschrieben) wird in der englischen Ausgabe mit „memoirs disclosed", in der deutschen mit „das unverhüllte Leben" übersetzt. Wehr S. 621: *sīra*: Lebensgang, Biographie, Geschichte. Wehr S. 968: *infaḍaḥa*: entdeckt werden, enthüllt werden, bloßgestellt werden, offenkundig werden, an den Tag kommen.

8 Martinez-Weinberger: *Männliche und weibliche Lebenswelten im Spiegel moderner Romane aus Saudi-Arabien*, S. 72.

9 Martinez-Weinberger: *Männliche und weibliche Lebenswelten im Spiegel moderner Romane aus Saudi-Arabien*, S. 73-75.

Diskurs überdies: eine Methode, die es ihr ermöglicht, in Dialog mit den Gedanken ihrer Leserinnen und Leser zu treten. Im 33. Mail thematisiert die Autorin eine mögliche künftige Buchausgabe all ihrer Mails, womit die Illusion der anonymen Mails auf die Spitze getrieben wird. Dem Leser wird der Eindruck vermittelt, dass es die im Buch zusammengefassten Mails tatsächlich einmal als echte anonyme Mails gegeben hat und diese erst aufgrund von Zuschriften an die damals noch anonyme Absenderin später in jenem Buch zusammengefasst wurden, das die Leser in Händen halten."[10]

Nachdem zu Beginn jedes Mails die Leserinnen und Leser direkt angesprochen worden sind, folgt die eigentliche Romanhandlung. Hier wird das Prinzip des Fortsetzungsromans angewandt, wenngleich durch die Zusammenfassung aller 50 im Wochentakt erscheinenden Mails in einem einzigen Buch die (fiktiv anzunehmende) Wartezeit nur für den Mailverkehr gilt, nicht aber für die Leser des Buches.

Thema und Anliegen

Der Roman hat ein von der anonymen Absenderin der Mails klar formuliertes Ziel. Sie strebt Reformen an und möchte zu diesem Zweck mit dem Roman einen gesellschaftlichen Diskurs in Gang setzen. Sie selbst bezeichnet dies als *taǧriba maǧnūna* (verrückte Erfahrung; in der deutschen Fassung: verrücktes Experiment).[11] Hier einige Zitate zur Frage des gesellschaftlichen Diskurses:

> „Alle missbilligen meine Offenheit beim Schreiben. Man findet es verwerflich, dass ich ‚Tabus' angehe, die in unserer Gesellschaft nicht offen diskutiert werden, schon gar nicht von seiten eines jungen Mädchens wie mir. Aber gibt es nicht für alles mal einen Anfang?...Vielleicht gibt es jetzt nur wenige Menschen, die an meine Sache glauben, vielleicht gibt es überhaupt niemanden. Aber ich bezweifle, dass ich in einem halben Jahrhundert noch viele Gegner haben werde." [12]

> „Ich schreibe für alle, die unzufrieden, widerspenstig, wütend, zornig sind."[13]

> „Ich habe ungefähr hundert Zuschriften erhalten, und nachdem ich sie alle gelesen habe, bin ich zu der Überzeugung gekommen, dass wir ein Volk sind, dass sich darauf verständigt hat, sich nicht zu verständigen. ... und es macht mich noch glücklicher, wenn ihr ganz anderer Meinung seid. Das zeigt mir, dass einige von euch anfangen, sich nicht länger nach der Mehrheit zu richten, sondern sich eine eigene Meinung bilden. Ich finde es wunderbar, wie ihr an eurer Meinung festhaltet und sie verteidigt. Das ist wahrscheinlich der größte Erfolg, den ich mit meinen E-Mails verzeichnen kann." [14]

---

10 Martinez-Weinberger: *Männliche und weibliche Lebenswelten im Spiegel moderner Romane aus Saudi-Arabien*, S. 76.

11 *Die Girls von Riad/Banāt ar-Riyāḍ*, Kapitel 1.

12 *Die Girls von Riad*, Kapitel 16.

13 *Die Girls von Riad*, Kapitel 1.

14 *Die Girls von Riad*, Kapitel 14.

Und auf (fiktive und von ihr vorweggenommene) Leserreaktionenen, in denen ihr hämisch entgegengehalten wird, sie werde weder die Welt verbessern noch die Menschen ändern, entgegnet die Autorin:

> „Das ist richtig, aber im Unterschied zu allen, will ich es wenigstens versuchen. ... ich arbeite ständig daran, meine Fehler zu korrigieren, und ich kenne kein Erbarmen, wenn es darum geht, mich weiterzuentwickeln. Aber wenn ich mich so umschaue, sehe ich leider niemanden, der das auch so sieht. Es wäre schön, wenn alle die, die mich kritisieren, sich selbst einer kritischen Bewertung unterziehen würden, bevor sie sich daran machen, mich an den Pranger zu stellen. Vielleicht bereuen wir unsere Sünden, nachdem wir von ihnen im Internet gelesen haben. .... Die wirkliche Schande ist meiner Meinung nach, dass jeder von uns an jemand anderem herummeckert und versucht, ihn schlecht und verachtenswert zu machen. Dabei erkennen wir doch alle an, dass wir ein gemeinsames Ziel haben – die Reform.“ [15]

Die Reform, um die es in „Banāt ar-Riyāḍ“ geht, ist der Umgang der Gesellschaft mit jungen Frauen (und auch mit jungen Männern). Der Roman zeigt eine saudische Jugend, die mehr von der Welt weiß als jede Generation vor ihr. Diese jungen Menschen wachsen in einer modernen, globalisierten Welt auf und beginnen nun, die rigiden und nur mit Tradition, nicht aber mit Sinnhaftigkeit begründeten Wertsysteme ihrer Umwelt in Frage zu stellen. Moderne und konservativ-traditionelle Denkmuster prallen aufeinander. Rajaa Alsanea steht für jene, die Fragen stellen, weil sie sich nicht mit den Dingen abfinden, wie sie sind, sondern Veränderungen anstreben. Speziell geht es im Roman um die Frage des Umgangs junger Mädchen und Burschen miteinander, um eine Chance für die Liebe und um Ehen, die auf Liebe basieren und nicht auf Fremdbestimmung. Die Autorin thematisiert Enttäuschung, Trauer und Verzweiflung junger Menschen, die nicht lieben dürfen, sondern in lieblose Ehen gedrängt werden.

Der Roman plädiert dafür, jungen Menschen die Liebe nicht zu verbieten, wobei es hier keineswegs um ein Plädoyer für vorehelichen Sex oder um einen Angriff auf religiöse Überzeugungen geht, sondern lediglich um die Chance für junge Menschen, sich zu verlieben, glücklich zu sein und Ehepartner frei wählen zu dürfen. Das grundsätzliche Streben junger Mädchen nach einem Ehemann wird nicht in Frage gestellt, aber Doppelmoral und das Messen mit zweierlei Maß bei Söhnen und Töchtern wie auch bei Geschiedenen wird angeprangert. So gesehen würde ich das Buch unbedingt dem Genre der engagierten Literatur zurechnen und als ein politisches Buch bezeichnen, das eine klare gesellschaftspolitische Zielsetzung verfolgt. Die Romanhandlung hat dabei die Funktion, die Probleme anschaulich aufzuzeigen, sie ist gewissermaßen ein Mittel zum Zweck.

---

[15] *Die Girls von Riad*, Kapitel 9.

> „Ich will über meine Freundinnen schreiben ....“ (und dazu zitiert die Autorin Nizār Qabbānī:) „über Türen, die nicht geöffnet werden, über Wünsche, die, kaum geboren, erstickt werden, über die große Gefängniszelle, ... über tausende und abertausende Märtyrerinnen, die namenlos begraben werden im Grab der Traditionen.“[16]

Die vier Mädchen, welche die Hauptfiguren der Romanhandlung sind, entstammen der saudischen High-Society (*aṭ-ṭabaqa al-muḫmalīya*). Muḫmal bedeutet Samt. Die Samtgesellschaft erklärte mir Rajaa Alsanea in einem ihrer Mails als die „Cream of the Society“, eine aristokratische, privilegierte Klasse, eine sozioökonomische Oberschicht. Der Roman begleitet das Leben von Sadīm al-Ḥarīmlī, Qamra al-Qaṣmanǧī, Mašāʿil al-ʿAbd ar-Raḥmān und Lamīs Ǧadāwī während eines Zeitraums von mehreren Jahren. Der Roman beginnt mit der Hochzeit einer der vier Freundinnen und endet mit dem Studienabschluss der anderen drei. Er schildert die schwierige und oft fremdbestimmte Partnerwahl, heimliche verbotene Chats, Telefonate und Treffen, Verliebtheit und Enttäuschung, berufliche Erfolge und die ständige Vorsicht, als saudische Frau nichts falsch zu machen, um nicht einen Anlass für üble Nachrede zu bieten.

Die vier jungen Mädchen bzw. Frauen „stehen an der Schwelle zwischen zwei Zeitaltern. Sie bewegen sich zwischen archaischen Traditionen, die Frauen einschränken, und der grenzenlosen Freiheit einer Jetset-Generation, die zu Beginn des dritten Jahrtausends via Handy und Internet kommuniziert und somit nicht mehr beschränkbar und kontrollierbar ist. Sie sind in Ǧidda und in Riyāḍ ebenso zu Hause wie in London, Paris und Amerika, sie wechseln ihre Kleidung im Flugzeug und sind Meisterinnen der scheinbaren Anpassung, was sie nicht daran hindert, ihren Weg selbstbewusst und zielstrebig zu gehen. Seklusion ist im *global village* nicht mehr in allen Lebensbereichen durchzusetzen, sie ist aber als Norm nach wie vor so stark, dass man sie nicht grundsätzlich infrage stellen kann.“[17]

Ist das Buch repräsentativ für Mädchen aus Riyāḍ?

Während meiner Aufenthalte in Riyāḍ wurde ich immer wieder auf „Banāt ar-Riyāḍ“ angesprochen. Die meisten Gesprächspartner äußerten ihr Unbehagen angesichts des Welterfolges des Romans. Vor allem saudische Frauen sind oft der Ansicht, der Roman gebe saudischen Männern ein falsches Bild von saudischen jungen Frauen. Manche der Frauen, mit denen ich sprach, befürchten, man könne aus dem Roman schließen, dass sich saudische Frauen heimlich unmoralisch verhalten. Da dies Frauen in der saudischen Gesellschaft sichtlich permanent unter-

16 *Die Girls von Riad*, Kapitel 1.

17 Martinez-Weinberger: *Männliche und weibliche Lebenswelten im Spiegel moderner Romane aus Saudi-Arabien*, S. 12.

stellt wird und man sie deshalb von Männern streng separiert, fürchten Frauen, dass das Buch das tendenzielle Misstrauen gegen sie noch verstärkt und dass sich dadurch der Druck auf junge Mädchen und Frauen noch erhöhen könnte. Dies hätte zur Folge, dass die Beschränkungen, denen Frauen und Mädchen unterliegen, noch verstärkt werden. Eine Botschaft, die mir mehrmals in Gesprächen vermittelt wurde, war jene, dass Mädchen und Frauen in Saudi-Arabien „nicht so sind“, wie sie in „Banāt ar-Riyāḍ“ geschildert werden.

Ein weiterer Kritikpunkt, der von einigen sehr jungen Mädchen kam, war der, dass im Roman zu viel Sex dargestellt werde. Das ist zwar aus meiner Sicht keineswegs der Fall, ich wurde aber von einer Schriftstellerin darüber aufgeklärt, dass in Saudi-Arabien eine große Scheu bestehe, über sexuelle Dinge zu sprechen, weshalb es vielen auch unangenehm sei, darüber zu lesen. Diese Kritik kam übrigens aus männlicher Sicht nicht, allerdings waren meine männlichen Gesprächspartner ausschließlich Schriftsteller, Journalisten und Universitätsprofessoren für Literatur, die hier möglicherweise aufgrund ihres Berufes anders urteilen als „normale“ Leser. Überdies muss ich betonen, dass ich hier lediglich von punktuellen persönlichen Eindrücken berichte und nicht über etwaige Ergebnisse einer systematischen Meinungsbefragung verfüge. Daher kann ich lediglich ein Stimmungsbild geben. Viele Gesprächspartner unter den Schriftstellern, Journalisten und Universitätsprofessoren für Literatur kritisierten übrigens an „Banāt ar-Riyāḍ“ einhellig die sehr einfache Sprache des Buches, die aus künstlerischer Sicht den Ansprüchen an saudische Romanschriftsteller nicht gerecht werde. Dazu „aš-Šarq al-awsaṭ“: „... the novel includes a mix of classical and colloquial Arabic and is peppered with transliterated English phrases. It deliberately uses an informal writing style, common in internet forums.”[18]

Einige saudische Gesprächspartner berichteten mir, dass in Saudi-Arabien Bücher, die vom Leben und den Gefühlen der Frauen handeln, sehr häufig von Männern gelesen werden. Eine Studentin begründete dies damit, dass Männer wenige Chancen haben, etwas über Mädchen zu erfahren, und daher geradezu „gierig“ nach Büchern sind, die von Frauen geschrieben wurden. Die Journalistin und Schriftstellerin Badriya Al-Bishr bestätigte dies. Sie erlebe immer wieder, dass Männer sehr an Frauenbüchern interessiert sind, und ortet hier eher noch ein Defizit bei deren Ehefrauen, denn, so die engagierte Frauenrechtlerin Badriya Al-Bishr: „Frauen scheuen sich, die Wahrheit zu sehen.“ Bei mir entstand gelegentlich der Eindruck, dass die vehementesten Kritikerinnen von „Banāt ar-Riyāḍ“ den Roman nicht gelesen haben, was sich bei konkreten Rückfragen auch mehrmals bestätigte.

Die Tatsache, dass es die arabische Originalausgabe von „Banāt ar-Riyāḍ“ im Erscheinungsjahr auf drei Auflagen brachte und im Folgejahr auf drei weitere,

---

18 http://www.alawsat.com/english/news.asp?section=3&id=3552.

zeigt deutlich, wie sehr das Buch brisante Themen der saudischen bzw. arabischen Gesellschaft aufgegriffen hat. Die Tatsache, dass der Roman fünf bis sechs Jahre nach seinem Erscheinen immer noch heiß diskutiert wird, ist ein weiterer Beweis dafür, wie relevant „Banāt ar-Riyāḍ" ist und wie sehr die Autorin hier ihren Finger auf offene Wunden gelegt hat. Die negativen Emotionen, die der Roman immer noch auslöst, sind umso erstaunlicher, als inzwischen eine Fülle an neuen, interessanten und ebenfalls durchaus gesellschaftskritischen saudischen Romanen erschienen ist, Romane, die weitaus brisantere Missstände aufzeigen.

Entgegnung in Buchform: „Ḥaqīqat riwāyat banāt ar-Riyāḍ"

Wenn sich jemand die Mühe macht, auf 284 Buchseiten den Roman von Rajaa Alsanea zu analysieren und im Detail zu kritisieren, dann kann man eines sicherlich nicht: Rajaa Alsaneas Buch Relevanz absprechen. Jedenfalls ist mir kein anderer saudischer Roman bekannt, der seinen Gegnern eine Erwiderung in dieser Ausführlichkeit und sogar in Buchform wert war. Faiṣal Saᶜīdān Ǧazāʾ al-ᶜUtaibī ist der Autor eines Buches, das den Titel „Ḥaqīqat riwāyat banāt ar-Riyāḍ" trägt und das in Riyāḍ im Jahr 1429 a. H. (2008 a. D.) im Eigenverlag erschienen ist. Auf dem Cover trägt das Buch eine Empfehlung (*taqdīm faḍīla*) von Šaiḫ ᶜAwaḍ b. Muḥammad al-Qaranī. Der Autor kritisiert unter anderem sehr ausführlich den Romantitel „Banāt ar-Riyāḍ" und die seiner Ansicht nach unzulässige Generalisierung der Aussagen der Autorin über Mädchen in Riyāḍ. Weiters analysiert er, welche Ziele der Roman verfolgt, befasst sich mit Sprache und Stil und geht dann der Frage nach, welche Veränderungen der Roman anstrebt, wobei er ausführliche Vergleiche zwischen der islamischen und „westlichen" Gesellschaft zieht.

Ohne jetzt eine „Kritik der Kritik" zu beginnen, die in wenigen Zeilen auch seriös nicht machbar wäre, möchte ich nur kurz darauf hinweisen, dass al-ᶜUtaibī seinen Diskurs auf einer völlig anderen Ebene führt als Rajaa Alsanea. Er geht vom statischen Bild einer Idealgesellschaft aus und argumentiert ausschließlich auf der Basis von Ḥadīṯ und Koran. Auf die konkreten Kritikpunkte von Rajaa Alsanea, wie etwa Doppelmoral bzw. Messen mit zweierlei Maß, Ungerechtigkeiten, Unterdrückung, Zwangsehen u. a. geht er nicht wirklich ein. Weiters gibt es für ihn nur zwei Pole, nämlich die saudisch-islamische Gesellschaft auf der einen und die „westliche" Gesellschaft auf der anderen Seite, die beide sehr klischeehaft gesehen und als nicht vereinbar dargestellt werden.

Das Buch zeigt deutlich, dass hier völlig unterschiedliche Denkmuster und Weltbilder aufeinanderprallen. An keiner Stelle baut al-ᶜUtaibī eine Brücke zu der jungen Autorin, nie versucht er, ihre Sorgen zu verstehen und wirklich mit ihr in einen Dialog einzutreten. Sein Buch ist ein sehr fleißig-akribisch verfasstes Werk, das aber eine völlig defensive Tendenz aufweist und aus meiner Sicht keine konstruktiven Wege zu einer Verständigung mit der Autorin aufzeigt. Auffallend ist, dass er auf die Kritik an Stammesdenken und an veralteten Traditionen, die nichts mit dem Islam zu tun haben, nicht eingeht, sondern den Islam mit allem, was die saudische Gesellschaft ausmacht, gleichsetzt. Die Frage der Frau wiederum diskutiert er ausschließlich anhand des Unterschiedes zwischen der Idealvorstellung seines Islamverständnisses und einem in seiner Vorstellung existierenden Gegenbild, das er als „westlich“ bezeichnet, nicht aber anhand der Realität oder der Probleme, die Rajaa Alsanea in ihrem Buch anschneidet.

Erfolgsgeschichte

Ich habe eingangs (unter dem Zwischentitel „Ein Weltbestseller aus Saudi-Arabien“) geschrieben, dass „Banāt ar-Riyāḍ“ eine Sonderstellung unter den zeitgenössischen saudischen Romanen einnimmt. Kein anderer saudischer Roman hat auch nur annähernd diese weltweite Verbreitung erreicht. Nicht einmal Abdo Khal und Raja Alem, die 2010 bzw. 2011 den Arabischen Bookerpreis erhalten haben und seit langem Romanschriftsteller von Rang sind, haben jemals außerhalb Saudi-Arabiens jenes Medienecho und jene Verkaufserfolge erzielt wie Rajaa Alsanea. Ich habe daher eingangs die Frage gestellt, ob dieser Erfolg mit der Qualität des Romans erklärt werden kann ist oder ob er ausschließlich auf die spezielle Konstellation Thema-Autorin-Zeitpunkt zurückzuführen ist.

Mutige und gesellschaftskritische moderne Romane sehr junger arabischer Autorinnen gab es bereits in früheren Generationen, wie etwa den 1958 erschienenen und in französischer Sprache geschriebenen Roman „Les impatients“ der 22-jährigen Algerierin Assia Djebar und den im selben Jahr erschienenen Roman „Anā aḥyā“ der gleichaltrigen Libanesin Lailā Baʾlabakkī. Was an „Banāt ar-Riyāḍ“ neu ist, ist die optimistische Grundhaltung. Die Gesellschaftskritik in „Les impatients“ ist aggressiv anklagend, die bei Lailā Baʾlabakkī resignativ-hoffnungslos. Was den 2005 erschienenen Roman der 1981 geborenen Rajaa Alsanea betrifft, so brachte er gewissermaßen „frischen Wind“ in die arabische Frauenliteratur. Keine Viktimisierung, keine Mutlosigkeit, kein Selbstmitleid, sondern eine selbstbewusste, hoffnungsvolle und optimistische Grundhaltung. Ihr Roman ist sichtlich von dem Glauben getragen, dass Veränderung machbar ist und dass die saudische Gesellschaft auch in der Lage sein wird, die von der Hauptfigur, der anonymen Mailschreiberin, aufgeworfenen Fragen zu diskutieren. Das engagierte und konstruktive Hinterfragen ungerechter und nicht mehr zeitgemäßer Traditionen, das in einer unaggressiven, für ein junges Mädchen erstaunlich reifen Form geschieht, ist sicherlich ein neuer Stil in der arabischen engagierten Frauenliteratur. Rajaa Alsanea verstärkt durch ihren Roman nicht Verzweiflung oder Resignation, sondern sie macht Mut. Das könnte einer der Hauptgründe für den Erfolg des Buches im arabischen Raum sein.

In diesem Sinne bringt der Roman aber auch dem sogenannten Westen[19] eine neue Sicht auf die saudische Gesellschaft, denn Rajaa Alsanea und ihre Romanheldinnen entsprechen nicht dem Klischee der unterdrückten arabischen Frau, die ängstlich und übervorsichtig agiert und sich vor „den Männern“ fürchtet. Auch die Idee von Mails, die eine Diskussion im ganzen Land auslösen, ist durchaus zeitgemäß und 2005 noch neu für einen arabischen Roman. Gerade das Internet bietet im wahrsten Sinne des Wortes grenzenlose Möglichkeiten, eine offene Diskussion zu führen, vor allem über Dinge, die üblicherweise verschwiegen werden. Somit meine ich, dass es für den Erfolg von „Banāt ar-Riyāḍ“ in Saudi-Arabien und anderen Teilen der islamisch-arabischen Welt eine logische Erklärung gibt, da das Buch das Schweigen über eine Reihe von gesellschaftlichen Problemen bricht und Themen aufgreift, die bisher nicht offen und kontroversiell diskutiert werden konnten. Den internationalen Erfolg wiederum macht zweifellos aus, das das Buch nicht die klassischen Arabien-Klischees liefert. Es bietet weder Kamele noch die Wüste und vor allem kein Ambiente aus Tausend-und-einer-Nacht, sondern es zeigt das moderne Saudi-Arabien, eine Gesellschaft, die eine unglaublich rasante Entwicklung in nur wenigen Jahrzehnten durchmachen musste und nun in der globalisierten Welt angekommen ist, aber noch viel nicht hinterfragten Ballast mit sich herumschleppt.

Rajaa Alsanea im Interview

„Sex and the Saudi girl“[20], „Mit 25 Jahren schon Rebellin aus Versehen“[21], „Ein sehr gefährliches Buch über die Liebe“[22], „Rajaa Alsanea und ihr ‚Skandal'-Buch über die Liebe“[23], das sind nur einige Titel von Interviews, die anlässlich des Erscheinens der englischsprachigen und deutschsprachigen Ausgabe von „Banāt ar-Riyād“ publiziert wurden. Aus der Fülle der weltweit erschienen Interviews möchte ich exemplarisch zwei herausgreifen und einige Passagen daraus an dieser Stelle zitieren:

19 Ich weigere mich, den Klischeebegriff „Westen“ zu akzeptieren, durch den einerseits Europa von den Vereinigten Staaten von Amerika vereinnahmt wird und der andererseits in vielen Ländern als diskriminierend gemeinter Pauschalbegriff verwendet wird.

20 http://entertainment.timesonline.co.uk/tol/arts_and_entertainment/books/article2041373.ece.

21 http://www.welt.de/kultur/article891750/Mit_25_Jahren_schon_Rebellin_aus_Versehen.html.

22 http://www.stern.de/unterhaltung/buecher/:Rajaa-Alsanea-Ein-Buch-%Fcber-Liebe/588849.html.

23 http://www.daserste.de/ttt/beitrag_dyn~uid,ntyy8kb7wivsowpa~cm.asp.

„Asharq Al-Awsat" interviews „The Girls of Riyadh" Author Rajaa Al Sanea, by Omar El Okeily , 25/01/2006:[24]

„Q(uestion): Your novel mentions some of the problems that Saudi women face.
A(nswer): Yes. My concerns are identical to those of many other women in Saudi Arabia. In fact, I aspire to be the first to signal the beginning of change. These are social changes, that are not connected to religion. This is why I am not anxious about discussing them through my writings. Silence is evil. I hate negativity and refuse to wait for others to act on my behalf. It is my duty to myself and to my children in the future. I fear I will mellow out with age and lose my motivation and courage, as has happened with others.
Q.: The life of the Saudi woman is somewhat secret ... Do you believe your writing will expose you to attacks?
A.: I was expecting to be critized and I included that in the introduction of each letter. Differences in opinions should open the door for dialogue and not aggression. We suffer from an inability to accept rival opinions. Deciding whether to support or condemn a certain point of view requires courage and self-confidence. The majority know that I describe real events but certain groups have attacked me. Strangely, a number of individuals who critized the novel admit they have not yet read it."

„The Sunday Times" vom 8. Juli 2007
„Sex and the Saudi girl" by Lesley Thomas[25]

„Alsanea is no man hater: ‚A lot of men don't really stop and think about what life is like for Saudi girls. My brothers were all raised to respect their sisters and their opinions but my book was still a revelation for them. Fathers have been influenced by it and have started discussing marriages with their daughters more. I got an e-mail from one man who married his daughter to a guy that she didn't like. Now she is divorced and has two kids. She gave him the book as a gift. He said he hadn't realized what he had done to her and now she has full choice over her life. ...
... My brother was worried for me. He asked whether I really wanted to publish it under my own name. He thought it might affect my chances of marriage, that there would be men who wouldn't want to marry me ... I just thought, hey, I wouldn't want to marry them, either. It's a good way of weeding some out. ...
... We have to separate religion from tradition in Saudi Arabia. God didn't say women couldn't drive cars or that divorced women should be treated badly by society. The government does not force change on the Saudi people. If families are willing to change, then the laws will too.'"

2.9.2. Romane von Rajaa Alsanea

„Banāt ar-Riyāḍ", Dār as-Sāqī, Beirut, 2005 (320 Seiten)
1., 2. und 3. Auflage 2005, 4., 5., und 6. Auflage: 2006; 7. Auflage 2007 etc.

---

24 http://www.alawsat.com/english/news.asp?section=3&id=3552.
25 http://entertainment.tomesonline.co.uk/tol/arts_and_entertainment/books/article2041373.ece.

„Girls of Riyadh“, The Penguin Press, New York 2007 (Englische Übersetzung von Rajaa Alsanea und Marilyn Booth)

„Die Girls von Riad", Pendo, München und Zürich 2007 (Übersetzung aus dem Arabischen von Doris Kilias)

„Les filles de Riad“, Ed. Plon, Paris 2007 (Französisch von Simon Corthay und Charlotte Woillez)

Nach Auskunft der Penguin Group, USA, Inhaberin der internationalen Rechte an dem Roman, wurden Übersetzungsrechte in 23 weitere Sprachen vergeben: Italienisch, Spanisch, Catalan, Portugiesisch, Holländisch, Dänisch, Schwedisch, Norwegisch, Ungarisch, Finnisch, Russisch, Hebräisch, Tschechisch, Slowakisch, Polnisch, Kroatisch, Serbisch, Rumänisch, Griechisch, Türkisch, Indonesisch, Malaysisch und Marathi.

2.10. Siba al-Hirz/Siba al-Harez (Ṣibā al-Ḥirz) صبا الحرز

Das Jahr 2006, in dem ein „Tsunami" an neuen saudischen Romanen den Markt überschwemmt hatte, war nicht nur quantitativ, sondern auch qualitativ ein bemerkenswertes Jahr. Einer der interessantesten Romane des Jahres 2006 ist nach Ansicht vieler Experten der Roman „al-Āḫarūn", dessen 26-jährige Autorin ihn unter dem Pseudonym Siba al-Hirz publizierte. Auf den meisten Übersetzungen findet sich die Transkription Siba al-Harez, in manchen Medienberichten sind auch noch andere Schreibweisen zu finden. Die Autorin teilte mir per Mail auf meine Nachfrage hin mit, dass der Kurzvokal in ihrem Vor- bzw. Nachnamen jeweils ein *kasra* ist, das Vokalzeichen für ‚i'. Das arabische ‚z' am Wortende entspricht im Deutschen einem stimmhaften ‚s', was für die Schreibweise Siba al-Hirs sprechen würde.

Jene junge Frau, die sich Siba al-Hirz nennt, ist Jahrgang 1980 und stammt aus Qatīf, einer Oasenstadt am arabisch-persischen Golf in der ölreichen saudischen Ostprovinz, die eines der Siedlungszentren der saudi-arabischen Schiiten ist. Die Tatsache, dass der Roman unter einem Pseudonym geschrieben wurde, bedeutet allerdings nicht, dass die Identität der Autorin völlig unbekannt ist. Bei meinen Recherchen in Saudi-Arabien begegnete ich Personen, die diese junge Schriftstellerin persönlich kennen. So war es mir möglich, mit ihr telefonisch in Kontakt zu treten. Überdies ist in der arabischen Ausgabe von „al-Āḫarūn" eine E-Mail-Adresse angegeben, unter der sie ebenfalls erreichbar ist. Weiters hat sie, wie sie mir schrieb, einige Interviews gegeben. Den Text eines dieser Interviews stellte mir der Journalist Mīrzā al-Ḫuwaildī von „aš-Šarq al-awsaṭ" zur Verfügung.

2.10.1. „al-Āḫarūn" (Die Anderen) الآخرون

Es wäre eine zu engstirnige Sicht, würde man „al-Āḫarūn" auf den Aspekt der darin geschilderten sexuellen Beziehungen unter jungen Mädchen reduzieren. Es ist vielmehr ein Roman einer Adoleszenz, die unter bestimmten Bedingungen stattfindet. Die Reflexionen der Ich-Erzählerin begleiten den schmerzlichen Prozess ihres Erwachsenwerdens und ihrer Suche nach sexueller und emotionaler Orientierung. Von der Erwachsenenwelt isoliert, sind die in dem Roman geschilderten jungen Mädchen mit ihren Problemen auf sich selbst gestellt. Die Autorin bezeichnete in einem Interview ihr Buch als „a long response to pain and alienation".[1] Mona Nagger schrieb über „al-Āḫarūn" in der „Neuen Zürcher Zeitung": „'Die Anderen'

1 http://uk.reuters.com/article/idUKL0824250120070723 vom 23.Juli 2007.

bewegt sich literarisch und thematisch auf einem Terrain, das ‚Die Girls von Riad' nicht bewältigen kann."[2]

Der bei Sāqī 2006 in Beirut publizierte Roman ist 2009 bei Telegram unter dem Titel „The Others" auf Englisch erschienen, wobei der Name des Übersetzers (oder der Übersetzerin) nicht angegeben ist. In der englischsprachigen Ausgabe fehlt unverständlicherweise das Kapitel 12, außerdem sind zwei lange Passagen, in denen zwei Romanfiguren ihre Kindheitserlebnisse schildern, nicht korrekt als direkte Rede gekennzeichnet, was die Zuordnung der jeweiligen Textpassagen zu den Sprecherinnen und somit die Verständlichkeit unmöglich macht.[3] Weitere Übersetzungen folgten, darunter ins Italienische, Spanische, Portugiesische und Niederländische. Die deutsche Übersetzung nahm Angela Tschorsnig in Zusammenarbeit mit Kamal Hayek vor, der Erscheinungstermin der deutschen Ausgabe bei S. Fischer ist voraussichtlich im Frühjahr 2012. Die in der Folge verwendeten Textzitate aus dem Roman stammen aus dem Manuskript von Angela Tschorsnig und Kamal Hayek. Sie wurden mir von Angela Tschorsnig im April 2011 dankenswerterweise zur Verfügung gestellt.

In einem Interview, das der Journalist Mīrzā al-Ḫuwaildī von „aš-Šarq al-awsaṭ" im Jahr 2006 einen Monat vor dem Erscheinen der Buchausgabe von „al-Āḫarūn" mit der Autorin geführt hatte und dessen Text er mir per Mail übersandte, sagte Siba al-Hirz, dass sie in „al-Āḫarūn" einen lang andauernden Zustand der Reaktion auf Schmerz und Isolation beschreibt. Auf die Frage, ob „al-Āḫarūn" so wie „Banāt ar-Riyāḍ" ein Teil des Kampfes für die Befreiung der Frau sei oder aber ein persönlicher Akt der Befreiung von geistigen und seelischen Spannungen durch das Schreiben, gab Siba al-Hirz zur Antwort, dass sie es nicht richtig findet, von Frauen geschriebene Romane auf die „Frauenfrage" zu reduzieren, selbst wenn sich deren Ereignisse in der weiblichen Lebenswelt abspielen. Sie weist darauf hin, dass „al-Āḫarūn" viele Themen behandelt wie Missbrauch, Gewalt, Doppelleben und Liebe in ihren verschiedensten Ausformungen, auch in solchen, die als krankhaft oder gesellschaftlich nicht akzeptiert gelten. Es geht weiters in ihrem Roman um Angst, um gesellschaftlichen Anpassungsdruck, um Identitätsverlust und anderes mehr. Alle diese Probleme haben, so Siba al-Hirz, nicht nur Frauen, sondern auch Männer. Ihr Roman erzähle keineswegs von weinenden Frauen und tyrannischen Männern. Siba al-Hirz verweist schließlich auf das „weite und fruchtbare Feld der Menschlichkeit", in dem sich Männer und Frauen gemeinsam betätigen sollten, denn es gäbe keinen einzigen Grund für Vorurteile zwischen den beiden Geschlechtern.

---

2 http://www.nzz.ch/2007/05/12/li/articleF5885.html vom 12.Mai 2007.

3 *The Others*, S. 129-138 (Erzählung von Ḍayy) und 172-181 (Erzählung von Dārīn).

Schmerz und Isolation

Zwei Themen sind es, die die Gefühle und Gedanken der Ich-Erzählerin des Romans „al-Āḫarūn", deren Name nie erwähnt wird, beherrschen: Schmerz und Isolation. Es geht um Isolation, aus der das Bedürfnis nach anderen Menschen erwächst, und um den Schmerz, der durch die Nähe zu anderen, aber auch durch deren Verlust entsteht. Es geht um die Fragilität des eigenes Körpers, um Lust und um Abgrenzung. Nicht die äußere Handlung macht das Wesen dieses Romans aus, sondern die detail- und facettenreiche Beschreibung der Gedanken und Gefühle, der seelischen und körperlichen Empfindungen eines jungen Mädchens an der Schwelle zum Erwachsenwerden.

Der Roman beginnt etwa in der Zeit um die Jahrtausendwende vor dem 18. Geburtstag der Erzählerin und umfasst den Zeitraum bis nach dem Ende eines Abschnittes ihres Studiums. Die Aktionsräume der Hauptfigur sind die Familie, weiters das schiitische Gemeindezentrum, in dem sie Freiwilligenarbeit leistet, sowie die Universität. Ihre Kontakte beschränken sich auf Freundinnen, die sie in diesem Umfeld kennengelernt hat. Ein virtueller Aktionsraum, der zunehmend an Bedeutung gewinnt, ist neben dem Telefon das Internet.

Verlusterlebnisse

Die Familie, die den primären Schutzraum bieten müsste, erfüllt diese Funktion nicht. Der Vater ist aus Gründen, die nicht erwähnt werden, abwesend, der Lieblingsbruder der Heldin ist an einer Erbkrankheit gestorben. Zwei andere Brüder sowie eine ältere Schwester leben nicht mehr im Haus. Die enge Freundschaft und Verbundenheit mit einer Cousine, die der Erzählerin sehr nahesteht, geht ihr nach deren Heirat verloren. Lediglich die Mutter ist da, die das leer gewordene Haus ebenfalls als bedrückend empfindet. Ihre ängstlichen Kontrollversuche werden jedoch nicht als Geborgenheit, sondern als Belastung empfunden und von der Tochter abgewehrt.

Wie schon in anderen Romanen erweisen sich die Mütter, die seit ihrer Jugend in einer Art Schonraum gelebt haben, als nicht hilfreich für ihre Töchter, da sie ihnen keinerlei Lebenshilfe geben können. Die Mutter sieht ihre Rolle darin, Außenkontakte ihrer Tochter möglichst zu verhindern, um Unheil abzuwenden. Selbst vereinsamt und aus einer anderen geistigen Welt kommend als ihre in den 1980er Jahren geborene Tochter, ist sie nicht in der Lage, dieser Halt und Orientierung zu geben. Die rasanten Veränderungen, die die Welt seit ihrer eigenen Jugend erfahren hat, kann sie weder wahrnehmen noch verfügt sie über die Kenntnisse, um sie zu bewältigen. Im gesamten Roman kommt übrigens keine einzige Frau aus der Muttergeneration vor, die sich als *role model* für die Jugend eignen würde.

Die Hölle, das sind die anderen

Der Roman trägt das Motto „al-āḫarūn hum al-ǧaḥīm“ (Die Hölle, das sind die anderen) von Jean-Paul Sartre und ist in 24 Kapitel und drei Teile gegliedert. Teil zwei beginnt mit Kapitel 16 und trägt das Motto „No door should be opened before the previous one has been closed“ aus dem Film „The Others" (2001, mit Nicole Kidman), Teil drei (ab Kapitel 21) ist ein Motto von Samuel Beckett vorangestellt: „lā ʾaḥad yaʾtī, lā šaiʾ yaḥduṯ“ (Niemand kommt, nichts geschieht).

Eine fundierte Interpretation des Romantitels überlasse ich gerne der Literaturwissenschaft. Vom kulturwissenschaftlichen Standpunkt aus möchte ich ihn dahingehend interpretieren, dass Siba al-Hirz eine Lebensumwelt ihrer Romanfiguren beschreibt, die von einem starken Misstrauen gegenüber allen geprägt ist, die sich außerhalb des engen Zirkels der eigenen Familie, der eigenen Gruppe bzw. des eigenen Wertsystems befinden. In dieser literarischen (und wohl auch der Realität nachempfundenen) Welt ist das Anderssein an sich das Bedrohliche, gegen das man sich abgrenzen muss. Ob eine reale Bedrohung vorliegt, wird nie rational hinterfragt.

Innerhalb der jeweiligen Gruppe wird durch sozialen Druck Konformismus erzwungen. Dem steht extremes Misstrauen gegenüber allen jenen entgegen, die als „die Anderen“ empfunden werden. Dabei kann es sich um Menschen handeln, die nicht zum engen Kreis der Verwandten oder Nachbarn gehören, um Anhänger einer anderen religiösen Richtung oder auch ganz banal um die Mädchen zweier Fakultäten an der Universität, die einander ohne jegliche Ursache oder Begründung diskrimieren. „Die Anderen“ sind auch Menschen mit anderer sexueller Orientierung, wie etwa Frauen, die Frauen lieben. Diese Frauenbeziehungen werden im Roman sehr ausführlich beschrieben.

Verbote bieten keinen Schutz

In einer Umgebung, in der es Tradition ist, Normen durch Verbote durchzusetzen, und in der Isolation als der beste Schutz vor Regelverstößen gilt, lernen junge Menschen nicht, mit „den Anderen“ umzugehen und selbst zu entscheiden, welchen Weg sie einschlagen wollen und welchen nicht. Das macht es ihnen auch sehr schwer, sich gegebenenfalls vor etwas zu schützen, das ihnen schadet. Tabus verhindern obendrein, dass junge Menschen Fragen stellen und ihre Sorgen oder etwaige befremdliche Erlebnisse mit Älteren besprechen können. Die Angst vor Strafe ist größer als das Vertrauen in jene, deren Aufgabe es wäre, Schutz zu bieten.

Dieses Klima bewirkt, dass Kinder und Heranwachsende mit allem, das sie bedrückt oder möglicherweise auch bedroht, alleingelassen werden. So etwa die Romanfigur Ḍayy, die als Kind von einem älteren Mädchen, von dem sie Nachhilfeunterricht erhält, verführt und zu einer sadomasochistischen Beziehung genötigt wird, die sie für immer seelisch und körperlich zerstört. Es zeigt sich, dass Verbote und Tabus nicht nur keinen Schutz vor Missbrauch und schädlichen Erlebnissen bieten, sondern genau das Gegenteil bewirken können.

Sexualität in einer Frauenwelt

Das Thema emotionaler und sexueller Beziehungen zwischen Frauen anzusprechen, ist in der arabischen Literatur nicht neu. Bezogen auf die saudische Gesellschaft sei hier der Roman „Misk al-ġazal" der Libanesin Ḥanān aš-Šaiḫ erwähnt, ferner „Malāmiḥ" von Zainab Hifni und auch „al-Qārūra" von Yousef Al-Mohaimeed, in denen Frauenbeziehungen vorkommen bzw. erwähnt werden. In „Die Anderen" jedoch werden diese Beziehungen nicht bloß als singuläres Phänomen thematisiert. Der Roman schildert junge Mädchen, die Frauenbeziehungen leben, sei es als Liebesbeziehung, sei es als offene Beziehung mit wechselnden Partnerinnen oder als kurzfristiger Lustgewinn ohne tiefere seelische Bindung. Dieses Umfeld, in dem die Hauptheldin einige Zeit zubringt, ist der Rahmen für Geschichten über menschliche Schicksale, vor allem die Schicksale der Hauptheldin und zweier ihrer Freundinnen, Ḍayy und Dārīn, und über Reflexionen zum Thema des Hineinwachsens in die Welt der Sexualität unter den Bedingungen der Geschlechtertrennung.

Sünde und Schuld, Lust und Schmerz

Der Umgang der Romanfiguren mit dem eigenen Körper ist von Widersprüchlichkeit geprägt. Einerseits existiert eine große Scheu der Hauptheldin, mit ihrer eigenen Nacktheit umzugehen, die so weit geht, dass sie sogar zeitweise in ihrem eigenen Badezimmer in Unterwäsche duscht, andererseits werden sexuelle Beziehungen eingegangen, deren einzige Grenze zu sein scheint, die für spätere Heiratschancen so unerlässliche Jungfräulichkeit zu bewahren. Die eingehenden Beschreibungen intimer Szenen zwischen den Frauen richten sich in keiner Weise an etwaige Voyeure unter den Lesern, sondern sind von einer akribischen und leidenschaftlichen Suche nach Wahrheit und nach tiefgehender Analyse getragen. Es geht nicht um Sex, sondern um das Aufzeigen der verzweifelten Suche nach seelischer und körperlicher Nähe und deren meist schmerzvolles Scheitern.

Die Hauptheldin, vereinsamt und unter dem Damoklesschwert ihrer Epilepsie lebend, begegnet der von einem dramatischen Missbrauch geprägten Ḍayy. Ekelgefühle vermischen sich mit Lust, Liebe ist gepaart mit Angst, und durch einen Verlobungsring meldet Ḍayy ihre Besitzansprüche an der unerfahrenen Freundin an. Trotz Ḍayys Vorsicht, dieser nicht das anzutun, was ihr angetan wurde, kommt es doch zu einem gewalttätigen Übergriff. Eine zweite Beziehung mit einem Mädchen namens Dārīn ist harmonischer, doch die Heldin spürt bereits, dass sie trotz dieser gleichgeschlechtlichen Beziehungen keine lesbische Neigung hat, sondern sich nach einem Mann sehnt. Andere Frauenbeziehungen, die sie eingeht, bleiben ohne seelischen Tiefgang, vor dem sie sich schützt.

Das Leben als Teil einer religiösen Minderheit

Im Gegensatz zu diesem verborgenen Leben, das die Erzählerin führt, steht ihre offizielle Tätigkeit als Schiitin, die sich in religiöser Freiwilligenarbeit engagiert. Sie besucht Sommerkurse zu islamischer Theologie und islamischem Recht, sie schreibt für eine pädagogische religiöse Zeitschrift und arbeitet in einer *ḥusainīya*[4], wo sie gemeinsam mit anderen Mädchen religiöse Feste organisiert. In dieser Welt sind viele Regeln und „rote Linien" zu beachten. Die Mädchen stehen permanent unter Beobachtung und fühlen sich wie unter einem Mikroskop.[5]

> „Nach wenigen Geschichten und den ersten Intrigen war mir klar geworden, dass mein Leben und ebenso das der Anderen – damit meine ich die, die sich unter dem Stichwort „gottgefällig" engagierten – mit dem Mikroskop auf Verfehlungen und Niederlagen überwacht wurde. Mein Leben war nämlich nicht meine Privatsache, sondern Allgemeingut im Besitz gieriger Augen, die auf den geringsten Ausrutscher lauerten. Je höher der Bekanntheitsgrad, weil eine manchmal am Mikrofon stand und sich als Unterzeichnerin von Artikeln zu erkennen gab, desto gemeiner wurde bis spät in die Nacht über uns geurteilt und hergezogen.
> Wir waren weder heilig noch standen wir unter dem Schutz von Gottes Huld, sondern bildeten lediglich das gemeine Fußvolk, Helfer dritter Klasse, die äußere Schale, die man ungehindert durchlöchern und zum Gegenstand der Belustigung machen konnte. Mit uns wurde ins Gericht gegangen, denn wir waren die Lücke, die in der langen, perfekt überwachten Marschkolonne aufriss. Wenn sich jemand auf unsere Kosten in den Vordergrund spielte, fühlte sich niemand veranlasst, das zu rügen, und so wurde uns genüsslich Tritt um Tritt in den Hintern versetzt. Unzulänglichkeiten aufgrund der Tagesverfassung wurden wie schwere Verfehlungen zu ernsthaften Angelegenheiten aufgebauscht, die auf keinen Fall kommentarlos durchgehen konnten."

Auch auf der Universität steht sie als Schiitin ständig unter Beobachtung. Immer ist sie auf der Hut, denn sie gehört zu „den Anderen", die auch einmal als Akt der Selbstbehauptung im schiitischen Trauermonat Muḥarram schwarze Blusen tragen, obwohl ihnen dies verboten ist und sie dafür ihr monatliches Stipendium riskieren. Eine Änderung des Umgangs miteinander ist nicht möglich.[6]

---

4 Eine *ḥusainīya* ist eine Versammlungshalle für Schiiten, wo religiöse Veranstaltungen abgehalten werden. Dazu Faleh A. Jabar in *The Schi'ite Movement in Iraq*:, S. 138: „... the husayniyas, the small mosques where only Schi'i believers would gather to say prayers, observe Schi'ite ceremonies and socialize in their neighbourhoods. ... These mosque-like centers were traditional social locations of Schi'ite interaction. Each husayniya constitutes a point of gravity for the Schi'a in the basis of the mahalla, the city quarter.".

5 *al-Āḫarūn*, S. 31. Ü.: Angela Tschorsnig und Kamal Hayek.

6 *al-Āḫarūn*, S. 68. Ü.: Angela Tschorsnig und Kamal Hayek.

„Das war schon so, als wir am College zugelassen wurden, und jeder Versuch, etwas daran zu ändern, gestaltete sich schwierig. Veränderungen im öffentlichen Raum werden als beängstigend empfunden, es könnten sich ja später unerwünschte Reaktionen und missliebige Konsequenzen daraus ergeben. Nach wie vor sind unsere Anwesenheit und unser weiterer Verbleib an diesem College unterschwellig an verschiedene unausgesprochene Voraussetzungen geknüpft, zu denen gehört, dass wir nicht aufmucken. Wenn herauskommt, dass eine von uns irgendwie an religiösen Äußerungen beteiligt ist, hauen sie ihr die Zulassung um die Ohren und sie fliegt hochkant hinaus. Dass wir überhaupt aufgenommen werden, gilt als Zugeständnis, das wir eigentlich gar nicht verdient haben, als Hand, die denjenigen gereicht wird, die – wie es in der ersten Sure heißt – irre gehen und dem Zorn Gottes anheimfallen."

Wie so vieles andere werden auch die religiösen Fragen und die damit zusammenhängenden gesellschaftlichen Probleme in den Familien nicht besprochen. Als Dārīns Vater, der wegen einer verbotenen Reise in den Iran, in dem 1979 die islamische Revolution stattgefunden hatte und wo er eine religiöse Ausbildung machen will, mehrere Jahre im Gefängnis verbringen muss, erklärt niemand dem verstörten Kind die Zusammenhänge. In dem Glauben, ihr Vater sei ein Verbrecher, schwindelt sie anderen vor, er sei Pilot oder verreist, eine verständliche Lüge, für sie sie allerdings von der Mutter als Strafe brutal auf den Mund geschlagen wird.

Epilepsie

In einer Schuldkultur werden Menschen nur für etwas verantwortlich gemacht, das sie auch selbst verschuldet haben. In einer Schamkultur ist dies anders. Hier gilt nicht das reine Gewissen, sondern die öffentliche Reputation als das höchste Gut. Unter diesem Aspekt ist für die Hauptheldin und ihre Familie die Erbkrankheit Epilepsie mit Scham besetzt. Diese Krankheit, die jederzeit in Form von Anfällen öffentlich werden kann, lastet wie ein Damoklesschwert über der Heldin. Als sie einmal in der Universität den Beginn eines Anfalls verspürt, überlagert die Angst vor dem öffentlichen Skandal die Angst vor dem Anfall selbst. Neun Jahre lang lebt sie nun schon mit dieser Krankheit, die ein Geheimnis bleiben muss. Die Heldin betete in diesen Jahren täglich zu Gott, er möge verhindern, dass jemand davon erfährt. Sogar daheim wurde nicht darüber gesprochen, als wäre die Krankheit eine Sünde ohne Chance auf Vergebung, ein Makel, den man verstecken muss, ein Skandal, der den Ruf der Familie befleckt.

Sogar im Krankenhaus, in das die Heldin eingeliefert wird, als sie (aus Versehen oder auch mit einiger Absicht) eine Überdosis ihres Epilepsiemittels geschluckt hat, ist sie voller Abwehr gegenüber den Menschen, die ihr helfen wollen. Ihre anerzogene extreme Scheu vor fremden Menschen macht es ihr selbst in dieser Situation unmöglich, den Ärztinnen und Krankenschwestern zu vertrauen und Hilfe von ihnen anzunehmen.

Das Internet: reale Welt und virtuelle Beziehungen

Das Internet verändert die Wahrnehmung der Welt radikal.[7]

> „Ich bin nicht mehr fähig, mir die Dinge genau anzuschauen und sie nach ihrem Für und Wider, nach richtig und falsch einzuordnen. Mein Hirn ist wie ein archäologisches Fundstück aus Stein, in das 20 Jahre lang alles Mögliche eingraviert wurde, aber nichts, das ich erlebt, erkundet oder berührt habe. Man nimmt wahr, indem man sich überzeugt, mit Auge, Herz und Verstand. Wie kann ich also etwas ernst nehmen, das ich mir nicht in seiner ursprünglichen Gestalt angesehen habe? Und jetzt ist es, als hätte ich einen Schlag abbekommen, auf den ich nicht vorbereitet war. Er wird mir noch lange im Ohr nachdröhnen und mich veranlassen, alles um mich herum noch einmal zu überprüfen. Ich werde Zeit brauchen, alles zu ergründen, es mir aus der Nähe anzusehen, es zu berühren und dann Stellung zu nehmen. Den Schlag hat mir Meister Internet versetzt, und er hat mich verändert. Ich habe in einer bauchigen Flasche gesteckt, und das Internet hat mich in eine grell beleuchtete Welt geholt und mir die Augen verkratzt. Ich kann kaum etwas sehen im Moment, solange ich mich noch nicht an die klare Helligkeit gewöhnt habe."

Das Internet, das sowohl einen Zugang zur Welt und zum globalen Wissen als auch zu anderen Menschen ermöglicht, spielt in vielen saudischen Romanen der jüngsten Schriftstellergeneration eine große Rolle. Auch die Heldin von „al-Āḫarūn" nützt es exzessiv als Tor zur Welt und zur internationalen Jugendkultur. Es dient ihr auch als Instrument zur Lebenshilfe, etwa als sie sich Sorgen wegen ihrer sexuellen Orientierung macht und deshalb im Netz über Homosexualität recherchiert.

So wie schon das Telefon, das für stundenlange nächtliche Gespräche genützt wird, bietet das Internet der Ich-Erzählerin die Möglichkeit, mit anderen jungen Menschen in Kontakt zu treten und sich auszutauschen. Chatrooms ermöglichen Begegnungen, die in der realen Welt nicht machbar sind, nämlich mit jungen Männern und sogar mit Sunniten. Dabei können fiktive, beliebig austauschbare Identitäten angenommen werden. Aus manchen Begegnungen im Netz werden Beziehungen, allerdings nur virtuelle Beziehungen. Das Internet dient als ein Freiraum, der gleichzeitig Schonraum ist. Und so gesehen haben diese virtuellen Beziehungen eigentlich durchaus systemkonformen Charakter, schützt doch der virtuelle Raum das wertvollste Gut jedes jungen Mädchens in der Welt, in der der Roman spielt: die Jungfräulichkeit.

Serien von Nullen und Einsern

Rayyān ist ein Mann, dem die Heldin im virtuellen Raum begegnet. Bisher hatte es keinen Mann in ihrem Leben gegeben. Die Beziehung zu Rayyān wird eine Art Liebe, die rasch zur Sehnsucht wird, wenn der Kontakt unterbrochen ist. Ein Spiel

7 *al-Āḫarūn*, S. 116 –117; Ü.: Angela Tschorsnig und Kamal Hayek.

aus Nähe und Distanz beginnt, wobei von Anfang an klar ist, dass sie einander nie im realen Leben treffen werden. Er ist ein sunnitischer Beduine aus Riyāḍ und sie eine sesshafte[8] Schiitin. Eine Heirat wäre ohnedies undenkbar. Während sie anfangs mit den Unterschieden kokettieren und spielen, ja sie sogar in ihre *nicknames* einbauen, wird nach einen heftigen Streit, der ihnen beiden rasch leidtut, das Thema der Zugehörigkeit zu unterschiedlichen religiösen Gruppen nicht mehr berührt. Gegen Ende der Beziehung bricht die virtuelle Illusion auseinander.[9]

> „Nachdem Rayyân seinen Nickname im Dialogfenster in „Für-mein-Auge-unsichtbar-sitzt-du-auf-der-Spitze-meiner-Wimpern“ geändert hatte, fasste er in treffende Worte, was die Qualität unsere Beziehung ausmachte: ‚Nichts von dem, was zwischen uns passiert, ist real', ließ er mich wissen, ‚bei dir bin ich nur ein herumirrendes Elektron. Nichts ist echt! Ich küsse dich, aber den Weingeschmack deiner Lippen koste ich nicht, ich habe Sex mit dir, aber wie sich die Seide deiner Haut anfühlt, weiß ich nicht, und auch nicht, wie der Honig und die Milch deines Körpers schmecken. Ich habe an Premier Jour gerochen, deinem Parfum, aber seinen Duft direkt auf deiner Haut kenne ich nicht. Ich weiß, dass du jetzt einen blauen Hausanzug anhast, himmelblau, sagst du, aber ich weiß nicht, was für ein Blau und welchen Himmel zu welcher Zeit du damit meinst. Wie jetzt gerade der Himmel über Qatîf, sagst du. Aber ich habe den Himmel über Qatîf noch nie gesehen. Ein wenig kenne ich Qatîf, durch dich, immerhin. Und du Riad auch ein bisschen. Aber du weißt nicht, wie es in Riad aussieht, und ich nicht, wie Qatîf ist. Du hast Bilder von mir, aber ohne Hochglanzpapier und ohne Blitz kennst du mein Gesicht nicht. Meine Stimme erreicht dein Ohr, aber wie sie sich ohne Telekommunikation anhört, weißt du nicht. Es ist alles da, aber letztlich haben wir gar nichts. Was bleibt dir, wenn ich gehe? Worte in rauen Mengen. Unsere Verbindung besteht nur aus einem Haufen Wörter. Was für eine Erinnerung können denn Worte schaffen? Und das Bild von mir, von dem Rayyân, der immer in deinem Innern erhalten bleiben soll, ist nicht einmal ein Bild. Es ist lediglich ein obskures Sammelsurium der Zeugnisse mangelnder Präsenz in einer irrealen Welt.' Seine Worte rissen mir ein schwarzes Loch ins Herz, das sie nicht wieder schlossen. Dies war die letzte Wahrheit, mit der er offenbar Licht in meine Umnachtung bringen wollte. Wir waren Einser und Nullen in Clustern und kompakten Reihen auf dem Weg durch Telefonleitungen mit 20 Ampère.“

Der Tod

Die Beziehungen mit Ḍayy und Dārīn sind zu Ende. Ihr Lieblingsbruder Ḥasan ist tot. Die Universität ist zu Ende, die freiwillige Arbeit in der *ḥusainīya* hat sie aufgegeben und einen vorübergehenden Job in einem Kindergarten ebenfalls, aus Sorge, die Kinder mit einem epileptischen Anfall zu schockieren. Wegen ihrer Krankheit hat sie es auch abgelehnt, ihren Cousin zu heiraten, da sie ihm ihren Zustand und ihren möglichen künftigen Kindern die erbliche Belastung nicht zumuten kann. Der virtuelle Kontakt mit Rayyān ist ebenfalls zu Ende. Sie sieht sich als eine Ansammlung schlechter Gene, empfindet sich als krank und mangel-

---

8 Hier wird auf die unterschiedlichen Kulturen der Beduinen (*badw*) und Sesshaften (*ḥaḍar*) Bezug genommen.

9 *al-Āḫarūn*, S. 227-228; Ü.: Angela Tschorsnig und Kamal Hayek.

haft und meint, nicht einmal fähig zu sein, sich vor einen Zug zu werfen, aus Angst, sie könne ihn verpassen. Nach einem besonders schweren Anfall liegt sie im Krankenhaus.[10]

> „Hier war es unerträglich weiß! Aber ich fügte mich Muhammads Wunsch, zog mir ein weißes Nachthemd an, das kaum das Nötigste bedeckte, und legte mich in einem Zimmer mit weißen Wänden, weißen Türen und weißen Vorhängen an den Fenstern in ein weiß bezogenes Bett. Hier war alles so entsetzlich weiß, dass man ohnmächtig davon werden und vor lauter Angst finsterste Albträume bekommen konnte. So weiß konnte nur der Tod sein! In einem der weißen Zimmer hier waren Hassan zwei Schwingen gewachsen, auf denen er davongeflogen war. Ihn drückte die Last seines Bluts nicht länger, sein Körper tyrannisierte ihn nicht mehr. Er hatte sich in eine strahlende Seele aufgelöst. An jenem Tag war ein Stern vom Himmel gefallen und hatte mich geblendet. Ich hatte es unterlassen, meine Augen mit der Hand zu beschatten und mir etwas zu wünschen, als ob er dadurch noch einmal auftauchen würde, damit ich ihn wieder am Himmel aufhängen konnte, an einer langen Schnur, deren Anfang in Gottes Hand aufgerollt war."

Sie phantasiert über den Tod, den sie bereitwillig annehmen würde, wenn er so wie Brad Pitt in „Meet Joe Black" wäre, groß und gut aussehend und versessen auf das cremige Innere der Erdnüsse. Sie hat Sehnsucht nach dem Tod, aber Angst vor der Welt drüben. Sie hat Angst, an die Tür zu klopfen und niemanden zu finden, der sie öffnet. Sie denkt an ihren Bruder, der auf die einzig mögliche Art kuriert worden ist: durch den Tod.

Zukunftsperspektiven

Nach diesem Tiefpunkt in ihrem Leben endet ihr 22. Lebensjahr und sie zieht Bilanz. Einem endgültigen Abschied von Ḍayy folgt das erste reale Rendezvous mit einem Mann. ʿUmar ist eine Romanfigur, deren Rolle nie genau erklärt wird. Er ist eine Art stabiles Element in ihrem Leben, ein Freund, der gelegentlich im Roman als Partner nächtlicher Telefongespräche erwähnt wird. Er ist der einzige, dem die Hauptfigur vertraut und vor dem sie nichts verbirgt, weder ihre Krankheit noch ihre Frauenbeziehungen. Er ist immer für sie da, rücksichtsvoll, verständnisvoll, klug. Einmal wird erwähnt, dass er ein Sunnit aus Riyāḍ ist. Der Roman endet mit der ersten persönlichen Begegnung der beiden in Medina. Es kommt zu einer Liebesszene in seinem Hotelzimmer. „Nur Umar ist eine Tatsache, die von keiner virtuellen Welt, keiner Entfernung und auch nicht von meiner Furcht verzerrt ist."[11] Er ist für sie wie ein Engel, der sie aus einem kalten, dunklen Zimmer holt, ihre Adern von Erinnerungen leert, sie leicht macht und mit ihr an einen sicheren Ort fliegt.

Dieses letzte Kapitel ist schwer einzuordnen. Wird hier eine Phantasieszene geschildert? Oder ist die Schlussszene der erste Schritt in eine gemeinsame Zukunft mit ʿUmar? Möchte die Autorin die Erlösungssehnsucht ihrer Heldin ausdrücken?

---

10 *al-Āḫarūn*, S. 249; Ü.: Angela Tschorsnig und Kamal Hayek.
11 *al-Āḫarūn*, S. 278; Ü.: Angela Tschorsnig und Kamal Hayek.

Oder einfach einen harmonisch-positiven Schluss als Neubeginn an das Ende dieser leidvollen Adoleszenz stellen? Die letzten Sätze sprechen dafür.[12]

> „‚Umar, lass mich nicht im Stich! Und...'
> ‚Ich lass dich nicht im Stich! Du kannst dich auf mich verlassen!'
> ‚Und stirb nicht! Leute, die sterben, kann ich nicht leiden. Versprich mir, dass du nicht stirbst!'"

Siba al-Hirz schrieb mir auf meine Nachfrage zu ʿUmar: Er ist „just a friend, a good friend", für den die Romanheldin starke Gefühle hat. Und weil er sie akzeptiert, möchte sie sich in seinen Armen verlieren. Die letzte Romanszene ist ihre erste reale sexuelle Erfahrung mit einem Mann.

2.10.2. Romane von Siba al-Hirz / Siba al-Harez

„al-Āḫarūn", Dār as-Sāqī, Beirut 2006 (287 Seiten)
„The Others", Englisch, Übersetzer(in) nicht angegeben, Telegram Books, London 2009 (die Rechte für Amerika liegen beim Verlag Seven Stories)
„Los Otros", Spanisch, El Anden, Barcelona, 2009
„Gli altri", Italienisch von L. Declich und D. Mascitelli, Neri Pozza, Vicenza
„Els altres" Portugiesisch, Bico de Pena, Cascais 2009[13]
„De wetten van mijn lichaam", Niederländisch von Aafke Henvink, De Geus, Breda 2010

Die deutsche Ausgabe wird in der Übersetzung von Angela Tschorsnig und Kamal Hayek voraussichtlich im Frühjahr 2012 im S. Fischer Verlag erscheinen.

12 *al-Āḫarūn*, S. 287; Ü.: Angela Tschorsnig und Kamal Hayek.
13 Das Erscheinungsjahr der italienischen und der Übersetzer der portugiesischen Ausgabe konnte nicht ermittelt werden.

2.11. Ibrahim Badi (Ibrāhīm Bādī) إبراهيم بادي

Beim Erscheinen seines ersten und bisher einzigen Romanes „Ḥubb fī s-Suʿūdīya" war Ibrahim Badi[1] 26 Jahre alt. Vorher hatte er bereits Theaterstücke verfasst und war als Journalist bekannt geworden. Neben seiner journalistischen Tätigkeit arbeitet er auch als TV-Moderator in Dubai und Beirut.

Ibrahim Badi gehört zu der jüngsten saudischen Schriftstellergeneration, zu der auch Mohammed Hasan Alwan, Rajaa Alsanea, Ahmed al-Wasil und die unter dem Pseudonym Siba al-Hirz schreibende Autorin zählen. Auch er behandelt das Thema der Beziehungen zwischen jungen Männern und jungen Frauen, jedoch konzentriert er sich vor allem auf deren sexuelle Begegnungen. Der Titel des Romans lässt eine realitätsnahe Darstellung der Erfahrungen seiner Generation erwarten, tatsächlich jedoch betont der Autor bereits in der Einleitung und auch später im Roman immer wieder den fiktionalen Charakter seiner Geschichte.

Der Titel „Ḥubb fī s-Suʿūdīya" klingt auf den ersten Blick generalisierend, ist es aber nicht. Die richtige Übersetzung lautet schließlich „Eine Liebe in Saudi-Arabien" und nicht „Die Liebe in Saudi-Arabien" (in diesem Fall hieße der Titel „al-Ḥubb fī s-Suʿūdīya"). Ibrahim Badi sagte dazu in einem Interview mit „aš-Šarq al-awsaṭ": „The interpretation of the title of the novel carries a lot of significance. Some may see it as the headline for the five love affairs; perhaps like others I might consider it as 'tales of love in Saudi Arabia'."[2]

Zur Frage, inwieweit sein Roman für die Erlebnisse junger Liebender in Saudi-Arabien repräsentativ sei, zieht Ibrahim Badi im selben Interview den Vergleich mit Werken aus anderen Ländern. So könne man auch nicht behaupten, dass jeder amerikanische Roman die amerikanische Realität repräsentiere oder etwa „Da Vinci Code" die Realität der christlichen Gesellschaft. Über seinen und andere saudische Romane meint er: „... although they emerge from reality, they do not necessarily represent it." Das Thema Liebe sei jedoch in der zeitgenössischen saudischen Literatur sehr aktuell. „I think that we are at the 'love story' age, there is no doubt."

1 Auf seiner Website http://www.ibadei.com, die 2010 mehrmals besucht wurde, die 2011 jedoch „under maintenance" und daher nicht zugänglich war, finden sich auch die Schreibweisen Badei und Baday.

2 Interview vom 8. Dezember 2006, http://www.asharq-e.com/news.asp?section=3&id=7278.

2.11.1. *„Ḥubb fī s-Suʿūdīya“*
(Eine Liebe in Saudi-Arabien) حب في السعودية

Der Spieler

Ibrahim Badi möchte ich als den Spieler unter den Romanschriftstellern der jungen saudischen Generation bezeichnen. Er spielt in „Ḥubb fī s-Suʿūdīya“, seinem ersten Roman, mit der Form ebenso wie mit der Handlung, die er erzählt. Er spielt lustvoll mit Identitäten und Erzählebenen, er durchbricht stürmisch die Chronologie der Handlungsstränge und lässt seine Phantasie vorwärts, seitwärts und rückwärts galoppieren. Die Grenzen zwischen Tatsachen und Möglichkeiten verschwimmen, und Ibrahim Badi lässt den Lesern dadurch keine Chance, aus seinem Roman Rückschlüsse auf das reale Leben zu ziehen. Voyeurismus wird durch Überzeichnungen ad absurdum geführt, doch gleichzeitig lässt der Autor die Möglichkeit offen, dass so manche Übertreibung auch Realität sein könnte.

Das Interessante an dieser Art des Erzählens ist, dass der Autor eine zusätzliche Reflexionsebene einzieht, als wolle er seinen Leserinnen und Lesern vor Augen führen, wie stark ihre Neugier auf intime persönliche Bekenntnissen von Autorinnen und Autoren gerichtet ist, auf das Entdecken der Autobiographie im Roman. Er will seinem Publikum, das Romane noch nicht wirklich als Kunstform betrachtet, ein literarisches Spiel der Phantasie des Schriftstellers mit Figuren und deren Schicksalen vorführen.

Drei Erzählebenen

Drei Erzählebenen sorgen für eine Mischung aus Abwechslung, Spannung, Amüsement und bisweilen auch Verwirrung. Davor warnt Ibrahim Badi seine Leserschaft bereits eingangs, nachdem er eine etwaige Ähnlichkeit seiner Romanfiguren, Schauplätze und Ereignisse mit wirklichen Personen ausdrücklich als zufällig betont hat:[3]

> „Es ist weder die Absicht dieses Romans, jemanden zu verärgern, noch ist mit ihm eine Botschaft verbunden. Der Roman ist nichts als Chaos, das sich selbst ausdrückt.“

Drei Erzähler finden sich in Badis Roman, von denen zwei ident sind und der dritte Erzähler gleichzeitig Objekt einer der beiden Erzählungen des anderen ist. Die Romanfigur des Autors tritt in zwei Funktionen auf: einmal als Erzähler der Geschichte des Hauptthelden Īhāb und ein zweites Mal als Ich-Erzähler seiner eigenen Geschichte, der Geschichte eines Schriftstellers, der einen Roman mit dem Titel „Rağul wa-ḫams nisāʾ“ (Ein Mann und fünf Frauen)[4] schreibt.

---

3 *Ḥubb fī s-Suʿūdīya*, S. 6; Ü.: EMW.
4 *Ḥubb fī s-Suʿūdīya*, S. 39.

Auch Īhāb, die zentrale Figur in „Rağul wa-ḫamsa nisāʾ“ (Ein Mann und fünf Frauen) taucht in „Ḥubb fī s-Suʿūdīya“ als Autor auf. Er schreibt seinen eigenen Roman, der den Titel „ʾAnā wa-r-riwāya wa-hiya“ (Ich, der Roman und sie)[5] trägt. Durch die Verflechtung der Romanhandlungen (der Roman „Ḥubb fī s-Sūʿūdīya“ handelt von jemandem, der einen Roman schreibt über jemanden, der auch einen Roman schreibt) und durch die Sprünge in der Chronologie der Handlungsabfolge entsteht eine ungewohnte Dramaturgie mit überraschenden Wendungen, die analog zum Gemütszustand der Hauptfigur Īhāb immer chaotischer werden. In dem bereits zitierten Interview in „aš-Šarq al-awsaṭ“ spricht Ibrahim Badi von einer vierten Ebene, nämlich dem Leser. Dieser könne jene Charaktere, die im Roman nicht weitergeführt werden, als vierter Autor für sich weiterentwickeln.[6]

„Ḥubb fī s-Suʿūdīya“ erschien 2006. Das ist jenes Jahr, in dem die Romanproduktion saudischer Autoren plötzlich sprunghaft anstieg, und zwar von 26 im Jahr 2005 auf 48 im Jahr 2006.[7] Plötzlich entdeckten viele (und vor allem auch junge) Intellektuelle, dass privates Leben durchaus von öffentlichem Interesse ist und dass ein Notebook als Produktionsmittel ausreicht, um Romanschriftsteller oder Romanschriftstellerin zu werden. Eine Generation, die bereits gewohnt war, in Chats mit Fremden ihr Intimstes preiszugeben und sich mit Gleichaltrigen über all dies auszutauschen, worüber mit der Elterngeneration meist nicht gesprochen werden kann, machte den nächsten Schritt und begann, sich an die literarische Öffentlichkeit zu wenden. Insofern ist „Ḥubb fī s-Suʿūdīya“ ein Roman, der für die junge Generation und die Gesellschaft, aus der heraus er entstanden ist, durchaus repräsentativ ist.

Sexualität, Liebe, Obsession

Der Roman „Ḥubb fī s-Suʿūdīya“ schildert die Verstrickung des Medizinstudenten Īhāb aus Dammām in seine Gefühle, Sehnsüchte und sexuellen Begierden. Im Detail und frei von jeglicher beschönigenden Romantik wird geschildert, wie Īhāb unter den Rahmenbedingungen der saudischen Geschlechtertrennung Gelegenheiten nützt, sein sexuelles Verlangen zu stillen. Schnellrestaurants, Autos und gelegentlich auch Wohnungen sind die Orte, an denen er sich mit seinen Freundinnen trifft und „es“ tut. Jungfräulichkeit wird selbstverständlich respektiert, doch abgesehen davon werden Freiräume und Möglichkeiten gesucht und genutzt. Mit akribischer Detailtreue werden die sexuellen Begegnungen geschildert, die unter diesen Bedingungen möglich sind, wie etwa ein schneller Orgasmus im Auto oder hinter dem Vorhang eines Abteils im Schnellrestaurant.

---

5 *Ḥubb fī s-Suʿūdīya*, S. 43.
6 Interview vom 8. Dezember 2006, http://www.asharq-e.com/news.asp?section=3&id=7278.
7 al-Hāğirī, S. 462-467.

Eines der Mädchen, die Bankangestellte Fāṭima, wird Īhābs Schicksal. Er entwickelt eine *amour fou* für dieses Mädchen, verfolgt sie mit seiner Eifersucht, spioniert ihr nach, chattet in ihrem Namen mit einem ihrer Exfreunde, um Details über ihr Vorleben zu erfahren, bombardiert sie mit SMS und Anrufen bis hin zum Telefonterror und wird in seinem Verhalten immer irrationaler. Eine kurze Ehe scheitert, weil er lieber heimlich vor Fāṭimas Fotos masturbiert als mit seiner Frau zu schlafen. Schließlich mietet er ein Zimmer[8] und schreibt wie besessen an einem Roman über sich und Fāṭima, in dem er alle ihre intimen Begegnungen detailliert beschreibt, mit dem Ziel, sich für Fāṭimas Zurückweisungen zu rächen und sie öffentlich bloßzustellen.

Gigoloman

Bevor er Fāṭima kennenlernt, bietet sich Īhāb vorübergehend in Chatrooms als „Gigoloman" an, inspiriert durch den Film „American Gigolo".[9] Die verheiratete Cousine seiner ersten Freundin wird seine Komplizin und fungiert als Vermittlerin, wobei sie dazu ein auf ihren Chauffeur angemeldetes Mobiltelefon verwendet, das ihr Mann nicht kontrollieren kann. Zwei der jungen Frauen, die sich melden und bereit sind, für Īhābs Dienste teuer zu bezahlen, sind verheiratet und wollen bestimmte Dinge tun, die ihre Männer ablehnen. Eine andere will sich an ihrem Mann rächen, da dieser sie in Bahrain mit russischen Prostituierten betrügt. Ein Mädchen ist noch Jungfrau und will einfach Genuss haben, und die fünfte wurde von ihrem Mann verlassen und hatte seit fünf Jahren keinen Sex.

Īhāb schreibt Listen der Frauen, denen er in seinem Leben begegnet ist. Da ist einmal seine Mutter Fātina, eine Ägypterin, sowie seine vier Halbschwestern aus der zweiten Ehe seiner Mutter. Zu seinen Sexualpartnerinnen zählen seine fünf Geliebten, darunter Fāṭima und jene Frau, die er dann auch heiratet. Weiters sind fünf Prostituierte auf seiner Liste, die er in Syrien bzw. in Bahrain getroffen hatte. Und schließlich gab es noch fünf weitere sexuelle Begegnungen, darunter eine mit einer zehn Jahre älteren Nachbarin.[10] Die Zahl fünf zieht sich durch den Roman, der aus fünf Teilen mit jeweils fünf Kapiteln besteht.

Kindheitstraumata

Īhāb wurde als Sechsjähriger von seinem Vater aus dem offenen Fenster gehalten, um von der Mutter das Geständnis ihres Fehltrittes zu erzwingen und den wahren Namen des Kindesvaters zu erfahren.[11] Der Vater behielt Īhāb zwar bei sich, tat

8 *Ḥubb fī s-Suʿūdīya*, S. 257.
9 *Ḥubb fī s-Suʿūdīya*, S. 99.
10 *Ḥubb fī s-Suʿūdīya*, S. 131.
11 *Ḥubb fī s-Suʿūdīya*, S. 144.

dies aber nur wegen wegen des Geredes der Leute und damit nicht das Gerücht die Runde macht, er könne keine Kinder zeugen.

Nach der Scheidung seiner Eltern wird Īhāb von der Mutter überängstlich beschützt und darf nach der Schule das Haus nicht verlassen, damit er nicht gestohlen oder vergewaltigt wird. Er ist ein schüchternes Kind, das nur flüsternd spricht. In seinen Alpträumen[12] sieht er, wie seine Mutter mit Männern trinkt und mit ihnen etwas tut, von dem er nicht unterscheiden kann, ob es Gewalt oder Lust ist. Der Plan seiner verstoßenen und alleinerziehenden Mutter ist, dass er Arzt werden soll, um ihr Genugtuung gegenüber seinem Vater und seinen Onkeln zu verschaffen.

Aus diesem psychisch extrem belasteten Jungen, den die Leute als Fātinas Sohn (*walad Fātina*)[13] bezeichnen, wird in seiner Studienzeit in Riyāḍ ein junger Mann, der sich im Internet als „Gigoloman" frustrierten jungen Frauen anbietet und ihnen gegen Geld jene Lust verschafft, von der sie träumen. Er wird aber auch ein Mann, der bei Mädchen das Ausmaß seiner Liebe am Ausmaß seiner Eifersucht misst. So sagt er einmal zu einer libanesischen Freundin: „Ich liebe dich nicht, solange ich nicht Eifersucht auf einen anderen Mann fühle. Ich messe meine Liebe immer an der Eifersucht." [14] Besessen von Misstrauen verfällt er ausgerechnet einer jungen Frau, die ihn einmal zu lieben scheint und dann wieder zurückweist, die ihn belügt und betrügt und sich seine Einmischungen in ihr Leben verbietet. Seine leidenschaftliche Liebe kann Īhāb nur in destruktiver Form durch Vorwürfe, Misstrauen, Telefonterror und Stalking ausdrücken.

Īhāb scheitert. Er scheitert darin, seine Mutter zu rächen, denn er wird nicht Arzt. Er scheitert im Studium, arbeitet dann im Kleiderhandel und später in einer Eventagentur. Seine Ehe, heimlich geschlossen ohne Wissen seiner Mutter, scheitert. Und in seiner Liebe zu Fāṭima, die ihn zeitweise durchaus ebenso leidenschaftlich liebt wie er sie, scheitert er an seiner Eifersucht und an seiner Unfähigkeit zu vertrauen. Er bleibt das Kind zweier Menschen, die einander verletzt, belogen, gequält und schließlich gehasst haben. Seine Rettung ist das Schreiben, das gegen Ende des Romans zu einer Obsession wird und durch das schließlich für ihn wie für seine Frau das Zusammenleben unmöglich wird. Īhāb ist im sozialen Leben auf allen Linien gescheiert, da er all seine Energie und Leidenschaft in das investiert, was ihn zerstört.

Frauen rund um Īhāb

Die anderen Hauptfiguren des Romans sind die Frauen rund um Īhāb, allen voran seine Mutter Fātina, die ihn mit ihrer Liebe erstickt.

---

12 *Ḥubb fī s-Suʿūdīya*, S. 140-141.
13 *Ḥubb fī s-Suʿūdīya*, S. 131.
14 *Ḥubb fī s-Suʿūdīya*, S. 71.

Īhābs Geliebte werden im Roman als leidenschaftliche Frauen geschildert, die – einmal in die Welt der Lust eingeführt (wenn auch meist unter Bewahrung ihrer sozial so wichtigen Jungfräulichkeit) – starke Gefühle für ihn entwickeln. Sie heißen Manāl, Hatūn, Fāṭima, Dayān und Dunyā. Letztere heiratet Īhāb spontan und unüberlegt.

So wie seine Mutter Fātina Īhāb mit ihrer Liebe erstickt hat („Ich bin vor ihr geflüchtet, weil ich sie liebe. ... ich kann weder ohne sie leben noch mit ihr.")[15], so erstickt Īhāb Fāṭima mit seiner Liebe. Und so wie sein (offizieller oder auch tatsächlicher) Vater Fātina mit seiner Eifersucht terrorisiert hat, so terrorisiert Īhāb Fāṭima.

Die Romanfigur des Autors

Die Romanfigur des Autors ist sehr amüsant gezeichnet. Er steht unter Druck. Nicht nur, weil der Verlag Dār al-ʾādāb ihm einen Abgabetermin gesetzt hat, sondern auch, weil er sich beeilen muss, seinen Roman fertigzustellen, bevor seine Hauptfigur Īhāb den Roman im Roman beendet hat. Nur so kann der Autor verhindern, dass Īhāb seinen Racheplan ausführt und Fāṭima durch seinen Roman bloßstellt.

Während die vom Autor geschaffene Romanfigur Īḥāb ein attraktiver und bei Frauen erfolgreicher junger Mann ist, beschreibt sich der Autor selbst als unattraktiv. Obendrein wird er von seiner Frau schlecht behandelt. Zwischen dem Autor, seiner Frau und seiner Hauptfigur entsteht eine gespannte Atmosphäre:[16]

> „Meine Frau ruft mich. Sie wird mir Vorwürfe machen, wenn ich das Schreiben als Entschuldigungsgrund geltend mache. Īhāb ruiniert mein Leben und ärgert mich. Ist es möglich, dass er davonläuft? Zum Beispiel in einen anderen Roman? Ich lache hysterisch. Er wird nicht in die Wirklichkeit flüchten, sondern in die Phantasie eines anderen Schriftstellers. Wird er das tun? Ist diese geistige Verwirrung das Ergebnis des Alkohols, den ich trinke, während ich schreibe, und die Auswirkung all der Pläne, Kapitel und Konzepte von Īhābs Leben, die ich in meinem Kopf entworfen hatte, bevor ich mich auf das Schreiben eingelassen habe? Die Mühle des Romans mahlt."

Die Frau des Autors macht sich Sorgen, dass er aufgrund des Romans eingesperrt und des Unglaubens angeklagt werden könnte. Sie beschimpft ihn und nennt ihn einen Trottel. Er wagt nicht aufzubegehren, aus Angst, dass sie ihn verlässt und keine andere Frau ihn will.[17] Der Roman verfolgt ihn, er möchte ihn fertigstellen, aber es gelingt nicht. Sein Roman ist für den Autor zum Alptraum geworden.

In einem Chalet in den verschneiten Bergen des Libanon beendet der Autor schließlich seinen Roman. Dann lässt er sich in einem Schönheitssalon von fünf attraktiven Mädchen behandeln, egal was es kostet, um noch attraktiver zu werden als Īhāb und dann im Fernsehen als Urheber seines Romans auftreten zu

---

15 *Ḥubb fī s-Suʿūdīya*, S. 133.
16 *Ḥubb fī s-Suʿūdīya*, S. 81-82; Ü.: EMW.
17 *Ḥubb fī s-Suʿūdīya*, S. 108-109.

können. Unter den Händen der fünf schönen Mädchen fühlt er seine Männlichkeit, vergisst seine Frau und Īhāb ... und die Grenzen von Wirklichkeit und Phantasie verschwimmen.[18]

Der Autor hat seinen Roman abgegeben. Doch was ist mit Īhāb? Auf der letzten Seite des Buches sitzt er noch immer in seinem gemieteten Zimmer. Er sieht Fāṭima vor sich, wie jede Nacht. Sie liegt ausgestreckt auf dem Bett, blickt ihn an und wartet, dass er aufhört zu schreiben. Ihr Blick versetzt ihn in Erregung. Aber Īhāb hört nicht auf zu schreiben ....[19]

Sexuelle Darstellungen: Spekulation oder Ausdrucksmittel

Ungewöhnlich offen und deutlich schildert Ibrahim Badi gleich auf den ersten Seiten, was sich zwischen Īhāb und seiner Freundin Fāṭima in dessen Auto abspielt.[20]

> „Fāṭima ist einverstanden. Sie zieht Hose und Unterwäsche aus, ohne die Abaya zu berühren. Sie braucht sie, um die untere Hälfte ihres Körpers zu bedecken, wenn ein Lastwagen oder ein Autobus vorbeifährt. Sie legt sich also auf Īhābs Oberschenkel und streckt ihre Beine auf dem Beifahrersitz aus. Sie öffnet die Knöpfe ihrer Bluse, während er den Reißverschluss und Knopf ihrer Hose öffnet. Sie zieht die Hose auf eine Weise herunter, die es jemandem, der außerhalb des Autos ist, schwer macht zu bemerken, was sie vorhat. Sie zieht sie aus, mit Leichtigkeit und schnell, um die Ängstlichkeit zu beenden, die sie befällt, wenn sie es langsam tut."

Kann man dem Autor dieser Zeilen wirklich unterstellen, einen pornographischen Roman geschrieben zu haben? Kann nicht vielmehr hinter dieser umständlichen Beschreibung eines Rendezvous zweier Liebender beißende Gesellschaftskritik stehen? Ist es das, was junge Menschen erleben möchten, wenn sie an ihre erste Liebe denken? Kann eine solche Szene wirklich für Voyeure geschrieben sein, oder schildert sie nicht vielmehr das Gegenteil von Erotik, eine traurige, für beide demütigende Ersatzhandlung für das, was sich junge Liebende an Nähe wünschen?

2.11.2. Romane von Ibrahim Badi

„Ḥubb fī s-Suʿūdīya", Dār al-ādāb, Beirut 2006 (264 Seiten)

[18] *Ḥubb fī s-Suʿūdīya*, S. 154.
[19] *Ḥubb fī s-Suʿūdīya*, S. 263.
[20] *Ḥubb fī s-Suʿūdīya*, S. 8; Ü.: EMW.

2.12. Omaima al-Khamis (Umaima al-Ḫamīs) أميمة الخميس

In der Anthologie „Beyond the Dunes" ist Omaima al-Khamis unter jenen Schriftstellerinnen angeführt, die sich als Autorinnen von Kurzgeschichten einen Namen gemacht haben, ebenso wie Badriya Al-Bishr, Nura al-Ghamdi und Laila Alohaidib.[1] Sie alle haben inzwischen Romane herausgebracht. Omaima al-Khamis hatte sich mit ihren vier Kurzgeschichtensammlungen bereits als eine der wesentlichsten Schriftstellerinnen ihrer Generation positioniert. Mit ihrem ersten Roman schuf sie ein Werk, das zu den wichtigsten des zeitgenössischen saudischen Romans gezählt wird. Für Omaima al-Khamis ist ein Roman wie eine Symphonie, die ein Orchester erfordert, wie sie mir sagte. Vorher müsse man jedoch erst die Instrumente stimmen. Daher war für sie die Kurzgeschichte ein wichtiger Schritt auf dem Weg zum Roman.

2006 erschien ihr erster Roman „al-Baḥrīyāt" im Verlagshaus Dār al-Madā in Damaskus. Er wurde im selben Jahr Bestseller bei der Buchmesse in Riyāḍ. Eine ausführliche Darstellung folgt auf den nächsten Seiten.

Der 2008 erschienene zweite Roman von Omaima al-Khamis, „al-Wārifa", schaffte es sogar auf die Longlist für den Arabischen Bookerpreis 2010. Er erzählt die Geschichte einer jungen Frau, die einer streng-konservativen Familie entstammt, in der es Frauen verboten ist, auszugehen und mit Männern zusammenzukommen. Im Zuge ihres Medizinstudiums, das sie nach einer gescheiterten Ehe in Kanada fortsetzt, durchlebt sie den schwierigen Prozess des Überwindens tradierter Rollenmuster.

Omaima al-Khamis wurde in Riyāḍ geboren. Nach dem Studium der arabischen Sprache und Literatur an der König Saud Universität, das sie 1989 abschloss, arbeitete sie als Lehrkraft für Arabisch an einer Oberschule[2] und war anschließend Direktorin für pädagogische Medien im saudischen Bildungsministerium, bis sie sich aus dieser Tätigkeit zurückzog, um sich ganz auf das Schreiben zu konzentrieren. Neben Kurzgeschichten hat sie auch Kinderbücher verfasst, außerdem schreibt sie regelmäßig für Zeitungen. Auf der Buchmesse 2011 präsentierte sie ein Buch über ihre Erfahrungen im pädagogischen Bereich unter dem Titel „Māḍī, mufrad, muḏakkar". (Vergangenheit, singular, männlich).

„Indem Frauen publizieren, schreiben sie die Geschichte um", sagte mir Omaima al-Khamis gleich bei unserem ersten Treffen. Und: „Durch Frauen wird die Welt humaner." Sie freut sich, dass bereits ihr erster Roman so erfolgreich war und auch von Menschen gelesen wurde, die sich eher als „Nichtleser" bezeichnen. Mit ein Grund für das große Interesse an „al-Baḥrīyāt" war die Tatsache, dass in diesem

---

1 *Beyond the Dunes*, S. 512-516.
2 *Beyond the Dunes*, S. 514.

Roman erstmals die Geschichte jener Frauen niedergeschrieben wurde, die in den 1950er- bis 1970er-Jahren als Ehefrauen oder Konkubinen aus der Levante in den Naǧd kamen und Mütter und Großmütter vieler heute lebender Saudis sind. Der Roman ist die Geschichte der Generation von Omaimas Mutter, die eine Palästinenserin aus dem Libanon war. „Das Patriarchat hat bewirkt, dass wir nur die Geschichte der Männer kennen. Gott ist ein Mann. So wie Prometheus das Feuer von Gott gestohlen hat, so stehlen jetzt die gebildeten Frauen das Feuer von ihm. Es ist eine Revolution, die Geschiche umzuschreiben", so Omaima al-Khamis.

2.12.1. „al-Baḥrīyāt" (Die Frauen vom Meer) البحريات

Die arabische Ausgabe von „al-Baḥrīyāt" (eine Übersetzung liegt derzeit nicht vor) umfasst 270 Seiten. Von den 23 Kapiteln tragen 22 einen Titel, das 23. Kapitel wird als „Das letzte Kapitel" bezeichnet. Hier einige Beispiele für Kapiteltitel: „Abū Daḥīm und seine Töchter" (Kapitel 3), „Ein verdorrtes Land wie ein Grabstein" (6), „Düfte des Sommers" (9), „Der fremde Vater" (11), „Eine Hyäne wittert eine Ziege" (12), „Mädchen ohne Jugend" (16) und „Zelt des Lichts" (20).

Der Roman beschreibt das Leben der Frauen einer wohlhabenden Großfamilie, vor dem Hintergrund der Entwicklung der Stadt Riyāḍ von einer aus Lehmhäusern bestehenden Siedlung zur modernen Großstadt aus Beton, Asphalt und Neonlicht. Wie Omaima al-Khamis mir in einem unserer Gespräche erklärte, war es in den 1950er- bis 1970er-Jahren üblich, dass sich wohlhabende saudische Männer Frauen aus dem Libanon, aus Syrien oder Palästina holten, sei es als Ehefrauen oder auch als Konkubinen (die Sklaverei wurde erst 1962/63 abgeschafft). Diese Frauen, die Omaima al-Khamis als *baḥrīyāt* bezeichnet, waren deshalb so begehrt, weil sie als kultivierter und hübscher galten als die einheimischen Frauen und eine hellere Haut hatten. Omaima al-Khamis setzte diesen Frauen mit ihrem Roman ein literarisches Denkmal.

Der Verlag Dār al-Madā übersetzt den Titel des Romans im Impressum mit „The Naval Women". Aus meiner Sicht ist der Titel jedoch unübersetzbar und hat außerdem eine poetische Qualität, die außerhalb des Arabischen schwer wiederzugeben ist. Eine *baḥrīya* ist eine Frau, die aus einem Land am Meer stammt. Im Roman sind dies die Syrerinnen Bahīǧa und Suʿād und die aus Beirut kommende Palästinenserin Riḥāb. Auch die Deutsche Ingrid, die als Ehefrau eines deutschen Ingenieurs und Regierungsberaters eine zeitlang in Riyāḍ lebt, ist für die Wüstenbewohner eine Frau vom Meer. Eine *baḥrīya* hat das Meer in ihrem Wesen, in ihrer Seele, in ihrem Körper. Ihre Sehnsucht gilt dem Wasser, das Pflanzen, Farben und Gerüche hervorbringt. Eine *baḥrīya* in Riyāḍ, in der kargen, strengen, trockenen Wüste, wird im Roman einmal mit einem bunten Fisch verglichen, der auf einer Sanddüne liegt.[3]

---

[3] *al-Baḥrīyāt*, S. 8.

Das Meer formt andere Menschen als der Sand. Omaima al-Khamis beschreibt, wie diese zwei Welten im Zusammenleben aufeinanderprallen. Sie erzählt die Schicksale einer Reihe von Frauen der angesehenen Großfamilie Āl Maʿbil, wobei die Geschichten der einzelnen Frauen wie musikalische Themen ineinander übergehen, einander ablösen und ergänzen, um am Ende eine Gesamtkomposition zu ergeben. Jede der Frauengestalten, die den Lesern im Roman begegnet, findet ihren sehr persönlichen Weg mit ihrem Schicksal umzugehen.

Der Roman, der in Saudi-Arabien auch wegen seiner sprachlichen Qualität hochgeschätzt ist, ist eine Fundgrube an Geschichten, die das Leben im Frauenbereich einer traditionellen, wohlhabenden Familie aus dem Naǧd für Leser lebendig machen. Die Familie lebt anfangs im *bait an-naḫl* (Haus der Palmen), einem landwirtschaftlichen Gut im Wādī Ḥanīfa, und zieht dann in das Riyāḍer Nobelviertel al-Malaz, wo die Häuser der Familie einen gesamten Block einnehmen, in dem jede Ehefrau eine eigene Villa bewohnt.

Omaima al-Khamis lässt die Leser am Alltagsleben der Ehefrauen und ihrer Kinder teilnehmen, sie zeigt dessen gruppendynamische Prozesse und Machtkämpfe, und sie lässt ihre Leserschaft bei einem Ausflug (*riḥlat al-barr*) der Familie Maʿbil miterleben, wie der Regen die Wüste zum Erblühen bringt und diese plötzlich voller Farben und Düfte ist. Die Schilderung einer gewaltigen Sturzflut im Wādī Ḥanīfa zeigt Naturgewalten, die ebenso imposant wie tödlich sind. Doch nicht nur die Natur bedroht die Menschen des Naǧd, auch gesellschaftliche Umbrüche müssen verkraftet werden. Eine der einschneidensten Veränderungen ist der von der Regierung und den Medien propagierte Beginn der Mädchenbildung, dem mit großer Skepsis und ängstlichem Misstrauen begegnet wird.

Die Frauen des Romans sind mit Zurückweisung, Einsamkeit, verhängnisvoller Leidenschaft, Freundschaften und Enttäuschungen konfrontiert und suchen Nischen, in denen sie kleine Freuden des Alltags erleben können, einen eigenen Bereich gestalten oder sich in Wunschträume bis hin zur Obsession flüchten können. Eine der *baḥrīyāt*, die palästinensische Lehrerin Riḥāb, findet sogar noch ein spätes ungetrübtes Glück mit ihrem ehemaligen jemenitischen Chauffeur.

Frauen leben mit Frauen, Männer mit Männern

Die traditionelle Familie Āl Maʿbil, deren Mitglieder der Roman beschreibt, lebt die im Naǧd übliche strikte Geschlechtertrennung. Die Regeln sind klar und werden nicht hinterfragt. An der Spitze der Rangordnung steht der große Vater, der Löwe, der Beschützer des geheiligten Besitzes (*ḏimār*).[4] In Inneren des Hauses leben die Frauen, an ihrer Spitze die große Mutter (*umm ʿiyāl*).[5] Sie ist in der Familie die Scheidewand (*al-barzaḫ*) zwischen der Männer- und der Frauenwelt. Auf-

4 Wehr, S. 432: ḏimār: geheiligter Besitz, teure Güter; Ehre.
5 Wehr, S. 897: Mutter der zu ernährenden Familienmitglieder.

grund ihres Alters hat sie sich von verschiedenen Aspekten der Weiblichkeit frei gemacht, was den Vorteil hat, dass sie dadurch einige männliche Privilegien erhalten konnte und somit an männlicher Macht partizipiert. Sie ist die erste der Ehefrauen, kennt die Gesetze des Hauses und genießt heiligen Respekt in der ganzen Sippschaft. Ihr unterstehen die anderen Ehefrauen ihres Mannes, danach die ihrer Söhne und die Masse der Kinder und Bediensteten.[6]

Ein Mann sieht seine Frau nur, wenn er abends zu Schlafen zu ihr kommt.[7] Es gibt außerhalb der nächtlichen sexuellen Begegnungen keine gemeinsamen Aktivitäten zwischen Männern und Frauen, und auch hier ist streng reglementiert, welche Nächte ein Mann bei welcher seiner Frauen zu verbringen hat. Als Ṣāliḥ erkennt, dass er seine erste Frau Mūḍī nicht länger liebt, benötigt er ihr Einverständnis, auf die ihr zustehenden Nächte zu verzichten oder einer Scheidung zuzustimmen, andernfalls würde er sich einer schweren Sünde schuldig machen, wenn er ihr Anrecht auf „ihre" Nächte nicht respektiert.

Umm Ṣāliḥ, al-ʾumm al-kubrā

Bei den Āl Maʿbil steht Umm Ṣāliḥ an der Spitze der Frauen. Der Titel von Kapitel 6 „Ein verdorrtes Land wie ein Grabstein" bezieht sich auf sie. Ihr Körper ist ausgetrocknet und starr geworden wie ihr Herz, das die Gräber ihrer ersten drei Kinder in einen Grabstein (*šāhid qabr*), verwandelt haben.[8] Zwei Söhne hat sie Abū Ṣāliḥ dann doch noch geboren, Ṣālih, dem sie ihren Namen verdankt, und Muḥammad, genannt der Beduine. Umm Ṣāliḥ, die Schweigende, ist wie ein Baum der Wüste, wie eine Wand aus Lehm – so beschreibt sie die Autorin. Umm Ṣāliḥ ist die gnadenlose Hüterin der Tradition. Sie stammt aus einem Umfeld, in dem Frauen ihr Gesicht nicht einmal ihren Ehemännern zeigen. Erst nach der Geburt ihres ersten Kindes zeigte sie ihrem Mann ihr Gesicht.[9] Zum Zeitpunkt, in dem der Roman spielt, ist ihr Bett bereits kalt und verlassen, aber zum Ausgleich darf sie gemeinsam mit den Männern in deren Versammlungsraum (*maǧlis*) Kaffee trinken.

Um ihre Position als mächtigste Frau in der Sippe abzusichern, zahlt sie jedoch einen hohen Preis. Sie muss nicht nur akzeptieren, dass Abū Ṣāliḥ auch andere Frauen heiratet, die jünger und schöner sind als sie, und dass er diese Frauen ins Haus bringt und sie mit ihnen zusammenleben muss, sie muss überdies auch Konkubinen in ihrem Haus dulden, die Abū Ṣāliḥ vom König geschenkt werden. Manchmal hat Abū Ṣāliḥ trotz seiner Ehefrauen und Konkubinen auch Appetit auf gewöhnliche Sklavinnen, wie etwa die schwarze Dienerin Umm Surūr. Umm

6 *al-Baḥrīyāt*, S. 59.
7 *al-Baḥrīyāt*, S. 64.
8 *al-Baḥrīyāt*, S. 44.
9 *al-Baḥrīyāt*, S. 46.

Ṣāliḥ muss sie dann holen, baden, ihr die Haare waschen, ihr ein sauberes Gewand anziehen, sie parfumieren, mit Schmuck behängen und zu Abū Ṣāliḥ aufs Flachdach senden, wo der alternde Mann mit ihr, für alle laut vernehmbar, kopuliert.[10] Im Gegenzug für ihre Akzeptanz seines ungebrochenen sexuellen Appetits auf andere Frauen hat Umm Ṣāliḥ das Privileg, jeden Morgen mit ihm Kaffee trinken zu dürfen und mit ihm die Entscheidungen des Hauses besprechen zu können.

In Umm Ṣāliḥ ist kein Raum mehr für Mitgefühl. Sie ist hart zu sich selbst und zu den Frauen, die ihr zu gehorchen haben. Sie führt einen täglichen Machtkampf mit den Frauen ihres Mannes und ihrer Söhne. Ihr Bett mag kalt sein, aber dafür hat sie die Schlüssel zu fast allen Räumen des Anwesens ihres Mannes, der den Morgenkaffee nur von ihrer Hand entgegennimmt.[11]

Bahīǧa, ein prächtiges Geschenk

Als junges Mädchen landet Bahīǧa (wörtliche Übersetzung: die Prächtige) zuerst im Königspalast. Der Kummer wegen der Trennung von ihrer Mutter (vermutlich wurde Bahīǧa von ihrem Vater verkauft) macht sie jedoch „gelb als wäre sie ein gehäuteter Welpe“,[12] sodass der König kein Verlangen nach ihr hat und sie seinem Minister schenkt und dieser wiederum seinem Sohn Ṣāliḥ. Mit ihm lebt Bahīǧa als seine zweite Ehefrau im *bait an-naḫl*, in dieser Plantage mit Datteln und Vieh, und so wird Bahīǧa ein Mitglied der angesehenen und alten Familie Āl Maʿbil, deren Oberhaupt Ṣāliḥs Vater ist.

Bahīǧa bildet einen Kontrast zu den Sandfarben ihrer neuen Umgebung und zu deren Bewohnerinnen. Sie wird als hell und leuchtend beschrieben und entfacht mit ihrem dunkelblonden Haar und ihrer bunten Kleidung ein Festival der Farben.[13] Ihre Stimme ist hoch und hell, während die Frauen des Naǧd schweigen, flüstern oder murmeln. So versuchen die Frauen, dem Tod zu entgehen, indem sie sich vor ihm verbergen. Denn der Tod ist im kargen Naǧd ständiger Gast, wo die Ackerböden Wasser erflehen und die Lehmhäuser karg möbliert sind.

Bahīǧa, die ihr Leben fortan im Naǧd verbringt, wird dort immer als Fremde behandelt. In einer Szene des Romans erlebt sie, wie deutsche Frauen, deren Männer als Regierungsberater gekommen waren, mit einem opulenten Gastmahl empfangen werden. Als sie in die Familie kam, wurde sie von den Frauen nicht willkommen geheißen, sondern wie eine Feindin behandelt. Erst nach und nach lernt sie, sich zu schützen, indem sie um sich herum unsichtbare Kreise zieht und ihre eigene Welt aufbaut, in die niemand eindringen darf.

---

10 *al-Baḥrīyāt*, S. 53.
11 *al-Baḥrīyāt*, S. 47.
12 *al-Baḥrīyāt*, S. 11.
13 *al-Baḥrīyāt*, S. 8.

Jede Eigenständigkeit gilt als Sünde, und Bahīğa begeht die Sünde der Unabhängigkeit, indem sie sich in ihrem Zimmer und in einer Ecke des flachen Lehmdaches ein eigenes Königreich schafft. Sie beginnt, in Erinnerung an ihre Heimat, Biskuit und Petits Fours zuzubereiten, sie pflanzt Jasmin und Rosen an und trotzt dem Spott und der Verachtung der anderen Frauen. Gelegentliche Besuche bei der Deutschen Ingrid sind für sie Balsam auf ihre Wunden der Zurückweisung und des Exils. Mit diesen Besuchen handelt sie allerdings gegen die Ordnung des Hauses Āl Maʿbil.

Trockenheit und Stille

Der Roman beschreibt die Wüste, in der die heutige Millionenstadt Riyāḍ angelegt wurde, sehr anschaulich. Omaima al-Khamis stellt einen unmittelbaren Zusammenhang zwischen der kargen, lebensgefährlichen Umwelt und dem Wesen der Menschen her, die diese Region bewohnen, eine Region, die von tödlicher Hitze und gnadenloser Trockenheit im Sommer und extremer Kälte im Winter geprägt ist. Umm Ṣāliḥs drittes Kind, ein Mädchen, ist in einer dieser bitterkalten Winternächte erfroren.[14]

Bahīğa, die *baḥrīya*, die den Schatten der Bäume der Levante und die Dunkelheit der Abende am Meer gewohnt ist, erlebt in ihrer neuen Heimat, wie in der trockenen Luft des Nağd ihre Hände rissig und ihre Lippen trocken werden und wie die heißen Winde, die in den Sommermonaten wehen, ihre Nasenschleimhäute austrocknen.[15] Für sie, die mit dem abendlichen Rauschen des Meeres und dem Geräusch des Windes in den Baumkronen aufgewachsen ist, hat die Wüstennacht nichts Tröstliches, denn in ihr gibt es nichts außer Sterne, die ihre Geheimnisse schweigend austauschen.

Ṣāliḥ, ein Abū Ḥarīm?

Bahīğa ist die zweite Frau von Ṣāliḥ. Seine erste Frau, Mūḍī, stammt aus der Familie seiner Mutter. Während Bahīğā schön, temperamentvoll und voll heller Farben ist, wird Mūḍī als still und karg beschrieben. Seine Leidenschaft für Bahīğa empfindet Ṣāliḥ als Schwäche und fürchtet sie wie eine Schande, die er verbergen muss. Gemäß den Gesetzen des Hauses ist es nicht akzeptabel, dass ein Mann mit seinen Frauen Gespräche führt. Einen solchen Mann nennt man *Abū Ḥarīm*, und er gilt als einer, mit dem seine Frau spielt und ihn dirigiert. Wer seine Gespräche mit Frauen ausdehnt, beeinträchtigt seine Männlichkeit und schadet seiner Ehre. Ṣāliḥ lebt ständig in dieser Angst. Durch Bahīğa, die es ablehnt, sich diesen Ge-

---

14 *al-Baḥrīyāt*, S. 43.
15 *al-Baḥrīyāt*, S. 11.

setzen zu unterwerfen, beginnt er nach und nach Gefallen an ihren Gesprächen zu finden, und der emotionale Kontakt zwischen den beiden vertieft sich.[16]

Ṣāliḥ gehört bereits jener Generation an, die aufhört, sich an die traditionellen Regeln zu halten. Heimlich macht er mit Bahīǧa und ihren Kindern eine Autofahrt zur Sturzflut im Wādī Ḥanīfa, die alles mitreißt, was auf ihrem Weg ist, so wie eine große Familie, die sich alle Familienmitglieder einverleibt und es dem Einzelnen nicht ermöglicht, sich gegen das Ganze zu stellen. Sogar private Ausfahrten eines Vaters mit seiner Frau und seinen Kindern gelten als konspirative Unternehmen gegen den Zusammenhalt des Systems Großfamilie.[17]

Riḥāb und die Mädchenbildung

Die zweite Baḥrīya, die zu den Āl Maᶜbil stößt, wenn auch nicht als Ehefrau, sondern als Lehrerin der Mädchen des Hauses, ist die aus Beirut kommende Palästinenserin Riḥāb. Am 31. August 1968, einem glühendheißen Sommertag, landet sie in Riyāḍ, unter der Obhut ihres geistig beschränkten Vaters, der die offiziell vorgeschriebene Funktion eines Vormundes (*maḥram*) de facto ohnedies nicht ausüben kann. Sie tritt eine Stelle in einer Grundschule an, in der Lehrerinnen aus dem Irak, Syrien und Beirut sowie Palästinenserinnen aus Jordanien und dem Westjordanland saudische Mädchen von sieben bis siebzehn Jahren unterrichten.

Die Mädchenbildung, die in den 1960er-Jahren in Saudi-Arabien eingeführt und in Radioreden und Zeitungen propagiert wird, ruft einen Schock in der saudischen Gesellschaft hervor. Die Menschen empfinden die Mädchenbildung als eine Bombe, die in der Gesellschaft explodiert.[18] Die Männer der Āl Maᶜbil besprechen in ihren Versammlungen, ob man das Risiko eingehen und die Mädchen in die Schule schicken kann. Soll man die Türen öffnen für Satan, die Mädchen aus dem Haus gehen lassen und dadurch ihre Jungfräulichkeit in Gefahr bringen? Werden Mädchen, die schreiben können, dies zum Verfassen verbotener Liebesbriefe nutzen? Schließlich wird beschlossen, eine Lehrerin zu engagieren und die Mädchen daheim zu unterrichten. So kommt Riḥāb ins Haus. Vormittags unterrichtet sich an der staatlichen Schule, nachmittags die Töchter der Āl Maᶜbil. Die Mädchenbildung irritiert nicht nur Väter, sondern auch die Mädchen selbst. Riḥāb erlebt ihre ersten Unterrichtsstunden in der staatlichen Schule als wenig ermutigend.[19]

> „Die Schülerinnen entdeckten das Geheimnis des Wissens schweigend und litten Qualen von Scham, Unruhe und nagenden Schuldgefühlen, denn die Welt um sie herum hat noch nicht über sie entschieden: Sind sie Sünderinnen, die Ketzerei begehen, deren drückende Last sie bis zum Tag der Auferstehung tragen werden? Oder sind sie Nachkommen von Müttern der Gläubigen?" ...... „Riḥāb fühlt sich während des Unterrich-

[16] *al-Baḥrīyāt*, S. 60.
[17] *al-Baḥrīyāt*, S. 77-78.
[18] *al-Baḥrīyāt*, S. 129.
[19] beide Zitate: *al-Baḥrīyāt*, S. 120, Ü.: EMW.

tens als wäre sie in einem Wald von Schmetterlingskokons, die den unüberlegten Fortschritt fürchten, der sie möglicherweise zerstört. Riḥāb musste sich mit dem warmen Atem begnügen, den sie mit ihren Worten verbreitete, denn obwohl die Körper der Mädchen vor ihr auf den Schulsesseln saßen, war es Riḥāb nicht möglich, in das Innere ihrer Seelen einzudringen. Sie waren abwesend, eingehüllt in eine große Wolke aus Scham, Vorsicht und Zögern."

Riḥāb erlebt Mädchen, die Jahrhunderte des Verstummens und der Dressur zum Schweigen gebracht hatten. Wie begründet die Angst der Mädchen ist, zeigt eine Szene vor der Schule, als einige der kleinen Mädchen ihre Kopfbedeckungen ablegen, zu einem Seil zusammenknüpfen und damit voller Lebensfreude Schnur springen. Ein Wächter der Schule beendet das in seinen Augen schamlose Treiben und prügelt mit einem harten Schlauch so heftig auf die kleinen Mädchen ein, dass auf ihren schmerzenden Rücken die Spuren dieser Misshandlung zu sehen sind.[20]

„Damals erfuhr Riḥāb, dass es immer ein strenges Gesetz gibt, das bereit steht, um abirrende Frauen zu züchtigen."

Riḥāb, die als sehr junges Mädchen von ihrem Verlobten geschwängert und dann verlassen worden war und deren Baby bei der Geburt gestorben ist, erlebt mit nahezu vierzig Jahren in Riyāḍ eine neue Liebe mit dem Jemeniten ʿUmar aus dem Ḥaḍramaut, einem ehemaligen Fahrer der Āl Maʿbil, der später ein erfolgreicher Geschäftsmann wird. Beide sind Fremde in Riyāḍ und können daher unbelastet von traditionell-familiärem Druck ihr gemeinsames Leben gestalten.

Eine Millionenstadt entsteht

Der Roman „al-Baḥrīyāt" ist nicht nur die Geschichte der Frauen, er ist auch die Geschichte der Stadt Riyāḍ und ihrer Menschen. 1959 reißt Riyāḍ seine alten Stadtmauern nieder, und nach hunderten Jahren der Stille lärmen nun Baumaschinen wie kolossale Wüstenungeheuer.[21] Die neue Stadt entwickelt sich in rasantem Tempo von einer aus Lehmhäusern bestehenden Siedlung zur modernen Großstadt, in der Beton, Asphalt und Neonlicht das Stadtbild prägen. So wie die Wüstenstille dem Lärm der Baumaschinen und Autos weicht, so weicht die Finsternis dem elektrischen Licht, das gegen Ende der 1960er-Jahre in die Städte und Dörfer des Naǧd kommt.[22]

„Es ging der Dämon der Elektrizität in jenen Tagen zwischen den Städten und Dörfern umher, und er verwandelte deren Finsternis in strahlende Lichter, die in Konkurrenz zu den traditionellen Lampen traten und die nachts dem Blitzen der Sterne und den Trommeln der Ǧinn die Stirn boten. Die Elektrizität beleuchtete die Häuserfronten und einige Straßen und sie wurde die erste Eintrittskarte aus dem Dorf in die Stadt. Die Kabel kletterten die Lehmmauern hinauf. Man gab ein hölzernes Trennstück als Isolation

---

20 *al-Baḥrīyāt*, S. 122, Ü.: EMW.
21 *al-Baḥrīyāt*, S. 35.
22 *al-Baḥrīyāt*, S. 136, Ü.: EMW.

zwischen die Stromkabel und die Lehmmauern aus Angst, dass der böse Geist Elektrizität unter dem Einfluss von Regen seine Flasche sprengen und seinen Weg ins Haus nehmen könnte. Von diesem Tage an waren die Nächte verlängert und die Tage verkürzt. Das Kämpfen gegen sich selbst, um zum Morgengebet aufzuwachen, wurde schwierig und mühevoll. Die Elektrizität stahl Stunden der Nacht und des Tages, und es gab nur mehr die offizielle Zeitbestimmung des Dämons Elektrizität."

Im Laufe der 1970er-Jahre, als das Erdöl in den Adern der Stadt zu rollen beginnt,[23] errichtet die Familie Maʿbil im noblen Viertel al-Malaz ihre Häuser, Villen, Gärten und Springbrunnen. Doch wenngleich sie auch das Wādī verlassen haben, die Regeln des Lehms und der Wüste regieren weiterhin innerhalb der Mauern dieses Anwesens.

Saʿd, das Kind der Frau aus dem Norden

Eine Vielzahl von Schicksalen der Menschen, die der Āl Maʿbil angehören, wird im Roman beschrieben. Sei es das der schönen Qumāša, die als junges, noch kindliches, aber körperlich bereits erblühtes Mädchen einen Prinzen heiratet und nach dem zweiten Kind kommentarlos die Scheidungspapiere enthält, oder die Geschichte von Ṭurfa, der Frau von Muḥammad, dem ungestümen Beduinen, die immer darauf wartet, dass ihr Mann von einer seiner langen Wüstenreisen zurückkehrt. Ihre Tage verbringt sie neben der Treppe, um bei seiner üblicherweise unangekündigten Ankunft rasch in ihr Zimmer laufen und sich für ihn schön machen zu können. Und dann ist da noch Maria, die Äthiopierin, eine Konkubine von Abū Ṣāliḥ, die in ihrer Seele das Geheimnis ihres Christentums trägt und zwischen deren Brüsten ein kleines grünes tätowiertes Kreuz versteckt ist.

Während die vielen kleinen Kinder, die im Hause der Āl Maʿbil leben, im Roman kaum als Individuen in Erscheinung treten und meist nicht einmal ihre Namen erwähnt werden, kommen zwei Begebenheiten aus der Kindheit und Jugend von Saʿd vor, dem späteren Ehemann der dritten im Roman beschriebenen Baḥrīya Suʿād. Saʿd ist der Sohn von Abū Ṣāliḥ aus einer Kurzzeitehe mit einer Frau, die aus einem Dorf im Norden stammt. Aus einer Laune heraus hatte sie Abū Ṣāliḥ während eines Jagdausfluges geheiratet und sich später wieder von ihr getrennt. Jedes Jahr verbringt der kleine Saʿd ohne seine Mutter einige Monate im Haus seines Vaters. Dort kümmert sich keine der Frauen um ihn, niemand umarmt ihn oder schenkt ihm Süßigkeiten, er hat nicht einmal ein eigenes Zimmer oder einen fixen Schlafplatz.

Bahīǧa rettet ihn einmal aus einer peinlichen Situation, als sie ihn eines Winterabends schlafend im kalten Versammlungsraum der Männer findet, seine Kleider voller Urin. Obwohl es nicht üblich ist, dass sich eine Frau um ein fremdes Kind kümmert, ergreift sie voller Mitgefühl die Initiative, führt ihn ins Bad, wäscht seine Kleider, bringt ihm trockene, saubere Kleider und lässt ihn bei ihren Kindern

23 *al-Baḥrīyāt*, S. 170.

schlafen. Saᶜd schämt sich vor ihr und bedeckt seine Blöße, während sie ihn im halbdunklen Bad mit Wasser und Seife abreibt und die weiße Haut ihres Gesichts dabei errötet.[24] Später, als Jugendlicher, dringt er einmal in Bahīǧas Schlafraum ein und will sich ihr nähern. Ihr Schrei vertreibt ihn. Sie verrät allerdings niemandem, dass sie den Eindringling erkannt hat, um Abū Ṣāliḥ diese gewaltige Schande zu ersparen, die das Ansehen der Familie erschüttern würde.[25] Als Erwachsener lebt Saᶜd mit seinen Ehefrauen in al-Malaz auf dem Anwesen der Āl Maᶜbil, verfällt dem Alkohol und träumt vom großen Reichtum, obwohl er ein miserabler Geschäftsmann ist. Er liest „linke" Bücher und kann für keine seiner Frauen Liebe empfinden.

Suᶜād und das nächtliche Gebrüll der Löwen

Als dritte Frau von Ṣāliḥs Halbbruder Saᶜd kommt die schöne und daher von den Frauen der Āl Maᶜbil gehasste Suᶜād in die Familie. Diese dritte Hauptfigur des Romans hat ihren ersten Auftritt in Kapitel 18.[26]

> „Suᶜād hatte während der Nacht aus dem Glas der Verbannung getrunken, sie und die Löwen. Die im Zoo von al-Malaz eingesperrten Löwen brüllen vor Qual und Schmerz, wenn die Nacht hereinbricht. Suᶜād hört sie und fühlt dabei die Pein im Gebrüll der Löwen, die auch ihr Herz zerreißt, jenes Schluchzen der Fremden in der Abgeschlossenheit ihres Exils. Einer der Löwen brüllt die ganze Nacht, als ob er eine geheime Botschaft für das Universum losschickt. Vielleicht hätte ihm früher der Wald auf seine Art geantwortet, vielleicht hätte es geregnet oder geblitzt oder ein Rudel Gazellen wäre geflohen. Aber hier war nichts außer aufeinanderfolgenden Wellen von Gebrüll, das über der al-Ǧarīr-Straße im Viertel al-Malaz im Osten von Riyāḍ vergeudet wurde."

Suᶜād wurde durch ihre Heirat in eine fremde, feindliche Welt gestoßen, in eine unendliche Einsamkeit, die sie ihre eigene Existenz nicht mehr fühlen lässt. Sie zieht sich in sich selbst zurück. Suᶜād besitzt nicht den Kampfgeist von Bahīǧa, die gekämpft hatte, um Raum zu bekommen, sondern fühlt sich wie in schwere Ketten gelegt.

Die *baḥrīya* folgt dem Ruf des Meeres, und so sät Suᶜād Pflanzen, bis sie einen wohlriechenden Wald von Jasmin, Rosen, Gardenien und Chinarindenbäumen um sich hat. Sie bekämpft mit ihren kleinen, eleganten Händen das Gesetz des Sandes.[27] Bei ihren Besuchen in der Levante ist ihre Familie nur an den mitgebrachten Geschenken und dem Geld ihres Mannes interessiert. In ihrer früheren Heimat zur Fremden geworden, bleibt sie im Naǧd ebenfalls fremd. Ihre Isolation wird immer verzweifelter, denn die alte Heimat als Ort ihrer Sehnsucht ist nicht mehr Realität, sondern eine idealisierte und daher unerreichbare Utopie.

---

24 *al-Baḥrīyāt*, S.100.
25 *al-Baḥrīyāt*, S. 97.
26 *al-Baḥrīyāt*, S. 169, Ü.: EMW.
27 *al-Baḥrīyāt*, S. 182.

In einer gefährlichen Telefon-Beziehung mit einem verheirateten Nachbarn steigert sie sich in romantisch-leidenschaftliche Gefühle für diesen Mann hinein. Nach einer enttäuschenden persönlichen Begegnung, bei der sie ihn als primitiv, nach Schweiß stinkend und nach ihrem Körper gierend erlebt, wird ihre Einsamkeit immer dramatischer. Sie empfindet ihr Haus auf dem Anwesen der Āl Maʿbil hinter der großen Mauer als einen Mühlstein, der ihre Rippen zermahlen wird.[28] Nach einer schweren psychosomatischen Krise findet sie Trost in der Musik und im Tanz.

Gegensätze

„al-Baḥrīyāt" zeigt die Dramatik „normaler" Schicksale. Der Roman schildert Lebensläufe von Frauen, in denen sich sicherlich viele saudische Leserinnen bzw. deren Mütter und Großmütter wiederfinden, und er beschreibt das Aufeinandertreffen von Menschen, die aus verschiedenen Kulturen stammen. „Ich beschreibe den Kontrast, aber ich nehme nicht Partei. Die Kunst soll ausdrücken, nicht urteilen," sagt Omaima al-Khamis.

Die Kontraste betreffen die Umwelt, die die Menschen geprägt hat. Auf der einen Seite (im Naǧd) das Klima der Wüste mit ihren unendlichen Sandmengen und ihrer Trockenheit, die jedes Leben erstickt. Auf der anderen Seite das Meeresklima der Levante, das Blumen blühen und duften lässt, das Obst und Gemüse hervorbringt und wo Speisen gemacht werden, deren sinnlicher Geruch und Geschmack Freude hervorruft. Das karge Leben im Naǧd mit seinen Sand- und Lehmfarben kontrastiert mit der Buntheit der Frauen vom Meer, in die Schweigsamkeit und das gedämpfte Murmeln der Wüstenfrauen dringen die hellen, lauten, fröhlichen Stimmen der *baḥrīyāt* wie eine Bedrohung und werden als Ordnungswidrigkeit missbilligt. Während die Haut der Wüstenfrauen dunkel ist, sind die *baḥrīyāt* weiß. Sie bleiben Fremde und werden von den Frauen des Naǧd abgelehnt, deren Familien als geschlossenes System agieren, in denen der bzw. die Einzelne keinen eigenständigen Wert hat.

Doch auch die Wüstenumwelt, die sich im Umbruch befindet, verändert sich. In die Stille der Wüste dringt der Lärm der Baumaschinen, Autos und Flugzeuge. Das jahrtausendelang verwendete Baumaterial Lehm wird durch Asphalt und Beton ersetzt, und in das Dunkel der Wüstennächte bricht die Elektrizität ein, die Tag und Nacht neu definiert. Ein stärkerer Kontrast wie der zwischen dem modernen Riyāḍ und der alten Wüstenkultur ist schwer vorstellbar.

Das Leben der Frauen wird durch die Mädchenbildung entscheidend verändert. Bisher waren die Männer draußen und die Frauen drinnen. Nun verlassen die Frauen die Häuser. Mädchen gehen zur Schule, Frauen in den *sūq* und in Geschäfte (wenn auch anfangs mit großen Schwierigkeiten), Frauen arbeiten als Leh-

[28] *al-Baḥrīyāt*, S. 220.

rerinnen, und zwar nicht nur die *baḥrīya* Riḥāb, sondern auch Saʿds zweite Frau Munīra, die sogar Schuldirektorin wird.

„al-Baḥrīyāt" schildert die Entwicklung des Lebens im Naǧd nach der Gründung des saudischen Staates und die enormen Veränderungen, die die Menschen in nur wenigen Jahrzehnten zu bewältigen hatten. Abgesehen von seiner literarischen Qualität ist der Roman auch eine hochinteressante Fundgrube für Informationen über die materielle Kultur der Region, in der er spielt, und ermöglicht es so, Entwicklungen und Einstellungen der Menschen des Naǧd nachvollziehen und verstehen zu können.

2.12.2. Romane von Omaima al-Khamis

„al-Baḥrīyāt", Dār al-Madā, Damaskus 2006 (270 Seiten)

„al-Wārifa", Dār al-Madā, Damaskus 2008 (294 Seiten)

2.13. Abdullah Thabit (ʿAbdullāh Ṯābit) عبدالله ثابت

Ein weiterer Roman des Boomjahres 2006, der in dieser Arbeit vorgestellt wird, stammt von einem Schriftsteller aus der ʿAsīr-Region. Abdullah Thabit wurde 1973 im Dorf as-Sūda geboren, kurz darauf übersiedelte die Familie nach Abhā. Er studierte arabische Sprache und Literatur und arbeitete anschließend einige Jahre als Lehrer. Inzwischen lebt Abdullah Thabit in Ǧidda. Er hat vier Gedichtbände und zwei Romane publiziert und schreibt für Zeitungen, so etwa eine wöchentliche Kolumne in „al-Waṭan".

„al-Irhābī 20" (Der zwanzigste Terrorist) ist der erste Roman von Abdullah Thabit. Die Bedeutung dieses Romanes zeigt sich auch an der Tatsache, dass Prinz Ḫālid al-Faiṣal, damals Gouverneur der Provinz ʿAsīr, aus der die meisten der saudischen Terroristen vom 11. September 2001 stammten, eine erhebliche Anzahl an Exemplaren ankaufte und sie unter den Spitzenbeamten des Erziehungswesens seiner Provinz als Pflichtlektüre verteilte. 2011 erschien bereits die vierte Auflage von „al-Irhābī 20". Der Roman wurde von Françoise Neyrod ins Französische übersetzt und erschien 2010 im Verlag Actes Sud.

Rechtzeitig zur Buchmesse 2011 in Riyāḍ brachte Abdullah Thabit einen neuen Roman mit dem Titel „Waǧh an-nāʾim" (Das Gesicht des Schläfers) heraus, in dem er die Beziehung zwischen einem Saudi und einem libanesischen Mädchen schildert und in dem Thabit, der Poet, über seine Gefühle und Gedanken und über seine Suche nach der Wahrheit in sich selbst schreibt.

2.13.1. al-Irhābī 20 (Der zwanzigste Terrorist) الإرهابي ٢٠

Der Titel des Romans „al-Irhābī 20" (*al-irhābī al-ʿišrūn*: Der zwanzigste Terrorist) bezieht sich auf die Tatsache, dass 15 der insgesamt 19 Attentäter, die am 11. September 2001 den Terroranschlag auf Ziele in den Vereinigten Staaten verübt hatten, saudische Staatsbürger waren. Bereits 2005 hatte sich Turki al-Hamad in seinem Roman „Rīḥ al-ǧanna" (Paradieswind) mit diesen Terroranschlag literarisch auseinandersetzt. Der Roman von Abdullah Thabit ist Ausdruck einer sehr persönlichen Betroffenheit. War er doch als Jugendlicher selbst in einer radikalen religiösen Jugendgruppe gewesen und hätte durchaus der 20. Terrorist[1] vom 11. September sein können, wenn er nicht rechtzeitig den Bruch mit dieser Gruppe vollzogen hätte. Einer der Attentäter, Aḥmad an-Niʿmī, hatte der selben religiösen Gruppe (*ǧamāʿa*) wie Thabit angehört. Die DNA von Aḥmad an-Niʿmī war in den

1 *ʾirhāb*: Einschüchterung, Einflößung von Angst und Schrecken, Bedrohung, Terror; Wehr S. 503.

Überresten der Maschine des entführten United Airlines-Fluges 93 gewesen, die bei Shanksville, Pennsylvania, abgestürzt war.

Ein autobiographischer Roman

Auch wenn der Romanheld nicht Abdullah Thabit sondern Zāhī al-Ǧibālī heißt, so wird doch bald klar, dass es sich in wesentlichen Zügen bei „al-Irhābī 20" um einen autobiographischen Roman handelt. Sogar das Geburtsdatum von Autor und Hauptfigur stimmt überein. Abdullah Thabit betonte mir gegenüber, dass er den Roman nicht als Autobiographie einer Person sieht, sondern vielmehr als Erfahrung einer ganzen Generation. Nach 1979 hätten die Freizeitaktivitäten der Jugend zu 90 % in solchen Gruppen stattgefunden. Nach dem Kuwaitkrieg seien die radikalen Strömungen dann immer mächtiger geworden und hätten die saudische Gesellschaft unterwandert. Erst nach der Katastrophe vom 11. September 2001 habe man kritisch zu hinterfragen begonnen, was in diesen *ǧamāʿāt* eigentlich passiert.

Den Erfolg der radikal-religiösen Indoktrinierung der 1980er- und 1990er-Jahre erklärt Abdullah Thabit damit, dass es angesichts der gesellschaftlichen Umbrüche für junge Menschen damals nahezu unmöglich war, Antworten auf ihre Fragen zu erhalten. Familie, Stämme und Schulen versagten, während die Jungen in den religiösen Gruppen einfache Antworten und eine Identität bekamen, als Muslim oder sogar als jemand, der für Gott zu töten und zu sterben bereit ist. Diese neue Identität drückte sich auch darin aus, dass die radikalen Gruppen, die Thabit im Roman beschreibt, den Jugendlichen neue Namen gaben und ihre bisherige Persönlichkeit systematisch brachen.

Abdullah Thabit erzählt in „al-Irhābī 20" in Ich-Form die Geschichte eines Buben, der sowohl in der Familie als auch in der Koranschule mit massiver Gewalt und völligem Unverständnis für das Wesen eines Kindes und dessen Bedürfnisse konfrontiert ist. Als Jugendlicher wird Zāhī dann ein leichtes Opfer für Indoktrination im Rahmen einer Gemeinschaft, deren Zweck das Rekrutieren und Ausbilden von sogenannten Glaubenskämpfern ist, die bereit sind, andere zu töten und selbst in den sicheren Tod zu gehen. Die Methoden dieser Gruppierungen und der Weg des Romanhelden in eine solche Gruppe und wieder aus ihr heraus, werden von Abdullah Thabit sehr authentisch beschrieben. Das leidenschaftliche Engagement des Autors, seine Aussage zu vermitteln und vor diesen Gruppen zu warnen, wird im Zuge der Lektüre immer deutlicher spürbar.

Erziehung eines Knaben

Als Kind mit einer weißen Stirnlocke inmitten schwarzer Haare wird Zāhī geboren. „Diese Frau muss während der Schwangerschaft eine Ǧinnīya gesehen haben, und das weiße Haar des Kindes rührt von der Angst her", und „Das Licht des

Blitzes hat sie erschreckt" lauteten die Kommentare zu diesem ungewöhnlichen Phänomen. Es wurde vorgeschlagen, das Kind ʿAbd as-Sukūn zu nennen, was in dieser Gegend soviel wie Diener des *ǧinn* heißt und wie ihn später der Vater manchmal nennt, wenn er seinetwegen verärgert ist.[2]

Zāhī lebt in einer Familie, die aus seinem Vater, seiner Mutter und neun Kindern besteht. Ab seinem fünften Lebensjahr muss Zāhī bei der Feldarbeit bestimmte Aufgaben verrichten, er muss auch Schafe hüten und melken und jene Laute lernen, mit denen er den Schafen Befehle erteilen kann. Frühes Aufstehen zum Morgengebet ist Pflicht, dann führt er die Schafe in die Berge, wo er den Tag verbringt. Er muss dabei darauf achten, dass die Schafe nicht in die Felder der Bauern gehen. Kein Tag vergeht ohne Arbeit für die Kinder, die den Eltern helfen müssen, und längeres Schlafen am Morgen ist strengstens verboten.

Mit sechs Jahren, einige Monate vor seinem Schuleintritt, wird Zāhī von seinem Vater beschnitten. Er hatte schon von dieser Zeremonie gehört, bei der man Schmerz ertragen muss, um nachher ein großer Mann zu sein. Nach der Beschneidung holt der Vater sein Gewehr und schießt damit in die Luft. Die Frauen des Dorfes und die Verwandten und Nachbarn kommen daraufhin herbei, küssen Zāhī und stecken ihm Geld zu.[3]

Die Einsamkeit

Nachdem der Vater ein neues Haus gebaut hat, erhält Zāhī ein eigenes Zimmer. So beginnt seine Isolation innerhalb der Familie. Er ist der jüngste Sohn, und die älteren Brüder sind an seiner Gesellschaft nicht interessiert. Bei seinen Schwestern darf er nicht sein, da dies als unmännlich gilt. Weint er dann aus Einsamkeit, so wird ihm vorgeworfen, kein Mann zu sein. Einsamkeit und Angst werden die dominierenden Gefühle in seinem Leben.[4]

> „Die Angst an sich ist nichts vollkommen Schlechtes, aber selbst wenn sie unvollkommen ist, kann sie groß und hässlich werden und den Menschen in Gefahren bringen, die kein Ende haben. Anfangs wird der Sichere ängstlich, dann endet der Ängstliche als ein Zerstörer und so weiter. Und der erste, den er zerstört, ist er selbst. Das, was mich in Angst und Schrecken versetzte und worüber meine Familie lachte, war der Schlaf. Ja, der Schlaf. Denn das Kind, das sich so sehr vor seiner Umgebung fürchtet, dass es jede Nacht einnässt, flüchtet vor dem Schlaf und kämpft nächtelang gegen ihn an, damit es sich nicht dem Spott und der Verachtung der anderen aussetzt."

Eine Tante, die zu Besuch kommt und der die Mutter ihr Leid mit dem bettnässenden Sohn klagt, zieht aus ihrer Tasche sogar ein scharfes Messer und droht Zāhī, ihn zu entmannen.[5] Das einzig Positive in seinem Leben, eine glückliche

---

2 *al-Irhābī 20*, Kapitel 2.
3 *al-Irhābī 20*, Kapitel 4.
4 *al-Irhābī 20*, Kapitel 4, S. 39. Ü.: EMW.
5 *al-Irhābī 20*, Kapitel 4.

Kinderfreundschaft mit einem Nachbarsmädchen, findet ein jähes Ende, als diese im Alter von vierzehn Jahren mit einem älteren Mann verheiratet wird.

Die Hölle meiner Familie

Immer mehr wird die Familie für Zāhī zur Hölle. Ein strenger Vater, der als Frühverwaister eine harte und einsame Kindheit in einer unbarmherzigen Umwelt erlebt hatte, prügelt ihn und erschießt beinahe einen seiner Brüder, weil dieser Schafe verlor, die ihm anvertraut waren. Dennoch ist für Zāhī der Vater ein gewaltiger Held und kein gewöhnlicher Mensch, denn in seinen Augen gleicht der Vater niemandem, weder in seinen guten noch in seinen bösen Momenten. Die Väter in den Bergen des ʿAsīr werden als streng und hart beschrieben. Wenn Zāhīs Vater das Haus betritt, hören alle Kinder zu spielen auf und sprechen leiser.[6]

Der älteste Bruder manipuliert den ahnungslosen Kleinen und überredet ihn, in die Koranschule und nicht in die staatliche Schule zu gehen. In der Koranschule jedoch sind Schläge mit Bambusstöcken das übliche Erziehungsmittel. Als Zāhī aus Angst einmal nicht in die Schule geht und eine Notlüge gebraucht, bringt ihn der Vater persönlich zum Direktor und ersucht diesen, das Kind zu schlagen, um es für seine Lüge zu bestrafen. Schläge gibt es für den sensiblen und verzweifelten Zāhī auch daheim vom Vater, vor allem dann, wenn er weint „wie die Frauen".[7]

Als Zāhī nach der Grundschule eine staatliche Schule besuchen kann, ist er glücklich und hat das Gefühl, aus einem Alptraum erwacht zu sein. Nun kann er „der Hölle meiner Familie", wie er sie nennt, wenigstens tagsüber entfliehen. Zwar muss er auch weiterhin nach der Schule Schafe hüten anstatt zu spielen, aber das stört ihn nicht mehr so sehr wie früher, denn mit dem Übertritt in die neue Schule haben für ihn Tage des Glücks begonnen.[8]

Die Verführung beginnt

Im 9. Kapitel des Buches beginnt jener Teil des Romanes, in dem Abdullah Thabit die systematische Anwerbung junger Menschen für eine der religiös-militanten Gruppen beschreibt. Die Vorgeschichte von Zāhī, die er in den ersten acht Kapiteln erzählt, macht die Einsamkeit und Verzweiflung deutlich, aus der heraus Jugendliche für Gruppen, die ihnen Geborgenheit und Anerkennung bieten, ansprechbar sind.

Zuerst wird ein Schulkollege auf ihn angesetzt. Dieser lädt ihn ein, am *ramaḍān*-Fußballturnier teilzunehmen. Wer bei diesem Turnier mitspielt, muss auch an religiösen Vorträgen, Lektionen und Gebeten teilnehmen, für Zāhī ein Privileg

6 *al-Irhābī 20*, Kapitel 5.
7 *al-Irhābī 20*, Kapitel 7.
8 *al-Irhābī 20*, Kapitel 8.

und vor allem eine willkommene Möglichkeit, seiner Familie fernzubleiben. Die Predigten über Sünde, Höllenfeuer und Tod beeindrucken ihn allerdings so tief, dass er jede Nacht weint. Seine Mannschaft gewinnt das Turnier, und Zāhī wird zum besten Spieler gekürt. Erstmals ist er Teil einer Gemeinschaft und erlebt menschliche Wärme, Erfolg und Anerkennung. Zur Belohnung dürfen die Spieler nach Mekka fahren, aber Zāhīs Vater verweigert seine Zustimmung zur Reise seines Sohnes.

Während sich der Bruch mit der Familie bereits abzeichnet, tritt der sechs Jahre ältere Yaḥyā in Zāhīs Leben. Eines Tages lädt Yaḥyā ihn ein, mit ihm im Auto mitzufahren.[9]

> „... und im Auto sagte er mir, dass er sich wünscht, wir würden Freunde auf immer sein. Wir sollten ab nun ständig zusammen sein und auch gemeinsam zu den Aktivitäten der ǧamāʿa gehen. Damals fühlte ich, dass sich mir die ganze Welt öffnet und dass ich im Begriff war, das glücklichste Geschöpf auf Erden zu sein. Und in der Tat kam Yaḥyā jeden Tag zu mir, und wir waren ständig zusammen. Stundenlang fuhren wir mit seinem Auto umher und hörten den Koran. Manchmal weinten wir gemeinsam und manchmal setzten wir uns außerhalb der Stadt auf eine Anhöhe oder einen Hügel und er erzählte mir vom Jenseits. Er sagte, dass er davon träumt, mir im Paradies zu begegnen, damit wir auch in jener Welt enge Freunde sein könnten so wie jetzt in diesem irdischen, billigen, falschen und schäbigen Leben, das niemandem wichtig sei außer den Sündern und Ungläubigen. Denn das wirkliche Leben sei dort, nur dort."

Das Trainingslager

Zāhī zwingt seinem Vater die Zustimmung zur Teilnahme an einem Trainingslager ab, indem er ihm droht, dass er andernfalls von daheim weglaufen und der Vater ihn nie wiedersehen würde. Die Macht, die er plötzlich verspürt, verfehlt nicht ihre Wirkung auf den Vater und dieser stimmt zu.

Im Trainingslager werden Gruppen gebildet, Führer und Zuständige für Aktivitäten wie Sport und Kultur ernannt, es gibt Eide und ein dichtes Programm mit Unterricht im islamischen Recht und Glaubenskampf sowie paramilitärische Übungen. Man sagt Zāhī, dass er nun ein kürzeres Gewand tragen müsse, denn das längere „öffne das Tor zur Hölle". Er fühlt sich in dieser Gemeinschaft geborgen und erlebt in ihr erstmals Liebe und Freundschaft. Zāhī entwickelt große Lust am Beten. Abends gibt es eindrucksvolle Darbietungen, bei denen den Jugendlichen drastisch vor Augen geführt wird, welche Strafe denen droht, die sich von der Gemeinschaft abwenden. Man zeigt ihnen Szenen von Tod und Gewalt und konfrontiert sie mit Angst und Schrecken, bis das Camp in Schreie und Weinen ausbricht. Die Psychofolter nächtlicher Friedhofsrituale bringt Zāhī an den Rand

---

9 *al-Irhābī 20*, Kapitel 9, S. 76. Ü.: EMW.

eines Nervenzusammenbruches. Doch die Nähe von Yaḥyā und den anderen festigt das Gemeinschaftsgefühl und die Bindung an die Gruppe.[10]

Bruch mit der Familie

Je mehr die Liebe zu den Kameraden und ihren Idealen wächst, desto größer wird der Hass auf die Ungläubigen. Unkritisch übernimmt Zāhī die Ideologie der Gruppe und vermutet überall Ungläubigkeit und verbotene Handlungen. Er beginnt seine Familie zu hassen, da er Fernsehen, Bilder und Lieder nicht mehr ertragen kann. Auch die Tränen der Mutter beeindrucken ihn nicht. Er ist bereit, alles zu opfern, um zu Gott zu gelangen. In seiner Familie sieht er nur gottlose Sünder. Nächtelang betet und weint er und dankt Gott, dass er ihn aus der Ungläubigkeit geführt hat.

Schließlich setzt die Organisation den nächsten Schritt, um ihn zu vereinnahmen. Einer der Scheichs nimmt mit ihm Kontakt auf und vertraut ihm an, dass sie den geheimen Plan hätten, einen neuen Staat zu schaffen, um aus der Dunkelheit an das Licht zu geraten, und er, Zāhī, sei einer von denen, die bei dieser religiösen *ʾumma* dabei sein werden.[11] Zāhī wird in viele Aktivitäten und Ausbildungen einbezogen, er darf Reisen nach Mekka und Medina machen, und schließlich befiehlt ihm der Scheich eines Tages, seine ungläubige Familie zu verlassen. Nun schläft Zāhī in der Moschee und erhält vom Scheich das Geld, das er zum Leben braucht.[12] Später bekommt er sogar ein Auto. Die Schulungen erfüllen ihn und seine Kameraden mit Hass auf die Gesellschaft, auf den Westen, auf alle Regierungen, auf die eigenen Familien und auf die ganze Welt.

Machtmissbrauch

Zāhī gehört nun einer Gruppierung an, deren Aufgabe es ist, Menschen zu bekehren. Er ist voller Begeisterung und fühlt Macht über andere. Gemeinsam mit einem Freund fordert er Musik hörende Autofahrer auf, ihr Autoradio abzudrehen, und sie verprügeln jene, die ihren Befehlen nicht Folge leisten. Er und seine Kameraden erzählen einander stolz, wie sie sogar ihre eigenen Brüder, Nachbarn oder Verwandte geschlagen haben. Sie beschimpfen alle als Feinde Gottesdie sich ihnen widersetzen.[13]

Zāhī beginnt auch in der Schule zu agitieren. Er provoziert und terrorisiert die Lehrer, fühlt sich mächtig und genießt es, als Schüler seine Lehrer zurechtzuweisen. Als beispielsweise im Unterricht die Aufgabe gestellt wird, eine Fernsehszene zu beschreiben, meldet er sich umgehend zu Wort und wirft dem Lehrer vor, dass

10 *al-Irhābī 20*, Kapitel 10.
11 *al-Irhābī 20*, Kapitel 11.
12 *al-Irhābī 20*, Kapitel 12.
13 *al-Irhābī 20*, Kapitel 14.

er die Schüler zu Verbotenem aufrufe. Vom Englischlehrer verlangt er, dass dieser sich schämen solle, weil er die Sprache der Ungläubigen lehrt. Und sogar den Schuldirektor schreit er an.[14] Als einige seiner Freunde schließlich einen jungen Mann wegen Musikhörens zwei Stunden lang in ein stinkendes Klo einsperren, fühlt Zāhī zum ersten Mal, dass es falsch ist, was sie tun.[15]

Der Weg aus der Sackgasse

Schon vor diesem Vorfall hatte Zāhī ein Angebot, zu den Glaubenskämpfern (*muǧāhidūn*) nach Afghanistan zu gehen, ganz instinktiv und ohne lange zu überlegen abgelehnt. Als er schließlich in der Schule völlig versagt, seine religiösen Freunde roh darüber lachen und sein Vater ihm schriftlich ankündigt, ihn nicht mehr als seinen Sohn anzusehen, beschließt er, sich zu ändern und die Schule erfolgreich abzuschließen.

Es beginnt eine harte Zeit, in der er intensiv lernt, viel liest und eigenständiges Denken entwickelt. Mit dem erfolgreichen Schulabschluss hat er sich auch von den Kameraden aus der *ǧamāʿa* innerlich bereits weitestgehend gelöst.[16] Als ihn eines Tages vier von ihnen zusammenschlagen, ist er mit ihnen endgültig fertig. In diesem Augenblick, als er verletzt auf der Straße liegt und von einem barmherzigen Autofahrer heimgebracht wird, fühlt er, wie in ihm alle schönen Erinnerungen an seine früheren Freunde sterben. Die Religion bleibt ihm, denn sie verbindet ihn mit Gott auf eine sehr persönliche Weise. Er ist ein neuer Mensch geworden, und für die Verbindung mit Gott braucht er weder die *ǧamāʿa* noch die Scheichs.[17]

Die Entdeckung der Welt und ihrer Schönheit

Ab Kapitel 18 beschreibt der Ich-Erzähler, wie er die schöne Seite der Religion und des Lebens entdeckt. Er stellt vieles in Frage, was man ihm bisher als seine Religion präsentiert hatte, und studiert Quellen, um sich selbst eine Meinung zu bilden. Er genießt das Universitätsleben, hat ein Autoradio und spielt laut Musik während des Fahrens, geht ins Fußballstadion und kleidet sich elegant. Zāhī wird Dichter und unternimmt Reisen, verbietet sich aber Alkohol und Frauen. Die Beziehung zum Vater verbessert sich, und als er beruflich in eine andere Stadt muss, wird der Vater aus Trauer über die Trennung sogar krank. Zāhī heiratet schließlich auf Wunsch seines Vaters, wird aber in der Hochzeitsnacht ohnmächtig und kann die Ehe erst später vollziehen. Zāhī begegnet bedeutenden Intellektuellen und Dichtern, beginnt für Zeitungen zu schreiben und wird ein rebellischer Autor.

---

14 *al-Irhābī 20*, Kapitel 15.
15 *al-Irhābī 20*, Kapitel 16.
16 *al-Irhābī 20*, Kapitel 17.
17 *al-Irhābī 20*, Kapitel 19.

Als Folge eines Artikels, in dem Zāhī Musikunterricht in saudischen Schulen fordert, schlagen seine Feinde gnadenlos zu. Sein Vater wird auf Betreiben dreißig religiöser Scheichs zum Scheich der ʿAsīr-Stämme vorgeladen. Ihm wird gesagt, sein Sohn sei ein Feind Gottes und führe Krieg gegen Gott und er als Vater solle seinen Sohn wegen Abfalles vom Glauben verklagen. Dies kann von Zāhīs Brüdern gerade noch verhindert werden. In der größten Moschee der Stadt wird von einem eigens angereisten berühmten Scheich gegen Zāhī gepredigt. Die gesellschaftliche Ächtung der ganzen Familie ist die Folge. Seine Mutter erhält keine Besuche mehr, seine Brüder schämen sich für ihn und er, der inzwischen hauptberuflich in der Schulverwaltung arbeitet, wird versetzt. Erst eine Intervention des Provinzgouverneurs macht dies rückgängig.[18]

In diesem Zusammenhang zitiert Abdullah Thabit in einem späteren Romankapitel die Geschichte von der Basler Nachtigall aus „Zur Geschichte der Religion und Philosophie in Deutschland" von Heinrich Heine. Die Geschichte spielt während des Basler Konzils im Jahre 1433. Geistliche gehen in einem Wald spazieren und werden durch den Gesang einer Nachtigall von ihren religiösen Gesprächen abgelenkt. Der Gesang weckt die Gefühle ihrer Herzen aus dem Winterschlaf. Doch einer der Herren vermutet sogleich den Teufel in der Nachtigall, der sie von ihren christlichen Gesprächen ablenken und durch die Süße des weltlichen Lebens zu Sünden verlocken wolle. Abdullah Thabit stellt die These auf, dass der Islam, der ja 600 Jahre nach dem Christentum entstanden ist, wohl auch gerade sein 15. Jahrhundert durchmache und daher noch einige Jahrhunderte an Entwicklung brauchen werde, um zwischen dem wahren und dem kranken religiösen Erbe zu unterscheiden.[19]

11. September 2001

11. September 2001, nachmittags. Zāhī liest gerade einen Roman von Ghazi Algosaibi, während im Fernsehen das Programm des Nachrichtenkanals von al-Ǧazīra läuft. Plötzlich taucht die Moderatorin auf und sagt, dass Amerika von Zivilflugzeugen angegriffen werde. Eines sei in New York in einen Turm des World Trade Centers geflogen, ein zweites in den anderen Turm, ein drittes auf das Pentagon gestürzt. Zāhī hat das Gefühl, dass sein Herz stehenbleibt. Er denkt an die Menschen in den Flugzeugen und den Türmen. Im Fernsehen wird gezeigt, wie die beiden Türme des World Trade Centers in sich zusammenstürzen.[20]

---

[18] *al-Irhābī 20*, Kapitel 23.

[19] *al-Irhābī 20*, Kapitel 26.

[20] *al-Irhābī 20*, Kapitel 24, S. 177-178. Ü.: EMW.

„Der Einsturz der beiden Gebäude über all diesen Menschen erschien als etwas so Grauenhaftes, als eine solche Katastrophe, dass ich nicht einmal fähig war auch nur ein einziges Wort über das zu sagen, was ich gesehen hatte, außer dass ich aufschreie, ganz allein, wie ein Verrückter: Nein! Nein! Nein!

Es wurden mehrere verdächtigt. Am wahrscheinlichsten erschien die Organisation al-Qāʿida innerhalb der Ṭālibān, aber ich konnte mir nicht vorstellen, dass das wahr ist. Ich spottete darüber, denn wie könnte es möglich sein, dass Bin Lādin und seine Leute Amerika ins Gesicht schlagen, und das so leicht innerhalb von zwei Stunden. Doch bald tauchte das Videoband auf, in dem sich Bin Lādin zu seiner Tat bekannte, seinen Plan beschrieb und sagte, dass der Erfolg seine Erwartungen noch übertroffen habe. In diesem Video sah man auch einige Aufnahmen vom Training der Jugendlichen, ihre Kampfgesänge, ihr Sitzen auf dem Boden, ihre Diskussionen und Rufe. Genau diese Szenen sind es, deren Atmosphäre ich in den Zeltlagern erlebt habe, als ich bei der Gruppe der Aktivisten war.

Jene neunzehn also, die die Welt an diesem Septembertag heimgesucht haben, ... ich wäre der zwanzigste gewesen, wenn ich bei der ǧamāʿa geblieben wäre und jenen gehorcht hätte, die mich damals nach Afghanistan schicken wollten. Ich wäre einer von denen gewesen, die jene Stockwerke über den Köpfen all dieser Menschen zerstört hätten. Ich wäre einer von denen gewesen, die die Reisenden in den Flugzeugen, die mit den drei Gebäuden kollidiert waren, zerfetzt hätten. Ich wäre Teil eines der größten Verbrechen der Geschichte gegen die Menschlichkeit gewesen, was auch immer die politischen, religiösen oder anderen Begründungen gewesen sein mögen. Ich wollte der ganzen Welt ins Gesicht schreien: Ich wäre unter ihnen gewesen, wenn ich mich nicht rechtzeitig gerettet hätte."

Zāhīs Gedanken, Gefühle, Bekenntnisse

Die Beschreibung der geistigen Entwicklung Zāhīs nimmt die weiteren Kapitel des Romans ein. Ihm öffnet sich eine Welt des Denkens und der Begegnungen mit interessanten Kulturschaffenden und Intellektuellen. Er beginnt zu schreiben und sich mit den Problemen der Gesellschaft auseinanderzusetzen. Er kritisiert die islamistische Ideologie und gewaltverherrlichende und destruktive Islaminterpretationen, die die Menschen gegeneinander aufhetzen. Er hält ein leidenschaftliches Plädoyer für Menschlichkeit, Poesie, Musik, Schönheit, Liebe, Frieden und Vernunft.

Eine Fülle an Gedanken bricht aus ihm heraus, und er versucht, sich in den gesellschaftlichen Diskurs einzubringen. Er geht auf eine Reise des Verstandes und der Vernunft und sucht nach Wahrheit. Er liest und forscht und kommt zu dem Schluss, dass Religionen nicht den Verstand verbieten dürfen, sondern dazu dienen, den Geist zu erlösen. Er ist davon überzeugt, dass die Religion die Medizin der Seele sein muss und dass Gott das so gewollt hat.[21]

In Kapitel 31 sitzt Zāhī nachts auf dem Dach seines Autos am Meer von Ǧidda, dann wieder schreit er in einer anderen Stadt von einem Hotelbalkon auf die Passanten hinunter, ein anderes Mal diskutiert er mit einer Frau in einem „Marriot"-

---

[21] *al-Irhābī 20*, Kapitel 29.

Hotelzimmer über Liebe und Freiheit. In den beiden letzten Kapiteln werden die Aussagen und Beschreibungen der Gedanken und Gefühle immer spontaner und ungeordneter, die Worte sprudeln aus ihm heraus. Zāhī schreibt über viele Dinge, die er liebt und genießt, wie das Tragen von Sportkleidung, das Gehen in der Wüste, das ʿAsīr-Gebirge, aus dem er stammt, oder auch das Weinen. Am Ende folgen Zāhīs Selbstgespräche seinen spontanen Assoziationen immer sprunghafter. Er ist ein verrückter Mann in einem verrückten Leben, das er liebt und in dem er sich spürt als einer, der niemandem gleicht und keiner gleicht ihm.[22]

2.13.2. Romane von Abdullah Thabit

„al-Irhābī 20", Dār al-Madā, Damaskus 2006 (254 Seiten)
„Le Terroriste N° 20" Französisch von Françoise Neyrod, Actes Sud, Arles 2010

„Waǧh an-nāʾim", Dār as-Sāqī, Beirut 2011 (239 Seiten)

[22] *al-Irhābī 20*, Kapitel 33.

Romane – der neue Diwan der Saudis?

Ein Beweis für Bedeutung, die der Roman sowohl in der saudischen Literatur als auch in der saudischen Gesellschaft gewonnen hat, ist die Tatsache, dass im Boomjahr des saudischen Romans 2006 ein Beitrag in der Literaturzeitschrift „Ḥuqūl" den Titel „Dīwān as-suᶜūdīyīn al-ǧadīd" trägt. Darin wird die Frage aufgeworfen, ob der Roman zum neuen Diwan der Saudis geworden ist, und eine Aussage von Ǧābir ᶜUṣfūr zitiert, einem ägyptischen Kritiker, der den Roman als den neuen Diwan der Araber bezeichnet hat.[1] Trifft dies auch auf Saudi-Arabien zu?

Bedenkt man, dass 1930 der erste saudische Roman publiziert wurde und dass zwischen 1930 und 1990 gerade einmal 60 Romane erschienen sind, zwischen 1990 und 2006 jedoch 271, die von 162 Autorinnen und Autoren verfasst wurden, dann kann man ermessen, wie grundlegend sich die saudische Literatur in diesem Zeitraum verändert hat. Das Entstehen des saudischen Romans ging mit der Transformation Saudi-Arabiens von einer beduinisch-nomadischen bzw. dörflich-landwirtschaftlich organisierten Gesellschaft in einen der weltweit bedeutendsten Rohstofflieferanten mit modernen Millionenstädten einher. Mit dem radikalen Einbruch der Moderne kam die flächendeckende Schulbildung, auch für Mädchen. Die im geschlossenen System des Dorfes oder des Beduinenstammes mündlich tradierten Erzählungen und Gedichte wurden durch eine verschriftlichte Literatur ersetzt, die gänzlich andere Aufgaben hatte.

In seine Anthologie der neuen saudischen Literatur hat ᶜAbd an-Nāṣir Muǧalī ein Interview mit Turki al-Hamad aufgenommen, in dem er ihm unter anderem die Frage stellt, ob auch er der Meinung sei, dass der Roman bereits der Diwan der Araber geworden sei. Dazu Turki al-Hamad: „Ja, dies trifft in hohem Ausmaß zu, denn der Roman ist eine urbane Kunst (*fann madīnī*). Immer wenn eine Gesellschaft urbaner wurde, war der Roman besser in der Lage, diese mit ihren komplizierten Fragen, Verflechtungen und Problemen auszudrücken. Als die Gesellschaft einfach war, war die Dichtung der bessere Ausdruck ihrer Natur und ihrer Seele. Doch heute ist der Roman dafür geeigneter. Die Sache mit dem Diwan der Araber oder auch der Nichtaraber ist allerdings eine Frage, die mich nicht wirklich interessiert. Die Klassifizierung mag zutreffend sein, aber man sollte sich lieber von diesen Klischees verabschieden."[2]

Was den Stellenwert des Romans in der heutigen saudischen Literatur betrifft, so waren sich jedenfalls alle Gesprächspartner, mit denen ich in Saudi-Arabien diese Frage erörtert habe, darüber einig, dass der Roman inzwischen die Poesie, also den *dīwān* im eigentlichen Sinn, verdrängt hat, wenngleich nach wie vor Poesie

---

1 *Ḥuqūl*, Juni 2006, S. 57-60.
2 Muǧalī, S. 622; Ü.: EMW.

in der saudischen Literatur eine wesentlich größere Rolle spielt als beispielsweise in der zeitgenössischen europäischen Literatur.

Der Roman ist, ebenso wie der Film, eine Kunst, deren Entstehen ohne die Entwicklung des städtischen Lebens nicht möglich ist, schreibt Saʿd al-Bāzʿi in seinem Buch „Sard al-mudun fi r-riwāya wa-s-sīnamā".[3] Das urbane Leben ist ein guter Nährboden für den Roman. Die Stadt ist ein Ort der Bildung, der Schriftsteller und Leser hervorbringt, und die Komplexität des urbanen Lebens macht einen gesellschaftlichen Diskurs erforderlich, für dessen Darstellung sich die Literaturgattung Roman eignet.

Ein weiterer Aspekt ist, dass der Roman Privates öffentlich macht, was nur große Städte erlauben, da dort der soziale Druck geringer ist als etwa im Dorf. Anhand der Biographien der saudischen Schriftsteller kann man erkennen, dass Romane über das Leben im Dorf von jenen geschrieben wurden, die das Dorf bereits verlassen hatten und Stadtbewohner geworden sind. Somit ist das Dorf in der geschriebenen Literatur erst zu jenem Zeitpunkt zum Thema geworden, als es schon fast verschwunden war.

Nicht alle städtischen Milieus stellen sich allerdings im saudischen Roman dar. An die Öffentlichkeit treten bisher nur Autorinnen und Autoren aus gebildeten und in den meisten Fällen auch eher wohlhabenden Schichten. Nur selten werden auch die ärmeren, weniger privilegierten Schichten in Romanen beschrieben und auch da nicht aus der Sicht der Betroffenen selbst.

Durch die Transformation der saudischen Gesellschaft hat sich die Welt und das Weltbild der Menschen von einer Generation auf die andere radikal geändert. Die moderne Welt ist kein geschlossenes System mehr, in dem die tradierten Denk- und Verhaltensmuster erfolgreich waren. Die Normen des alten Systems werden nicht mehr als Werte anerkannt, sondern haben unter den geänderten Bedingungen ihren Sinn und Nutzen verloren. Sie dienen nicht mehr der Lebensbewältigung, sondern stehen ihr nur allzu oft im Wege. Der/die Einzelne empfindet sich nicht mehr als Teil eines Ganzen, geborgen im Kollektiv und dem gemeinsamen Wertsystem.

Die Konflikte, die solche gesellschaftlichen Umbrüche hervorrufen, bringen den modernen Roman hervor, in dem der Held bzw. die Heldin als Individuum einer Gesellschaft gegenübersteht, die keine Heimat mehr ist, sondern alle Eigenschaften der Fremde aufweist. Die moderne Roman zeigt die Krise des Individuums (*azmat al-fard*)[4] und seine Not in einer konservativen Gesellschaft. Sie zeigt die Entfremdung zwischen dem Einzelnen und dem Kollektiv. In der modernen urbanen Welt, in der angesichts des radikalen Wandels Rollenvorbilder der Elterngeneration für die Lebensbewältigung nicht mehr hilfreich sind, ist der/die Einzelne auf sich selbst zurückgeworfen. Das Individuum gerät in Isolation, seine

3 al-Bāzʿī, S. 9.
4 an-Niʿmī, S. 35.

Bedürfnisse können im Rahmen der Gruppe (Großfamilie, Stamm, Gesellschaft) nicht mehr befriedigt werden, Konformität und ein bisher nicht hinterfragtes System an Regeln stehen den Gefühlen des Einzelnen entgegen.

Dem Roman „al-Ḥamām lā yaṭīr fī Buraida“ von Yousef al-Mohaimeed ist als Motto ein Zitat vorangestellt, das besagt: „Die grausamste Qual ist es, wenn dir ein argumentierender Verstand geschenkt wurde, und das in einer Gesellschaft, die nicht argumentiert.“[5] Die Zielgruppe des modernen saudischen Romans ist eben jene Gesellschaft, die zum Argumentieren, Diskutieren und Hinterfragen angeregt, veranlasst und ermutigt oder auch gezwungen werden soll.

Für Muġalī ist der Roman eines der Heilmittel für die traditionelle saudische Gesellschaft, die er als kulturell krank bezeichnet. Der Roman sei ein wahrhafter Spiegel der gesellschaftlichen Realität mit all ihren Widersprüchen, so schreibt er weiter, um schließlich die Aussage zu treffen, dass der Roman kein nebensächlicher Luxus sei, sondern eine moralische Pflicht ersten Grades, die die Schriftsteller gegenüber der Gesellschaft haben, indem sie etwas sagen, was vorher nicht gesagt wurde. Der Roman sei notwendig für die Öffnung des Geistes der Menschen und eines des wichtigsten Instrumente für den gesellschaftlichen Wandel. [6]

Die Welt hat sich verändert, und die Romane antworten auf diese Veränderungen, schreibt Sahmī al-Hāǧirī und zitiert aus dem Roman „Unṯā al-ʿankabūt“ (Das Spinnenweibchen) von Qumasha al-Olayan, wo es heißt: „Wir werden nie wieder, wie wir waren, isoliert vom Rest der Welt, und wir können uns nicht in eine Muschel einsperren und uns fernhalten von dem, was um uns herum in den anderen Gesellschaften geschieht.“[7]

Sahmī al-Hāǧirī geht bei der Einschätzung der Bedeutung des Romans für die saudische Kultur und Gesellschaft noch einen Schritt weiter. Er zitiert einen Artikel aus der saudischen Tageszeitung „ʿUkāẓ“, in dem es heißt, dass mit Ghazi Algosaibis „Šiqqat al-ḥurrīya“ die Befreiung des Verstandes der saudischen Intellektuellen begonnen habe. Im Laufe der folgende Jahrzehnte sei es dann auch zu einer Befreiung des Unterbewussten gekommen.[8]

Ich möchte meine Arbeit mit einer Aussage des Kulturjournalisten und Schriftstellers Mahmud Trauri schließen: „Es gibt keine Stimme in diesen Tagen, die jene des Romans übertönt.“[9]

---

5 al-Mohaimeed *al-Ḥamām lā yaṭīr fī Buraida*, S. 5.
6 Muġalī, S. 27.
7 al-Hāǧirī, S. 49-50.
8 al-Hāǧirī, S. 38.
9 al-Hāǧirī, S. 44.

Arabische Namen mit Transkriptionen

Namen aus Saudi-Arabien

(Alphabethische Reihung nach der Schreibweise der rechten Spalte)

Arabisch	*DMG-Umschrift*	*Schreibweise ohne Sonderzeichen*
أحمد ابو دهمان	Aḥmad Abū Dahmān	Ahmed Abodehman
مقبول موسى العلوي	Maqbūl Mūsā al-ʿAlawī	Maqbul Musa al-Alawi
رجاء عالم	Raǧāʾ ʿĀlim	Raja Alem
شادية عالم	Šādiya ʿĀlim	Shadia Alem
غازي القصيبي	Ġāzī al-Quṣaibī	Ghazi Algosaibi (auch: al-Gosaibi)
ليلى الجهني	Lailā al-Ǧuhanī	Laila Aljohany
رجاء الصانع	Raǧāʾ aṣ-Ṣāniʿ	Rajaa Alsanea
محمد حسن علوان	Muḥammad Ḥasan ʿAlwān	Mohammed Hasan Alwan
يحيى آمقاسم	Yaḥyā Āmqāsim	Yahya Amqasim
عبد القدوس الأنصاري	ʿAbdalquddūs al-Anṣārī	Abdalquddus al-Ansari
إبراهيم بادي	Ibrāhīm Bādī	Ibrahim Badi
هند باغفار	Hind Bāġafār	Hind Baghafar
عبد الله بن بخيت	ʿAbdallāh b. Baḫīt	Abdallah b. Bakhit
مطلق البلوي	Muṭlaq al-Balawī	Mutlaq al-Balawi
سميرة بنت الجزيرة	Samīra bint al-Ǧazīra	Samira Bint al-Jazira
بدرية البشر	Badrīya al-Bišr	Badriya Al-Bishr
حمزة بوقري	Ḥamza Būqarī	Hamza Bogary
بهية بوسبيت	Bahīya Būsbīt	Bahiya Busbit
حامد دمنهوري	Ḥāmid Damanhūrī	Hamed Damanhouri
علي الدميني	ʿAlī ad-Dumainī	Ali al-Domaini
مها محمد الفيصل	Mahā Muḥammad al-Faiṣal	Maha Mohammed al-Faisal

Arabisch	*DMG-Umschrift*	*Schreibweise ohne Sonderzeichen*
نورة الغامدي	Nūra al-Ġāmdī	Nura Al-Ghamdi
تركي الحمد	Turkī al-Ḥamad	Turki al-Hamad
صبا الحرز	Ṣibā al-Ḥirz	Siba al-Hirz (auch: Siba al-Harez)
زينب حفني	Zainab Ḥifnī	Zainab Hifni
عبده خال	ʿAbduh Ḫāl	Abdo Khal
أميمة الخميس	Umaima al-Ḫamīs	Omaima al-Khamis
عبد العزيز خوجة	ʿAbd al-ʿAzīz Ḫūga	Abdalaziz Khoja
إبراهيم الخضير	Ibrāhīm al-Ḫuḍair	Ibrahim al-Khodair
عبد الله جفري	ʿAbdallāh Ǧufrī	Abdallah Jofri
عبد العزيز مشري	ʿAbd al-ʿAzīz Mišrī	Abdalziz Mishri
يوسف المحيميد	Yūsif al-Muḥaimīd	Yousef Al-Mohaimeed
محمد المزيني	Muḥammad al-Muzainī	Mohammed al-Muzaini
عبد الرحمان منيف	ʿAbd ar-Raḥmān Munīf	Abdalrahman Munif
هاني مقشبندي	Hānī Naqšabandī	Hani Naqshabandi
إبراهيم الناصر الحميدان	Ibrāhīm an-Nāṣir al-Ḥumaidān	Ibrahim al-Nasir
ليلى الأحيدب	Lailā al-Uḥaidib	Laila Alohaidib
قماشة العليان	Qumāša al-ʿUlayān	Qumasha al-Olayan
هدى الرشيد	Hudā ar-Rašīd	Huda al-Rashid
سيف الإسلام بن سعود بن عبد العزيز آل سعود	Saif al-Islām b. Suʿūd b. ʿAbd al-ʿAzīz Āl Suʿūd	Saif al-Islam b. Saud b. Abdalaziz Al Saud
أحمد السباعي	Aḥmad as-Sibāʿī	Ahmed al-Sibaʾi (auch: Subaʾi)
منيرة السبيعي	Munīra as-Subaiʿī	Munira al-Subaiʾi
أمل شطا	Amal Šaṭā	Amal Shata
سعيد شهاب	Saʿīd Šihāb	Said Shihab
عبد الله التعزي	ʿAbdallāh Taʿizzī	Abdallah al-Tazi (auch: Taezi)
عبد الله ثابت	ʿAbdullāh Ṯābit	Abdullah Thabit
محمود تراوري	Maḥmūd Trāwrī	Mahmud Trauri

Arabisch	*DMG-Umschrift*	*Schreibweise ohne Sonderzeichen*
أحمد الواصل	Aḥmad al-Wāṣil	Ahmed al-Wasil
خالد اليوسف	Ḫālid al-Yūsuf	Khalid al-Yusif

Weitere arabische Namen

Politiker

Arabisch	*DMG-Umschrift*	*Schreibweise ohne Sonderzeichen*
ميشيل عفلق	Mīšīl ʿAflaq	Michel Aflaq
جورج حبش	Ǧūrǧ Ḥabaš	George Habash
صدام حسين التكريتي	Ṣaddām Ḥusain at-Tikrītī	Saddam Hussain
جمال عبد الناصر	Ǧamāl ʿAbd an-Nāṣir	Nasser

Schriftsteller

Arabisch	*DMG-Umschrift*	*Schreibweise ohne Sonderzeichen*
عباس محمود العقّاد	ʿAbbās Maḥmūd al-ʿAqqād	Abbas Mahmud al-Aqqad
يحيى حقّي	Yaḥyā Ḥaqqī	Yahya Haqqi
طه حسين	Ṭāhā Ḥusain	Taha Husain
يوسف إدريس	Yūsuf Idrīs	Yusuf Idris
نجيب محفوظ	Naǧīb Maḥfūẓ	Nagib Mahfuz

Literatur- und Quellenverzeichnis

Sekundärliteratur

Muḥammad al-ᶜAbbās: „*Nihāyat at-tarīḫ aš-ṣafawī*", al-Intišār al-ᶜarabī, Beirut 2008

Muᶜǧib al-ᶜAdwānī: „*al-Kitāba wa al-maḥw. at-tanāṣṣīya fī ʾaᶜmāl Raǧāʾ ᶜĀlim ar-riwāʾīya*", al-Intišār al-ᶜarabī, Beirut 2009

„*Banipal*", Literaturzeitschrift, London: Nummer 19/2004 („*Tribute to Abdelrahman Munif*", S. 2-13), Nummer 20/2004 („*Feature on the Novel in Saudi Arabia*", S. 77-133), Nummer 22/2005 (Textauszüge aus „*The Grey Cloud*" von Ali al-Domaini S. 48-55), Nummer 29/2007 (Textauszüge aus „*The Bottle*" von Yousef Al-Mohaimeed S. 18-25) und 34/2009 (Textauszüge aus „*Sallam*" von Hani Nakshabandi S. 99-115)

Saᶜd al- Bāzᶜī: „*Sard al-mudun fī r-riwāya wa-s-sīnamā*", Manšurat al-iḫtilāf, Algier 2009.

Samāhir aḍ-Ḍāmin: „*Nisāʾ bilā ʾummahāt. Al-dawwāt al-unṯawīya fī r-riwāya as-suᶜūdīya*" al-Intišār al-ᶜarabī, Beirut 2010

Maḥmūd Darwīš: „*al-ʾAᶜmāl aš-šiᶜrīya al-kāmila 1-3*", 3. Auflage, 2008 (keine Verlagsangabe, vermutlich Raubkopie)

Encyclopaedia of Islam, New Edition (EI²), E. J. Brill, Leiden 1960-2002

- *al-ʾasma al-ḥusnā*, EI², Band I, S. 714-719
- Dū Nuwās, EI², Band II, S. 243-245
- *ǧinn*, EI², Band II, S. 546-550
- al-Ḥaram aš-Ṣarīf, EI², Band III, S. 173-175
- Ibn Ḥazm, EI², Band III, S. 790-799.
- Qaḥṭān, EI², Band IV, S. 447-449
- *marṯiya*, EI², Band VI, S. 602-608
- *muᶜallaqāt*, EI², Band VII, S. 254-255
- *rāwī*, EI², Band VIII, S. 466-467
- *ᶜūd*, EI², Band X, S. 767-773
- *umma*, EI², Band X, S. 859-863

Sahmī al-Hāǧirī: „*Ǧadalīyat al-matn wa-t-taškīl. at-ṭafra ar-riwāʾīya fī s-Suᶜūdīya*", al-Intišār al-ᶜarabī, Beirut 2009

Kadhim Jihad Hassan: „*Le roman arabe*", Sindbad/Actes Sud, Arles 2006

Mansouṛ al-Hazimi, Salma Khadra Jayyusi, Ezzat Khattab: „*Beyond the Dunes*", I. B. Tauris, London/New York 2006

Joseph Henniger: „*Eine eigenartige Beschneidungsform in Südwestarabien*" in Arabica Varia, S. 393-432, Universitätsverlag Freiburg und Vandenhoeck & Ruprecht, Göttingen 1989

„*Ḥuqūl*“, Literaturzeitschrift mit Sonderthema Roman, Hg. Literaturclub Riyāḍ, Juni 2006
Faleh A. Jabar: „*The Schi'ite Movement in Iraq*“, Saqi, London 2003
Adolf E. Jensen: „*Beschneidung und Reifezeremonien bei Naturvölkern*“, Strecker und Schröder, Stuttgart 1933
Adel Theodor Khoury: „*Der Koran*“, Gütersloher Verlagshaus, 1987
Noman Kidwah: „*Das Theater im Königreich von Saudi-Arabien*“, Diplomarbeit, Universität Wien 2009
„*Lisan*“, Zeitschrift für arabische Literatur, Basel: No. 8/2009 (Textauszüge aus „*Schleier*“ von Raja Alem und „*In Buraida fliegen keine Tauben*“ von Youssef al-Mohaimeed)
Khalid al-Maaly/Mona Naggar: „*Lexikon arabischer Autoren des 19. und 20. Jahrhunderts*“, Palmyra Verlag, Heidelberg 2004
Elga Martinez-Weinberger: „*Männliche und weibliche Lebenswelten im Spiegel moderner Romane aus Saudi-Arabien*“, Diplomarbeit, Universität Wien 2009
ʿAbd an-Nāṣir Muġalī: „*Antulūǧīyā al-ʾadab as-suʿūdī al-ǧadīd*“, al-Muʿassasa al-ʿarabīya li-d-dirasāt wa-n-našr, Beirut 2005
Lorenz Nigst und José Sánchez García: „*Boyāt in the Gulf: Identity, Contestation and Social Control*“, Middle East Critique, Vol. 19, No. 1, 5-35, Routledge, UK, Spring 2010
Ḥasan an-Niʿmī: „*ar-Riwāya as-suʿūdīya, wāqiʿuhā wa taḥawwulātuhā*“, Band 2 der Schriftenreihe „al-Mašhad at-taqāfī fī l-mamlaka al-ʿarabīya as-suʿūdīya“ des saudischen Kultur- und Informationsministeriums, Riyāḍ 2009
Ḫālid b. Aḥmad ar-Rifāʿī: „*ar-Riwāya an-nisāʾīya as-suʿūdīya. Qirāʾa fī t-tarīh wa-l-mauḍūʿ wa-l-qaḍīya wa-l-fann*“, an-Nādī al-ʾadabī bi-r-Riyāḍ, 2009
Aldeeb Abu Sahlieh und Sami A.: *Male & female circumcision*, Shangri-La Publ., Warren Center, Pakistan 2001
Reinhard Schulze: „*Geschichte der Islamischen Welt im 20. Jahrhundert*“, zweite Auflage, C. H. Beck, München 2003
Thomas Seifert, Klaus Werner: „*Schwarzbuch Öl*“, Deuticke, Wien 2005
Guido Steinberg „*Saudi-Arabien*“, C. H. Beck, München 2004
Hartmuth Steinecke, Franz Wahrenburg: (Hg.) „*Romantheorie*“, Philipp Reclam jun., Stuttgart 1999
Heidi Toelle: „*Les Suspendues*“, Ed. Flammarion, Paris 2009
ʿ*Ukāẓ*, Tageszeitung vom 16. März 2011, S. 28: Artikel von Saʿīd as-Suraiḥī über Raja Alem
Faiṣal Saʿidān Ǧazāʾ al-ʿUtaibī: „*Ḥaqīqat riwāyat banāt ar-Riyāḍ*“, Eigenverlag, Riyāḍ 1429 (2008)
Karl Wagner: (Hg.) „*Moderne Erzähltheorie*“, WUV-Univ.-Verlag, Wien 2002
Hans Wehr: „*Arabisches Wörterbuch für die Schriftsprache der Gegenwart*“, Harrassowitz, Wiesbaden 1985, 5. Auflage

Rotraud Wielandt: „*Das Bild der Europäer in der modernen arabischen Erzähl- und Theaterliteratur*“, Beirut 1980 in Kommmission bei Franz Steiner Verlag, Wiesbaden
Ḫālid al-Yūsuf: „*ar-Riwāya*”, an-Nādī al-ʾadabī bi-r-Riyāḍ, 2010.

Internetquellen

http://arabnews.com/saudiarabia/article216523.ece besucht am 28. Jänner 2011
http://arabnews.com/saudiarabia/article344101.ece, besucht am 28. April 2011
http://de.wikipedia.org/wiki/Desert_Shield, besucht am 16. Mai 2011
http://entertainment.timesonline.co.uk/tol/arts_and_entertainment/books/article2041373.ece, besucht am 25. Oktober 2008
http://entertainment.tomesonline.co.uk/tol/arts_and_entertainment/books/article2041373.ece, besucht am 25. Oktober 2008
http://http://de.wikipedia.org/wiki/Daf_(Musikinstrument), besucht am 21. Mai 2011
http://moheet.com/newsPrint.aspx?nid=355696 besucht am 18. März 2010
http://uk.reuters.com/article/idUKL0824250120070723 vom 23.7.2007, besucht am 3. Jänner 2011
http://www.alawsat.com/english/news.asp?section=3&id=3552, besucht am 8. Mai 2010
http://www.alawsat.com/english/news.asp?section=3&id=3552, besucht am 8. Mai 2010
http://www.aljadid.com/essays_and_features/0838hafez.html besucht am 21. Mai 2010
http://www.al-mohaimeed.net, besucht am 10. April 2010
http://www.arabicfiction.org/archive/2010.html, zuletzt besucht am 6. April 2011
http://www.arabicfiction.org/book/57.html besucht am 28. Jänner 2011
http://www.arabnews.com vom 16. August 2010
http://www.asharq-e.com/news.asp?section=3&id=7278, besucht am 8. Mai 2010
http://www.asharq-e.com/news.asp?section=7&id=20149 vom 8. März 2010
http://www.brigitte.de/gesellschaft/politik-gesellschaft/rajaa-alsanea-559915 besucht am 17. April 2011
http://www.daserste.de/ttt/beitrag_dyn~uid,ntyy8kb7wivsowpa~cm.asp, besucht am 25. Oktober 2008
http://www.de.qantara.de/webcom/show_article.php?wc_c=243&wc_id=34, besucht am 26. März 2009
http://www.ekabakti.com/dohindex_view.php?hin=%C8%C7%E1%DE%E6%C7%D1%ED%D1&index=2&idi=20349, besucht am 28. April 2011
http://www.ekabakti.com/dohindex_view.php?hin=%C8%C7%E1%DE%E6%C7%D1%ED%D1&index=1&idi=24430, besucht am 28. April 2011

http://www.freerepublic.com/focus/f-news/1642040/posts, besucht am 13. Jänner 2010
http://www.goethe.de/ins/eg/prj/mal/arl/aam/gmd/deindex.htm besucht am 30. Oktober 2010
http://www.ibn.rushd.org/forum/munif.htm, besucht am 28. April 2011
http://www.islamdaily.net/eu/contents.aspx?AID=656, besucht am 5. April 2010
http://www.labiennale.org/en/art/exhibition/first-time/saudi-arabia.html?back=true, besucht am 13. April 2011
http://www.muslimheretage.com/topics/default.cfm?ArticleID=374 besucht am 14. April 2011
http://www.nzz.ch/2007/05/12/li/articleF5885.html vom 12.5.2007, besucht am 3. Jänner 2011
http://www.stern.de/unterhaltung/buecher/:Rajaa-Alsanea-Ein-Buch-%Fcber-Liebe/588849.html, besucht am 25. Oktober 2008
http://www.tap.info.tu/fr/index.php?option=com_content&view=article&id=3305, besucht am 28. Mai 2011
http://www.un.org/Depts/german/sr/sr_90/sr661-90.pdf besucht am 12. April 2011
http://www.un.org/Depts/german/sr/sr_90/sr665-90.pdf, besucht am 12. April 2011
http://www.welt.de/kultur/article891750/Mit_25_Jahren_schon_Rebellin_aus_Versehen.html, besucht am 25. Oktober 2008
http://zhautor.com, besucht am 12. Februar 2011
sowie „*The National*" und „*Gulf News*", Abu Dhabi, vom 3. bzw. 4. März 2010, beide im Internet nicht mehr verfügbar.

Romane

Ahmed Abodehman: „*al-Ḥizām*", Dār as-Sāqī, Beirut 2001, arabische Fassung vom Autor selbst (160 Seiten)
– „*Der Gürtel*", Deutsch von Stefan Linster, Distel Literaturverlag, Heilbronn 2002
– „*La Ceinture*", Französische Erstfassung vom Autor selbst, Editions Gallimard, Paris 2000
Maqbul Musa al-Alawi: „*Fitnat Ǧidda*", Riad El-Rayyes Books, Beirut 2010 (317 Seiten)
Raja Alem: „*Arbaʿa/ṣifr*", an-Nādī al-ʾadabī aṯ-ṯaqāfī, Ǧidda 1987 (214 Seiten)
– „*Ṭarīq al-ḥarīr*", al-Markaz aṯ-ṯaqāfī al-ʿarabī, Beirut 1995 (244 Seiten)
– „*Masrā yā Raqīb*", al-Markaz aṯ-ṯaqāfī al-ʿarabī, Beirut 1997 (gemeinsam mit Shadia Alem) (104 Seiten)
– „*Sīdī Waḥdānah*", al-Markaz aṯ-ṯaqāfī al-ʿarabī, Beirut 1998 (214 Seiten)
– „*My Thousands and One Nights*", Englisch von Raja Alem und Tom McDonough, Syracuse University Press, New York 2007

– *„Ḥubba“*, al-Markaz aṯ-ṯaqāfī al-ʿarabī, Beirut 2000 (320 Seiten)
– *„Ḫātim“*, al-Markaz aṯ-ṯaqāfī al-ʿarabī, Beirut 2001 (254 Seiten)
– *„Játim“*, Spanisch von Milagros Nuin, Huerga y Fierro Editores, Madrid 2007
– *„Fatma“*, Syracuse University Press, New York 2002 (in englischer Sprache, gemeinsam mit Tom McDonough) (164 Seiten)
– *„Mauqid aṭ-ṭair“*, al-Markaz aṯ-ṯaqāfī al-ʿarabī, Beirut 2002 (208 Seiten)
– *„Sitr“*, al-Markaz aṯ-ṯaqāfī al-ʿarabī, Beirut 2005 (254 Seiten)
– *„Ṭauq al-Ḥamām“*, al-Markaz aṯ-ṯaqāfī al-ʿarabī, Beirut 2010 (566 Seiten)
Ghazi Algosaibi: *„Šiqqat al-ḥurrīya“*, Riad El-Rayyes Books, Beirut 1994 (463 Seiten)
– *„al-ʿUṣfūrīya“*, vierte Auflage, Dār as-Sāqī, Beirut 2006 (303 Seiten)
– *„Seven“*, Englisch von Basil Hatim und Gavin Watterson, Saqi-Books, London 1999 (242 Seiten)
– *„Danskū“*, vierte Auflage, Dār as-Sāqī, Beirut 2006 (174 Seiten)
– *„A Love Story“*, Englisch von Robin Bray, Saqi Books, London 2002 (110 Seiten)
Laila Aljohany: *„al Firdaus al-yabāb“*, al-Kamel Verlag, Köln 1999 (93 Seiten)
– *„Il canto perduto“*, Italienisch von Francesca Addabbo, Ilisso Edizioni, Nuoro 2007
– *„Ǧāhilīya“*, Dār al-ādāb, Beirut 2007 (181 Seiten)
Rajaa Alsanea: *„Banāt ar-Riyāḍ“*, Dār as-Sāqī, Beirut, 2005 (320 Seiten)
– *„Girls of Riyadh“*, The Penguin Press, New York 2007 (Englische Übersetzung von Rajaa Alsanea und Marilyn Booth)
– *„Die Girls von Riad“*, Deutsch von Doris Kilias, Pendo, München und Zürich 2007
Mohammed Hasan Alwan: *„Saqf al-kifāya“*, Erstauflage Dār al-Fārābī, Beirut 2002, dritte Auflage: Dār as-Sāqī, Beirut 2008 (470 Seiten)
– *„Ṣūfiyā“*, Dār as-Sāqī, Beirut 2004 (144 Seiten)
– *„Ṭauq aṭ-ṭahāra“*, Dār as-Sāqī, Beirut 2007 (287 Seiten)
Ibrahim Badi: *„Ḥubb fī s-Suʿūdīya“*, Dār al-ādāb, Beirut 2006 (264 Seiten)
Abdullah b. Bakhit: *„Šāriʿ al-Atāyif“*, Dār as-Sāqī, Beirut 2009 (398 Seiten)
Badriya Al-Bishr: *„Hind wa-l-ʿaskar“* Dār al-ʾĀdāb, Beirut 2006; 3. Auflage Dār as-Sāqī, Beirut 2011 (208 bzw. 223 Seiten)
– *„Der Duft von Kaffee und Kardamom“*, Deutsch von Nuha Sarraf-Forst, Alawi-Verlag, Köln 2010
– *„al-Arǧuḥa“*, Dār as-Sāqī, Beirut 2010
Hamza Bogary: *„The Sheltered Quarter – A Tale of a Boyhood in Mecca“*, English by Olive Kenny and Jeremy Reed, Center for Middle Eastern Studies at The University of Texas at Austin 1991 (120 Seiten)
Hamed Damanhouri: *„The Price of Sacrifice“*, English von Ghida Shahbandar, Khayats, Beirut 1965 (105 Seiten)
Maha Mohammed al-Faisal: *„Tauba wa-Sulayyā“*, al-Muʿassasa al-ʿarabīya li-d-dirasāt wa-n-našr, Beirut 2003 (204 Seiten)

– „*Safīna wa-amīrat aẓ-ẓillāl*", al-Muʿassasa al-ʿarabīya li-d-dirasāt wa-n-našr, Beirut 2003 (154 Seiten)

Nura Al-Ghamdi: „*Waġhat al-būṣala*", al-Muʿassasa al-ʿarabīya li-d-dirasāt wa-n-našr, Beirut 2002 (281 Seiten)

Turki al-Hamad: „*Aṭyāf al-ʾaziqqa al-mahğūra*", Trilogie, bestehend aus

– „*al-ʿAdāma*", Dār as-Sāqī, Beirut 1997 (302 Seiten)

– „*Adama*", Englisch von Robin Bray, Saqi, London 2003

– „*Adama*", Deutsche Übersetzung aus dem Englischen von Cordula *Kolarik*, Wilhelm Heyne Verlag, München 2004

– „*aš-Šumaisī*", Dār as-Sāqī, Beirut 1997 (255 Seiten)

– „*Shumaisi*", Englisch von Paul Starkey, Saqi, London 2005

– „*al-Karādīb*", Dār as-Sāqī, Beirut 1998 (288 Seiten)

– „*Šarq al-wādī*", Dār as-Sāqī, Beirut 1999 (296 Seiten)

– „*Ġurūḥ ad-dākira*", Dār as-Sāqī, Beirut 2001 (286 Seiten)

– „*Rīḥ al-ğanna*", Dār as-Sāqī, Beirut 2005 (279 Seiten)

Zainab Hifni: „*Raqṣ ʿalā d-dufūf*", Siğill al-ʿarab, Kairo, 1998 (112 Seiten); zweite Auflage bei Dār Ṭalās, Damaskus 2003

– „*Lam ʾaʿud ʾabkī*", Dār as-Sāqī, Beirut 2004 (160 Seiten)

– „*Malāmiḥ*", Dār as-Sāqī, Beirut 2006 (160 Seiten)

– „*Sīqān multawiya*", al-Muʾassasa al-ʿarabīya, Beirut 2008 (132 Seiten)

– „*Wisāda li-ḥubbik*", Dār as-Sāqī, Beirut 2011 (151 Seiten)

Siba Al-Hirz / Siba al-Harez: „*al-Āḫarūn*", Dār as-Sāqī, Beirut 2006 (287 Seiten)

– „*The Others*" Englisch, Übersetzer(in) nicht angegeben, Telegram Books, London 2009

Abdo Khal: „*al-Maut yamurr min hunā*", al-Muʾassasa al-ʿarabīya li-d-dirasāt wa-n-našr, Beirut 1995; neue Ausgabe bei Manšūrāt al-ğamal, Beirut/Köln 2004 (512 Seiten)

– „*Mudun taʾkul al-ʿušb*", Dār as-Sāqī, Beirut 1998 (349 Seiten)

– „*aṭ-Ṭīn*", Dār as-Sāqī, Beirut 2002 (400 Seiten)

– „*al-ʾAyyām lā tuḫabbiʾ ʾaḥadan*", Manšūrāt al-ğamal, Beirut/Köln 2002 (318 Seiten)

– „*Nubāḥ*", Manšūrāt al-ğamal, Beirut/Köln 2003 (319 Seiten)

– „*Fusūq*", Dār as-Sāqī, Beirut 2005 (255 Seiten)

– „*Tarmī bi-šarar*", Manšūrāt al-ğamal, Beirut/Köln 2009 (416 Seiten)

Omaima al-Khamis: „*al-Baḥrīyāt*", Dār al-Madā, Damaskus 2006 (270 Seiten)

– „*al-Wārifa*", Dār al-Madā, Damaskus 2008 (294 Seiten)

Yousef Al-Mohaimeed: „*Laġaṭ mauta*", Manšūrāt al-ğamal/Al-Kamel Verlag Köln 2003 (86 Seiten)

– „*Fiḫāḫ ar-rāʾiḥa*", Riad El-Rayyes Books, Beirut 2003 (Erstauflage); 3. Auflage bei al-Markaz aṯ-ṯaqāfi al-ʿarabī, Beirut 2010 (124 Seiten)

– „*Wolves of the Crescent Moon*“, Englisch von Anthony Calderbank, Penguin Books London 2007 (Erstauflage American University in Cairo Press 2007)
– „*Loin de cet enfer*“, Französisch von Emmanuel Varlet, Actes Sud, Arles 2007
– „*al-Qārūra*“, al-Markaz aṯ-ṯaqāfī alʿarabī, Beirut 2004 (240 Seiten)
– „*Munira's Bottle*“, Englisch von Anthony Calderbank, The American University in Cairo Press, Cairo/New York 2010
– „*Nuzhat ad-dulfīn*“, Riad El-Rayyes Books, Beirut 2006 (Erstauflage), spätere Auflagen bei al-Markaz aṯ-ṯaqāfī al-ʿarabī, Beirut (157 Seiten)
– „*al-Ḥamām lā yaṭīr fī Buraida*“, al-Markaz aṯ-ṯaqāfī alʿarabī, Beirut 2009 (366 Seiten)
Abdalrachman Munif: „*Östlich des Mittelmeers*“, Deutsch von Larissa Bender, Lenos Pocket, Basel 2007 (266 Seiten)
– „*Am Rande der Wüste*“, Deutsch von Petra Becker, Lenos Pocket, Basel 2005 (208 Seiten)
– „*Salzstädte*“, Deutsch von Magda Barakat und Larissa Bender, Wilhelm Heyne, München 2005 (560 Seiten)
– „*Zeit der Saat*“, Deutsch von Magda Barakat und Larissa Bender, Hugendubel/Diederichs, Kreuzlingen/München 2008 (574 Seiten)
Mohammed al-Muzaini: „*ʿAraq baladī*“, al-Intišār al-ʿarabī, zweite Auflage, Beirut 2010 (252 Seiten)
Laila Al-Ohaidib: „*ʿUyūn at-taʿālib*“, Riad El-Rayyes Books, Beirut 2009 (306 Seiten)
Ahmad Subaʾi: „*My Days in Mecca*“, Englisch von Deborah S. Akers und Abubaker A. Bagader, First Forum Press, Boulder, Colorado 2009 (125 Seiten)
Abdullah Thabit: „*al-Irhābī 20* “, Dār al-Madā, Damaskus 2006 (254 Seiten)
– „*Le Terroriste N° 20*“, Französisch von Françoise Neyrod, Actes Sud, Arles 2010
– „*Waǧh an-nāʾim*“, Dār as-Sāqī, Beirut 2011 (239 Seiten)
Mahmud Trauri: „*Maimūna*“, Zweite Auflage im Dār al-Madā, Damaskus 2007 (150 Seiten)
Ahmed al-Wasil: „*Sūrat ar-Riyāḍ*“, Dār al-Fārābī, Beirut 2007 (158 Seiten)
– „*Warda wa-kābušīnū*“, Dār al-Fārābī, Beirut 2011 (286 Seiten)

Über dieses Buch

Die Gesellschaft des seit 1932 bestehenden Staates Saudi-Arabien hat Entwicklungen, für die Europa einige Jahrhunderte benötigt hat, in nur wenigen Jahrzehnten bewältigen müssen. Dies betrifft nicht nur den technologischen und wirtschaftlichen Bereich, sondern auch die Literatur. Mit der Modernisierung des saudischen Staates und vor allem mit dem Aufbau eines zeitgemäßen Bildungssystems wurden die Voraussetzungen für einen zivilgesellschaftlichen Diskurs geschaffen, der eng mit dem Entstehen des modernen saudischen Romans verbunden ist.

Während die Entwicklung dieser für Saudi-Arabien neuen Literaturgattung zwischen 1930 und 1990 nur langsam verlaufen ist, kam es ab Mitte der 1990er-Jahre zu einem Anwachsen der Romanproduktion, die bis 2006 fast wie ein „Tsunami" den Buchmarkt überschwemmte und in der Auszeichnung von zwei saudischen Romanen mit dem Arabischen Bookerpreis 2010 und 2011 ihren vorläufigen Höhepunkt fand.

Saudische Romane thematisieren die Neuorientierung einer Gesellschaft, die sich ihrer Traditionen bewusst wird und begonnen hat, sie zu hinterfragen. Die Romane zeigen Menschen, die vor diesem historischen Hintergrund ihr Leben neu gestalten müssen, da die alten Rollenmodelle zur Lebensbewältigung nicht mehr tauglich sind.

„Romanschauplatz Saudi-Arabien: Transformationen, Konfrontationen, Lebensläufe" gibt im ersten Teil einen umfassenden Überblick über die Entwicklung des saudischen Romans. Im zweiten Teil sind fünfzehn ausgewählte Romane von sechs Schriftstellerinnen und sieben Schriftstellern beschrieben, in denen der gesellschaftliche Wandel und die dadurch entstandenen Spannungsfelder exemplarisch abgehandelt werden.

Dr. Elga Martinez-Weinberger, Jahrgang 1948, stammt aus Wien, wo sie ihre Berufslaufbahn als Schauspielerin und Fernsehmoderatorin begann, später dann auch als Pädagogin arbeitete und seit 1980 als politische Beraterin und Kommunikationsexpertin tätig ist. Sie hat am Institut für Orientalistik der Universität Wien Arabistik studiert und sich auf Literatur aus Saudi-Arabien spezialisiert.

<annimsa@hotmail.com>

BIBLIOTHECA ACADEMICA
Reihe Orientalistik – ISSN 1866-5071

Band 1
Kurz, Isolde
Vom Umgang mit dem anderen
Die Orientalismus-Debatte zwischen Alteritätsdiskurs und interkultureller Kommunikation
(vergriffen)
ISBN 978-3-933563-88-0

Band 2
Abou-El-Ela, Nadia
ôwê nu des mordes, der dâ geschach ze bêder sît:
Die Feindbildkonzeption in Wolframs 'Willehalm' und Usâmas 'Kitâb al-i'tibâr'
2001. 259 S. – 155 x 225 mm. Kt
€ 36,00 ISBN 978-3-933563-93-4

Band 3
Bromber, Katrin
The Jurisdiction of the Sultan of Zanzibar and the Subjects of Foreign Nations
2001. 89 S. – 155 x 225 mm. Kt
€ 18,00 ISBN 978-3-935556-65-1

Band 4
Fürtig, Henner (Hrsg.)
Islamische Welt und Globalisierung
Aneignung, Abgrenzung, Gegenentwürfe
(vergriffen)
ISBN 978-3-935556-75-0

Band 5
Mutlu, Kays
Ismet Özel
Individualität und Selbstdarstellung eines türkischen Dichters
2004. 104 S. – 170 x 240 mm. Kt
€ 24,00 ISBN 978-3-89913-328-8

Band 6
Jedlitschka, Anja
Weibliche Emanzipation in Orient und Okzident
Von der Unmöglichkeit, die Andere zu befreien
2004. 266 S. – 170 x 240 mm. Kt
€ 44,00 ISBN 978-3-89913-339-4

Band 7
Bossaller, Anke
'Schlafende Schwangerschaft' in islamischen Gesellschaften
Entstehung und soziale Implikation einer weiblichen Fiktion
2004. 259 S. – 170 x 240 mm. Kt
€ 35,00 ISBN 978-3-89913-363-9

Band 8
Möller, Reinhard (Hrsg.)
Islamismus und terroristische Gewalt
2004. 170 S. – 170 x 240 mm. Kt
€ 24,00 ISBN 978-3-89913-365-3

Band 9
Arnold, Werner – Escher, Anton – Pfaffenbach, Carmella
Malula und Mᶜallōy
Erzählungen aus einem syrischen Dorf
2004. 248 S. m. zahlr. Farbabb. – 170 x 240 mm. Fb
€ 38,00 ISBN 978-3-89913-369-1

Band 10
Schiffer, Sabine
Die Darstellung des Islam in der Presse
Sprache, Bilder, Suggestionen. Eine Auswahl von Techniken und Beispielen
2005. 350 S. m. zahlr. Abb. – 170 x 240 mm. Kt
€ 39,00 ISBN 978-3-89913-421-6

ERGON VERLAG · WÜRZBURG

BIBLIOTHECA ACADEMICA

Reihe Orientalistik – ISSN 1866-5071

Band 11
Wendt, Christina
Wiedervereinigung oder Teilung?
Warum das Zypern-Problem nicht gelöst wird
2006. 338 S. – 170 x 240 mm. Kt
€ 42,00 ISBN 978-3-89913-495-7

Band 12
Görlach, Alexander
Der Heilige Stuhl im interreligiösen Dialog mit islamischen Akteuren in Ägypten und der Türkei
2007. 244 S. – 170 x 240 mm. Kt
€ 35,00 ISBN 978-3-89913-558-9

Band 13
Pielow, Dorothee
Der Stachel des Bösen
Vorstellungen über den Bösen und das Böse im Islam
2008. 174 S. – 170 x 240 mm. Kt
€ 25,00 ISBN 978-3-89913-642-5

Band 14
Röhring, Christian
Orientalismus und Biografie
Religiöse Aspekte in Indienbildern deutschsprachiger Einwohner Indiens
2008. 376 S. – 170 x 240 mm. Kt
€ 45,00 ISBN 978-3-89913-646-3

Band 15
Ossenbach, Luise
Versmaß des Glaubens
Ein arabisches Gedicht zum Lob des Propheten von ʿAlam ad-Dīn as-Saḫāwī (st.1245)
2009. 72 S. – 155 x 230 mm. Kt
€ 18,00 ISBN 978-3-89913-721-7

Band 16
Ourghi, Mariella
Muslimische Positionen zur Berechtigung von Gewalt
Einzelstimmen, Revisionen, Kontroversen
2010. 190 S. – 155 x 230 mm. Kt
€ 32,00 ISBN 978-3-89913-743-9

Band 17
Kowanda-Yassin, Ursula
Mensch und Naturverständnis im sunnitischen Islam
Ein Beitrag zum aktuellen Umweltdiskurs
2011. 208 S. – 155 x 230 mm. Kt
€ 28,00 ISBN 978-3-89913-815-3

Band 18
Baumgarten, Jürgen
Die Ammarin
Beduinen in Jordanien zwischen Stamm und Staat
2011. 340 S. m. mehr. Abb. – 170 x 240 mm. Fb
€ 48,00 ISBN 978-3-89913-825-2

Band 19
Raih, Asmaa
Arabische Frauenliteratur und Interkulturalität
Eine Untersuchung ausgewählter Romane arabischer Autorinnen hinsichtlich der Konstitution der Fremdheit und der Beziehung zwischen Eigenem und Fremdem
2011. 192 S. m. mehr. Abb. – 170 x 240 mm. Kt
€ 28,00 ISBN 978-3-89913-853-5

Band 20
Martinez-Weinberger, Elga
Romanschauplatz Saudi-Arabien
Transformationen, Konfrontationen, Lebensläufe
2011. XIV/235 S. – 170 x 240 mm. Fb
€ 38,00 ISBN 978-3-89913-872-6

ERGON VERLAG · WÜRZBURG